증권투자권유
자문인력

1

금융투자협회
Korea Financial Investment Association

자격시험 안내

1. 증권투자권유자문인력의 정의

투자자를 상대로 증권(집합투자증권 등은 제외)에 대하여 투자권유 또는 투자자문 업무를 수행하거나 MMF를 자동으로 매수하는 CMA에 대하여 투자권유 업무를 수행하는 인력

2. 응시자격

금융회사 종사자 등(증권투자권유자문인력 투자자보호교육 이수)

3. 시험과목 및 문항수

시험과목		세부 교과목	문항수
제1과목	증권분석	경기분석	6
		기본적 분석	5
		기술적 분석	4
소 계			15
제2과목	증권시장	유가증권시장	8
		코스닥시장	3
		채권시장	7
		기타 증권시장	2
소 계			20
제3과목	금융상품 및 직무윤리	금융상품분석·투자전략	13
		영업실무	5
		직무윤리·투자자분쟁예방	12
소 계			30
제4과목	법규 및 세제	자본시장 관련 법규 (금융소비자보호법 포함)	20
		한국금융투자협회규정	4
		회사법	6
		증권세제	5
소 계			35
시험시간		120분	100 문항

4. 시험 합격기준

70% 이상(과목별 50점 미만 과락)

- 한국금융투자협회는 금융투자전문인력의 자격시험을 관리·운영하고 있습니다. 금융투자전문인력 자격은 「자본시장과 금융투자업에 관한 법률」 등에 근거하고 있으며, 「자격기본법」에 따른 민간자격입니다.

- 자격시험 안내, 자격시험접수, 응시료 및 환불 규정 등에 관한 자세한 사항은 한국금융투자협회 자격시험접수센터 홈페이지(https://license.kofia.or.kr)를 참조해 주시기 바랍니다.

  (자격시험 관련 고객만족센터: 02-1644-9427, 한국금융투자협회: 02-2003-9000)

contents

part 02

기본적 분석

part 05

유가증권시장 ·
코스닥시장

part 07

코넥스시장,
K-OTC시장

part 01

경기분석

chapter 01

경기변동의 개념과 측정

section 01 **경기변동(경기순환)이란?**

경기란 한마디로 말하여 한 경제의 총체적인 활동 수준을 의미한다. 여기서 총체적인 경제활동 수준은 생산, 소비, 투자, 고용 등 실물부문과 화폐수요, 화폐공급 등 금융부문, 그리고 수출, 수입 등 해외부문의 활동을 포함한 거시경제지표들의 종합적인 움직임이라고 할 수 있다. 이러한 개별 경제지표 중 가장 대표적인 것으로 GDP(Gross Domestic Product, 국내총생산)를 들 수 있다. GDP란 한 국민경제에서 일정기간(예를 들어 1년 혹은 1분기) 동안에 생산된 재화와 서비스의 부가가치를 합계한 것으로 각 부문의 생산활동과 소비, 투자, 수출 등 수요동향을 나타내는 종합적인 지표라고 할 수 있다. 이 밖의 주요 거시경제지표들은 〈부록〉에 요약되어 있다.

그러나 일반적으로 개별 경제지표들은 경제활동의 한 측면만을 나타내고 있기 때문에 국민경제 전체의 경기동향을 파악하기 위해서는 각종 지표들을 종합하여 분석할 필요가 있다. 이에 따라 각 나라에서는 경기동향을 민감하게 반영하는 주요 개별 경제지표들을 합성한 종합경기지표(composite business indicator)를 활용하고 있다. 예를 들어 현재 널리 이용되고 있는 종합경기지표로는 경기종합지수(Composite Index : CI)와 경기확산지수(Diffusion Index : DI)가 있다.

section 02 경기순환의 측정과 경기순환과정

경기순환(business cycle)이란 거시경제지표로 요약되는 총체적 경제활동이 경제의 장기 성장추세를 중심으로 상승과 하강을 반복하는 현상을 의미한다.

한편 대부분의 거시경제지표들은 시간의 순서에 따라 배열된 시계열 자료(time series data)로서 추세변동(secular trend), 순환변동(cyclical movement), 계절변동(seasonal variation), 불규칙변동(irregular fluctuation) 등 4가지 변동 요소로 구성되어 있다. 이러한 시계열 지표의 움직임을 가지고 경기를 분석하기 위해서는 경제시계열의 변동 중 경기와 관련성이 높은 변동분만을 추출하여 살펴볼 필요가 있다. 따라서 적절한 통계분석 기법을 활용하여 개별 경제지표의 변동 중에서 경기와 관련성이 낮은 계절변동 및 불규칙변동을 제거한 추세－순환변동치를 사용하여야 한다.

한편 1960~70년대의 우리나라에서처럼 경제성장속도가 상대적으로 빨라 대부분의 경제지표들이 높은 증가 추세를 보이는 경우, 주요 선진국과는 달리 추세－순환변동치가 경기의 순환적인 흐름을 제대로 반영하지 못하는 경향이 있다. 따라서 GDP와 같은 개별 경제지표에 의해 우리나라의 경기를 분석하는 경우 추세－순환변동치에서 추세변동요인을 제거한 순환변동치를 사용할 필요가 있다.[1]

〈그림 1－1〉에서와 같이 경기순환은 전통적으로 회복(recovery), 호황(boom), 후퇴(recession), 불황(depression)으로 나누는 4분법이 이용되었다. 불황의 초기에는 기업매출

---

1 경기순환은 경기변동과 혼용되기도 하는데 엄밀하게 말하자면 경기순환은 경기변동의 네 가지 요인인 계절요인, 불규칙요인, 추세요인, 순환요인 중 마지막 요인에 의하여 발생되는 경기변동만을 지칭한다. 그러나 넓은 의미에서는 추세요인과 순환요인에 의해서 발생되는 경기변동을 통합해서 경기순환이라고 정의한다.

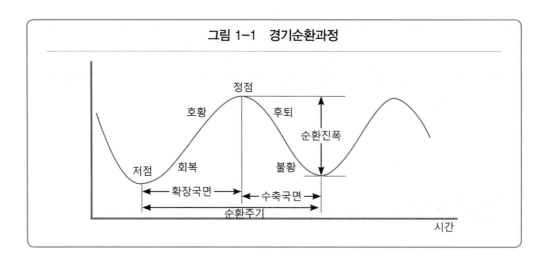

그림 1-1 경기순환과정

과 영업이익이 감소하고 재고가 증가하지만, 불황이 심화되면 생산량 조정을 통해서 재고는 줄어든다. 이 단계에서는 생산감축으로 인한 고용감소와 가동률 저하 현상이 동시에 발생한다. 반면 호황기에는 반대 현상이 나타난다.

그러나 회복과 호황, 또는 후퇴와 불황을 명확하게 구분하기는 어렵기 때문에 최근에는 경기 저점(trough)에서 정점(peak)까지 경제활동이 활발한 확장국면(expansion)과 경기 정점에서 저점까지 경제활동이 위축된 수축국면(contraction)으로 나누는 2분법이 주로 이용된다. 여기서 경기의 정점 또는 저점이 발생한 구체적 시점을 기준 순환일(reference date)이라고 한다. 확장과 수축의 경기국면에서 저점에서 다음 저점까지 또는 정점에서 다음 정점까지의 기간을 순환주기(cycle)라고 하며, 순환의 강도를 의미하는 정점과 저점 간의 차이를 순환진폭(amplitude) 혹은 순환심도라 한다.

1   실물경제지표

(1) 국민소득계정(NIPA)과 국내총생산(GDP)

국민소득계정(National Income and Product Account : NIPA)은 총체적인 실물경제의 흐름을 나타내는 대표적인 거시경제지표로서 한국은행이 분기별·연도별로 추계하며, 명목 가격 및 불변 가격 기준으로 나누어 작성한다. 국내총생산에 대한 지출구성은 다음과 같다.

(2) 산업활동과 관련된 경제지표

다음과 같은 산업활동 관련 자료의 대부분을 통계청이 추계하며 월별·분기별·연도별로 작성한다.

❶ 산업생산, 생산자재고, 제조업 평균가동률
❷ 출하 및 판매 : 생산자출하, 내수용소비재출하, 도·소매판매
❸ 투자 : 기계류 내수출하, 기계류 수입액, 국내 기계수주, 국내 건설수주, 건축허가면적
❹ 고용 : 취업자 증가율, 실업률

월별자료가 가능한 관계로 분기별로 추계되는 국민계정에 대한 보조지표 역할과 함께 비교적 단기적인 경제흐름을 파악하는 데 유용하며, 자료의 성격상 선행성을 갖는 지표의 경우 경제전망에 중요한 정보를 제공한다.

2 물가지수

(1) 대표적인 물가지수

대표적인 물가지수로는 소비자물가지수(Consumer Price Index : CPI), 생산자물가지수(Producer Price Index : PPI), GDP 디플레이터(GDP deflator) 등이 있다.

(2) 소비자물가지수

소비자물가지수는 소비자가 일상 소비생활에 쓸 용도로 구입하는 재화의 가격과 서비스 요금의 변동을 조사하는 것으로서, 도시가계의 평균 생계비 내지 구매력의 변동을 측정하는 지수이다. 조사대상지역은 현재(2015년 기준지수) 서울을 포함한 38개 주요 도시이며 조사대상품목은 가계소비지출 중에서 차지하는 비중이 1/10,000 이상인 460개 품목이다. 조사대상품목이 최종 소비재와 서비스이기 때문에 임금이 차지하는 비중이 상대적으로 높고 경기변동에 크게 민감하지 않은 것으로 나타나고 있다.

(3) 생산자물가지수

생산자물가지수는 국내 시장의 제1차 거래단계에서 기업 간 거래되는 최종재, 원자재, 중간재 등 상품 및 상품 성격의 일부 서비스 가격을 조사대상으로 하고 있어 전반적인 상품의 수급동향을 반영한 물가지수이다. 생산자물가지수의 조사기준 가격은 생산자출하가격(즉, 부가가치세를 제외한 생산자 판매 가격 혹은 공장도 가격)을 원칙으로 하며, 조사대상품목은 현재(2015년 기준지수) 거래액이 국내 시장에서 거래되는 상품거래총액의 1/10,000 이상이 되는 품목(서비스의 경우는 전체 거래액의 1/2,000 이상인 품목)으로서 소속상품군의 가격 변동을 대표할 수 있고 가격시계열의 유지가 가능한 892개(상품 788개, 서비스 104개) 품목을 조사대상으로 한다.

(4) GDP 디플레이터

GDP 디플레이터는 명목 GDP와 실질 GDP 간의 비율로서 국민경제 전체의 물가압력을 측정하는 지수로 사용된다. 이는 모든 상품과 서비스의 가격을 종합적으로 고려한 물가지수이다.

$$GDP \text{ 디플레이터} = \frac{\text{명목 } GDP}{\text{실질 } GDP} \times 100$$

3 통화량

(1) 통화량의 변화

모든 실물거래에는 이에 상응하는 자금거래가 반드시 수반되므로 자금거래의 수단인 통화량의 변화는 경제적으로 매우 중요한 변수이다.

통화량 변화의 실물부문과 물가부문에 대한 상대적 파급효과의 크기는 경제구조, 경기상황 등에 따라 달라진다.

(2) 통화지표별 정의 및 포괄범위[2]

IMF의 '통화금융통계 매뉴얼'과 일치하도록 금융기관의 제도적 형태보다는 금융상품의 유동성을 기준으로 2002년 3월에 협의통화(M1)와 광의통화(M2)로 개편되고 2006년 6월에는 광의유동성(L) 지표가 추가되었다.

❶ 협의통화(M1) : 통화의 지급결제 기능을 중시하여 현금통화와 예금취급기관의 당좌예금, 보통예금같은 요구불예금과 저축예금, 시장금리부, 수시입출식예금(MMDA)과 같은 수시입출식저축성예금으로 구성. 2002년부터 개편된 현행 통화지표 체계에서는 금융기관을 중앙은행, 기타예금취급기관 및 기타금융기관으로 정의(〈참고〉 금융기관 포괄범위)

현금통화＋요구불예금
   　및 수시입출식저축성예금
   　　(MMF 포함)
* 단, 2005년 11월부터는 익일환매제도가 적용된 법인 MMF 제외, 2007. 3. 22부터는 미래가격제가 도입된 개인 MMF도 제외

---

2 한국은행, 우리나라의 통화지표해설, 2008.

❷ 광의통화(M2) : 유동성이 다소 떨어지나 협의통화(M1) 금융상품과 대체성이 높은
   예금취급기관의 금융상품이 추가

> M1+기간물 예·적금 및 부금
>   +시장형 상품(CD, RP, 표지어음 등)
>   +실적배당형상품(금전신탁, 수익증권, CMA 등)+금융채
>   +기타(투신증권저축, 종합금융회사 발행어음 등)
> * 단, 장기(만기 2년 이상) 금융상품 제외

❸ 금융기관유동성(Lf) : 광의통화(M2)에 더하여 만기 2년 이상 상품(정기예적금, 금융채
   등)과 증권금융 예수금 및 생명보험회사 보험계약준비금 등이 포함

> M2+예금취급기관의 2년 이상 유동성상품
>   +증권금융 예수금
>   +생명보험회사 보험계약준비금 등

❹ 광의유동성(L) : 가장 넓은 범위의 지표로 Lf에 더하여 금융기관의 금융상품 외에
   정부 및 기업이 발행하는 유동성 상품까지 포괄

> Lf+정부 및 기업 등이 발행한 유동성상품 등

금융기관 포괄범위

중앙은행	한국은행
	일반은행
	특수은행
	한국수출입은행
	종합금융회사
	자산운용회사 투자신탁계정
기타 예금취급기관	신탁회사계정
	상호저축은행
	상호금융
	새마을금고
	신용협동조합
	우체국예금
	생명보험회사
기타금융기관	우체국보험
	한국증권금융

4 통화유통속도

통화유통속도(velocity of money)는 명목 GDP를 통화량으로 나눈 값으로서 화폐의 평균 거래횟수를 나타낸다. 즉 일정량의 통화량이 일정기간(1분기 또는 1년) 동안 몇 번을 회전하여 명목 GDP에 해당하는 만큼의 거래를 뒷받침하였는가를 반영한다. 그러나 통화유통속도는 사후적으로만 추계가 가능하므로 경기변화 및 인플레이션 압력 등을 예측하는 데에는 유용성이 높지 않다.

$$\text{통화유통속도}(V) = \text{명목 GDP}(P \cdot Y) / \text{통화량}(M)$$

$$V : \text{유통속도}$$
$$P : \text{GDP 디플레이터}$$
$$Y : \text{실질 GDP}$$
$$M : \text{통화량}$$

우리나라의 경우 통화유통속도는 장기적으로 하락하는 추세에 있으며, EC 방식에 의한 연간 통화증가율 목표설정에 중요한 변수로 사용되고 있다.

위에서 정의된 통화의 소득유통속도(income velocity of money)를 통화량(M)에 대해 정리하면 다음과 같다.

$$M = P \cdot Y / V$$

이 식을 변수 간 증가율의 관계로 나타내면 다음과 같다.

$$MG = PG + YG - VG$$

여기서 MG =통화증가율, PG =GDP 디플레이터 상승률, YG =실질 GDP 증가율, 그리고 VG =유통속도 변화율이다. 예를 들어 YG 전망치=4~5%, PG 전망치=3~4%, 그리고 VG 전망치=-1~-2%이면 위 식에 의해 통화공급 증가율(MG)의 목표치는 =8~11%가 될 것이다.

5 금리

돈을 빌리는 대가로 지불하는 자금의 가격으로서 금리는 어떤 금융시장에서 형성되느냐에 따라 여러 종류의 금리로 구분될 수 있으며, 자금의 용도, 기간, 위험요소, 차입자의 신용도 등에 따라 금리 수준이 다르게 결정된다. 예를 들어 중앙은행이 금융기관에 대출할 때 부과하는 공정할인율(bank rate), 금융기관의 예금 및 대출금리, 채권의 수익률, 콜시장의 금리, 사채($私債$)시장의 금리 등이 그것이다.

이러한 금리는 일반적으로 자본의 한계수익률, 현재소득과 미래소득의 교환비율, 장기적인 명목성장률, 자금시장의 수급상황을 반영하여 결정된다. 자본의 한계수익률이라는 측면에서는 우리경제가 선진화되고 자본축적이 진행됨에 따라 자본의 한계수익률이 저하되면서 실질금리의 하향 추세가 전망된다.

우리나라의 경우 콜금리, 양도성예금증서(CD) 유통수익률, 국고채수익률 등이 대표적인 시장금리라고 할 수 있는데 각각 초단기금융시장, 단기금융시장, 장기금융시장의 자금 상황을 반영해 주고 있다.

chapter 02

경기변동의 원인과 특징

경기변동의 원인

경기변동을 촉발시키는 외부적 충격의 실체가 무엇인지에 관해서는 다음과 같은 여러 가지 견해가 제기되었다. 첫째, 경기변동의 원인으로 민간기업의 투자지출 변화에 의한 수요 충격(demand shock)을 들 수 있다. 민간기업의 장래에 대한 기대의 변화 등으로 인해 투자지출이 변함으로써 경기변동이 촉발될 수 있다는 것이다. 경기변동의 원인으로 투자지출의 역할을 강조한 대표적인 경제학자는 케인즈였다. 케인즈에 따르면 자본주의 경제에서 투자는 기업가의 미래수익에 대한 기대를 반영하는데, 기대는 기업가의 투자심리 혹은 동물적 감각(animal spirits)에 크게 의존하므로 투자는 본질적으로 기업가의 불안정한 기대의 변화에 따라 역시 불안정하게 변한다. 또한 임금과 가격의 경직성에 따른 불안정한 투자 및 이에 따른 불안정한 총수요의 변화는 생산의 불안정한 변동을 유발한다는 것이다.

둘째, 경기변동의 원인으로 통화량 변화와 같은 화폐적 충격(monetary shock)을 강조하는 견해가 있다. 프리드만(M. Friedman)을 중심으로 하는 통화주의자들에 의하면, 자본주의 경제에서 경기순환 현상이 나타나는 것은 통화당국의 자의적인 통화량 조절 때문이다. 통화주의자들은 과거의 시계열자료를 분석한 후, 추세 변동을 제거한 통화량의 증감 또는 증감률 변화가 GDP의 증감 또는 증감률 변화에 선행한다고 판단하여 경기순환의 원인을 화폐적 요인에서 찾아야 한다고 보았다. 이들에 따르면 자본주의 경제는 본질적으로 안정적임에도 불구하고 통화당국이 통화량을 자의적으로 조절하여 경기순환이 발생한다는 것이다.

셋째, 불완전 정보(imperfect information) 상황에서 경제주체들의 기대를 경기변동의 원인으로 보는 견해가 있다. 루카스(R. Lucas) 등은 경제주체들이 합리적 기대를 하더라도 불완전 정보로 인해 물가변화와 같은 주요 경제변수들의 움직임을 정확히 예측할 수 없다고 전제한다. 이러한 상황에서 일반물가 수준 변화 등에 대한 판단 오류로 인해, 경제주체들은 제품과 생산요소의 공급과 수요를 변화시켜 결국 경기변동이 촉발된다고 본다.

넷째, 기술이나 생산성 변화와 같은 공급 충격(supply shock)을 경기변동의 주원인으로 보는 견해가 있다. 슘페터(J. Schumpeter)는 경기순환과 경제발전의 원인이 생산요소의 새로운 결합 또는 기술혁신에 있다고 보았고, 특히 최근 주목받고 있는 실물적 경기변동이론(real business cycle theory)도 경기변동의 주요 원인으로 기술변화와 같은 실물적 충격의 중요성을 강조하고 있다.

일반적으로 현실의 경기순환 현상은 이렇게 다양한 원인들이 복합적으로 작용한 결과일 것이다. 그리고 그 중 어느 원인이 더 중요한지는 시기와 장소에 따라 달라질 것이고, 경기변동의 파급경로 및 형태는 경기변동의 요인과 경제구조에 따라 다르게 나타날 것이다.

section 02 | 경기변동의 특징

경기순환의 두 번째 핵심적 문제는 경기상승(하락)을 상당기간 지속시키고 또한 지속된 경기상승(하락)을 반대방향으로 전환시키는 요인이 무엇인가에 관한 것이다. 즉, 경기변동의 지속성(persistence)과 변동성(volatility)의 문제이다. 또한 경기순환과정에서 생산·고용·투자·소비 등 경제지표들과 산업부문별 생산·고용·투자 등이 공통된 움직임을 나타내는데, 이를 경기 변동의 공행성(comovement)이라고 한다. 이러한 경기순환의 특징에 대해서도 여러 가지 설명이 제기되었다.

한편 경기변동의 지속성에 대해서도 여러 가지 설명이 제기되었다. 먼저 유발투자(induced investment)의 역할을 강조하는 견해가 있다. 케인즈학파의 견해에 따르면, 어떤 이유로 독립투자가 증가하면 이에 따라 생산 및 소득이 증가하며 이는 추가적인 투자를 유발한다. 또한 유발투자 증가로 소득이 더욱 증가한다. 이러한 연쇄작용이 계속되면 경기상승은 한동안 지속된다. 그러다가 소득의 증가 속도가 하락하면 점차 유발투자가 줄어들기 시작하고 이에 따라 총수요가 줄어들면서 경기전환이 일어난다.

한편, 가격이나 임금의 경직성을 근거로 경기변동의 지속성을 설명하는 견해도 있다. 예를 들어 임금이나 가격이 중첩적으로 결정(staggered wage or price setting)된다면 처음의 충격이 상당기간 경제 내에 지속될 수 있다는 것이다.

또한 자본재 투자에서 건설기간(time to build)을 강조하는 견해가 있다. 기계나 건물 등 자본재에 대한 투자는 그 투자가 완결될 때까지 상당기간이 소요되는 것이 일반적이다. 그러므로 앞으로 몇 년 뒤에 자본재 수익이 상당히 높으리라 예상하면 기업은 몇 년에 걸쳐 투자를 증대시킬 것이다. 이에 따라 생산증가는 여러 기간에 걸쳐 일어나게 된다. 그러나 몇 년 뒤 자본재 수익률이 낮다고 판명되면, 기업가는 이미 과도하게 투자된 자본량(capital stock)을 고려하여 현재의 투자를 감소시키므로 생산이 줄어들게 된다.

section 03 우리나라 경기순환의 특징

우리나라 경기순환의 역사가 선진국에 비해서 일천함에도 불구하고 최근 들어 경기순환의 원인 분석에 관한 논문이 많이 출판되었다. 이 분야의 활발한 연구활동은 〈표 2-1〉에서와 같이 1970년대 초 이래 우리 경제가 겪은 10번의 경기순환 관련 자료의 축적과 경기순환 분석방법의 발전에 연유한다.

표 2-1　한국의 기준 순환일 (단위 : 개월)

	저점	정점	저점	확장국면	수축국면	전순환기간
제1순환	1972. 3	1974. 2	1975. 6	23	16	39
제2순환	1975. 6	1979. 2	1980. 9	44	19	63
제3순환	1980. 9	1984. 2	1985. 9	41	19	60
제4순환	1985. 9	1988. 1	1989. 7	28	18	46
제5순환	1989. 7	1992. 1	1993. 1	30	12	42
제6순환	1993. 1	1996. 3	1998. 8	38	29	67
제7순환	1998. 8	2000. 8	2001. 7	24	11	35
제8순환	2001. 7	2002. 12	2005. 4	17	28	45
제9순환	2005. 4	2008. 1	2009. 2	33	13	46
제10순환	2009. 2	2011. 8	2013. 3	30	19	49
제11순환	2013. 3	2017. 9*	–	54	–	–
평균순환기간	–	–	–	33	18	49

자료 : 통계청, *는 잠정치.

　경기순환 요인을 규명하기 위해서 구조모형에 기초한 가상적 시뮬레이션(counterfactual simulation)을 사용하여 분석한 지난 40여 년간 우리나라 경기순환의 특징을 다음과 같이 정리할 수 있다.

　전 기간을 통하여 가장 큰 영향을 미친 요인은 건설투자였다. 건설투자의 순환변동 기여율은 제2, 3, 5순환에 걸쳐 각각 20%를 상회하였는데, 이는 제2순환기에 추진된 중화학공업 육성정책에 따른 활발한 공장건설, 제3순환기인 1983년의 25% 건설투자 증가 및 제5순환기 중 주택 200만호 건설 등의 사실로 뒷받침된다.

　우리나라 경기순환의 두 번째 요인은 해외부문이었다. 해외부문은 다시 해외경기, 국제 원유가 및 원자재 가격, 엔화 등의 해외환율로 세분될 수 있으나, 해외요인들은 서로 상관관계를 가지고 변하기 때문에 분석의 편의상 한 항목으로 묶어 보았다. 우리나라 수출의 해외경제 성장탄성치는 약 2~3으로 알려져 있다. 즉, 해외경제가 1% 성장한다면 우리나라의 수출은 2~3% 성장하게 된다. 특히 제1, 2, 3, 4순환은 해외요인에 의해서 큰 영향을 받았다. 우선 원유 가격은 제1, 2순환기의 경기위축과 제4순환기의 경기 상승을 주도하였으며, 미·일 등의 선진국 경기회복에 힘입은 수출은 제2순환기 상승국면의 주요 원인이 되었다. 또한 국제 상품 가격의 변동은 제3순환기의 변동폭을 심화시킨 것으로 나타났다.

통화는 대체로 경기를 안정시키는 방향으로 운용되어 왔다고 평가할 수 있으나, 제5순환기 중에는 민간신용이 순환변동의 10%를 상회하는 기여를 한 것으로 나타나 통화공급이 경기변동을 심화시켰다고 볼 수 있다.

마지막으로 우리나라의 농업생산은 총생산에서 차지하는 비중이 꾸준히 감소되어 왔기 때문에 경기순환에 미치는 영향이 미미하였다. 이와 같은 농업부문의 감소 추세에도 불구하고 제1, 2순환기의 수축국면에서는 농업부진이 GDP의 변동폭을 심화시키는 요인으로 작용했다.

위에서도 언급하였듯이 한 나라의 경기순환의 특징은 순환심도, 변동성, 공행성 등을 측정함으로써 알 수 있다. 순환심도는 경기변동을 잘 반영하는 변수를 채택하여 확장기와 수축기에 나타난 변동폭을 계산하면 된다. 비농림어업 GDP 증가율로 순환심도를 측정했을 경우 확장기의 평균 순환심도는 9%, 수축기의 평균 순환심도는 −10%로 경기국면별 순환심도는 큰 차이가 없었던 반면, 순환기별 순환심도는 큰 차이를 보였다.

변동성은 경기변수 증가율의 표준편차로 측정되는데, 변동성의 감소는 곧 안정성의 증가라고 해석할 수 있다. 우리 경제의 변동성은 1980년대 들어서 그 이전보다 크게 감소하였는데, 이는 경기순환을 유발시키는 외생적 충격의 빈도와 규모가 1980년대 들어서 현저하게 줄어들었고, 또한 경제안정에 역점을 둔 당시 정부의 대응전략이 유효했기 때문이라고 말할 수 있다.

공행성은 경제변수들이 서로 안정적인 관계를 가지고 일정한 방향으로 함께 움직이는 특성을 말하며 경기 전환점과의 시차 분석을 통해서 측정된다. 우리나라에서는 산업생산, 제조업가동률지수, 전력사용량 등이 경기순환과 큰 시차 없이 동행하지만, 건축허가면적, 기계수주액, 수출신용장 내도액 등은 경기에 다소 선행한다. 반면에 기계류 수입액이나 가계소비지출 등은 경기에 후행하는 경향을 보인다.

chapter 03
경기변동이론과 경기안정화정책

1 케인즈학파의 경기변동이론

케인즈의 「일반이론」 출간 이후 1940년대에서 1970년대 초까지 경기변동이론은 케인즈의 거시경제모형을 동태화하는 데 주력했다. 즉, 케인즈학파는 경기순환의 원인을 기업가의 투자심리 또는 동물적 감각(animal spirits) 등에 의해 결정되는 독립투자 및 소비자의 내구소비재 지출에서 찾았다. 그리고 이러한 독립투자 또는 내구재 소비의 증가(감소)로 인한 생산 또는 소득증가(감소)가 소비지출의 증가(감소)를 유발함으로써 추가적인 생산 또는 소득증가(감소)를 가져오는 승수효과(multiplier effect)와 이러한 생산변동이 다시 투자변동을 유발시키는 가속도 원리(acceleration principle)를 결합하여 경기순환을 설명하였다.

2 통화주의자의 경기변동이론

케인즈학파는 경기순환의 주원인을 투자 및 내구소비재에 대한 불안정한 지출이라고 보았으나, 통화주의자는 지출요소는 안정적이지만 통화공급이 불안정하기 때문에 경기순환이 발생한다고 보았다. 프리드만과 슈워츠(A. Schwartz)는 미국의 실질 GDP와 통화량의 시계열자료 분석을 통하여 통화량의 변동이 GDP 변동에 선행함을 보였다. 이들에 따르면 통화량 증가는 1년 정도의 시차를 가지면서 생산량 증가로 이어지고 통화량 감소 역시 1년 정도 뒤에 생산량 감소로 연결된다는 것이다. 그들은 경제가 자연산출 수준, 즉 완전고용 산출 수준(full-employment level of output)으로 회귀하려는 경향이 있기 때문에 정책당국은 통화공급량을 경제의 적정 성장 속도에 맞추어 해마다 일정한 비율로 증가시켜야 한다고 주장했다. 그러면 생산은 시장원리에 따라 자연히 자연산출 수준 근방에서 결정된다고 믿었다. 통화주의자들의 주장을 요약하면 굳이 통화 관리를 할 필요가 없다는 것이었다.

이 같은 반(反) 케인즈적인 경기변동론은 1970년대 중반까지 현실을 비교적 잘 설명하는 듯하였다. 그러나 통화주의자의 패러다임을 뒤흔드는 하나의 일이 있었는데, 그것은 1982년부터 나타나기 시작한 화폐 유통 속도의 하락이었다. 통화주의자의 논리적 근거는 화폐 유통 속도가 안정적이라는 가정 위에 세워진 통화공급과 명목 GDP 간의 긴밀한 관계였는데, 1980년대에 나타난 화폐 유통 속도의 불안정성은 화폐와 명목 GDP 간의 안정적인 관계에 대해 의구심을 갖게 하였다.

3 새고전학파의 경기변동이론

이 시기에 경기변동이론을 포함한 거시경제학은 방법론에서도 큰 변화를 경험했다. 기존 케인즈식의 모형은 소비함수, 투자함수 등으로 거시경제를 모형화하고, 이 모형을 구성하는 개별 함수들의 계수들을 추정·계량화하여 거시정책의 효과를 분석하는 모형으로 사용했다. 이러한 방법론은 추정된 개별 함수의 계수들이 변화하지 않고 안정적(time invariant)이라는 가정을 전제한 것이었다.

출이 증가하여 경기회복을 부양시키는 효과가 있다.

2   준칙과 재량(rule vs. discretion)

1960년대에 통화주의자들과 케인즈학파 간에 통화정책의 효과에 관하여 논쟁을 벌일 때 제기된 중요한 문제 중 하나는 정책당국이 준칙(rule)을 따를 것인가 아니면 재량(discretion)을 가질 것인가 하는 점이었다. 앞서 통화주의자의 경기변동이론에서도 암시되었듯이 프리드만 등 통화주의자들은 재량보다는 준칙을 선호하였다. 그들은 통화는 단기적으로 경제에 영향을 미칠 수 있지만, 내부 시차 문제와 길고 가변적인 외부 시차 문제가 있기 때문에 통화정책을 재량적으로 사용하는 것은 반대하였다. 그들은 임금이나 가격조정이 충분히 신축적이므로 통화당국이 경제가 불황에 빠져 있는 것을 인지하고 통화공급을 증가시킬 때쯤에 경제는 이미 불황을 빠져 나오고 있을 수 있다는 것이다. 이런 경우 통화공급의 증가는 경기과열과 물가상승을 가져오면서 경제를 불안정하게 만들 수 있다는 것이다.

1970년대 이후 새고전학파 경제학자들은 통화주의자가 주장한 것과는 다른 논리로 준칙과 재량의 문제를 접근하고 있다. 그들은 통화당국이 준칙을 따르면 통화정책에 대한 민간 경제주체의 신뢰를 획득할 수 있고, 통화정책에 대한 신뢰가 통화정책의 효과에 큰 영향을 미친다고 주장하였다. 재량에 의한 통화정책은 단기적으로 인플레이션을 통한 경제성장 효과에 집착할 수 있는 유인이 있다. 그러나 민간 경제주체들은 합리적으로 기대를 형성하므로 지속적으로 속지는 않는다. 즉, 민간은 정책결정자가 '깜짝 인플레이션'으로 자신들을 놀라게 할 유인이 있다는 사실을 이해하고 항상 이러한 정책당국의 인플레이션 편의(inflationary bias)를 예상하여 의사결정을 한다. 결국 재량적 통화팽창은 의도한 실물부문의 성장효과 없이 실제 인플레이션만 증가시킴으로써 사회후생을 감소시킨다. 이에 비해 준칙에 의한 통화정책은 공시된 준칙이나 정책수립과정이 경제주체들의 의사결정에 대한 기준을 제공함으로써 정책에 대한 신뢰성을 회복시켜 장기적으로 인플레이션 편의를 제거할 수 있는 장점이 있다. 따라서 신뢰성 구축은 통화정책의 효율적 수행을 위한 전제조건인 셈이다.

3 우리나라의 물가안정목표제도

우리나라의 통화정책은 1998년 한국은행법 개정과 함께 물가안정목표제(inflation targeting)를 시행하면서 매년 물가상승률 목표치를 설정·공표하고 있다. 이는 민간경제 주체들에게 정책수행 목표를 사전에 밝힘으로써 통화정책의 투명성과 독립성을 강화하고 이를 통해 정책의 신뢰성을 구축하기 위함이다. 이러한 신뢰성의 확보는 물가안 정목표제를 실시하는 가장 근본적인 이유이다.

파급 경로(transmission mechanism)란 통화당국에 의한 통화정책이 금융시장의 각종 가격변수 및 수량변수의 변동을 통해 최종적으로 물가, 성장 등 실물경제활동에 영향을 미치게 되는 일련의 단계별 과정을 말한다. 또한 통화정책이 시행되어 물가, 성장 등 실물부문에 영향을 미치는 데는 상당한 기간의 시차가 존재하게 된다. 따라서 통화정책의 유효성을 분석하는 데는 통화정책이 어떤 경로를 통해 최종 목표에 영향을 미치는가 하는 파급 경로와 어느 정도 후에 영향을 미치는가 하는 파급시차 분석이 중요하다.

통화정책이 실물경제에 파급되는 경로에는 전통적인 금리 경로(interest rate channel), 최근 중요성이 높아지고 있는 자산 가격 경로(asset price channel), 환율 경로(exchange rate channel), 그리고 금리 경로와 대비되는 신용 경로(credit channel) 등이 있다.

1   금리 경로

중앙은행이 공개시장조작 등으로 통화공급을 확대하여 단기금리를 낮추면 장기금리와 은행금리도 함께 하락하여 기업투자와 가계소비가 늘어나고 이는 총생산의 증대로 이어진다. 금리 경로는 2단계로 구분할 수 있다. 첫째는 통화정책이 금융시장 내에서 단기금리, 장기금리 및 은행금리로 순차적으로 파급되는 과정이다. 둘째는 전반적인 금리변화가 소비, 투자 등 실물부분으로 파급되는 과정이다. 금리 경로가 제대로 작동하려면 이론적으로 이 2단계가 모두 원활해야 하지만, 현실에서 반드시 그런 것만은 아니다.

우리나라는 1990년대에 금리자유화를 실시하여 금리 경로가 작동할 수 있는 기본조건을 갖추었다. 또한 금융시장이 질적·양적으로 크게 발전하면서 금리를 매개로 개별시장 간 상호 연계성이 높아지고 있을 뿐만 아니라 시장의 기대와 반응이 금리에 반영되는 메커니즘도 점차 형성되고 있는 것으로 보인다. 이에 더하여 1998년 이후 한국은행이 콜금리를 정책운용 목표로 활용함에 따라 경제주체들의 금리 민감도도 높아졌다. 현재는 한국은행의 7일물 RP매각에 적용되는 RP금리를 기준금리로 선택하고 이를 운용목표로 삼고 있다.

그러나 금리 경로의 장애요인도 만만치 않다. 예를 들어 은행대출의 경우 정보의 비대칭성(information asymmetry) 하에서 은행은 차입자의 신용도를 정확하게 파악할 수 없고 또 그것을 알아내는 데 비용이 수반된다. 그 결과 은행대출은 균형 금리에서 결정되는 적정 수준의 대출 수준보다 과소한 수준에서 이루어진다. 즉 신용할당(credit rationing) 현상이 발생할 수 있다.

2　자산 가격 경로

통화정책은 주식이나 부동산과 같은 자산 가격을 변화시킴으로써 실물경제에 영향을 미칠 수 있다. 자산 가격 경로가 중시되기 시작한 것은 가계의 주식이나 부동산 보유가 늘어나고, 기업도 주식발행을 통한 자금조달에 더 많은 관심을 기울임에 따라 소비 및 투자가 주가와 부동산 가격의 영향을 받게 되었기 때문이다. 자산 가격 경로는 토빈(J. Tobin)의 q이론과 부(富)의 효과(wealth effect)를 통하여 설명할 수 있다.

토빈의 q란 주식시장에서 평가된 기업의 시장가치(market value of firms)를 기업의 실물자본 대체비용(replacement cost of capital)으로 나눈 비율을 말한다. 금리 인하로 주가가 상승하면 기업의 시장가치가 커져 기계나 공장과 같은 실물자본을 대체하는 데 소요되는 비용을 상회함으로써 q가 상승한다. 이는 기업들이 높은 가격으로 주식을 발행하여 상대적으로 저렴한 비용으로 투자함으로써 이윤을 늘릴 수 있음을 의미한다.

토빈의 q이론은 통화정책 완화가 주가 상승으로 이어져야만 성립할 수 있으나 여기에도 제약요인이 있다. 먼저 주가는 전반적인 경기상황이나 기업의 수익성, 건전성을 종합적으로 반영하는 지표인데 다른 조건이 열악한 상태에서 금리가 낮아졌다고 주식에 대한 수요가 회복되겠느냐는 점이다. 2000년 하반기부터 시작된 경기둔화에 대응하여 미 연방준비제도이사회(FRB)가 수차례에 걸쳐 정책목표금리를 큰 폭으로 인하했음에도 불구하고 주가는 약세를 보였던 것이 그 예이다. 또한 우리나라와 같이 해외 여건의 영향을 많이 받는 소규모 개방경제에서는 주가가 국내 통화정책의 변화보다 미국 등 선진국의 주가 변화에 더 민감하게 반응하기도 한다. 다음으로 주가 변동이 투자로 연결되는 고리에 있어서도, 주가는 단기적으로 등락이 매우 심한 반면 투자는 투자결정에서 실행에 이르기까지 상당한 시간이 소요되므로 실제 기업이 얼마만큼이나 주가 변동을 고려하면서 투자행위를 할 것인지도 의문으로 남는다.

토빈의 q이론이 투자에 대한 주가 변화의 영향을 분석한 것이라면 부의 효과는 일반인들이 보유하고 있는 주식의 가격 변화가 소비에 미치는 영향에 관한 것이다. 소비이론에서 살펴볼 수 있듯이 개인이 보유하고 있는 주식의 가격이 오르면 그만큼 부가 늘어나 소비를 늘릴 수 있는 여력이 커진다는 것은 쉽게 이해할 수 있다.

부의 효과는 부동산과 같은 실물자산의 가치 변동을 통해서도 나타난다. 금리 하락과 통화량 증가는 주식과 비슷하게 주택 등에 대한 수요를 늘려 부동산 가격의 상승을 가져올 수 있다. 가계자산의 큰 부분을 차지하는 부동산 가격이 상승하면 개인들은 이전보다 부유해진 것으로 생각하여 소비지출을 늘릴 개연성이 커진다. 또한 부동산 가격이 상승하면 담보가치도 높아져 은행으로부터 대출을 받기 쉬워지고 이를 소비재원으로 활용할 수도 있다.

3 환율 경로

국제화가 진전되고 자유변동환율제도를 채택하는 나라들이 늘어남에 따라 환율 경로에 대한 관심이 높아지고 있다. 환율 경로의 1차 단계는 국내 금리 변화가 환율을 변화시키는 것이다. 이는 투자자들이 국내 통화표시 금융자산과 해외 통화표시 금융자산을 선택하는 과정에서 발생한다.

예를 들어 우리나라의 국내 금리가 하락하면 원화로 표시된 정기예금의 수익률이 떨어지게 된다. 그러면 사람들은 상대적으로 수익률이 높아진 달러화 표시 외화예금을 매입하고자 할 것인데, 그러자면 원화를 팔고 달러를 사야한다. 이는 원화의 초과공급과 달러화의 초과수요를 가져와 원화의 가치를 떨어뜨리게 된다.

원화 약세인 환율의 상승은 2차 단계로 다음과 같은 3가지 경로를 통해 실물경제에 영향을 미친다.

첫째, 환율 상승은 달러로 표시한 수출품 가격을 낮추는 대신 원화로 표시한 수입품 가격을 상승시킨다. 이러한 가격 변화에 따라 수출은 늘어나고 수입은 줄어들어 경상수지가 개선된다.

둘째, 환율 상승은 수입품 가격을 높여 곧바로 국내 물가에 영향을 미친다. 국제 원유 가격이 배럴당 25달러에 변함이 없더라도 환율이 달러당 1,000원에서 1,300원으로 상승하면 국내 석유류 가격은 30% 오른다.

셋째, 환율 변동은 기업이나 금융기관의 외화 자산과 부채의 가치를 변화시켜 재무구조에 중대한 영향을 미친다. 경제활동의 세계화 진전으로 국내 기업이나 금융기관은 해외자본을 도입하고 이를 해외에서 운용하기도 한다. 환율이 급등하면 해외부채가 많은 기업은 상환부담이 커져 수익성이 악화된다.

4 신용 경로

앞서 살펴본 금리 경로, 자산 가격 경로 및 환율 경로는 통화정책의 효과가 금융시장의 가격 변수에 영향을 줌으로써 실물경제에 파급되는 과정이다. 이에 비해 신용 경로는 통화정책의 양적인 측면, 다시 말해 은행대출에 영향을 미쳐 실물경제에 파급되는 과정을 말한다.

중앙은행이 통화공급을 축소하면 이는 은행예금의 감소로 나타난다. 은행은 예금 감소에 대처하여 대출을 줄이든지 채권보유를 줄여야 하는데 통상 은행은 신용위험이 낮고 유동성이 풍부한 국공채를 보유하려 하기 때문에 이보다는 대출을 줄이려고 할 것이다. 이때 은행에서 자금을 차입한 기업들은 대출을 상환해야 하는데, 만약 이들 기업이 자기신용으로 자본시장에서 기업어음이나 주식 등을 발행하여 상환되는 대출금만큼 자금을 확보할 수 있다면 실물경제는 아무런 영향을 받지 않을 것이다. 그러나 은행대출에 의존하는 고객은 자기신용이 취약한 중소기업이나 개인들이기 때문에 은행이 대출을 줄이면 이들은 바로 자금부족을 느끼게 되며 그 결과 전반적인 경제활동이 위축됨으로써 신용 경로가 작동하게 되는 것이다.

이러한 통화정책 파급 경로는 금융자유화에 따른 은행의 자금조달방식 다양화로 인해 그 중요성이 줄어들고 있다. 중앙은행의 긴축정책으로 예금이 감소하더라도 은행이 CD(양도성 예금증서) 등을 발행하여 자금을 조달할 수 있다면 긴축 이전과 별 차이 없이 대출재원을 확보할 수 있을 것이며 따라서 특별히 대출을 축소시킬 이유가 없을 것이다. 또한 금융국제화의 진전으로 은행들은 국제금융시장에서 자금을 조달할 수 있어 국내 금융시장 사정이 긴축적이라도 이를 얼마든지 보완할 수 있다. 그러나 금융시장이 잘 발달되지 않았거나 정책당국의 신용규제가 남아 있는 국가의 경우에는 이러한 신용 경로가 아직도 중요한 역할을 하고 있는 것으로 보인다.

우리나라 은행의 자산구조를 보면 대출비중이 점차 낮아지고 있지만 아직도 많은 중소기업들이 은행을 통해 자금을 조달하고 있으며 안정성을 고려한 은행의 자금운용 결과 가계대출이 크게 늘어나고 있는 점 등을 감안할 때 은행 대출 경로를 통한 통화정책의 파급효과는 아직도 상당할 것으로 판단된다.

이 밖에도 통화정책은 가계와 기업의 대차대조표, 즉 자산 부채 상태를 변동시킴으로써 소비와 투자에 영향을 미친다. 예를 들어 긴축 통화정책에 의해 금리가 상승하면 기업의 미래 매출과 현금흐름이 악화되고 부채부담이 증가하게 되어 순 자산가치가 감소하는 등 재무상태가 악화된다. 이 경우 기업의 신용위험에 대한 우려가 높아지면서 리스크 프리미엄이 상승하고 기업의 자금조달 자체가 어려워지면 기업투자 등 실물경제 활동이 위축된다. 이와 같은 통화정책의 대차대조표 경로는 유사한 파급 경로를 거쳐 가계의 내구재 및 주택구입과 같은 소비지출에도 영향을 미친다.

한편 경제주체들의 재무상태는 통화정책 효과의 파급 정도를 결정하는 데 매우 중요하다. 기업의 부채비율이 높은 상황에서 통화정책을 긴축적으로 운용하여 금리가 상승하면 기업의 금융비용이 급증하면서 현금흐름이 악화되어 기업도산이 발생할 가능성이 있다. 따라서 인플레이션이 우려되어 통화정책 기조를 전환할 필요성이 높다고 판단되더라도 기업의 부채비율이 높을 경우 이를 실행에 옮기는 데 한계가 있다. 다시 말해 기업의 불건전한 재무상태는 통화정책을 제약하는 요인이 되는 것이다.

끝으로 <표 3-1>은 위에서 살펴본 통화정책의 4가지 파급 경로를 요약한 것이다.

표 3-1 통화정책의 파급 경로

	파급 경로		금융 · 외환시장	실물경제	
통화정책 (기준금리, 통화량)	금리 경로		단기금리→장기금리, 은행여수신금리	소비, 투자	총수요 생산 물가 경상 수지
	자산 가격 경로	q이론	주가→q	투자	
		부의 효과	주가, 부동산 가격→개인의 부	소비	
	환율경로		금리→환율	수출, 수입	
	신용 경로		은행예금, 대출, 대차대조표→리스크 프리미엄	소비, 투자	

출처 : 한국은행, 우리나라의 통화정책, 2005.

chapter 04

경기예측방법

경기예측방법의 분류

　　1930년대 미국의 NBER(National Bureau of Economic Research)를 중심으로 경기 및 경제의 사전예측을 위한 본격적인 연구가 시작된 후 많은 학자들이 여러 가지 방법을 연구·개발하고 응용해 왔으나, 현재까지도 어느 방법이 가장 정확하다고 단정하기는 어렵다. 그러나 꾸준한 연구 및 응용의 결과로 최근에는 예측기법이 보다 정교해지고 고도화되고 있다. 일반적으로 지금까지 개발된 경기예측방법은 다음과 같다.

❶ 경기 관련 경제시계열의 움직임을 종합한 경기지표(예를 들어 경기종합지수(Composite Index : CI)와 경기동향(또는 확산)지수(Diffusion Index : DI))들을 분석함으로써 객관적인 경기의 움직임을 전망하고자 하는 방법

❷ 기업가 경기전망조사(business survey), 설비투자동향조사, 소비자태도조사, 정부예

표 4-1   경기예측방법의 분류표

경기예측방법	① 경기지표에 의한 경기예측 : 경기확장지수(DI), 경기종합지수(CI) ② 설문조사에 의한 경기예측 : 기업경기실사지수(BSI), 소비자태도지수(CSI) 등 ③ 경제모형에 의한 경기예측 : 시계열모형, 거시계량모형

산 등 개별 경제주체의 각종 계획이나 경기에 대한 판단, 예상자료 등을 설문조사하여 경제를 전망하고자 하는 방법

❸ 계량경제학적 모형을 설정하여 모형에 관련된 제 변수를 예측함으로써 경제의 움직임을 전망하고자 하는 방법으로 대별해 볼 수 있으며, 이 밖에도 생산, 투자, 소비 등 경기변동을 잘 반영한다고 판단되는 개별 지표들을 과거의 경험적 사실에 비추어 종합적으로 판단하는 방법이 있음

이 중에서 경기지표에 의한 예측방법은 독립변수와 종속변수의 관계를 통한 예측이 아니라 과거 시계열의 변동 형태, 즉 과거의 경험적 사실에만 의존해서 경기를 예측한다는 약점은 있다. 그리고 설문조사에 의한 경기예측방법은 기본적으로 정량(定量)분석이라기보다는 정성(定性)분석의 성격이 강하고 조사대상 경제주체의 주관적인 예측만을 반영한다는 문제점이 있다. 현재 우리나라에서는 경기지표에 의한 방법과 설문조사에 의한 방법이 많이 사용되고 있으며, 최근에는 경제모형에 의한 방법 또한 유용한 수단으로 이용되고 있다.

하지만 경제모형에 의한 방법은 일반인들이 쉽게 사용하기에는 어렵다는 단점이 있다. 계량경제학적 이론을 배경으로 경제를 이루고 있는 각 경제주체(정부, 민간, 기업 등)들의 경제 행위(소비, 투자, 저축 등)를 수리적으로 모형화한 뒤, 외부 경제여건과 내부 제약조건에 따라 각 경제주체들의 행위가 어떻게 변화되고 이것이 경제 전체적으로는 어떤 영향을 미치는지 분석하고 예측하는 작업이기 때문이다. 이 작업은 높은 수준의 경제적, 수학적, 통계적 배경 지식을 필요로 하기 때문에, 한국은행과 같은 국책기관 혹은 경제/금융연구소나 금융기관의 조사분석 업무 담당자들이 주로 사용하는 방법이다.

경기지표에 의한 경기예측

우리는 제1장에서 경기의 움직임은 기본적으로 생산 및 수요에 관한 여러 가지 경제지표를 분석함으로써 파악할 수 있으며, 그 대표적 지표로 GDP 통계를 예로 들었다. 그러나 GDP 통계는 당해연도 또는 분기가 끝난 후 상당기간이 지난 뒤에야 추계가 가능하기 때문에 이를 통하여 현재의 경기상황이나 장래의 경기전망을 신속히 판단하기 어렵다. 경기동향의 보다 신속한 파악을 위해서는 월별로 발표되는 각종 경제지표들을 이용하여 수요동향이나 생산동향 또는 재고동향 등을 알아야 한다.

따라서 이와 같은 개별 경제지표들은 경제활동의 한 측면만을 나타내는 것이므로 국민경제 전체의 경기동향을 파악하기 위해서는 각종의 지표들을 종합하여 분석할 필요가 있는데, 이에 따라 세계 각국은 다수의 경제활동을 합성화한 경기지표(business indicator)를 작성하여 이용하고 있다.

경기지표는 작성방법에 따라 여러 형태로 분류될 수 있으며, 현재 널리 이용되고 있는 것으로는 경기종합지수(Composite Index : CI)와 경기확산지수(Diffusion Index : DI) 등이 있다. 우리나라에서는 통계청에서 경기종합지수를 매월 작성·발표하고 있다.

1 경기확산지수(DI)

경기확산(동향)지수란, 그 이름이 나타내듯이 경제의 특정부문에서 발생한 경기동향 요인이 여타 부문으로 점차 확산·파급되어 가는 과정을 파악하기 위해서 경제통계지표 간의 변화 방향만을 종합하여 지수화한 것으로서 경기국면의 판단 및 예측과 경기전환점을 식별하기 위한 경기지표이다.

경제 각 부문의 변동을 나타내는 경제통계지표 가운데 전체 경제의 변동과 밀접한 대응성을 가지고 움직이는 지표를 선정한 다음, 이들 지표를 선행·동행·후행지표 등으로 구분하여 선행지표의 변동으로 경기를 예측하고 동행 및 후행지표의 변동으로 이를 확인하게 된다. 이 때 선행성이란 과거 전체 경제의 움직임과 개별 지표 간에 나타났던 관계를 토대로 이와 같은 관계가 앞으로도 계속될 것이라는 전제에 입각하고 있다.

(1) 경기확산지수의 기본원리, 작성방법 및 해석

일반적으로 경기 확장기에는 대부분의 경제지표가 증가방향으로, 경기 수축기에는 감소방향으로 움직인다. 아울러 확장국면으로 바뀌는 저점에서는 증가지표와 감소지표가 서로 비슷해진다. DI는 바로 이러한 원리를 역으로 이용한 것이라고 볼 수 있다. 구체적인 작성방법은 우선 경제지표를 선행, 동행 및 후행지수의 3개군으로 구분한 뒤 각군의 총 구성지표수에서 차지하는 증가지표수와 보합지표수를 파악하여 다음과 같이 계산한다.

$$경기확산지수(DI) = \frac{전월비\ 증가지표수 + (0.5 \times 보합지표수)}{구성\ 지표수} \times 100$$

예컨대 DI가 50% 이상이면 경기는 상승국면, 50% 이하이면 하강국면에 놓여 있음을 나타내는 것이며, 경기변동의 정점에서 DI는 50% 선을 위에서 아래로 그리고 저점에서는 아래로부터 위로 통과하게 된다. 또한 선행지수의 DI가 50% 선을 통과하게 되면 가까운 장래에 경기국면이 변동할 것을 예시하고, 그 뒤를 이어 동행 및 후행지표의 DI가 50% 선을 통과하게 되면 경기가 완전히 새로운 국면에 접어들었음을 확인해 주는 것이다.

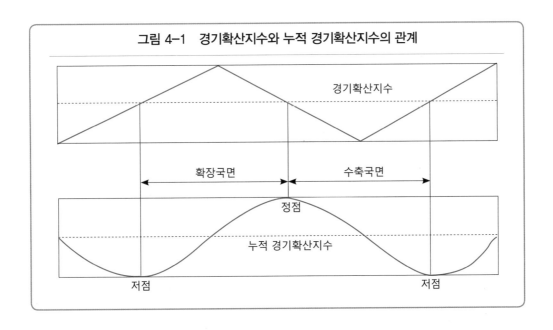

그림 4-1 경기확산지수와 누적 경기확산지수의 관계

(2) 경기확산지수의 종류

❶ 역사적 확산지수(Historical Diffusion Index, HDI) : 작성방법은 DI와 동일하나, 개별 시계열의 변동 방향에 대한 판단방식에 차이. 즉, 개별 시계열의 실제 월별 변동 방향과는 상관없이 당해 계열의 특수 순환일에 따라 정점에서 저점까지의 전 기간을 감소, 저점에서 정점까지의 전 기간을 증가한 것으로 간주하여 DI를 계산하는 방식. 따라서 HDI는 경기변동을 예측·분석하는 데는 사용할 수 없고 과거의 기준 순환일을 추정하는 데만 이용

❷ 당면적 경기확산지수(Current Diffusion Index) : 일반적인 DI의 개념과 동일하며 개별시계열의 월별 변동 방향만을 감안, 총 구성 계열수에 대한 증가계열의 백분비율을 구하여 산출. HDI와는 달리 현재의 경기국면 판단 및 향후 경기예측수단으로 이용

❸ 누적 경기확산지수(Cumulated Diffusion Index, CDI) : DI의 월별 변동폭이 심할 경우에는 경기변동의 방향 및 전환점의 파악이 어렵게 되므로 누적 DI를 산출하여 보완적으로 사용

$$CDI_t = CDI_{t-1} + (DI_t - 50)$$

누적 DI는 월별 DI의 순증가만을 합성하기 때문에 수치의 크기는 의미가 없으며, 단지 경기전환점을 확인하는 데만 이용된다. DI와 누적 DI의 관계는 〈그림 4-1〉에 예시되어 있다.

(3) 경기확산지수의 유용성 및 한계

경기확산지수는 아래에서 살펴볼 경기종합지수(CI)와는 달리 경기변동의 진폭이나 속도는 측정하지 않고 변화 방향만을 파악하는 것으로서 경기의 국면 및 전환점을 판단할 때 유용하게 사용될 수 있다. 그리고 CI 등 타 경기지표 작성의 기초가 되며 보완수단으로도 이용될 수 있다. 그러나 경기확산지수는 경기변동의 심도를 나타내는 지표가 아니기 때문에 그 수치의 해석에 있어서 주의를 요한다. 예를 들어 경기확산지수가 60일일 때보다 100일일 때의 경기확장속도가 1.7배 빠르다고 할 수 없으며, 반대로 40일일 때에 비해 20일일 때의 수축 속도가 2배 강하다고 할 수 없다는 것이다. 그리고 CI를 포함한 경기지표는 이론적 접근이 아닌 과거의 경험에 의한 시계열의 통계적 종합

에 불과하다는 한계를 갖는다.

끝으로 개별 지표의 선행, 동행, 및 후행계열 분리와 관련된 어려움은 경기지표의 예측수단으로서 제약이 될 수도 있다.

2 경기종합지수(CI)

경기종합지수(CI)는 경기에 민감한 대응성을 보이는 몇 개의 대표 시계열을 선정, 이들의 움직임을 종합하여 지수 형태로 나타냄으로써 경기국면의 파악 및 경기 수준의 측정에 이용하기 위한 종합적인 경기지표이다.

(1) 경기종합지수의 기본원리, 작성방법 및 해석

DI가 각 개별 시계열의 변화 방향만을 감안하여 작성하는 데 비하여 CI는 각 지표의 전월 대비 변화율을 통계적으로 종합 · 가공하여 산출한다.

CI의 전월에 대한 증가율이 (+)인 경우에는 경기상승을, (−)인 경우에는 경기하강을 나타내며 그 증감률의 크기에 의해 경기변동의 진폭까지도 알 수 있다. 따라서 경기변동의 방향, 국면 및 전환점은 물론 변동 속도까지도 동시에 분석할 수 있으며 경기조정정책 수립에 필요한 기초자료가 된다.

경기종합지수에 의한 우리나라의 경기순환은 추세변동 요인을 제거한 관점에서 1972년 이후 10회가 있었으며, 최근의 경기순환(제10순환)은 통계청의 기준 순환일 발표에 의하면 경기정점은 2011년 8월이고 2013년 3월 이후 제11순환이 시작된 것으로 발표되었다(제2장의 〈표 2−1〉 참조).

(2) 경기종합지수의 구성과 경기진단의 예

경기종합지수는 기준 순환일(경기 전환점)에 대한 시차(time lag) 정도에 따라 선행 · 동행 · 후행종합지수의 3개군으로 구분되는데, 최근 각 지수의 구성지표수는 선행 7개, 동행 7개, 후행 5개로 되어 있다(선행, 동행 및 후생지수의 구성지표는 각각 〈표 4−2〉, 〈표 4−3〉, 및 〈표 4−4〉를 참조).

다음의 〈그림 4−2〉에 예시된 바와 같이 선행지수가 선행 시차만큼 앞서서 동행지수의 움직임을 예고해 준다. 따라서 선행지수에 의하여 경기를 예측하고 동행 및 후행지

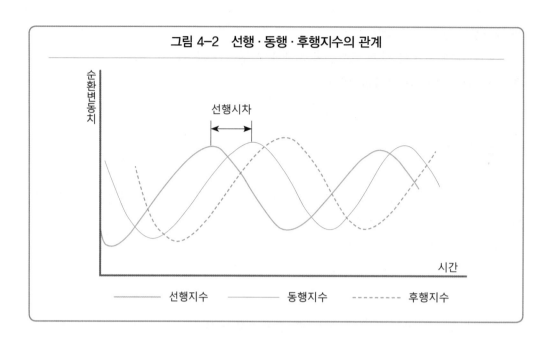

그림 4-2 선행·동행·후행지수의 관계

표 4-2 선행종합지수의 구성지표

경제부문	지표명	내용	작성기관
생산	재고순환지표	생산자제품제조업출하 전년동월비 −생산자제품제조업재고 전년동월비	통계청
소비	경제심리지수	BSI(32개), CSI(17개) 중 경기대응성이 높은 7개 항목의 가중평균	한국은행
투자	기계류 내수 출하지수	설비용기계류에 해당하는 69개 품목 (선박 제외)	통계청
	건설수주액(실질)	종합건설업체의 국내건설공사 수주액	통계청
대외	수출입물가비율	수출물가지수÷수입물가지수×100	한국은행
금융	코스피지수	월평균	한국거래소
	장단기금리차	국고채유통수익률(월평균) −무담보콜금리(1일물, 중개거래, 월평균)	한국은행

표 4-3	동행종합지수의 구성지표		

경제부문	지표명	내용	작성기관
고용	비농림어업 취업자 수	취업자 수−농림어업 취업자 수	통계청
생산	광공업생산지수	광업, 제조업, 전기·가스업(대표 품목 485개)	통계청
	서비스업생산지수	도소매업 제외	통계청
소비	소매판매액지수	소매업과 자동차판매 중 승용차	통계청
	내수출하지수	광업, 제조업, 전기·가스업(내수용)	통계청
투자	건설기성액(실질)	건설업체에서 시공한 공사액	통계청
대외	수입액(실질)	수입액(CIF)÷수입물가지수	관세청

표 4-4	후행종합지수의 구성지표		

경제부문	지표명	내용	작성기관
고용	취업자수	경제활동인구 중 취업자수	통계청
생산	생산자제품재고지수	광업·제조업(대표 품목 417개)	통계청
소비	소비자물가지수변화율 (서비스)	서비스 152개 품목 물가지수의 전년동월대비 변화율	통계청
대외	소비재수입액(실질)	소비재수입액÷소비재수입물가지수	관세청
금융	CP유통수익률	CP 91일물의 단순평균수익률	금융투자협회

수로서 경기동향을 확인하는 데 이용한다.

❶ 선행종합지수(leading composite index) : 경제심리지수, 기계류 내수 출하지수, 긴설수주액, 코스피지수 등의 지표처럼 실제 경기순환에 앞서 변동하는 개별 지표를 가공·종합하여 만든 지수로, 향후 경기변동의 단기예측에 이용

❷ 동행종합지수(coincident composite index) : 공급측면의 광공업생산지수, 비농림어업 취업자 수 등과 수요측면의 소매판매액지수, 수입액 등과 같이 실제 경기순환과 함께 변동하는 개별 지표를 가공·종합하여 만든 지수로, 현재 경기상황에 대한 판단에 이용

❸ 후행종합지수(lagging composite index) : 생산자제품재고지수, 소비자물가지수변화율(서비스), CP유통수익률 등 실제 경기순환에 후행하여 변동하는 개별 지표를 가공·종합하여 만든 지표로, 경기의 사후 확인에 이용

이제 경기종합지수를 이용하여 경기를 진단하는 방법에 대해 간략히 살펴보자. 1980년대 이후 우리나라 경기변동의 정점(peak, P)과 저점(trough, T), 즉 기준 순환일을 보면, 선행종합지수는 약 3~10개월 앞서 오고 있는 반면 동행종합지수는 대체로 일치하고 있음을 알 수 있다.

따라서 현재의 경기동향을 파악하기 위해서는 동행종합지수를 분석해야 한다. 다만, 각 지수의 레벨 수준 자체는 순환과정을 파악하기 어려우므로, 추세변동 요인까지 제거한 순환변동치를 작성하여 경기의 국면 및 전환점 판단의 자료로 활용하고 있다.

section 03 | 설문조사에 의한 경기예측

경기상황을 판단하고 장래의 경기흐름을 예측하기 위한 경기분석방법 중 설문조사방법이 있다. 이는 기업가·소비자 등 경제주체들의 경기에 대한 판단, 전망에 관한 설문조사를 통하여 전반적인 경기동향을 파악하는 것으로 기업경기실사지수(Business Survey Index : BSI)와 소비자동향지수(Consumer Survey Index : CSI)가 이에 해당된다. 그리고 이들을 조합하여 산출하는 경제심리지수(Economic Sentiment Index : ESI)가 있다. 기업경기실사지수(BSI)란 경기에 대한 기업가들의 판단, 예측 및 계획 등이 단기적인 경기변동에 중요한 영향을 미친다는 경험적인 사실에 바탕을 두고 설문지를 통해 기업가의 경기동향 판단, 예측 등을 조사하여 지수화한 것으로서 우리나라에서는 한국은행을 비롯해 전국경제인연합회, 대한상공회의소, 중소기업중앙회 등에서 분기 또는 월마다 작성되고 있다.

한편, 소비자동향지수(CSI)는 소비자의 경제상황에 대한 인식과 향후 소비지출 전망 등을 5점 척도를 이용한 설문조사를 통하여 그 결과를 지수화한 것이다.

그리고 경제심리지수(ESI)는 기업과 소비자 모두를 포함한 인간의 경제상황에 대한 심리를 종합적으로 파악하기 위해 만든 지수이다. 현재는 한국은행에서 BSI가 발표되는 날 함께 공표하고 있다.

1   기업경기실사지수(BSI)

기업경기실사지수(BSI)는 기업의 활동 및 경기동향 등에 대한 기업가의 판단, 전망 및 이에 대비한 계획을 설문지를 통하여 조사·분석함으로써 전반적인 경기동향을 파악하고자 하는 단기 경기예측수단의 하나이다. 기업경기실사조사는 경기지표 및 경제모형에 의한 경기분석과 예측을 보완하는 수단으로 선진국에서 널리 활용되고 있다.

조사방법으로는 기업활동의 수준 및 변화 방향만을 조사하는 판단조사와 매출액 등 영업결과의 실제 금액을 조사하는 계수조사의 2가지 형태가 있다. 계수조사는 실제 금액의 증감률에 의하여 경기변동을 분석하며, 판단조사는 기업경기실사지수에 의거하는데 동 지수는 조사결과의 전체 응답업체 중에서 긍정적인 응답(증가 또는 호전)업체 비중과 부정적인 응답(감소 또는 악화)업체 비중의 차를 기초로 하여 다음의 공식에 의해 계산된다.

$$기업경기실사지수 = \frac{(긍정적\ 응답업체수 - 부정적\ 응답업체수)}{전체\ 응답업체수} \times 100 + 100$$

기업경기실사지수는 0~200의 값을 가지며 동 지수가 100 이상인 경우 경기를 긍정적으로 보는 업체수가 부정적으로 보는 업체수에 비해 많다는 것을 의미하므로 확장국면을, 100 이하의 경우는 수축국면을 의미한다.

2   소비자동향지수(CSI)

시장경제의 주체로서 소비자의 경기에 대한 판단이나 전망이 국민경제활동에 큰 영향을 미치고 있다는 사실에 착안하여 가계재정상황, 경제상황, 가계저축 및 부채 상황, 물가상황 등에 대한 인식을 설문조사하여 개별 소비자동향지수(CSI) 16부문을 산출한다.

아울러, 이 중 6개의 주요 개별 CSI를 합성하여 산출한 소비자심리지수(Composite Consumer Sentiment Index : CCSI)는 특히 경기수축기에 있어서 기업경기실사지수보다 일정 기간 선행하는 특성을 갖고 있어 경기수축국면 및 경기저점을 예측하는 데 유용한 지표로 활용되고 있다.

기업경기실사지수(BSI)와 같이 CSI는 0~200의 값을 가지며 동 지수가 100 이상인 경우 경기를 긍정적으로 보는 소비자수가 부정적으로 보는 소비자수에 비해 많다는 것을 의미하며, 100 이하의 경우는 그 반대를 나타낸다. CSI는 다음의 식에 의하여 산출된다.

개별 소비자동향지수

$$= \frac{(\text{매우 긍정} \times 1.0 + \text{다소 긍정} \times 0.5 + \text{비슷} \times 0.0 - \text{다소 부정} \times 0.5 - \text{매우 부정} \times 1.0)}{\text{전체 응답가구수}} \times 100 + 100$$

3 경제심리지수(ESI)

경제심리지수(ESI)는 기업과 소비자의 경기 상황을 종합적으로 반영하기 위해 산출하는 지표이다. 경제심리지수는 직접 별도의 설문조사를 통해서 이루어지지는 않지만, 앞서 언급한 기업경기실사지수(BSI)와 소비자동향지수(CSI)를 합성해서 산출한다.

경제심리지수는 한국은행에서 2012년 6월부터 대외공표를 시작했다. 경제심리지수의 구성항목과 가중치는 다음의 〈표 4-5〉와 같이 산출된다.

경제심리지수는 장기평균 100을 중심으로 대칭적으로 분포하고 표준편차가 10이 되도록 작성하므로 경제심리지수가 100을 상회(하회)하면 기업과 소비자 모두를 포함한 민간의 경제심리가 과거 평균보다 나은(못한) 수준인 것으로 해석된다. 또한 경제심리의 순환적 흐름을 파악하기 위하여 경제심리지수의 원계열에서 계절 및 불규칙 변동을 제거하여 순환변동치를 함께 산출한다.

표 4-5 **ESI 구성항목 및 가중치**

		구성항목	가중치	
BSI	제조업	수출전망	0.150	0.45
		가동률전망	0.150	
		자금사정전망	0.150	
	비제조업	업황전망	0.150	0.30
		자금사정전망	0.150	
CSI		가계수입전망	0.125	0.25
		소비지출전망	0.125	

01 다음 중 프리드만을 필두로 하는 통화주의자의 경기에 관한 주장이 아닌 것은?

① 투자 및 내구소비재에 대한 불안정한 지출이 경기순환의 주원인이다.

② 통화공급량을 증가시켜야 한다.

③ 경기조절을 위해 총수요 관리가 필요하다.

④ 경제는 완전고용 산출 수준으로 회귀하려는 경향이 있다.

02 다음 중 경기변동이론에 대한 설명으로 적절하지 않은 것은?

① 고전학파 이론에 의하면 노동시장은 임금청산 기능으로 항상 균형을 이루기 때문에 비자발적 실업을 설명하지 못한다.

② 경기조절을 위해 총수요 관리가 필요하다는 점에서는 통화주의자의 이론이 케인즈학파의 사고와 동일하나 경기 순환의 원인을 투자 및 내구소비재에 대한 불안정한 지출이라고 보는 것은 다르다.

③ 합리적 기대가설은 균형 상태 간의 조정이 경제주체들의 합리적 기대에 의해서 이루어지기 때문에 통화주의자가 주로 사용한 적응적 기대를 가정했을 때보다 훨씬 빠르다고 보았다.

④ 실물적 경기변동이론은 총공급의 변동이 불안정하기 때문에 경기변동이 발생한다고 보았고, 실질임금의 경기순응적 현상을 잘 설명한다.

해설

01 ①은 케인즈학파(Keynesian)가 경기순환의 주원인으로 생각한 내용이다.

02 ② 케인즈학파나 통화주의자 모두 경기 조절을 위해서는 총수요 관리가 필요하다고 보았으나, 전자는 경기순환의 주원인을 투자 및 내구소비재에 대한 불안정한 지출이라고 보았고 후자는 지출요소들은 안정적인 반면에 통화공급이 불안정하기 때문으로 보았다.

03 BSI는 0~200의 값을 가지며 동 지수가 100 초과인 경우 경기확장국면, 100 미만인 경우 경기수축국면 그리고 100을 경기전환점(정점 또는 저점)으로 본다. 경기가 수축국면에 놓여 있을 때의 상황이 아닌 것은?

① 판매부진   ② 실업률 하락

③ 재고누적   ④ 조업단축

04 다음 중 실물적 경기변동이론에 따르면 경기변동의 주요 원인은?

① 통화당국의 자의적인 통화증가 속도의 변화

② 사람들이 예상치 못한 통화량의 증가

③ 정부의 재정정책의 변화

④ 생산함수 자체의 변화를 초래하는 급작스런 기술적 변화

05 GDP 주기에 따라서 추세순환과 불규칙변동이 있는데 그 변동 주기와 요인이 잘못 짝지어진 것은?

① 추세변동 – 인구증가, 기술혁신

② 계절변동 – 계절적인 변화

③ 순환변동 – 급격한 경제환경 변화

④ 불규칙변동 – 천재지변

해설

03 ② 경기가 수축국면에 접어들면 실업률은 증가한다.

04 ④ 루카스에 의해 제시된 균형경기변동이론은 1980년대에 접어들면서 키들랜드(F. Kydland)와 프레스컷(E. Prescott) 등에 의해 '기술충격' 같은 실물적 요인이 경기변동의 가장 중요한 원인이라고 보는 실물적 경기변동이론으로 발전하였다.

05 ③ 순환변동이란 비교적 장기에 걸쳐 일정한 주기를 갖고 추세선을 중심으로 완만한 진폭을 보이는 것으로 통상 경기변동이라고도 하며, 경기예측의 연구대상이다.

06 케인즈학파에 따르면 경기변동의 주요 원인은?

① 통화당국의 자의적인 통화량의 변화

② 사람들이 예상치 못한 통화량의 증가

③ 기업가의 동물적 감각(animal spirits) 등에 의해 결정되는 독립투자의 변화

④ 생산함수 자체의 변화를 초래하는 급작스런 기술적 변화

07 경기종합지수(CI)의 선행, 동행, 후행지수에 대한 설명 중 옳은 것은?

① 현재 경기분석에는 유용하지만 향후 경기 예측에는 별로 용이하지 않다.

② 기업과 심리의 변환과정이나 정부정책의 파급효과를 반영한다.

③ 50을 기준으로 50보다 크면 경기확장, 50 이하이면 경기수축을 의미한다.

④ 경기변동의 진폭파악 및 각 순환기별 비교가 가능하다.

08 다음 중 경기 전환점과 시차분석을 통해 측정되는 경기순환의 특징은?

① 공행성   ② 순환심도

③ 변동성   ④ 비대칭성

해설

06 ①은 통화주의자가 꼽는 경기변동의 원인이며, ②는 불완전정보 상황에서 합리적 기대를 하는 경제주체들이 예상치 못한 통화량 변동이 있을 때 상대가격 변화와 일반물가 수준 변화를 구별하지 못함으로써 경기변동이 발생할 수 있다는 루카스의 화폐적 경기변동이론, 그리고 ④는 1980년대에 접어들면서 키들랜드(F. Kydland)와 프레스컷(E. Prescott) 등에 의해 '기술충격' 같은 실물적 요인이 경기변동의 가장 중요한 원인이라고 보는 실물적 경기변동이론에 해당된다.

07 ④ 경기종합지수(CI)는 경기에 민감한 대응성을 보이는 몇 개의 대표계열을 선정, 이들의 움직임을 종합하여 지수형태로 나타내는 종합적인 경기 지표로서 경기변동의 방향, 국면 및 전환점은 물론 변동속도까지도 동시에 분석할 수 있다.

08 ① 공행성은 경제변수들이 서로 안정적인 관계를 가지고 일정한 방향으로 함께 움직이는 특성을 말하며 경기전환점과의 시차분석을 통해서 측정된다.

정답 01 ① | 02 ② | 03 ② | 04 ④ | 05 ③ | 06 ③ | 07 ④ | 08 ①

part 02

기본적 분석

certified securities investment advisor

chapter 01

기본적 분석의 의의

기본적 분석의 개요

증권투자를 통하여 돈을 벌 수 있는 가장 확실한 방법은 좋은 증권을 쌀 때 사서 비싼 때 파는 것이다. 지극히 평범한 이야기이지만 사실 이 말처럼 행해서 돈을 벌기란 그리 쉽지가 않다. 도대체 어떤 주식이 좋은 주식이고 언제 사고 팔아야 싸게 사고 비싸게 파는 것인지 알 수 있는 방법이 있는가? 증권시장이 형성된 이래로 좋은 증권을 선택하고(selection), 그 증권을 사고 파는 매매시점을 결정하는 것(market timing)은 모든 투자가들의 큰 관심사였다. 많은 사람들이 자신들의 지식이나 경험을 토대로 좋은 증권의 선택에 관하여, 그리고 매매시점에 관하여 여러 종류의 이야기들을 하였다. 그 이야기의 내용들을 증권분석이라 부른다. 즉, 증권분석은 좋은 증권의 선택과 그 매매시점의 결정에 관한 모든 분석을 지칭한다.

증권은 시장에서 나름대로의 가치를 갖는다. 증권투자를 하는 투자자는 각 증권이 갖는 고유의 가치, 즉 본질적인 가치를 파악하여 이를 근거로 증권투자를 하게 된다. 증권의 가치를 파악하는 방법은 증권의 가격에 영향을 미칠 것으로 예상되는 모든 변수들을 파악하여 이 변수들과 증권 가격과의 관계를 알아보면 된다. 하지만 현실적으로 증권 가격에 영향을 미치는 변수들은 헤아릴 수 없을 정도로 많을 뿐 아니라 그 변수들이 증권 가격에 어느 정도의 영향력을 행사하는지는 아무도 알 수 없다.

통상적으로 주식 가격을 예측하는 방법에는 기본적 분석과 기술적 분석에 의한 접근방법이 있다. 기본적 분석의 방법에서는 시장에서 형성되는 주식의 가격은 그 주식을 발행한 기업의 가치에 의하여 결정된다고 본다. 즉, 좋은 기업이 발행한 주식은 시장에서 높은 가격으로 거래가 될 것이고 좋지 않은 기업이 발행한 주식은 시장에서 낮은 가격으로 거래가 될 것이라는 것이다. 결국 주식의 시장 가격은 기업의 가치를 반영한다고 보는 것이다. 그래서 기본적 분석은 기업의 진정한 가치 – 이것을 기업의 내재가치(intrinsic value) 또는 본질가치(fundamental value)라고 한다 – 를 찾아내고 이렇게 찾아낸 진정한 가치가 시장에 반영될 것으로 기대하게 된다. 예를 들어 A기업의 내재가치가 1,000원인데 이 기업이 발행한 주식의 시장 가격이 800원이라면 시장 가격은 기업의 내재가치를 반영하기 위하여 1,000원으로 상승할 것이라 보는 것이다. 그래서 기본적 분석에서는 기업가치에 영향을 미칠 수 있다고 생각되는 거시경제변수, 산업변수, 기업자체 변수들을 살펴보게 된다.

반면에 기술적 분석은 주가는 시장에서의 수요와 공급에 의해서 결정되고, 수요와 공급은 시장에 참여하는 투자가들의 심리상태에 의하여 결정된다고 본다. 그리고 투자가들의 심리상태는 증권시장에서 나타나는 여러 현상들을 주의깊게 살펴보면 알 수 있다는 것이다. 따라서 기술적 분석은 시장에서 나타나는 거래량이나 가격의 변화 등을 살펴봄으로써 향후 수요와 공급의 변화를 예측하게 된다. 또한 기술직 분석에서는 주가가 일정한 행태를 지니고 있으므로 과거 주가의 움직임을 파악함으로써 미래 주가의 변동추이를 알 수 있다고도 가정한다.

본 장에서는 기본적 분석에 대하여 살펴보기로 한다. 주식을 발행한 기업의 본질(내재)가치를 찾아내기 위하여 우리는 기업 자체에 대한 분석(기업분석), 해당 기업이 속한 산업에 대한 분석(산업분석), 그리고 산업이 영위되는 경제에 대한 분석(경제분석)을 행하게 된다. 분석의 과정에서 기업분석→산업분석→경제분석의 순으로 분석을 행하는 것을 bottom–up 방식이라 하며, 반면에 경제분석→산업분석→기업분석의 순으로 행하는 것을 top–down 방식이라 한다. 이것을 기업가치 분석의 3단계 분석(three stage analysis)이라 하는데, 일반적으로 top-down 방식을 따른다고 한다. 대개 경제분석을 통하여 경제의 흐름과 증권시장의 움직임에 대한 이해를 하게 되고, 산업분석을 통하여 유망한 업종의 선택을 하게 되며, 기업분석을 통하여 유망한 종목을 선정한다고 할 수 있다.

section 02   경제분석

미국의 증권분석가 킹(B. F. King)에 의하면, 주가 변화의 50% 이상이 시장의 전체적인 요인에 의하여 설명될 수 있다고 한다. 시장 전체적인 요인은 경제 전반적인 요인으로 볼 수 있으므로, 성공적인 경제분석은 주식투자의 성공 여부에 큰 영향을 준다고 할 수 있다. 사실 주식의 가치에 영향을 미치지 않는 경제현상은 없다고 해도 과언이 아니다. 그만큼 모든 경제상황은 주식의 가격에 영향을 미치게 된다.

경제분석에서 살펴보고자 하는 바는 사회의 각 경제현상이 주식 가격과 어떠한 관계를 맺고 있는가 하는 것이고 더 나아가 현재 시점이 투자자들의 증권투자에 적절한 시점인지 아닌지를 판단해 보고자 하는 것이다.

1   경기전망과 주가

흔히 뉴스나 신문지상을 통해 경기가 좋다느니 악화되었다느니 하는 보도를 접하곤 한다. 경기는 주로 그 나라 경제활동의 움직임을 통해서 파악되는데, 각 기업들이 생산성 향상을 위해 공장시설을 확대한다든지, 고용을 늘린다든지 하는 상황에서는 '경기가 좋다'라는 말을 하고, 노사분규가 잦아 생산이 중단된다거나 실업률이 높아 취업이 안 된다든지, 생산한 제품의 매출이 잘 안 되는 상황에서는 '경기가 악화되었다'고 한다.

경제활동이 활발하여 경기가 상승하면 마침내 경기의 고점에 도달하게 되고, 그 후에 다시 경제활동이 둔화되고 경기가 하강하여 마침내 저점에 이르게 되는데, 이를 경기의 순환이라고 한다. 경기의 확장기를 다시 회복기와 활황기로 나누고, 수축기를 후

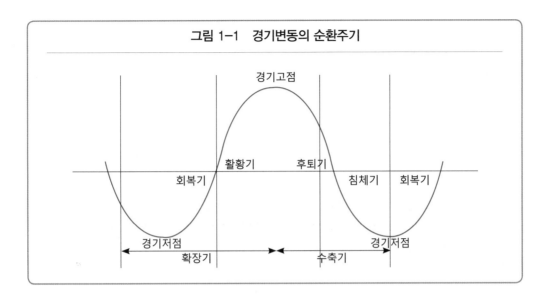

그림 1-1 경기변동의 순환주기

경기고점

경기저점 | 경기저점

활황기 | 후퇴기
회복기 | 침체기 | 회복기

경기저점 | 경기저점

확장기 | 수축기

퇴기와 침체기로 나누는 4단계의 구분법이 사용되기도 한다. 또한 경기 회복기의 후반부터 후퇴기까지를 호황기로 경기 후퇴기의 후반부터 회복기의 전반부까지를 불황기로 구분하기도 한다. 이러한 시장 경기는 주가와 대체로 밀접한 관련을 맺고 있으며 경기가 변동하기 전에 이미 주가가 미리 이러한 시장 상황을 반영하여 움직이는 것으로 알려져 있다.

일반적으로 증권시장의 움직임은 경기의 움직임보다 앞서서 변화하고 있다고 한다. 즉, 실물경기가 최고조에 다다르기 전에 주식시장이 먼저 이를 반영하여 주가는 이미 최고조를 보이게 되며, 또한 실물경기 상황이 악화되었다가 조금씩 상승세를 보이면 주가는 이미 상승국면을 타게 된다는 것이다. 그러나 늘 주가가 시장경기보다 앞서서 움직이지는 않는다. 왜냐하면 주가는 비단 실물경기뿐만 아니라 다른 모든 변수에 의해서도 영향을 받기 때문이다. 경기상태를 객관적으로 지표화한 경기종합지수(Composite Index : CI)는 경제의 각 부문을 생산, 소비, 고용, 금융, 무역, 투자 등으로 나누고 각 부문의 지표 중에서 경기를 잘 반영하는 개별 지표를 선정한 다음, 경기와의 시차 정도(cyclical – timing)에 따라서 선행지표(leading indicators), 동행지표(coincident indicators), 후행지표(lagging indicators)로 분류하여 작성되고 있다.

경기상승 시에는 기업의 투자와 생산규모의 확대에 따른 투자수요의 증가로 자금 수요가 증가하여 금리가 상승하게 되고, 경기하락 시에는 자금수요가 감소하여 금리가 하락하게 된다. 즉, 금리와 경기는 같은 방향으로 움직이게 된다. 그러나 금리는 경기

선행지표는 아니며, 이는 시장참여자들이 경기하락에 대한 대응을 조정하는 것으로 경기의 변동에 따라 금리가 조금씩 시차를 두고 조정된다. 그러나 경기상승 시에 기업의 투자와 생산규모의 확대가 이루어진다면 그 기업의 주가 또한 상승한다.

기업경기실사지수(BSI)

기업인들에게 '앞으로 경기가 좋아질 것인가, 나빠질 것인가'를 물어보고 그 답을 지수로 표현한 것이다. 좋아질 것이라고 대답한 기업인이 많으면 기업경기실사지수는 높아지고, 나빠질 것이라고 대답한 기업인이 많으면 기업경기실사지수는 낮아진다.
이를 수식으로 표현하면,

$$BSI = \frac{\text{경기 낙관 응답자수} - \text{경기 비관 응답자수}}{\text{전체 응답자수}} \times 100 + 100$$

2   통화량과 주가

경제학에서 통화량의 의미는 시중에 돌아다니고 있는 돈의 유통량을 말하며, 통화량을 측정하는 기준이 되는 지표를 통화지표라고 한다. 이러한 통화지표에는 협의통화(M_1), 광의통화(M_2), 총유동성(M_3) 3가지가 있으며, 매월 한국은행에서 발표하고 있다. 〈표 1-1〉은 통화종류별 범위를 나타내고 있으며, 우리나라는 현재 통화관리의 중심지표로서 M_2를 사용하고 있다.

이러한 통화량의 변동은 주식 가격에 큰 영향을 미치게 된다. 우선 통화량이 늘어나 자금이 기업부문으로 흡수되면 기업은 이 자금을 활용하여 각종 설비투자를 확대시켜 기업의 수익성을 높일 수가 있게 되고, 이에 따라 그 기업의 주식 가격이 상승하게 된다. 또한 늘어난 통화량이 민간부문으로 흡수된다면 일반투자자들은 주식매입을 원활히 할 수 있으므로 주식 가격이 상승된다. 그러나 통화량이 증가한다고 해서 언제나 주식 가격이 상승된다고 볼 수는 없다. 화폐공급의 증가가 이자율에 미치는 효과에는 시간의 흐름에 따라 유동성 효과, 소득 효과, 피셔 효과가 있는데, 유동성 효과란 통화량 증가에 따라 단기적으로 이자율이 하락하는 현상이다. 그런데 이렇게 이자율이 하락하

표 1-1 통화의 종류와 범위

협의통화(M₁)	현금통화＋요구불예금＋수시입출식 저축성예금(개인 MMF포함, 법인 MMF 제외)
광의통화(M₂)	M₁＋기간물 예·적금 및 부금＋시장형 금융상품(CD, RP, CMA, 표지어음 등)＋실적배당형 금융상품(금전신탁, 수익증권 등)＋금융채＋기타(투신증권 저축, 종금사 발행어음 등)주)
L_f(금융기관 유동성) 〈＝종전 M₃〉	M₂＋만기 2년 이상 정기예적금 및 금융채＋증권금융 예수금＋생명보험회사 (우체국 보험 포함) 보험계약준비금 및 RP＋농협 국민생명공제의 예수금 등
L(광의 유동성)	L_f＋정부 및 기업 등이 발행한 유동성 금융상품(증권회사 RP, 여신전문기관의 채권, 예금보험공사채, 자산관리공사채, 자산유동화전문회사의 자산유동화증 권, 국채, 지방채, 기업어음, 회사채 등)

주 : 단, 만기 2년 이상은 제외

표 1-2 통화량과 주가의 관계

기업부문	통화량 증가 ⇨ 자금확보 ⇨ 시설투자 ⇨ 수익성 향상 ⇨ 주가 상승
민간부문	통화량 증가 ⇨ 자금확보 ⇨ 주식매입 ⇨ 증시 활황 ⇨ 주가 상승

게 되면 투자가 증가되고 그 결과 국민소득이 증가되는데, 이는 다시 화폐수요의 증가로 나타나 이자율이 상승하게 된다. 이를 화폐공급의 이자율에 대한 소득효과라고 한다. 그리고 피셔 효과(Fisher effect)란 화폐공급의 증가로 인플레이션이 발생되면 피셔 방정식에 의해 명목금리가 상승하게 되는 효과인데 이상의 논의를 종합하면 통화량 증가는 단기적으로는 주가에 긍정적인 영향을 주지만, 장기적으로는 이자율을 상승시켜 주가에 부정적인 영향을 주게 된다.

한편, 외환위기 이후에는 한국은행법 개정과 함께 물가안정 목표제(inflation targeting)를 채택하면서 통화량보다는 금리를 중시(credit view)하는 통화정책을 수행하였다. 이에 따라 김대중 대통령 정부부터는 통화량 대신 금리지표를 중심지표로 채택하였다.

3 금리와 주가

금리는 자금에 대한 수요와 공급에 의해서 결정되어야 한다. 하지만 이자율이 경제 전반에 미치는 영향이 크기 때문에 정책당국에서 직·간접적으로 금리 수준에 영향력

표 1-3	금리와 주가의 관계

이자율 상승 ⇨ 자금조달 축소 ⇨ 설비투자 축소 ⇨ 주가 하락
이자율 하락 ⇨ 자금조달 확대 ⇨ 설비투자 확대 ⇨ 주가 상승

을 행사하고 있다.

은행의 이자율이 높다면 사람들은 현재보다 더 많이 저축을 하려고 할 것이다. 이에 반해 은행돈을 필요로 하는 기업들은 예전보다 더 적게 빌려 쓰려고 할 것이다. 즉, 시중이자율이 높으면 기업들은 이자부담이 그만큼 가중되므로 쉽사리 자금을 차입하여 설비투자를 하려 들지 않을 것이고, 그렇게 되면 기업의 수익성이 낮아지게 되고 기업의 수익성이 떨어지면 주식의 가격 또한 하락하게 된다. 반대로 이자율이 낮다면 기업들은 이자부담의 압박을 덜 받게 되므로 자금조달이 용이해지고, 그에 따라 설비투자로 인한 기업의 수익성이 높아지며 그 결과 주식의 가격이 상승하게 될 것이다. 결론적으로 시장이자율이 높아지면 주식의 가격은 낮아지게 되고 시장이자율이 낮아지면 주식의 가격은 높아지게 된다. 즉 금리의 하락은 기업의 투자비용을 줄여서 투자를 촉진시키고 금융비용을 절감시켜 기업의 수익률을 향상시킴으로써 재무구조를 건실하게 하여 주가를 상승시키게 된다. 또한 투자자의 입장에서도 시중 자금사정이 호전되어 주식수요 증가하여 주가가 상승하게 된다. 투자자 입장에서도 대체투자수단인 채권의 기대수익률을 하락시킴으로써 상대적으로 주식의 수요를 증대시키는 대체효과가 일어난다. 즉 일반적으로 금리가 주가에 미치는 정도는 부채비율이 높을수록 크고, 기대수익률이 높을수록(벤처기업, 미국의 나스닥 기업 등) 낮게 된다. 미국의 경우 금리변동에 대해 매우 민감한 반응을 보여 채권수익률은 주가의 선행지표로 이용되고 있고, 우리나라의 경우에도 회사채수익률과 주가 사이에는 뚜렷한 역의 상관관계를 보이고 있다.

4 　물가와 주가

물가 또는 물가 수준은 기업수지 및 투자심리에 영향을 주어 주식시장에 상당한 영향을 준다. 완만하고 지속적인 물가상승은 실물경기의 상승을 가져오면서 기업수지의 개선과 기업자산의 명목가치를 증대시켜 주므로 주가를 상승시키게 된다. 그러나 급격한 물가상승은 금융저축을 위축시키고 부동산, 귀금속 등의 실물자산을 선호케 하여

표 1-4 물가와 주가의 관계

완만한 물가상승 ⇨ 실물경기 상승 ⇨ 기업수지 개선 ⇨ 주가 상승	
급격한 물가상승 ⇨ 금융자산 회피 ⇨ 실물자산 선호 ⇨ 주가 하락	
디스인플레이션 ⇨ 저물가/저금리 ⇨ 금융자산 선호 ⇨ 주가 상승	
스태그플레이션 ⇨ 비용↑/구매력↓ ⇨ 기업수지 악화 ⇨ 주가 하락	

주가를 하락시키는 요인으로 작용한다.

경기가 침체되면서 물가가 상승하는 스태그플레이션이 계속되는 경제하에서는 비용 인상형 인플레이션이 발생하여 기업수지에 부정적인 영향을 미친다. 또한 물가상승으로 인한 소비자의 실질소득 감소는 구매력의 약화를 초래하고, 이는 다시 기업수지를 악화시킬 수 있으므로 주가를 하락시키게 된다는 것이 일반적이다.

물가상승률이 낮아져 가는 디스인플레이션 시기에는 저물가와 저금리 현상이 나타나기 때문에 실물자산보다 은행예금, 주식 등의 금융자산을 선호하게 된다. 이 시기에는 금융자산 전반에 대한 수요증대와 함께 주식에 대해서도 한정된 공급물량에 비해 수요가 급격히 증가함으로써 주가는 큰 폭으로 상승하게 된다.

한편, 물가가 상승하면 기업 보유자산의 명목가치가 상승함으로써 자산재평가로 인한 무상증자가 가능해지기 때문에, 인플레이션 시에도 주식가치가 상승하여 물가상승을 보전할 수 있다고 하는데, 이를 주식투자의 '인플레이션 헤지' 기능이라고 한다.

5   환율과 주가

환율이란 자국통화와 외국통화의 교환비율을 말한다. 예컨대 원화 대 미화의 비율이 $1 : ₩1,000이라면 미화 1달러로 우리나라 돈 1,000원과 바꿀 수 있다는 말이다. 이러한 환율은 시장에서 어떤 특정 물건의 수요와 공급에 의해 가격이 결정되는 것처럼 외환시장에서 외화의 수요와 공급에 의해 결정된다.

환율의 변동에 따라 국내의 수출주도형 기업들이 영향을 받게 된다. 예컨대 $1 : ₩1,000하던 환율이 $1 : ₩500으로 변동되었다고 하자. 이러한 상황을 우리나라의 환율이 인하되었다고 한다. 이러한 상황은 우리나라의 원화가치가 상승하였다는 것을 의미하고 반대로 미국의 달러 가치가 낮아지게 되었다는 것을 의미한다. 이렇게 되면 수출이 줄어들고 수입이 늘어나게 된다. 왜냐하면 2,000원 상당의 물건을 미국이 수입할 때 환율이 변하기 전에는 $2만 주어도 되는데 환율이 변한 결과 $4나 주어야 수입을 할 수 있기 때문이다. 국내 기업의 경우에 수출이 줄어드는 현상이 발생한다.

이와는 반대로 환율이 $1 : ₩2,000으로 환율이 상승하였다고 하자. 이 때는 미국이 환율이 변하기 전에는 $2를 주어야 할 것을 환율이 변한 결과 $1를 주어도 수입할 수 있으므로, 상대적으로 저렴하다고 느끼게 되어 더 많이 수입하려 할 것이다. 국내 기업의 경우에 수출이 늘어나는 현상이 발생한다.

환율 상승은 다른 말로 원화가 평가절하되었다고도 하고, 환율 하락을 원화의 가치가 평가절상되었다고도 한다.

우리나라처럼 국가경제가 수출에 많이 의존하는 경우에는 환율의 변동이 국가경쟁력을 변화시키고 이에 따라 기업의 수익성이 달라지게 된다. 위에서 보았듯이 환율이 하락하면 수출이 줄어들어 기업의 수익성이 낮아져 주가는 하락하게 되고, 반대로 환율이 상승하면 수출이 늘어나 기업의 수익성이 높아져 주가는 상승하게 된다.

그러나 실제에 있어서는 환율과 주가와의 관계가 단순하지 않고 다소 복잡한 양상을 보이게 된다. 즉, 환율 하락→수출 감소→기업수익 악화→주가 하락이라는 단순논리와는 달리 평가절상과 주가 상승은 같은 추세를 갖게 된다. 왜냐하면 환율 하락은 한 나라의 경제가 안정되고 수출이 수입보다 많아지면서 경상수지와 종합수지의 흑자폭이 증가할 때에 나타나는 것이 일반적이기 때문이다. 이 때문에 국제수지(國際收支) 흑자의 증가로 인해 해외부문으로부터의 자금유입이 증대하면서 시중의 유동성은 풍부해져 주식의 매입수요를 증가시키므로, 안정적 환율 인하는 주가를 상승시키는 요인으로 작용한다.

환율과 주가는 기본적으로 국가의 경제상황이라는 공통요인에 의해 결정되기 때문에 높은 경제성장률, 국제수지 흑자 등은 환율 하락과 더불어 주가 상승도 동반하게 된다. 또한 외환자본시장이 개방되어 있는 경우에는 환율 하락은 환율의 평가차익을 노린 단기투기자금(hot-money)을 끌어들이고 이 자금이 다시 증시에 유입됨으로써 결과적으로 주가 상승요인으로 작용할 수 있다.

일반적으로 환율 변동은 주가에 후행한다고 할 수 있다. 왜냐하면 환율 하락의 누적

표 1-5 환율과 주가의 관계

환율 하락 ⇨ 수출 ↓/수입 ↑ ⇨ (수익성 악화) ⇨ 주가 하락	
환율 상승 ⇨ 수출 ↑/수입 ↓ ⇨ (수익성 향상) ⇨ 주가 상승	

된 효과는 제이 커브 효과(J-curve 效果)에 의해 1~2년 늦게 나타나고, 정책적인 환율 하락은 국제수지 흑자 등의 절상요인이 어느 정도 사라질 때까지 계속되지만 주가는 이를 미리 반영하여 하락세로 돌아서게 되기 때문이다.

이와는 반대로 환율 상승은 수출이 부진하여 무역수지가 악화되고, 교역 상대국에 비하여 경제성장이 둔화될 때에 나타난다. 따라서 환율 상승은 수출 비중이 높은 기업에 대해서는 유리하게 작용하나 물가 상승의 우려 및 경제성장의 둔화 등의 요인으로 증시전반에 걸쳐 지속적인 주가 상승을 기대하기는 어렵다.

6 원자재 가격과 주가

원자재 가격과 주가는 역의 관계에 있다. 부존자원이 많은 국가에 있어서는 원자재가 격과 주가는 장기적으로 보아 같은 방향으로 움직이고 있으나, 우리나라와 같이 국내에 부존자원이 빈약하여 대부분을 수입해야 하는 나라에서는 상황이 다르다. 국제원자재 가격이 상승할 때에는 원자재의 수입액이 증가하여 국제수지를 악화시킬 뿐만 아니라 물가를 상승시키는 요인으로도 작용하므로 경제여건이 악화된다. 그리고 수출상품의 가격경쟁력이 약화되어 기업의 채산성을 악화시키기 때문에 주가는 하락하게 된다.

국제 원자재 가격의 동향을 파악하기 위해서는 국제상품가격지수를 살펴보아야 하는데, 주로 다우존스상품시세지수, 파이낸셜타임스상품시세지수, CRB지수 등이 이용된다. 구체적으로 CRB지수는 CRB(Commodity Research Bureau)사가 곡물, 원유, 산업용원자재, 귀금속 등의 주요 21개 주요 상품선물 가격에 동일한 가중치를 적용하여 산출하는 지수로 원자재 가격의 국제기준으로 간주되고 있으며, 이 지수가 상승하면 인플레이션이 예견되거나 그 상품의 수요 증가를 의미한다고 해서 미국 내에서는 '인플레 지수'로 일컬어지기도 한다. 이 밖에 원자재 가격동향을 나타내는 지수로는 골드만삭스상품지수(GSCI; Goldman Sachs Commodity Index)와 저널오브커머스(JOC; Journal of Commerce)지수 등이 있다.

표 1-6 **국제 원자재 가격과 주가의 관계**

원자재 가격 상승 ⇨ 국내제품 가격 상승 ⇨ 판매 저조 ⇨ 주가 하락
원자재 가격 하락 ⇨ 국내제품 가격 하락 ⇨ 판매 증대 ⇨ 주가 상승

7 외국인 투자자와 주가

자본시장의 국제화가 진전되면서 우리나라 증권시장에 대한 외국인들의 관심이 점점 커지고 있다. 또한 아시아의 외환위기와 함께 시작된 우리나라의 경제위기 하에서 외국인 투자가가 국내 증권시장에 미치는 영향도 상당했다.

외국인 투자자들이 국내에서 주식투자에 임하는 자세는 국내 투자자들의 자세와는 다른 점이 있다. 국내 투자자들은 주로 주가의 등락에만 관심이 있지만, 외국인 투자자들은 주가 변화와 함께 환율의 변화에도 큰 관심을 기울인다. 이를 〈그림 1-2〉에서 살펴보면, 국내 투자자들에 대한 투자유인은 그림에 가로로 색칠된 부분에만 국한되지만, 외국인 투자자들은 환율 변동을 감안하여 그림에 세로로 색칠된 부분에 대해서만 동기를 갖는다. 즉, 외국인 투자가는 주가가 내릴 것이라고 예상되더라도 투자대상 국가의 환율 인하율이 주가하락률을 상회할 경우에는 주식을 매입하고, 주가가 오를 것이라고 전망되더라도 환율 인상률이 주가상승률을 초과할 경우에는 주식을 매입하지 않는다.

외국인 투자자의 자금이 국내 시장에서 주식을 매입하기 위하여 유입되면, 이는 주식의 매입수요를 증대시키기 때문에 주가의 상승 요인으로 작용한다.

반대로 외국인 투자가가 증권시장에서 주식을 매도하여 자금을 인출, 그것이 해외로 유출될 경우에는 매도물량이 증가하므로 주가를 하락시키는 요인이 된다.

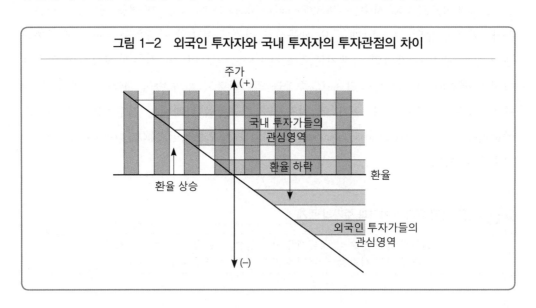

그림 1-2　외국인 투자자와 국내 투자자의 투자관점의 차이

각국 간의 완전한 자본자유화가 이루어지면 세계 증시의 동조화 현상이 나타난다. 1986년 이후의 주가 상승기에 미국, 일본, 유럽 증권시장이 동조화 현상을 나타내었고, 1987년 10월의 미국 뉴욕 증권시장의 대폭락은 동시에 일본, 홍콩, 런던 시장의 주가도 폭락하게 만들었다.

위에서 기본적으로 일곱 가지의 경제적 변수들을 살펴보았다. 이 외에도 국제수지, 국내외 정치상황 등 많은 변수들이 주가에 직·간접적으로 영향을 주게 된다. 따라서 신문이나 뉴스를 통해서 보도되는 각종 소식 중 어느 것 하나 주식 가격에 영향을 미치지 않는 것이 없다고 해도 과언이 아닐 것이다. 주식투자를 하는 사람들은 주식투자를 하기 전에는 국제 원유 가격이 상승하거나 말거나 또는 시중 금리가 높아지거나 말거나 별 관심을 갖지 않았는데, 주식투자를 한 후에는 국내뿐만 아니라 해외에서 발생하는 각종 기사거리가 자신의 투자수익에 영향을 미치게 되므로 관심을 갖지 아니할 수가 없다고 한다.

chapter 02

기업분석

section 01   양적 분석(재무제표 분석)

양적 분석은 기업의 재무제표를 사용하여 계량적으로 분석하는 것이다. 기업마다 일정기간 동안에 자사의 경영성과가 얼마만큼 향상되었는지, 또한 현재 자사가 보유하고 있는 재산은 어느 정도인지를 파악해야 지속적으로 기업을 이끌어 나아가는 계획을 수립하고 실행할 수가 있다. 이러한 목적으로 기업은 기업회계기준에서 정해준 일정한 양식의 보고서, 즉 재무제표를 매 기간(통상 1년) 작성하여 기업외부에 공시하여야 한다. 재무제표에는 재무상태표(balance sheet), 손익계산서(income statement), 자본변동표(statement of change in equity), 현금흐름표(statement of cash flow) 등이 있다.

1 재무제표의 의의

개별 종목 가치평가의 첫 단계는 당해기업의 미래에 기대되는 현금흐름을 제대로 파악하는 데 있다. 증권분석가들이 기업의 내재적 가치를 추정하기 위해 현금흐름을 파악하는 데 가장 많이 사용하는 자료는 매 회계기간이 끝난 후 공표되는 재무제표(financial statements)이다.

재무제표란 기업의 영업실적이나 재무상태를 기업의 외부관계자에게 전달하는 재무보고의 핵심적인 형태(회계학적인 현금흐름 제공)로서, 기업 및 그 밖의 경제주체들이 경제활동을 수행하는 데 있어서 한정된 자원을 효율적으로 배분할 수 있도록 의사결정에 필요한 정보를 제공하는 것을 목적으로 한다.

2 재무상태표

재무상태표는 일정 시점에서 현재 기업이 보유하는 재산이 어느 정도인지를 파악하기 위해서 작성하는 것이다. 보통 재무제표는 회계기간을 1년 단위로 보아 그 기간 말에 작성하기 때문에 재무상태표는 연말 시점에서의 기업재무상태를 나타낸다고 볼 수 있다.

재무상태표는 크게 자산, 부채, 자본의 세 가지 항목으로 구성되어 있으며, 자산은 왼쪽(차변)에 기입하게 되어 있고 부채와 자본은 오른쪽(대변)에 기록하게 되어 있다. 기업은 타인자본과 자기자본을 합하여 자본을 조달하고, 이렇게 조달된 자본을 자산의 구입에 활용하게 된다. 따라서 자산은 부채와 자본의 합계와 그 크기가 일치해야 한다.

이러한 재무상태표를 통해서 분석가가 알고자하는 바는 그 기업의 자산보유력이 얼마나 튼튼한지, 즉 재무상태의 건전성 및 투자의 효율성을 파악하기 위함이다.

(1) 작성기준

❶ 재무상태표는 자산·부채 및 자본으로 구분하고, 자산은 유동자산 및 비유동자산으로, 부채는 유동부채 및 비유동부채로, 자본은 자본금·자본잉여금·이익잉여금 및 자본조정으로 각각 구분

❷ 자산·부채 및 자본은 총액에 의하여 기재함을 원칙으로 하고, 자산의 항목과 부

표 2-1 재무상태표 양식

자산항목			부채항목		
유동자산		×××	유동부채		×××
당좌자산		×××	매입채무	×××	
현금 및 예금	×××		단기차입금	×××	
유가증권	×××		미지급금	×××	
매출채권	×××		비유동부채		×××
재고자산		×××	장기차입금	×××	
상 품	×××				
제 품	×××		부채 총계		×××
비유동자산		×××	자본항목		
투자자산		×××	자본금		×××
유형자산		×××	보통주자본금	×××	
비 품	×××		자본잉여금		×××
무형자산		×××	이익이영금		×××
			자본조정		×××
자산총계		×××	자본 총계		×××

　　채 또는 자본의 항목을 상계함으로써 그 전부 또는 일부를 재무상태표상에서 제외하여서는 안 됨

❸ 자산과 부채는 1년을 기준으로 하여 유동자산 또는 비유동자산, 유동부채 또는 비유동부채로 구분하는 것이 원칙

❹ 재무상태표에 기재하는 자산과 부채의 항목배열은 유동성 배열법에 의함이 원칙

❺ 자본거래에서 발생한 자본잉여금과 손익거래에서 발생한 이익잉여금은 혼동하여 표시하여서는 안 됨

❻ 가지급금 및 가수금 등의 미결산항목은 그 내용을 나타내는 적절한 항목으로 표시하고, 대조계정 등의 비망계정은 재무상태표상의 자산 및 부채 항목으로 표시하여서는 안 됨

(2) 유동자산

❶ 당좌자산

ㄱ. 현금 및 현금등가물 : 통화 및 타인발행수표 등 통화대용증권과 당좌예금, 보통예금 및 현금등가물

이 경우 현금등가물이라 함은 큰 거래비용 없이 현금으로 전환이 용이하고 이자율 변동에 따른 가치 변동의 위험이 중요하지 않은 유가증권 및 단기금융 상품으로, 취득 당시 만기(또는 상환일)가 3개월 이내에 도래하는 것을 말함

ㄴ. 단기금융상품 : 금융기관이 취급하는 정기예금, 정기적금, 사용이 제한되어 있는 예금 및 기타 정형화된 상품 등으로 단기적 자금운용의 목적으로 소유 하거나 기한이 1년 내에 도래하는 것으로 하고, 사용이 제한되어 있는 예금 에 대해서는 그 내용을 주석으로 기재

ㄷ. 유가증권 : 주식(시장성 있는 주식에 한함)·채권 등과 같은 유가증권 중 단기적 자금운용목적으로 소유한 것. 다만, 특수관계회사가 발행한 주식과 1년 내에 처분할 투자유가증권은 포함하지 아니함

ㄹ. 매출채권 : 일반적 상거래에서 발생한 외상매출금과 받을 어음

ㅁ. 단기대여금 : 회수기한이 1년 내에 도래하는 대여금

ㅂ. 미수금 : 일반적 상거래 이외에서 발생한 미수채권

ㅅ. 미수수익 : 당기에 속하는 수익 중 미수액

ㅇ. 선급금 : 상품, 원재료 등의 매입을 위하여 선급한 금액

ㅈ. 선급비용 : 선급된 비용 중 1년 내에 비용으로 되는 것

ㅊ. 기타의 당좌자산

❷ 재고자산

ㄱ. 상품 : 판매를 목적으로 구입한 상품, 미착상품, 적송품 등으로 하며, 부동산 매매업에 있어서 판매를 목적으로 소유하는 토지, 건물, 기타 이와 유사한 부 동산은 이를 상품에 포함하는 것

ㄴ. 제품 : 판매를 목적으로 제조한 생산품, 부산물 등

ㄷ. 반제품 : 자가제조한 중간제품과 부분품

ㄹ. 재공품 : 제품 또는 반제품의 제조를 위하여 재공과정에 있는 것

ㅁ. 원재료 : 원료, 재료매입부분품, 미착원재료 등

ㅂ. 저장품 : 소모품, 소모공구기구비품, 수선용부분품 및 기타 저장품

ㅅ. 기타의 재고자산

(3) 비유동자산

❶ 투자자산

ㄱ. 장기금융상품 : 유동자산에 속하지 않는 금융상품. 다만, 사용이 제한되어 있는 예금에 대해서는 그 내용을 주석으로 기재

ㄴ. 투자유가증권 : 유동자산에 속하지 않는 유가증권

ㄷ. 장기대여금 : 유동자산에 속하지 않는 장기의 대여금

ㄹ. 장기성매출채권 : 유동자산에 속하지 않는 일반적인 상거래에서 발생한 장기의 외상매출금 및 받을어음

ㅁ. 투자부동산 : 투자의 목적 또는 비영업용으로 소유하는 토지, 건물 및 기타 부동산으로 하고, 그 내용을 주석으로 기재

ㅂ. 보증금 : 전세권, 전신전화가입권, 임차보증금 및 영업보증금 등

ㅅ. 이연법인세차 : 일시적 차이로 인하여 법인세법 등의 법령에 의하여 납부하여야 할 금액이 법인세비용을 초과하는 경우, 그 초과하는 금액과 이월결손금 등에서 발생한 법인세 효과로 함

ㅇ. 기타의 투자자산

❷ 유형자산

ㄱ. 토지 : 대지, 임야, 전답, 잡종지 등

ㄴ. 건물 : 건물과 냉난방, 조명, 통풍 및 기타의 건물부속설비

ㄷ. 구축물 : 선거, 교량, 안벽, 부교, 궤도, 저수지, 갱도, 굴뚝, 정원설비 및 기타 토목설비 또는 공작물 등

ㄹ. 기계장치 : 기계장치, 운송설비(콘베이어, 호이스트, 기중기 등)와 기타의 부속설비

ㅁ. 선박 : 선박과 기타의 수상운반구 등

ㅂ. 차량운반구 : 철도차량, 자동차 및 기타의 육상운반구 등

ㅅ. 건설 중인 자산 : 유형자산의 건설을 위한 재료비, 노무비 및 경비로 하되, 건설을 위하여 지출한 도급금액 또는 취득한 기계 등을 포함

ㅇ. 기타의 유형자산

❸ 무형자산

ㄱ. 영업권 : 합병, 영업양수 및 전세권 취득 등의 경우에 유상으로 취득한 것

ㄴ. 산업재산권 : 일정기간 독점적·배타적으로 이용할 수 있는 권리로서 특허권, 실용신안권, 의장권 및 상표권 등

ㄷ. 광업권 : 일정한 광구에서 등록을 한 광물과 동광상 중에 부존하는 다른 광물을 채굴하여 취득할 수 있는 권리

ㄹ. 어업권(입어권을 포함함) : 일정한 수면에서 독점적·배타적으로 어업을 경영할 수 있는 권리

ㅁ. 차지권(지상권을 포함함) : 임차료 또는 지대를 지급하고 타인이 소유하는 토지를 사용·수익할 수 있는 권리

ㅂ. 창업비 : 발기인의 보수, 인지수수료, 설립등기비, 주식발행비 등 회사 설립을 위하여 발생한 비용과 개업 준비기간 중에 사업 인·허가를 획득하기 위하여 발생한 비용 등

ㅅ. 개발비 : 신제품, 신기술 등의 개발과 관련하여 발생한 비용(소프트웨어 개발과 관련된 비용을 포함한다)으로서, 개별적으로 식별 가능하고 미래의 경제적 효익을 확실하게 기대할 수 있는 것

ㅇ. 기타 무형자산

(4) 유동부채

❶ 매입채무 : 상거래에서 발생한 외상매입금과 지급어음
❷ 단기차입금 : 금융기관으로부터의 당좌차월액과 1년 내에 상환될 차입금
❸ 미지급금 : 일반적 상거래 이외에서 발생한 채무(미지급비용을 제외)
❹ 선수금 : 수주공사, 수주품 및 기타의 일반적 상거래에서 발생한 선수액
❺ 예수금 : 일반적 상거래 이외에서 발생한 일시적 여러 예수금
❻ 미지급비용 : 비용으로 지급되지 아니한 것
❼ 미지급법인세 : 법인세 등의 미지급액
❽ 미지급배당금 : 이익잉여금처분계산서상의 현금배당액
❾ 유동성 장기부채 : 고정부채 중 1년 이내에 상환될 것 등
❿ 선수수익 : 받은 수익 중 차기 이후에 속하는 금액
⓫ 단기부채성 충당금 : 1년 내에 사용되는 충당금으로, 그 사용목적을 표시하는 과목
⓬ 기타의 유동부채

(5) 비유동부채

❶ 사채 : 1년 후에 상환되는 사채의 가액으로 하되, 사채의 종류별로 구분하고 그 내용을 주석으로 기재

❷ 장기차입금 : 1년 후에 상환되는 차입금으로 하며 차입처별 차입액, 차입용도, 이 자율, 상환방법 등을 주석으로 기재

❸ 장기성 매입채무 : 유동부채에 속하지 않는 일반적 상거래에서 발생한 장기의 외 상매입금 및 지급어음

❹ 장기부채성 충당금 : 1년 후에 사용되는 충당금으로, 그 사용목적을 표시하는 과 목으로 기재

❺ 이연법인세 : 일시적 차이로 인하여 법인세비용이 법인세법 등의 법령에 의하여 납부하여야 할 금액을 초과하는 경우 그 초과하는 금액

❻ 기타의 고정부채

(6) 자본금

자본금은 보통주자본금, 우선주자본금 등을 포함한다.

(7) 자본잉여금

❶ 주식발행초과금 : 주식발생가액(증자의 경우에 신주발행수수료 등 신주발행을 위하여 직접 발생한 기타의 비용을 차감한 후의 가액을 말한다. 이하 같음)이 액면가액을 초과하는 경우 그 초과하는 금액

❷ 감자차익 : 자본감소의 경우에 그 자본금의 감소액이 주식의 소각, 주금의 반환 에 요한 금액과 결손의 보전에 충당한 금액을 초과한 때에 그 초과금액. 다만, 자 본금의 감소액이 주식의 소각, 주금의 반환에 요한 금액에 미달하는 금액이 있는 경우에는 동금액을 차감한 후의 금액

❸ 기타 자본잉여금 : 자기주식처분이익으로서 자기주식처분손실을 차감한 금액과 그 밖의 기타 자본잉여금

(8) 이익잉여금 또는 결손금

❶ 이익준비금 : 상법의 규정에 의하여 적립된 금액

❷ 기타 법정적립금 : 상법 이외의 법령에 의하여 적립된 금액

❸ 임의적립금 : 정관의 규정 또는 주주총회의 결의로 적립된 금액으로, 사업확장적 립금, 감채적립금, 배당평균적립금, 결손보전적립금 및 법인세 등을 이연할 목적 으로 적립하여 일정기간이 경과한 후 환입될 준비금 등

❹ 차기이월이익잉여금 또는 차기이월결손금 : 당기의 이익잉여금처분계산서의 차기 이월이익잉여금 또는 결손금처리계산서의 차기이월결손금으로 하고 당기순이익 또는 당기순손실을 주기

(9) 자본조정

❶ 주식할인발행차금 : 주식발행가액이 액면가액에 미달하는 경우 그 미달하는 금액

❷ 배당건설이자 : 개업 전 일정한 기간 내에 주주에게 배당한 건설이자

❸ 자기주식 : 회사가 이미 발행한 주식을 주주로부터 취득한 경우 그 취득가액으로 하고, 그 취득 경위, 향후 처리계획 등을 주석으로 기재

❹ 미교부주식배당금 : 이익잉여금처분계산서상 주식배당액

3　　**손익계산서**

손익계산서는 일정기간 동안 기업이 경영활동을 얼마나 잘 하였는지를 파악하기 위 해서 작성하는 재무제표이다. 즉, 한 해 동안 기업이 매출실적이나 원가통제의 효율성 을 통해 이익을 얼마만큼 실현하였는지를 파악하기 위해서 작성하는 재무제표이다.

매출총이익은 매출액에서 매출원가를 차감한 금액인데 이는 제품의 판매액에서 제 품을 생산하는 데 드는 비용을 차감한 금액을 나타낸다.

$$\text{매출액} - \text{매출원가} = \text{매출총이익} \qquad (2-1)$$

영업이익은 매출총이익에서 제품 판매활동과 판매하기까지 제품을 관리하는 데 발 생한 비용, 즉 판매비와 일반관리비를 차감한 금액으로 기업의 영업활동을 통해서 경 영성과를 측정하고자 하기 위함이다.

$$\text{매출총이익} - \text{판매비와 일반관리비} = \text{영업이익} \qquad (2-2)$$

법인세차감전순손익은 순수한 영업활동 이외에 기업의 활동으로 인해 이익과 손실이 발생한 부분들을 영업외이익과 영업외손실이란 항목으로 설정하여 영업이익에서 이익은 가산하고 손실은 차감하여 계산한 결과이다.

$$영업이익 + 영업외이익 - 영업외손실 = 법인세차감전순손익 \qquad (2-3)$$

법인세차감전순손익에서 법인세를 공제하고 남은 금액이 당기순이익이다.

$$법인세차감전순이익 \times (1 - 법인세율) = 당기순이익 \qquad (2-4)$$

어느 기업의 한 해 동안의 당기순이익이 산출되기까지는 각종 이익항목과 손실항목들이 가감되는데, 이 중에는 직접적으로 영업활동과 연관되는 비용과 이익이 있는 반면, 영업활동과 직접적인 연관 없이 발생하는 비용도 상당한 비중을 차지하고 있어서 영업활동만을 잘했다고 해서 당기순이익이 높아지는 것이 아님을 알 수 있다. 따라서 단순히 당기순이익만 높다고 해서 좋은 경영성과를 나타냈다고 볼 수는 없다.

이러한 과거 수년간의 손익계산서를 통해서 분석가는 기업의 매출성장률을 분석하고, 이를 통해 기업의 미래 수익력을 예측하려고 한다.

(1) 작성기준

❶ 모든 수익과 비용은 그것이 발생한 기간에 정당하게 배분되도록 처리하며, 다만 수익은 실현시기를 기준으로 계상하고 미실현수익은 당기의 이익계산에 산입하지 아니함이 원칙

❷ 수익과 비용은 그 발생 원천에 따라 명확하게 분류하고 각 수익항목과 이에 관련되는 비용항목을 대응 표시

❸ 수익과 비용은 총액에 의하여 기재함을 원칙으로 하고, 수익항목과 비용 항목을 직접 상계함으로써 그 전부 또는 일부를 손익계산서에서 제외하여서는 안 됨

❹ 손익계산서는 매출총손익, 영업손익, 법인세비용차감전순손익과 당기순손익으로 구분하여 표시. 다만, 제조업·판매업 및 건설업 이외의 기업에 있어서는 매출총손익의 구분 표시를 생략할 수 있음

(2) 매출총손익

매출총손익은 매출액에서 매출원가를 차감하여 표시한다.

❶ 매출액 : 상품 또는 제품의 매출액은 총매출액에서 매출할인과 환입을 차감한 금액. 이 경우에 일정기간의 거래수량이나 거래금액에 따라 매출액을 감액하는 것은 매출할인에 포함
❷ 매출원가 : 제조업에 있어서의 매출원가는 기초제품재고액과 당기제품제조원가와의 합계액에서 기말제품재고액을 차감하는 형식으로 기재

(3) 영업손익

영업손익은 매출총손익에서 판매비와 관리비를 차감하여 표시한다.

판매비와 관리비는 상품과 용역의 판매활동 또는 기업관리의 유지에서 발생하는 비용으로, 급여(임원급여, 급료, 임금 및 제수당을 포함) · 퇴직급여 · 복리후생비 · 임차료 · 접대비 · 감가상각비 · 세금과공과 · 광고선전비 · 경상연구개발비 · 대손상각비 등 매출원가에 속하지 않는 모든 영업비용을 포함한다.

(4) 법인세차감전순손익

법인세차감전순손익은 영업손익에서 영업외수익을 가산하고 영업외비용을 차감하여 표시한다.

❶ 영업외수익 : 이자수익 · 배당금수익(주식배당액은 제외) · 임대료 · 유가증권처분이익 · 유가증권평가이익 · 외환차익 · 외화환산이익 · 지분법평가이익 · 투자유가증권감액손실환입 · 투자자산처분이익 · 유형자산처분이익 · 사채상환이익 · 법인세환급액 등을 포함
❷ 영업외비용 : 이자비용 · 기타의 대손상각비 · 유가증권처분손실 · 유가증권평가손실 · 재고자산평가손실(원가성이 없는 재고자산감모손실을 포함) · 외환차손 · 외화환산손실 · 기부금 · 지분법평가손실 · 투자유가증권감액손실 · 투자자산처분손실 · 유형자산처분손실 · 사채상환손실 · 법인세추납액등을 포함

표 2-2 손익계산서 양식

손익계산서	
매 출 액	×××
매 출 원 가	×××
매 출 총 이 익	×××
판매비와 일반관리비	×××
영업이익(손실)	×××
영 업 외 수 익	×××
영 업 외 비 용	×××
법인세차감전순이익(손실)	×××
법 인 세	×××
당 기 순 이 익	×××

(5) 법인세비용

법인세비용은 법인세법 등의 법령에 의하여 당해 사업연도에 부담할 법인세 및 법인세에 부가되는 세액의 합계에 당기 이연법인세의 변동액을 가감하여 산출된 금액을 말한다.

(6) 당기순손익

당기순손익은 법인세비용차감전순손익에서 법인세비용을 차감하여 표시한다.

4 이익잉여금 처분계산서, 현금흐름표 및 자본변동표

(1) 이익잉여금 처분계산서(혹은 결손금 처분계산서)

기업이 일정기간 동안 경영성과를 통해서 벌어들인 순수한 이익은 크게 두 가지 용도로 사용한다. 다음 연도의 재투자를 위해 회사 내에 유보하는 경우와 그 회사의 주주에게 배당하는 두 가지 용도이다. 재투자를 위해 기업 내에 유보하는 금액 중에서도 일부는 사용되고, 사용되지 않고 남아있는 것이 있게 된다. 이처럼 이익잉여금 처분계산서는 당기순이익의 사용용도를 나타낸 재무제표라고 생각하면 된다. 이것으로 당해 기업이 당기순이익 중에서 얼마 정도의 배당을 하는지 배당성향과 장기적으로 자금을 활용할 수 있는 정도를 파악할 수 있다.

한편, 기업이 매년 영업을 하다 보면 이익을 남길 때가 있고 손실이 발생할 때도 있는데, 손실이 발생할 때 이러한 손실을 어떻게 처리하는지를 한눈에 알아볼 수 있도록 하는 재무제표가 결손금 처분계산서이다.

이익잉여금처분계산서는 기업회계기준에 따른 주요재무제표에는 포함되지 않으나 상법 등 관련 법규에서 이익잉여금처분계산서(또는 결손금처리계산서)의 작성을 요구하는 경우에는 재무상태표의 이익잉여금(또는 결손금)에 대한 보충정보로서 이익잉여금처분계산서(또는 결손금처리계산서)를 주석으로 공시한다.

(2) 현금흐름표

기업이 경영활동을 수행하는 데 있어서 현금이 가장 중요한 재원일 것이다. 아무리 가치가 높은 건물이나 토지가 있다 하더라도 이를 현금으로 바꾸어 사용하는 데에는 시간이 걸리므로 유동성이 높은 현금이 기업에게는 당장 필요할 때가 있다. 사람에게서는 체내의 혈액순환이 건강을 유지하는 데 중요하듯이 기업의 경우는 이러한 현금의 흐름이 중요한 것이다.

현금흐름표는 일정기간 동안 기업이 영업활동에 필요한 자금을 어떻게 조달했으며, 조달한 자금을 어디에 사용하였는지를 명확하게 보여주기 위하여 작성하는 재무제표이다. 분석가가 이러한 현금흐름표를 통해서 얻을 수 있는 정보로는 이익의 사용처, 배당금 지급이 많거나 적은 원인, 당해 기간 중 순손실이 발생하였음에도 불구하고 배당금이 지급된 경위, 유동자산이 감소하고 순이익이 증가한 이유, 기업설비자금의 조달처, 채무상환방법, 순운전자본의 조달방법 등이다.

(3) 자본변동표

자본변동표는 자본의 크기와 그 변동에 관한 정보를 제공하는 재무보고서로서, 자본을 구성하고 있는 자본금, 자본잉여금, 자본조정, 기타포괄손익누계액, 이익잉여금(또는 결손금)의 변동에 대한 포괄적인 정보를 제공한다.

지금까지 네 가지 재무제표를 간략히 살펴보았는데, 분석가들은 재무제표 그 자체를 통해서 기업의 상태를 평가해 보기도 하지만 그보다는 재무제표의 구성항목들을 이용한 재무비율분석을 이용하여 기업을 평가하게 된다. 아래에서는 몇 가지 중요한 재무비율분석을 알아보기로 하자.

section 02 | 재무비율분석

재무비율분석(financial ratio analysis)이란, 재무제표들을 구성하고 있는 각종 항목들 간의 관계를 이용하여 해당 기업이 우량기업인지 아니면 부실기업인지를 판단해 보는 것이다. 기업의 건전성 정도를 파악하기 위해 주로 다섯 가지 측면을 고려하게 되는데 수익성, 안정성, 활동성, 성장성 정도를 재무비율을 통해 알아볼 수 있다.

1 수익성

기업이 보유하고 있는 자산으로 얼마의 수익을 올릴 수 있는지의 여부를 알아보는 것이 중요하다. 즉, 자본을 투입하여 얼마의 잉여가치를 창출하는지를 평가하는 데 수익성 관련 비율을 측정하게 된다.

(1) 총자본이익률(Return On Investment : ROI)

기업의 생산활동에 투입된 자본이 효율적으로 운영이 되고 있는가를 측정하는 것이다. 아무리 많은 자본을 보유하고 있어도 이를 효율적으로 운영하지 못한다면 진정한 자본의 가치를 높일 수가 없는 것이다. 총자본이익률은 당기순이익을 총자본으로 나누어서 계산한다.

$$총자본이익률 = \frac{당기순이익}{총자본} \times 100(\%) \qquad (2-5)$$

앞에서 총자본과 총자산은 금액이 같다고 하였으므로 총자본 대신에 총자산을 사용하여서 총자산이익률(Return On Asset : ROA)이라고도 한다. 당기순이익은 손익계산서 항목에서, 총자본(자산)은 재무상태표항목에서 이를 구할 수 있다. 또 위의 공식은 다음과 같이 바꿀 수 있다.

$$\text{총자본이익률} = \frac{\text{당기순이익}}{\text{매출액}} \times \frac{\text{매출액}}{\text{총자본}} \times 100(\%) \qquad (2-6)$$
$$= \text{매출액순이익률} \times \text{총자본회전율}$$

위 식을 통해 총자본이익률이 과거와 비교해서 금년에 변화된 원인이 매출액순이익률의 변화에 의해서인지 아니면 총자본회전율의 변화 때문인지 혹은 두 요인 모두 작용한 것인지를 알아볼 수 있다.

(2) 자기자본이익률(Return On Equity : ROE)

총자본에는 자기자본뿐만 아니라 타인자본, 즉 부채도 포함되어 있음을 설명하였다. 따라서 자기자본이익률에서는 타인자본을 제외한 순수한 자기자본의 효율적 운영 측면을 알아보고자 함이 목적이다.

$$\text{자기자본이익률} = \frac{\text{당기순이익}}{\text{자기자본}} \times 100(\%) \qquad (2-7)$$

(3) 매출액순이익률

매출액순이익률은 기업의 매출액과 당기순이익과의 비율을 알아보는 것으로 이 비율을 통해 기업의 전반적인 경영활동이 얼마나 합리적으로 이루어졌는가를 평가해 볼 수 있다.

$$\text{매출액순이익률} = \frac{\text{당기순이익}}{\text{매출액}} \times 100(\%) \qquad (2-8)$$

손익계산서를 통해서 알 수 있듯이 기업이 제품을 팔아서 벌어들인 매출액에서 해당 기업의 재투자와 배당의 근원이 되는 당기순이익이 산출되기까지는 많은 이익과 비용들이 발생하게 된다. 즉, 당기순이익이 산출되는 과정에서 영업활동과는 직접적인 연관이 없는 비용들이 발생하여 이들을 고려하기 때문에 이 비율만을 가지고는 진정한 기업의 영업활동의 효율성을 판단하는 것은 곤란하다. 이 비율과 더불어 고려해야 할 비율이 매출액영업이익률이다.

$$\text{매출액영업이익률} = \frac{\text{영업이익}}{\text{매출액}} \times 100(\%) \tag{2-9}$$

손익계산서에서 영업이익이 산출되기까지는 기업의 순수한 영업활동에 의해 발생한 비용만을 고려하게 되므로, 이 비율을 통해서 기업의 영업활동을 측정할 수가 있는 것이다.

2 안정성

기업이 안정성을 지니고 있다는 것은 부채를 상환하는 데 있어 별 무리가 없으며 또한 국내외적으로 잦은 경기변동에 적절하게 대처할 수 있는 능력이 있다는 것을 말한다. 이러한 안정성을 파악하는 데에는 유동비율, 부채비율, 고정비율 등을 들 수 있다.

(1) 유동비율

기업이 타인자본 즉, 부채를 사용하는 데 있어서 상환기간이 1년이 훨씬 넘는 장기부채뿐만 아니라 1년이 채 못되는 단기부채를 조달하여 사용하는 경우도 있다. 단기부채의 경우는 차입한 후 상환하는 기간이 비교적 짧기 때문에 현금흐름이 그만큼 빠르다고 할 수 있다. 이러한 단기채무능력을 알아보고자 측정하는 비율이 유동비율이다. 유동비율은 유동자산을 유동부채로 나누어서 계산한다.

$$\text{유동비율} = \frac{\text{유동자산}}{\text{유동부채}} \times 100(\%) \tag{2-10}$$

(2) 부채비율

기업의 총자본은 타인자본과 자기자본으로 구성되어 있다고 설명한 바 있다. 이러한 자본의 구성 중 타인자본과 자기자본이 차지하는 비율이 얼마인지를 알아보고자 타인 자본을 자기자본으로 나눈 비율이 부채비율이다.

$$부채비율 = \frac{타인자본}{자기자본} \times 100(\%) \qquad (2-11)$$

이 비율을 통해서 기업의 자본구성이 얼마나 건전한지를 파악할 수 있다. 그러나 타인자본의 사용을 늘리면 늘릴수록 재무레버리지 효과로 인해 이득을 볼 수 있기 때문에 가급적 자기자본보다는 타인자본을 더 많이 조달하여 사용하는 경우가 대부분이다.

(3) 고정(비유동)비율

고정(비유동)비율이란 자기자본이 비유동자산에 어느 정도 투입되었는지를 알아보기 위한 비율로 자본사용의 적절성을 평가하기 위한 비율이다. 기업의 비유동자산은 통상 자기자본으로 조달해야 하는 것이 당연하다고 보는 견해에 의해 이 비율을 측정하는 것이다. 고정비율은 비유동자산을 자기자본으로 나누어 계산한다.

$$고정비율 = \frac{비유동자산}{자기자본} \times 100(\%) \qquad (2-12)$$

(4) 이자보상비율

이자보상비율은 기업의 부채사용으로 인해 발생하는 이자가 미치는 영향을 살펴보기 위한 것으로 기업의 영업이익이 지급해야 할 이자비용의 몇 배에 해당하는가를 나타내는 비율이다. 따라서 이자보상비율은 높을수록 좋다.

$$이자보상비율 = \frac{영업이익}{이자비용} \times 100(\%) \qquad (2-13)$$

3 활동성

활동성 분석은 기업자산의 활용 정도를 알아보고자 하는 것으로 손익계산서의 매출액을 재무상태표에 있는 각 자산의 항목들로 나누어서 계산하게 된다.

(1) 총자산회전율

기업이 매출활동을 벌이는데 있어 보유하고 있는 모든 자산을 몇 번이나 활용했는지를 파악하기 위해서 측정하는 비율이다. 이는 매출액을 총자산으로 나누어 계산하는 것이다.

$$총자산회전율 = \frac{매출액}{총자산}(회) \qquad (2-14)$$

이 비율은 높을수록 좋은 영업활동을 했다고 볼 수 있다. 예컨대 총자산의 규모가 1억으로 동일한 A와 B 두 기업 중 A기업은 매출액이 2억 원으로 집계되어 총자산회전율이 2회이고, B기업은 매출액이 3억 원으로 산출되어 총자산회전율이 3회라고 했을 때 A기업은 매출액을 산출하는 데 있어 자산을 2번밖에 활용 못했지만 B기업은 3번 활용했다는 것이므로 B기업이 더 경영활동을 잘했다고 볼 수 있는 것이다.

(2) 고정자산회전율

고정자산회전율은 총자산회전율에서 총자산을 고정자산으로 바꾸어서 계산하게 되는데, 이 비율을 통해서 고정자산을 얼마나 잘 활용하였는가의 여부와 또한 고정자산의 과대 혹은 과소투자 여부를 평가할 수 있다.

$$고정자산회전율 = \frac{매출액}{고정자산} \times (회) \qquad (2-15)$$

예컨대 매출액에 비해 고정자산이 너무 작으면 이 비율이 높게 나오는데 이는 고정자산을 너무 과소투자한 결과라고 볼 수 있어서 고정자산을 더 늘려야 한다는 신호로 받아들일 수 있고 반대로 매출액에 비해 고정자산이 많으면 이 비율이 낮아지게 되는

데 이는 현재 보유한 고정자산을 제대로 활용하고 있지 못하고 있다는 신호로 고정자산에 과대투자가 이루어졌다는 것을 나타낸다고 볼 수 있다. 이 비율이 높은지 낮은지는 일정한 기준이 없으며 각 기업의 나름대로의 목표와 총자산 규모에 비추어서 결정할 일이다.

(3) 재고자산회전율

재고자산이란 기업이 판매를 목적으로 보유하고 있는 자산을 말하는 것으로 제품이나 반제품, 재공품 등을 말한다. 이 비율은 총자산 대신 재고자산을 대입하여 계산하게 되는데, 이를 통해 재고자산의 판매활동 여부를 알아볼 수 있다.

$$\text{재고자산회전율(회)} = \frac{\text{매출액}}{\text{재고자산}} \tag{2-16}$$

이 비율이 높으면 생산한 제품을 재고로 남겨두는 기간이 짧아서 빨리 판매된다는 것을 의미하고 더 많은 제품을 생산할 필요가 있다는 신호이고 이 비율이 너무 낮으면 제품판매가 잘 이루어지지 않아 재고량이 많아 제품생산을 낮추거나 재고자산의 판매활동에 문제가 있는 것으로 받아들여야 할 것이다.

4 　성장성

경영자가 기업경영을 몇 년만 하다가 그만두는 기업은 특수한 경우를 제외하고는 거의 없을 것이다. 회사의 수명은 영구적이라는 가정하에 경영활동을 벌이는 것이 일반적이다. 그리고 해마다 경영실적을 성장시키고자 하는 것이 경영자의 바람일 것이다.

이 때 기업이 어느 정도 성장하였는지를 알아보는 방법은 두 가지가 있는데, 하나는 기업 자체를 비교하는 방법으로 전년도와 금년도를 비교하여 매출액이라든가 자산규모 등 경영실적을 비교해 보는 방법이 있고, 또 하나는 자사와 동종 업종인 산업 내에서 자사의 위치를 파악하는 것으로 산업 평균에 비해 자사의 규모는 어느 정도인지를 파악하는 경우가 있다.

(1) 매출액증가율

이 비율은 전년도에 비해 당해연도의 매출액이 얼마나 증가했는가를 알아보고자 하는 것으로 아래와 같이 계산된다.

$$\text{매출액증가율} = \frac{\text{당기 매출액} - \text{전기 매출액}}{\text{전기 매출액}} \times 100(\%) \qquad (2-17)$$

매출액증가율을 이용할 때 자사의 과거나 현재만을 놓고 비교할 것이 아니라 산업 전체 평균과 비교해야 한다. 예를 들어 어느 기업의 매출액증가율이 전년도에 비해 금년에 15% 증가하였다고 하자. 그러나 동종 산업의 경우는 평균 18% 증가하는 것으로 나타났다면 이 기업은 시장점유율 측면에서 오히려 감소했다고 볼 수 있을 것이다.

(2) 총자산증가율

이 비율은 일정기간 중에 기업의 규모가 얼마나 성장했는지를 알아보고자 하는 지표이다.

$$\text{총자산증가율} = \frac{\text{당기말 총자산} - \text{전기말 총자산}}{\text{전기말 총자산}} \times 100(\%) \qquad (2-18)$$

위 식에서 당기말 총자산, 전기말 총자산이라고 한 것은 재무상태표가 회계연도말에 작성되기 때문이다. 전년도 말의 금액은 당해연도 초의 금액과 일치되므로 전기말 총자산 대신 당기초 총자산이라고 해도 같은 내용이 된다.

(3) 영업이익증가율

영업이익증가율은 전년도 영업실적에 대한 당해연도 영업이익의 증가율로 표시되는데, 계산식은 아래와 같다.

$$\text{영업이익증가율} = \frac{\text{당기 영업이익} - \text{전기 영업이익}}{\text{전기 영업이익}} \times 100(\%) \qquad (2-19)$$

이러한 영업이익증가율은 기업의 영업활동이 얼마나 효율적으로 성장했는지를 알아보고자 하는 비율이다.

이상으로 각 기업의 수익성, 안정성, 활동성, 성장성, 시장성의 지표를 확인하는 몇 가지 비율들을 언급하였다. 이 외에도 재무비율은 재무제표에 표시된 항목들을 조합하여 만들면 많은 비율을 만들 수 있다. 위에서는 성장성의 지표로 단지 세 가지만 언급하였지만 자기자본성장률, 순영업이익성장률, 배당비율성장률 등 여러 가지가 있고, 활동성 측면에서도 유동자산회전율, 매출채권회전율 등이 있을 수 있다.

따라서 재무제표를 이용하여 분석자가 필요하다고 생각하는 항목을 얼마든지 비율을 만들어 사용할 수 있지만, 다만 그 중에서도 기업경영상에 의미 있는 항목들만을 골라서 비율을 만들어 사용하는 것이 바람직하다.

section 03 시장가치비율분석

시장가치비율분석은 재무비율분석의 일종이지만 시장가치 측면에서 접근하고 있다. 기업의 가치는 그 기업의 경영활동을 통해서 나타난 영업성과들이 이익을 실현시키는 과정 중에 시장에서 평가된 주식의 가치라고 말할 수 있다. 따라서 시장가치비율은 재무비율과 다르게 증권시장에서 해당 기업의 주식 가격을 주당이익이나 장부가치 등의 주식과 관련된 각종 비율로 나타내서 투자자 및 전문가들이 기업의 가치를 어떻게 바라보는가를 파악할 수 있는 것이다.

1 주당순이익

주당순이익(Earning Per Share : EPS)은 기업의 당기순이익을 당해연도까지 발행한 주식수로 나누어서 계산한다.

$$주당순이익 = \frac{당기순이익}{발행주식수} \qquad (2-20)$$

주식 1주당 얼마의 이익을 창출하느냐를 나타내는 것으로 주당순이익이 크면 클수록 주식 가격이 높은 것이 보통이다. 위 식에서 순이익 대신에 당해연도 배당금을 대신하게 되면 주당배당금을 계산할 수 있다. 한편, 배당성향이란 말이 있는데 이것은 당해연도 순이익 중에서 주주에게 배당한 금액이 몇 %를 차지하는가를 나타낸다. 이 비율이 높으면 높을수록 배당지급 여력이 크다는 것을 의미한다.

$$배당성향 = \frac{현금배당}{당기순이익} \times 100(\%) \hspace{3cm} (2-21)$$

2   주가수익비율

주가수익비율(Price Earning Ratio : PER)은 주가수익률이라고도 하는데 주가를 주당순이익(EPS)으로 나눈 것이다.

$$주가수익비율(배) = \frac{주가}{주당순이익} \hspace{3cm} (2-22)$$

이 비율은 주당순이익의 몇 배가 주가로 나타나는가를 의미한다. 주가수익비율이 높다면 주당순이익은 평균 수준인데 주가가 높아서인 경우와 주가는 평균 수준인데 주당순이익이 너무 낮은 경우 두 가지로 볼 수 있다. 첫 번째인 경우라면 이 기업의 주가가 시장에서 높게 평가되고 있기 때문에 장래에 성장 가능성이 있다는 것으로 볼 수 있다. 그러나 두 번째인 경우는 현재 기업의 수익성이 좋지 못하기 때문에 나타난 것이다. 따라서 이 비율을 통해서 기업의 시장에서 평가되고 있는 위치와 기업의 성장성 및 수익성을 파악할 수 있는 것이다.

3   주가순자산비율

주가순자산비율(Price Book-value Ratio : PBR)은 주가를 1주당 순자산으로 나누게 된다.

$$주가순자산비율(배) = \frac{주가}{주당순자산} = \frac{주당시장가치}{주당장부가치} \qquad (2-23)$$

이 비율은 다른 말로 시장가치 대 장부가치비율(Book-to-Market Ratio)이라고도 하는데, 그 이유는 주가는 시장에서 가치가 결정되고 주당순자산은 재무상태표에 나와 있는 자산을 발행주식수로 나누어서 계산한 것이어서 분모는 장부가치를, 분자는 시장가치를 사용하기 때문이다. 이 비율은 1주당 순자산이 주가(기업가치)를 몇 배 창출했느냐를 나타내기 때문에 이 비율이 높다는 것 역시 높은 성장 가능성이 있다는 것을 의미한다. 반면에 나머지 다른 조건들이 동일한 경우 시장가치 대 장부가치비율이 낮은 기업은 주식시장에서 저평가되어 있다고도 볼 수 있다.

4 주가현금흐름비율

주가현금흐름비율(Price Cash flow Ratio : PCR)은 주가를 1주당 현금흐름으로 나눈 것을 말한다.

$$주가현금흐름비율(배) = \frac{주가}{주당현금흐름} \qquad (2-24)$$

현금흐름은 당기순이익에 현금지출을 수반하지 않는 감가상각비, 외환 및 유가증권 평가차손 등을 더하고 현금유입을 수반하지 않는 외환 및 유가증권 평가차익 등을 차감해야 한다. 주가현금흐름비율(PCR)이 낮으면 일단 저평가되어 있다고 볼 수 있다. 그리고 주가수익비율(PER)이 높은 경우에도 이 비율이 낮으면 해당 주식에 대한 현재의 주가가 낮은 것이고 주가수익비율이 낮은 경우에 주가현금흐름비율이 높다면 현 주가가 낮다고 할 수 없다.

5 주가매출액비율

주가매출액비율(Price Sales Ratio : PSR)은 주가를 1주당 매출액으로 나누어 계산한다.

$$\text{주가매출액비율(배)} = \frac{\text{주가}}{\text{주당매출액}} \tag{2-25}$$

주당순이익을 사용하는 주가수익비율(PER)은 당해연도에 수익이 나지 않고 이익이 (–)인 경우에는 비율을 구할 수 없으며, 이익이 너무 높거나 낮으면 주가수익비율을 통해 올바른 분석을 할 수가 없다. 하지만 기업의 순수한 영업활동의 결과인 매출액은 기업의 영업성과를 객관적으로 잘 나타내 주고 (–)가 나오는 경우는 거의 없기 때문에 주가수익비율의 약점을 보완해 줄 수가 있다.

6 배당수익률

배당수익률은 주식 1주를 보유함으로써 얼마의 현금배당을 받을 수 있는지를 보고자 하는 것이다.

$$\text{배당수익률} = \frac{\text{1주당 배당금}}{\text{주가}}(\%) \tag{2-26}$$

예를 들어 배당수익률이 10%라고 한다면 시가가 20,000원인 주식을 1주 소유할 때 2,000원의 배당을 받으므로 10주를 갖는 사람은 배당 시에 20,000원의 배당을 받는다는 것이다. 통상 지속적으로 성장하는 기업에서는 당기순이익 중에서 주주에 대한 배당은 적게 하고, 내년도 재투자를 위해서 회사 내에 유보를 많이 하게 된다. 따라서 1주당 배당금이 적게 되고 성장기업의 주가는 상승하므로 상대적으로 배당수익률은 낮아지게 된다. 즉, 배당수익률이 작은 기업은 성장 가능성이 높은 것으로 생각된다. 하지만 모든 경우에 그러한 것은 아니고, 이익이 조금밖에 실현되지 않아 배당을 못하는 경우도 있으므로 주의를 요한다.

한편 배당률이란 말도 있는데, 이것은 우리나라에만 있는 독특한 것으로 현행 상법에서는 주주에게 배당을 지급할 때 주식 액면 가격을 기준으로 배당을 지급하게 되어 있다. 즉, '배당률이 10%이다'라는 의미는 주식 액면 가격(5,000원)의 10%를 배당으로 지급한다는 것이므로 주주는 1주당 500원의 배당을 받게 된다는 것이다. 배당수익률은 주식의 시장가치에 대해 배당금액 비율을, 배당률은 주식의 액면 가치에 배당금액 비율을 나타낸다고 볼 수 있다.

7 | 비율분석의 한계점

비율분석은 어느 누구라도 이해하기 쉽고 간단히 구할 수 있으며, 심도 있는 분석을 하기 이전에 예비적으로 비율분석을 실시함으로써 전반적이고 대략적인 문제점을 발견할 수 있다. 따라서 처음부터 심층분석을 함으로써 소비되는 시간적·경제적 손실을 사전에 예방할 수 있기 때문에 일반 기업뿐만 아니라 금융기관, 중앙은행 등도 비율분석을 실시하고 있다. 하지만 이러한 비율분석만을 통해서 기업의 경영상태를 완전히 평가한다는 것은 무리가 있다. 그 이유는 다음과 같다.

(1) 재무제표는 과거자료

재무분석을 실시하는 목적은 현재의 기업상태를 진단하여 문제점 내지 개선점을 발견하여 이를 시정함으로써 미래의 기업 수익력을 높이고자 하기 위한 것인데, 비율분석에 사용되는 재무제표는 과거의 회계정보라는 한계가 있다. 세상이 급변하기 때문에 정보의 적시성과 적절성이 여느 때보다 요구되는 시대에 과거 수년간의 자료를 통해 미래를 예측한다는 것은 정보의 질적인 측면에서 볼 때 타당하지 못하다는 것이다.

(2) 손익계산서와 재무상태표의 시간적 차이

재무비율 중에는 상당수가 손익계산서와 재무상태표를 함께 이용하는 경우가 상당히 많다. 예컨대 고정자산회전율의 경우 분자에는 손익계산서 항목인 매출액이, 분모에는 재무상태표 항목인 고정자산이 들어간다. 그러나 손익계산서와 재무상태표의 작성 시점은 회계연도말에 동시에 작성되지만 각각의 내용측면에서 볼 때 재무상태표는 일정 시점의 재무상태를 나타낸 표로 과거 수년 전에 구입한 고정자산의 가격도 그대로 현재 반영하고 있고, 손익계산서는 일정 기간의 경영성과를 나타내는 재무제표로 회계기간 동안 발생한 영업활동의 성과를 기록하였기 때문에 당해연도의 영업활동만 기록된다는 점이다. 이처럼 일정 시점(stock 개념)의 재무제표와 일정기간(flow 개념)의 재무제표를 동시에 사용한다는 것은 적절한 의미를 지니지 못할 가능성이 있다.

(3) 상이한 회계처리기준

현 기업회계기준에서는 동일한 사건을 처리하는 데에도 여러 가지 기준을 선택할 수 있도록 되어 있다. 예를 들어 기업이 생산한 제품의 원가가 연초에 생산한 제품과 연말에 생산한 제품 간의 인플레이션의 영향으로 차이가 발생할 수 있는데, 이를 평균해서 원가를 산정하게 되는 평균법, 연초에 생산한 제품의 원가를 기준으로 산정하는 선입선출법, 연말에 생산한 제품의 원가를 기준으로 산정하는 후입선출법 등 여러 가지 처리기준을 규정해 놓았기 때문에 기업마다 회계처리 방식이 다를 수 있다. 따라서 기업 간의 비교가 불가능하고, 또한 산업평균과 기업을 비교할 때에도 적절한 기준이 될 수가 없다는 것이다.

section 04 | 기본적 분석의 한계점

기본적 분석에 대해서 요약하면 주식 가격은 주식을 발행한 기업의 진정한 가치뿐만 아니라 기업외적인 요인, 즉 경기변동, 물가상승, 환율, 국제 원자재 가격, 산업구조와 특성들이 주식 가격을 형성하는 데 영향을 미친다는 것이다. 따라서 기본적 분석가들은 이러한 기업의 내적·외적 상황들을 분석하여 주식의 내재가치를 알아낸 다음 시장에서 해당 주식이 내재가치보다 가격이 낮게 책정되어 있다면 이 주식을 매입함으로써 싸게 구입하는 효과를 볼 수 있으며, 반대로 시장 가격이 내재가치보다 높게 책정되어 있다면 이를 매각함으로써 주식을 비싼 가격으로 처분하는 효과를 가져와서 주식투자로 인한 수익을 올릴 수 있다고 생각한다.

그러나 이러한 기본적 분석을 통해서 주식투자 수익을 올릴 수 있기까지는 몇 가지 문제점이 있다.

첫째, 내재가치의 다양성 여부이다. 예를 들어 갑이라고 하는 투자가가 A라는 기업의 내·외적 분석을 통해서 그 기업이 발행한 주식의 진정한 가치, 내재가치를 알게 되었다고 하자. 그리고 시장에서는 A회사 주식의 가격이 갑이 알게 된 내재가치보다 낮게 거래되고 있는 상황이라면 투자자 갑은 이 회사 주식을 매입하려 들 것이다. 그러나 시장에 참여한 다른 모든 투자자들이 투자자 갑이 분석한 A회사 주식의 내재가치를 인정해 주지 않는다면 이 주식의 가격은 현재시장에서 거래되고 있는 가격에 계속 거래되고 있을 것이다. 그렇게 되면 투자자 갑은 아무런 수익을 올릴 수가 없다. 이처럼 주식의 내재가치라는 것이 투자자 갑뿐만 아니라 시장에 참여한 다른 투자자들도 모두 A회사 주식의 시장 가격이 내재가치보다 낮게 책정되어 있다고 인식해야만 A회사 주식의 가격이 상승하게 되고, 투자자 갑은 초과수익을 올릴 수 있게 되는 것이다. 그러나 어느 회사 주식의 내재가치를 파악한다는 것은 투자자마다 견해가 다를 수 있으므로 동일한 내재가치를 인식한다는 것은 너무 지나친 가정이다.

둘째, 내재가치의 적정성 여부이다. 내재가치를 파악하기 위해서는 기업의 회계자료인 재무제표를 통해서 파악하게 되는데 재무제표라는 것은 작성하는 회사가 동일한 사건을 놓고도 여러 개의 회계처리기준 중 어느 것을 사용했느냐에 따라서 재무제표가 달라질 수 있기 때문에 내재가치를 평가하기 위한 기본자료인 재무제표가 적정하지 못하다는 것이다. 또한 기업마다 회계처리기준을 다르게 설정할 수도 있어 산업 내의 기업 간 비교가 별 의미가 없으며, 또한 동일한 기업이라도 회계기간마다 어떠한 사정에 의해서 회계처리 방법을 달리 했다면 기업 자체의 평가에도 별 도움이 안 된다.

셋째, 분석을 하는 데 시간이 오래 걸린다. 기본적 분석을 통해서 위의 두 가지 문제점은 모두 해결된다고 하더라도 이러한 분석을 통해서 기업의 진정한 가치를 파악하는 데 걸리는 분석시간이 너무 길다. 주식 가격은 수시로 변할 수 있으며 분석하는 동안 새로운 정보의 출현으로 이를 반영하여 분석하려면 또 다시 새로운 정보가 탄생하게 되어 기업가치를 제대로 평가할 수가 없다.

chapter 03

주식의 가격 결정

주식의 배당평가모형

주식을 소유하고 있는 사람이 얻게 되는 미래의 현금흐름은 두 가지이다. 첫 번째는 투자자가 주주총회에서 결정되어 정기적으로 받게 되는 배당금이다. 두 번째는 보유하고 있던 주식을 팔았을 때 받게 되는 주식매각대금이다.

배당평가모형에서 어떤 기업의 이론적 가치는 앞으로 받게 될 배당과 주식매각대금을 적절한 요구수익률로 할인한 금액, 즉 현가의 합이라고 할 수 있다. 예컨대 어떤 투자자의 요구수익률이 k이며, 배당금이 D_1이고 1년 후의 가격이 P_1원인 주식을 1년만 보유하고 1년 후에는 판다고 하면, 이때의 주식의 가치는 아래와 같이 계산된다.

$$P_0 = \frac{D_1}{(1+k)} + \frac{P_1}{(1+k)} \tag{3-1}$$

P_0 : 주식 가격

D_1 : 1년 후의 배당금

2년 후에 이 주식의 가격이 P_2이고 이 투자자가 주식을 2년간 보유한 후 매각한다면 이 때의 주식가치는 다음과 같다.

$$P_0 = \frac{D_1}{(1+k)} + \frac{D_2}{(1+k)^2} + \frac{P_2}{(1+k)^2}$$

만일 투자가가 n년간 보유하며 배당을 받고, n년 후에 주식을 매각한다면 현재의 주식가치는 다음과 같이 표현될 것이다.

$$PV = \frac{P_n}{(1+k)^n} = P_n(1+k)^{-n}$$

단, P_0 : 현재 시점에서의 주식의 이론적 가치

D_t : t기에서의 배당수입

k : 주식투자자들의 요구수익률

P_n : n시점에서의 처분 가격

여기서 n년도의 처분 가격 P_n은 $(n+1)$년도 이후의 배당수입에 대한 현재가치와 같다. 즉,

$$P_n = \frac{D_{n+1}}{(1+k)} + \frac{D_{n+2}}{(1+k)^2} + \cdots + \frac{D_\infty}{(1+k)^\infty}$$

이므로, 주식의 내재적 가치는 영속적인 배당수입에 대한 현재가치라 할 수 있다. 즉,

$$P_0 = \frac{D_1}{(1+k)} + \frac{D_2}{(1+k)^2} + \cdots + \frac{D_n}{(1+k)^n} + \frac{D_{n+1}}{(1+k)^{n+1}} + \cdots$$

$$= \sum_{t=1}^{\infty} \frac{D_t}{(1+k)^t} \tag{3-2}$$

따라서 주식을 일시적으로 소유하든 아니면 계속적으로 소유하든 간에 보유기간에 관계없이 주식의 이론적 가치는 동일하다.

결국 증권의 내재가치는 영속적인 미래 배당흐름을 요구수익률로 각각 할인한 현재 가치로 표시되는데, 이를 배당평가모형이라고 한다.

위에서 설명한 배당평가모형은 주식의 가격은 배당금만을 고려한 것이다. 따라서 앞에서 배당금과 주식의 미래가치를 알아야만 주식의 가격을 결정할 수 있다는 가정이 바뀌어 배당금만으로도 주식의 가격을 알 수 있게 되었다. 또한 식 (3-2)는 매우 일반적인 형태로 미래에 기대되는 배당의 현금흐름 형태에 관계없이 적용할 수 있는 모형이다. 그러나 이 책에서는 미래의 배당흐름에 대한 일정한 가정을 하고 나서 이 모형을 사용하기로 한다. 미래의 배당흐름에 대한 가정은 다음의 세 가지로 요약할 수 있다. 첫째로, 매년 배당금이 일정한 경우로 기업의 성장이 없는 경우, 둘째로, 배당금이 늘어나는 비율이 동일한 경우로 기업의 성장이 일정한 경우, 셋째로, 배당금이 늘어나는 비율이 매년 달라 초과 성장이 있는 경우, 이렇게 세 가지 가정에 기초하여 주식평가모형을 나타낼 수 있다.

(1) 성장이 없는 경우의 모형

배당평가모형에서 가장 단순한 모형으로 여기서는 배당이 매년 발생하되 그 금액이 일정하다고 가정하고 있다. 따라서 주식의 가격은 식 (3-3)과 같이 간단하게 결정된다.

$$P_0 = \frac{D}{k} \tag{3-3}$$

예를 들어 투자자 A는 매년 배당금이 100원인 주식을 보유하고 있으며 현재 요구수익률이 연 10%라고 할 때 이 투자자가 갖고 있는 주식의 가치는 1,000원이 될 것이다.

$$주식의\ 가치 = \frac{100}{0.1} = 1,000원$$

(2) 성장이 일정한 경우

통상 매년 배당금이 일정한 경우는 매우 예외적인 경우이다. 보통 기업들은 매년 성장하는 것이 일반적이어서 이에 따라 배당도 조금씩 늘어나게 된다. 그러면 매기간 지급되는 배당이 일정한 비율로 증가하는 경우에는 주식의 가치가 어떻게 평가되는지를 살펴보자. 배당이 g의 비율로 성장한다고 할 때, 주식의 가격은 다음과 같다.

$$P_n = \frac{D_0(1+g)}{(1+k)} + \frac{D_0(1+g)^2}{(1+k)^2} + \cdots\cdots$$

이를 간단히 하면 다음과 같다.

$$P_0 = \frac{D_1}{k-g} = \frac{D_0(1+g)}{k-g} \tag{3-4}$$

이 식은 이익과 배당이 매년 g%만큼 일정하게 성장한다고 가정할 경우의 주식의 이론적 가치를 나타낸 것으로, 항상성장모형(constant growth model 또는 Gordon 모형)이라고 한다.

이 모형은 주식의 내재적 가치가 다음 해의 기대배당(D_1)을 요구수익률과 성장률 사이의 차이인($k-g$)로 나눈 값과 동일함을 나타내고 있다.

그런데 이 항상성장모형은 몇 가지 가정 아래서 도출된 것이다.

❶ 성장에 필요한 자금을 내부자금만으로 조달
❷ 기업의 이익과 배당이 매년 일정한 비율(g%)로 계속 성장
❸ 요구수익률(할인율)이 일정하며, 요구수익률(k)이 성장률보다 큼
❹ 이익흐름은 영속적이고 투자자금의 재투자수익률(ROE)이 항상 일정
❺ 사내유보율(f)과 배당성향 또한 일정
❻ 결과적으로 내부자금만으로 성장할 경우의 성장률도 변함이 없음

내부금융만에 의한 성장률(g)은 사내유보율(f)과 재투자수익률(ROE)의 곱 $[f \times \text{ROE}]$으로 표시할 수 있으므로 이 식은 다음과 같다.

$$P_0 = \frac{D_0(1+g)}{k-g} = \frac{e \cdot (1-f)(1+g)}{k-g}$$

단, e_0 : 0기에서의 주당이익

예시

현재 ₩2,000의 배당금(D_0)을 지급하고 있는 어느 기업이 앞으로 계속적으로 10%의 성장이 기대될 때 요구수익률이 20%라면 이 주식의 이론적 주가는?

$$P_0 = \frac{D_1}{k-g} = \frac{2,000(1+0.1)}{0.20 - 0.10} = ₩22,000$$

이와 같은 정률성장배당모형에서 우리는 다음과 같은 세 가지 사실을 유추할 수 있다.

첫째, 다음 기간의 배당이 클수록 주가는 상승한다.

둘째, 요구수익률이 클수록 주가는 하락한다.

셋째, 성장률이 클수록 주가는 상승한다.

식 (3-4)를 변형함으로써 정률성장배당모형을 달리 표현하면 다음과 같이 기대수익률은 배당수익률(D_1/P_0)과 성장률(g)의 합과 동일함을 알 수 있다.

$$\text{기대수익률}(k) = \text{배당수익률}(\frac{D_1}{P_0}) + \text{성장률}(g)$$

이 식에서 성장률(g)은 다음 해에 기대되는 배당의 증가율과 같으며 일반적으로 다음과 같이 표현한다.

성장률(g) = 사내유보율×자기자본이익률

단, 사내유보율 = 1 - 배당성향

배당성향 = 배당(D_1)/주당순이익(Earning Per Share : EPS)

자기자본이익률(ROE) = 주당순이익(EPS)/주당자기자본

주주들은 이렇게 구한 기대수익률과 각자가 요구하는 필수수익률을 비교하여 투자결정을 하게 된다.

예를 들어, ABC 회사는 항상 안정적인 경영을 하는 기업으로 매년 순이익의 60%를 사내에 유보하며 나머지를 주주에게 배당하고(배당성향 40%), 20%의 자기자본이익률을 계속 유지한

다면 기대수익률은 얼마가 될까?

$$배당성장률(g) = 0.6 \times 0.2 = 0.12 \text{ 혹은 } 12\%$$

만일 1999년 초 시가가 25,000원이고 1999년도 주당 배당은 800원이라고 예상할 때,

$$배당수익률 = \frac{D_1}{P_0} = \frac{800}{25,000} = 0.032 \text{ 혹은 } 3.2\%$$

따라서 기대수익률 = 배당수익률(3.2%) + 배당성장률(12%) = 15.2%

이러한 정률성장배당모형은 아주 단순한 가정 때문에 이용하는데 다음과 같은 문제점들이 있다.

첫째, 현재의 성장률이 큰 주식에 정률성장배당모형을 적용하는 것은 위험하다. 둘째, 상식적으로 고율의 성장이 영원히 계속된다고 가정하는 것은 좀 지나치다고 할 수 있다.

따라서 고율의 성장을 지속하였던 기업의 주식을 평가할 경우에는 과거의 성장률에 집착하지 말고 그 기업의 미래에 예상되는 성장률을 사용하여 기대수익률을 예측하여야 한다.

(3) 초과성장이 있는 경우

매년 기업이 일정하게 성장하며 이에 따라 배당금액 또한 일정하게 지급된다고 하는 가정 또한 매우 현실에서 벗어난 것이라고 볼 수 있다. 왜냐하면 기업마다 성장률이 매년 다르기 때문이다. 예컨대 어떤 기업이 굉장히 빠른 속도로 성장하고 있다면 이 기업의 배당성장률이 일정하지 않고 더 크게 늘어날 수 있는 것이다.

한편 그 기업이 지속적으로 초고속 성장을 할 수는 없으며 어느 일정 시점을 지나서는 다른 기업과 마찬가지로 정상적으로 성장하고 얼마 후엔 성장률이 저조할 수도 있는 것이다.

일정기간 동안 초과 성장이 존재하는 경우에는 항상 성장배당모형을 사용할 수가 없다. 왜냐하면 성장률이 할인율보다 크게 되는 경우는 주식의 가격이 무한히 커지기 때문이다. 이럴 경우는 일정한 수식이 없으며 초과 성장 기간 동안의 배당금을 직접 구하여 일반식에 적용할 수밖에 없다.

주식의 배당평가모형은 주주가 주식을 소유함으로써 얻게 되는 배당으로 주식 가격을 결정하는 모형을 전개한 것이다. 원래 배당금은 기업의 매년 당기순이익에서 다음 연도 투자를 위한 얼마의 금액을 회사 내에 유보시키고 나머지에 대하여 주주들에게 배분하게 된다. 그런데 매년 기업이 투자하게 되는 상황이 같을 수는 없을 뿐더러 투자를 위해 사내에 유보되는 금액이 일정하다고 볼 수 없고 이에 따라 배당금도 달라지게 된다.

따라서 주식의 배당평가모형은 현실에 적용하는 데 있어서 상당히 많은 가정을 내포하고 있다. 그러나 이와는 달리 주주가 주식을 소유함으로써 얻게 되는 현금흐름을 이익으로 볼 수도 있다. 이익은 배당뿐만 아니라 기업 내부에 유보된 이익까지 포괄하는 개념이다. 즉 이익을 주식 가격을 결정하는 요인으로 간주하여 개발된 모형이 이익평가모형이다. 이익평가모형에 있어서는 주식으로부터 예상되는 미래의 주당 이익을 적절한 할인율로 할인하여 주식의 가치를 결정한다. 이를 식으로 나타내면 다음과 같다.

$$P_0 = \frac{E_1}{(1+k)} + \frac{E_2}{(1+k)^2} + \frac{E_3}{(1+k)^3} + \cdots\cdots \qquad (3-5)$$

E : 주당이익(Earning Per Share : EPS)

이익평가모형이나 배당평가모형을 사용하여 우리가 파악하려고 하는 것은 주식의 진정한 가치, 즉 본질적 가치이다. 어느 시점에서 주식의 본질적 가치는 이미 유일하게 존재하고 있다. 그러므로 어떤 주식평가모형을 사용하느냐에 따라 주식의 가치가 변하는 것은 아니다. 배당평가모형은 배당을 통하여, 이익평가모형은 이익을 고려하여 주식의 본질적인 가치를 파악하려는 것이다. 다시 말하면 미래배당을 할인하든, 미래이익을 할인하든 주식의 가치는 동일해야 한다. 그런데 배당흐름과 이익흐름은 서로 크기가 다르기 때문에 각각의 흐름을 할인할 때 동일한 가치를 얻기 위해서는 각각의 흐름에 대한 할인율이 달라질 수밖에 없다.

그러나 가장 간단한 이익평가모형은 매기의 평균적인 주당이익수준이 일정하다고 가정하는 것이다. 즉, 매기의 이익흐름이 평균적으로 E수준이고 자본환원율을 k_e라고

하면, 이론적인 주식가치는 다음과 같이 표시된다.

$$P_0 = \frac{E}{k_e}$$

주식의 이익평가모형 관련하여 PEGR(Price Earning Growth Ratio : 주가수익 성장비율)이란 것이 있다. PER이 높다고 하는 것은 그 기업의 성장성이 주가에 높이 반영되어 있다는 의미이다. 마찬가지로 PER이 낮다고 하는 것도 그 기업의 성장성이 낮을 것이라는 인식이 주가에 반영되어 있다고 보는 것이 타당하다. 따라서 PER은 성장성의 지표이지 주가의 지표는 아니라고 할 수 있다. 즉, PER이 낮다고 해서 향후 주가 전망이 좋다고 하는 것은 매우 피상적인 발상이라는 것이다. 당연히 성장성이 높은 업종의 주식들은 대부분 PER이 높고 성장성이 낮은 업종의 주식들은 PER이 낮게 나타나는 것이 일반적인 현상이다. 따라서 PER의 이용 시 그 기업의 성장성에 비해서 주가가 높게 혹은 낮게 평가되었는지를 판단해야 할 것이다.

이런 필요성으로 특정 주식의 PER이 그 기업의 성장성에 비해 높은지 낮은지를 판단하기 위해 고안된 지표가 PEGR이다.

$$PEGR = \frac{PER}{\text{연평균 EPS 성장률}}$$

PEGR은 특정 주식의 PER을 당해 기업 주당순이익(EPS)의 성장률로 나누어준 수치이다. 따라서 PEGR이 낮다면 그 기업의 이익 성장성에 비해 PER이 낮게 나온 것이므로 향후 성장성이 충분히 반영된다면 그것이 주가 상승으로 이어질 가능성이 높다고 해석할 수 있을 것이다. 성장률의 계산은 주로 과거 수년간의 EPS를 이용하지만 엄밀한 의미에서는 여러 가지 분석에 의한 미래의 성장률을 추정해 내야 할 것이다.

주식의 가격은 주식을 보유함으로써 얻게 되는 미래의 현금흐름을 적절한 할인율로 할인하는 것으로, 여기서 미래의 현금흐름을 배당금으로 볼 수도 있고 이익으로 볼 수도 있으며 단지 각기 할인하는 할인율만 다르다고 이미 설명한 바 있다. 그러면 할인율이란 무엇일까? 결론부터 말하면 할인율이란 자본비용을 의미한다. 그렇다면 자본비용이란 기업이 자본을 사용하는 대가로 자본 제공자들에게 지급하게 되는 비용으로 볼 수 있다.

우리가 은행에 일정한 금액을 예금하면 약간의 이자를 받게 된다. 그 이유는 은행은 우리의 여유자금을 다른 용도로 사용하기 위하여 빌려갔기 때문이다. 또한, 기업이 사채를 발행하여 자금을 조달할 경우에는 채권자들에게 이자를 지급해야 되는데, 이것은 기업이 채권자들의 자금을 사용하는 대신 그 대가를 지불해야 하기 때문이다. 이와 마찬가지로 기업이 주식을 발행하여 주주들에게서 자금을 조달할 경우에는 그들에게 그 대가를 배당의 형태로든 자본이득의 형태로든 지불해야 한다. 달리 말하면 투자자들은 기업에게 자금을 빌려준 대신 일정한 대가를 요구할 수 있는 것이다. 은행에 예금할 때는 예금이자를 요구하는 것이고 채권을 구입할 때는 채권으로부터 벌어들이는 이자수익을 그리고 주식을 구입하게 되면 배당금을 요구할 수 있는 것이다.

이처럼 투자한 금액에 일정한 프리미엄을 붙여 수익을 요구할 수 있게 되는데, 바로 이러한 수익률을 요구수익률이라고 하며 위에서 언급한 할인율과 같은 개념이다.

어느 투자자가 현재 가격이 10만 원인 주식을 구입하려고 한다. 이 투자자는 최소한 1년 동안 10%의 수익률을 요구하며 이 주식은 아무런 배당이 지급되지 않아 배당소득은 기대할 수 없고 단지 자본이득만을 기대한다고 한다. 그렇다면 투자자는 10%의 수익을 올릴 수 있기 위해서 이 주식을 1년 후에 11만 원에 매각할 수 있어야 한다. 왜 그런가?

우선 10만 원의 10%는 1만 원이므로 1년 후에는 원래의 주식 가격 10만 원과 함께 요구수익률 10%에 해당하는 1만 원을 더 받아야 이 투자자가 기대한 대로 투자소득을 올릴 수가 있기 때문이다. 따라서 1년 후의 주식의 가격은 11만 원이 되어야 한다.

$$1년\ 후의\ 주식\ 가격 = 100,000(1+0.1) = 110,000원$$

역으로 생각하여 1년 후의 주식의 가격이 11만 원이고 투자자가 요구하는 수익률이 10%라고 할 때 이 투자자는 현재 이 주식을 얼마에 구입하려고 할 것인가? 아래 계산을 통해서 100,000원임을 알 수 있다.

$$현재의\ 주식\ 가격 = \frac{110,000}{1+0.1} = 100,000원$$

여기서 10%는 이 투자자가 요구하는 수익률임과 동시에 이 주식 가격을 적절하게 결정하게 해주는 할인율이 된다. 만일 할인율이 9%라고 한다면 주식 가격은,

$$현재의\ 주식\ 가격 = \frac{110,000}{(1+0.09)} = 100,917원$$

으로 높아진다. 10%의 수익률을 요구하는 이 투자자는 100,000원이 적당하다고 생각하고 있는데, 9%밖에 수익을 충족시키지 못해서 100,917원이 비싸다고 생각하여 주식을 구입하지 않을 것이다. 만일 할인율이 11%라고 한다면 주식 가격은,

$$현재의\ 주식\ 가격 = \frac{110,000}{(1+0.11)} = 99,099원$$

으로 낮아진다. 이 투자자는 자신이 생각한 적정 수준(10%)보다 더 높은 수익률을 보장해 주므로 이 주식을 구입할 것이다. 결론적으로 투자자는 자신의 요구수익률보다 높은 할인율을 가진 주식은 구입할 것이고 그렇지 않은 주식은 구입하지 않을 것이다.

앞에서 보여 준 주식의 가치를 평가할 때 모든 상황을 알 수 있다고 가정하고 설명하였다. 즉, 미래에 배분될 배당금이라든가, 시장수익률, 그리고 성장률 등을 현재의 시점에서 미리 알 수 있다고 가정한 것이다. 그러나 현실적으로 주식시장에서 이렇게 확실성의 세계를 가정한다는 것은 무리가 있다. 예컨대 주식의 경우는 물론이거니와 은행의 정기예금과 같이 1년 후의 수익을 확실히 알 수 있는 경우라 할지라도 그간의 인플레이션을 고려해 본다면 실질적으로 얻는 수익은 정확하게 예측하기가 어려운 것이다.

보통 주식을 평가할 때 사용하는 할인율은 자본자산가격결정모형(CAPM)이론의 증권시장선(SML)에 의해서 결정되는 할인율을 사용한다. 이 할인율은 아무런 위험이 없는 증권에 투자하였을 때 얻을 수 있는 수익률, 즉 무위험수익률(R_f)에 각 주식이 내포하는 고유의 위험을 반영한 위험 프리미엄(단, R_m은 시장 포트폴리오 수익률)을 합쳐서 결정된다.

$$k = E(R_i) = R_f + [E(R_m) - R_f] \times \beta \qquad (3-6)$$
$$\text{할인율} = \text{요구수익률} = \text{무위험수익률} + \text{위험 프리미엄}$$

위에서 무위험수익률은 보통 국채나 지방채와 같이 수익이 확실히 보장되는 증권의 수익률이기 때문에 쉽게 알 수가 있지만 위험 프리미엄은 각 고유주식이 갖는 위험을 나타내므로 쉽게 알 수가 없다.

통상 주식시장의 동향과 비교해볼 때 특정 주식이 민감하게 반응하면 위험 프리미엄이 높으며 그렇지 않고 주식시장의 변동에 거의 영향을 받지 않는 주식이라면 위험 프리미엄이 낮게 책정된다. 국채나 지방채의 경우 주식시장의 경기변동에도 상관없이 일정한 수익을 보장해 주므로 위험 프리미엄이 '0'이 되는 것은 이와 같은 이치이다.

또는 '요구수익률 = 무위험수익률 + 기대 인플레이션 + 위험 프리미엄'으로 표현되기도 한다.

section 04 PER 평가모형

1 PER의 의미

주가수익비율(Price Earning Ratio : PER)은 현재 주가를 주당이익(EPS)으로 나눈 것으로 이 지표는 기업이 벌어들이고 있는 한 단위의 이익에 대해 증권시장의 투자자들이 얼마의 대가를 지불하고 있는가를 말한다. 즉, 기업의 단위당 수익력에 대한 상대적 주가수준을 나타낸 것이다. 예를 들어, 주당이익이 3,000원이고 현재의 주가는 30,000원이라면 PER는 10배수가 되는데 이는 1원의 수익력에 대해서 투자자들이 10배의 대가를 지불하고 있음을 뜻한다. PER는 기업 수익력의 성장성, 위험, 회계처리방법 등 질적인 측면이 총체적으로 반영된 지표로 그 증권에 대한 투자자의 신뢰를 나타낸 것으로도 해석할 수 있다.

2 투자결정에의 이용법

(1) PER를 이용한 이론적 주가의 추정 절차

주가수익비율(Price Earning Ratio : PER)에 의한 주식의 평가절차는 ① 1년 후 혹은 그 이후에 기대되는 기업의 주당순이익(Earning Per Share : EPS)을 추정하고, ② 기업의 '정상적인' 주가수익비율(PER)을 추정한 후(정상적인 PER란 주가가 기업의 내재적 가치와 동일한 것을 말함), ③ 앞에서 추정된 주당순이익과 정상적인 주가수익비율을 곱하여 미래의 주가를 추정한다.

즉, 미래 매각 시점의 주가를 예측하고 그 때의 정상적인 PER(normalized PER)를 구해 서로 곱하면 그 시점에서의 적정 주가 수준이 산정될 수 있으므로 그 증권이 과대 또는 과소평가 되었는지를 분석할 수 있다.

$$P_0{}^* = P/E^* \times E_0$$
$$P_n{}^* = P/E^* \times E_n$$

단, $P_0{}^*$: 현재 시점의 이론적 주가

$P_n{}^*$: n시점의 이론적 주가

P/E^* : 정상적 이익승수(주당수익배율)

E_0 : 현재 시점의 주당이익

E_n : n시점의 주당이익

적정 주가나 미래 주가를 추정할 때는 정상적 PER를 구하는데 다음과 같은 방법이 이용되고 있다.

❶ 동류위험을 지닌 주식군의 PER를 이용하는 방법 : PER는 수익력의 질적 측면을 나타내는 지표이므로 위험이 비슷한 주식군의 경우는 같은 수준의 PER이 유지될 것으로 볼 수 있음

❷ 동종산업의 평균 PER를 이용하는 방법 : 현실적으로 위험도와 영업성격이 비슷한 주식군은 주로 동종산업 내의 경쟁업체이므로 산업평균 PER를 사용

❸ 과거 수년간의 평균 PER를 이용하는 방법 : 정상적 PER는 과거의 평균적인 신뢰도 수준을 유지하는 것으로 보고 과거평균 PER를 사용

❹ 배당평가모형을 이용하여 PER를 구하는 방법 : 이론적 균형가치는 배당평가모형에 의해서 결정된다고 보고 이를 이용하는 방법

즉, 정률성장배당모형 $P_0 = \dfrac{D_0(1+g)}{k-g}$ 의 양변을 주당이익(E)으로 나누어 정상적 PER를 구한다.

$$\frac{P}{E} = \frac{D_0(1+g)}{k-g} \div E = \frac{D_0(1+g)}{k-g} \div \frac{D_1}{1-f} = \frac{1-f}{k-g}$$

단, $1-f$: 기대되는 배당성향, f : 사내유보율

(2) 주가수익비율의 결정요인

어느 기업의 매년도 배당성향과 이익성장률(g)이 동일하다면 주가수익비율은 다음과 같이 간단히 표현할 수 있다(앞에서의 정률성장배당모형을 달리 표현한 것에 불과함).

$$\frac{주가(P_0)}{주당순이익(EPS_0)} = \frac{배당성향[1+이익성장률(g)]}{요구수익률(k)-이익성장률(g)}$$

'다른 조건이 동일하다면', 위의 식으로부터 주가수익비율(PER)은

❶ 기대되는 배당성향이 클수록 커지고,
❷ 기대되는 이익성장률이 클수록 커지고,
❸ 기대수익률이 클수록 작아짐

여기서 '다른 조건이 동일하다면'이란 말에 항상 주의하여야 한다. 왜냐하면 어떤 기업일지라도 배당성향을 높인다고 항상 기업의 주가를 올릴 수는 없기 때문이다. 즉, 배당성향의 증가는 사내유보의 축소를 의미하고 이는 다시 투자기회의 축소 내지는 주당순이익의 성장률의 둔화를 의미하기 때문이다.

기업의 투자정책에 변동이 없는 한 주당순이익의 감소와 배당성향의 증가는 그 효과

가 서로 상쇄되어 기업의 주가는 변화하지 않을 수도 있다. 만약 요구수익률(k)의 증가가 인플레이션 기대심리에 기인한다면 주당순이익의 기대성장률(g)도 증가하여야 한다.

따라서 인플레이션 때문에 기업이 직접 이익을 보아 순이익이 증가하더라도 높은 기대수익률로 할인할 경우 주가는 서로 상쇄되어 변동하지 않을 수도 있다.

(3) 주가수익비율의 해석

일반투자자들이 이용하는 신문에 발표되고 있는 주가수익비율은 현재 주가와 가장 최근의 결산실적에 근거한 주당순이익의 비율이다. 그러나 실제로 주식가치를 평가하기 위하여 투자자들에게 필요한 주가수익비율은 미래에 기대되는 주당순이익을 이용한 것이어야 한다.

주가수익비율이 높다는 것은 성장기회의 현가(PVGO : Present Value of Growth Opportunity)가 높다는 것을 의미하거나, 순이익이 비교적 안정적이어서 기대수익률이 낮다는 것을 의미한다. 그렇지만 주가수익비율은 주가가 높아서가 아니라 이익이 낮은 경우도 있다. 즉, 이익이 거의 0에 가까운 기업의 주가수익비율은 무한히 크다.

주가수익비율이 높다는 것이 반드시 기대수익률이 낮다는 의미인가? 성장기회의 현가를 이용한 주식의 가치평가모형에서 보는 바와 같이 단지 성장기회의 현가(PVGO)가 0일 경우에만 주가수익비율은 기대수익률과 관계가 있다.

동일산업집단 내에서 주가수익비율을 비교할 경우에는 상당히 유의해야 한다. 미국의 경우 주가수익비율은 산업에 따라서, 그리고 동일산업 내에서도 기간에 따라 굉장히 다르다는 것이 밝혀졌다. 따라서 기업별 주가수익비율의 상대분석 시에 매우 유의하여야 한다.

> **！ 예시**
>
> B사의 현재 주가는 ₩9,000이고, 주당이익은 ₩3,000인데 매년 10%의 성장을 계속하고 40%의 배당성향을 유지할 것으로 전망된다. 또 투자자들의 요구수익률은 20%이고 내년 주당이익은 ₩3,300으로 예상된다. 한편, 동종산업 내의 경쟁업체 평균 PER는 4배이고 과거 5년간의 평균 PER는 5배였다. B사의 1년 후 주가를 얼마로 예측할 수 있는가?
>
> ① 현재 PER＝9,000/3,000＝3배수
>   1년 후 주당이익＝3,000(1＋0.1)＝₩3,300

② 산업평균을 이용할 경우

$P_1 = P/E^* \times E_1 = 4 \times 3,300 = ₩13,200$

③ 과거 평균을 이용할 경우

$P_1 = P/E^* \times E_1 = 5 \times 3,300 = ₩16,500$

④ 배당평균모형을 이용할 경우

$P/E_1 = P/E^* = \dfrac{(1-f)(1+g)}{k-g} = \dfrac{(0.4)(1+0.1)}{0.20-0.10} = 4.4$

$P_1 = 4.4 \times 3,300 = ₩14,520$

(4) 상대적 PER 평가(relative PER valuation)

PER는 기업의 1단위 수익력에 대한 질적평가 내지는 신속도를 뜻하므로 여러 증권을 서로 비교하거나 서로 다른 시점의 증권을 비교함으로써 상대적 주가 수준을 평가하는 방법이 된다. 흔히 개별 증권의 PER와 증시 전체의 PER이나 산업평균의 PER와 비교하거나 과거와 현재의 PER를 비교함으로써 상대적 주가 수준을 평가하는 방법이 이용되고 있다.

(5) 주가상승률 예측에 이용

주가상승률은 미래 시점의 주가(P_n)에 대한 현재 주가(P_0)로 표시할 수 있으므로 다음과 같이 나타낼 수 있다.

$$\frac{P_n}{P_0} = \frac{P/E_n \times E_n}{P_0}$$

단, P/E_n : n시점에서의 정상적인 PER

E_n : n시점에서의 주당이익으로 $EPS_0(1+g)^n$으로 표시됨

여기서 n시점의 PER는 정상적으로 PER를 구하는 방법으로 추정하고, n시점의 주당이익은 기준시점의 주당이익에 성장률을 감안하여 계산한다.

3 PER 이용상의 문제점

❶ PER 계산식에서 분자의 주가 자료로 회계연도 마지막 날의 종가를 사용하거나

이익발표 직전 일정기간의 주가 평균을 사용하는 방법이 있는데, 후자의 방법이 분모인 주당이익의 정보내용을 적절히 반영

❷ 분모의 주당이익 자료로 최근 12개월의 평균주당이익을 이용하는 것이 정확할 것이나 다음 기의 예측된 주당이익을 이용하는 것이 이론적으로 합당

❸ 주당이익을 계산할 때 특별손익을 제외한 경상이익이 이용될 수 있으며, 또 발행주식수에는 전환증권의 발행 등으로 희석화되는 주식수를 포함시킬 수도 있음

❹ 산업평균 PER를 계산할 때 부(-)의 PER 기업도 포함시킬 것인지가 문제되는데, 이것도 미래이익에 대한 시장의 기대로서의 정보가치가 있음

한편, 장부기준상 동일한 이익을 보고하고 있는데 상이한 PER(diversity in PER)이 계산되는 이유에 대해서는 다음과 같이 설명되고 있다.

❶ 회계보고상의 이익 중에서 비정규적이고 일시적인 이익의 비중에 따라 차이가 발생

❷ 기대이익의 성장률이 반영된 결과로 차이가 발생

❸ 이익의 위험도가 반영되는 차이로 결과가 발생

❹ 회계처리방법의 상이한 내용이 반영된 결과로 차이가 발생

그런데 PER의 유용성을 높인다는 측면에서 주당이익의 계산에는 순이익보다 경상이익을 이용하는 것이 더 논리적인 면이 있다.

section 05 | PBR 평가모형

배당모형은 주주들이 얻게 되는 직접적인 투자수입인 배당을 중시한 것이다.

한편, 이익모형에서 중시하는 이익 중 배당되지 않은 사내유보의 몫은 언젠가 주주들에게 배당될 것이고 또한 주가 상승의 원인이 되기 때문에 두 모형은 결국 차이가 없다고 할 수 있다. 그런데 배당평가모형이나 이익평가모형은 미래의 배당흐름이나 이익흐름의 예측을 전제로 하여 이들의 현재가치를 구하는 모형들이기 때문에 객관성과 정

확성이 결여될 수 있다.

보통주의 가치를 평가하는 다른 방법의 하나는 기업의 자산가치에 근거하여 평가하는 방법이다. 순자산(=총자산-총부채)을 발행주식수로 나누어 주당 순자산가치를 구하는데, 이를 주당 장부가치(Book value Per Share : BPS)라고도 한다.

한편 PBR은 주가를 주당순자산 혹은 주당 장부가치로 나눈 비율로 보통주의 한 주당 가치를 시장 가격(분자)과 장부가치(분모)로 대비하여 본 지표이다. 따라서 자산가치가 반영된 상대적 주가 수준을 측정한 자료라고 할 수 있다.

$$PBR = \frac{주가(price)}{주당\ 순자산(BPS)} = \frac{주당\ 시장\ 가격}{주당\ 장부가치}$$

본래 재무상태표상에 보통주 한 주에 귀속되는 주당 순자산가치(장부가치)가 실질적 가치를 정확히 반영하게 되면 PBR은 1이 되어야 하나 주가(시장 가격)와 주당 순자산(장부가치)이 같지 않으므로 1이 아니다. 그 이유로 다음 몇 가지 점을 들 수 있다.

(1) 시간성에서 차이가 있기 때문이다

분자의 주가는 미래 현금흐름의 순현가를 나타내는 것으로 볼 수 있으므로 미래지향적인 반면에 분모의 주당 순자산은 역사적 취득원가에 준하여 기업의 과거에서 현재까지의 누적된 자산과 부채를 나타내어 과거지향적이다.

(2) 집합성에서 차이가 있기 때문이다

분자의 주가는 기업을 총체적으로 반영한 것이지만, 분모의 BPS는 수많은 개별 자산과 부채의 단순한 합에 불과하다.

(3) 자산·부채의 인식기준에 차이가 있기 때문이다

자산이나 부채의 장부가액은 일정한 회계관습에 의하여 제약을 받을 수 있다. PBR을 이용하여 주식의 이론적 가치를 추정하는 방법은 PER 이용방법과 동일하며, 정상적 PBR에 BPS를 곱하여 이론적 가치를 추정한다.

$$P = P/B \times BPS$$

단, P/B : 정상적 주당 순자산비율(PBR)

BPS : 주당 순자산

$$PBR = \frac{\text{자기자본 시장 가격}}{\text{자기자본 장부가액}}$$

$$= \frac{\text{순이익}}{\text{자기자본 장부가액(자기자본)}}$$

$$\times \frac{\text{자기자본 시장 가격} \div \text{발행주식수}}{\text{순이익} \div \text{발행주식수}}$$

$$= (\text{자기자본 순이익률}) \times (P/E)$$

$$= \frac{\text{순이익}}{\text{매출액}} \times \frac{\text{매출액}}{\text{총자본}} \times \frac{\text{총자본}}{\text{자기자본}} \times (P/E)$$

$$= (\text{마진}) \times (\text{활동성}) \times (\text{부채 레버리지}) \times (\text{이익승수})$$

즉, PBR은 기업의 마진, 활동성, 부채 레버리지 그리고 기업 수익력의 질적 측면(PER)이 반영된 지표로서 자산가치에 대한 평가뿐만 아니라 수익가치에 대한 포괄적인 정보가 반영된다는 점에서도 PBR 이용의 유용성이 높다고 할 수 있다. 이 방법은 기업의 청산을 전제로 한 청산가치를 추정할 때 유용한 보통주 가치평가의 기준이 될 수 있으나 미래의 수익 발생 능력을 반영하지는 못해 계속기업을 전제로 한 평가기준이 되지 못하는 결점을 지닌다. 또 자산가치는 개별 자산의 단순한 합계에 지나지 않기 때문에 기업의 원천적 수익력을 평가할 수 없다는 문제점이 있다.

section 06 EV/EBITDA

EV/EBITDA 비율은 해당 업체의 내재가치(수익가치)와 기업가치를 비교하는 투자지표로 기업 전체 가치(enterprise value)를 EBITDA(earning before interest, tax, depreciation and amortization)로 나눈 것이다.

❶ EV(Enterprise Value) : 시가총액＋순차입금(총차입금－현금 및 투자유가증권)

❷ EBITDA(Earning Before Interest, Tax, Depreciation & Amortization) : 이자비용, 법인세비용, 유·무형자산 감가상각 차감전 순이익으로 세전영업이익(EBIT)에 비현금비용을 합한 세전영업현금흐름을 의미

01 한 분석가가 특정 주식에 대하여 다음과 같은 자료를 입수하였다. 이 주식의 배당이 향후 210원으로 계속된다면, 이 주식의 가치는?

주당 배당 : 210원 　　무위험 이자율 : 7%
위험 프리미엄 : 4%

① 1,909원 　　　　　　② 3,000원
③ 5,250원 　　　　　　④ 7,000원

02 한 기업의 최근 재무자료로 다음의 정보를 얻었다. 항상성장모형의 가정하에서 이 기업의 성장률은?

순이익 : 1,000,000원 　　총자기자본 : 5,000,000원
총자산 : 10,000,000원 　　배당성향 : 40%

① 4% 　　　　　　② 6%
③ 8% 　　　　　　④ 12%

03 어느 주식에 대한 자료가 다음과 같다. 이 주식의 기대 주가수익비율(PER)은?

기대배당성향 : 40% 　　요구수익률 : 12%
기대성장률 : 7%

① 3.33 　　　　　　② 5.71
③ 8.00 　　　　　　④ 12.00

해설

01 요구수익률=7%+4%=11%, 주가= 210/0.11=1,909원

02 ④ 성장률=재투자수익률×유보율=자기자본 이익률×유보율=0.2×0.6=0.12=12%

03 ③ PER=(D1/E1)/($k-g$)에서
=0.4/(0.12−0.07)=8

04 어느 기업이 지난 해에 100원의 배당을 하였다. 향후에도 이익의 40%를 배당으로 지급할 예정이다. 이 기업의 자기자본 이익률이 10%이고, 요구수익률이 12%라면 이 기업주식의 가치는?

① 1,250원   ② 1,300원

③ 1,667원   ④ 1,767원

05 다음 설명 중 옳지 않은 것은?

① 주당순이익이 크면 클수록 주식의 가격이 높은 것이 보통이다.

② 주가수익비율이 높다면 주당순이익은 평균 수준인데 주가가 높아서인 경우와 주가는 평균 수준인데 주당순이익이 너무 낮은 경우 두 가지로 볼 수 있다.

③ 주가순자산배율은(Price Book−value Ratio : PBR)은 주가를 1주당 순자산으로 나누게 된다.

④ 주가수익비율이 높은 경우에도 주가 현금흐름비율(PCR)이 낮으면 해당 주식에 대한 주가의 과대평가의 가능성이 높다.

06 이선량 씨는 지난 해에 3원의 배당을 한 주식을 30원에 사라는 제안을 받았다. 이 주식의 성장률은 10%로 예상이 되고, 이선량 씨의 요구수익률은 20%이다. 이 주식을 살까, 말까?

① 사자. 30원이면 정당한 값이다.

② 사자. 3원만큼 싼 것 같다.

③ 사지 말자. 3원만큼 비싼 것 같다.

④ 향후 시장의 변화를 지켜보고 결정하자.

해설

04 ④ 성장률=유보율×자기자본이익률=0.6×0.1=0.06 따라서 주가=(100×1.06)/(0.12−0.06)
=1,766.66

05 ④ PCR이 낮으면 과소평가의 가능성이 높다.

06 ② (3) (1+0.1)/(0.2−0.1)=33원이다. 따라서 이 주식은 3원만큼 싸다.

07 을병 주식회사는 내년에 4원의 배당을 예상하고 있다. 이 회사의 성장률이 연 6%이고, 현재의 주가가 80원이라면 요구수익률은?

① 8% ② 9%
③ 10% ④ 11%

08 마이크로 컴퓨터사는 이익의 55%를 유보하고 있다. 올해의 주당이익은 6원이다. 이 회사의 자기자본이익률이 20%이고, 요구수익률이 15%라면 이 회사의 예상 적정 주가는? (단, 이 회사의 배당성향은 일정하다고 본다.)

① 66.67원 ② 74.93원
③ 77.65원 ④ 83.45원

09 MMM사의 ROE는 14.5%이다. 배당성향이 45%라면 이 회사의 성장률은?

① 7% ② 8%
③ 9% ④ 10%

10 A 주식회사의 현재 주식 가격은 66원이다. 지난 해의 배당은 3원이었다. 투자가의 요구수익률이 15%라면 이 회사의 성장률은?

① 7% ② 8%
③ 9% ④ 10%

해설

07 ④ 요구수익률 $k=D_1/P_0+g$=4/80+ 0.06=0.11

08 ② 성장률=유보율×재투자수익률=유보율×자기자본이익률=0.55×0.2=11%, PER=기대되는 배당성향/$(k-g)$=0.45/(0.15−0.11)=11.25, 내년도 예상 EPS=6×(1+0.11)= 6.66, 예상 적정 주가=11.25×6.66 =74.925

09 ② 성장률=유보율×ROE=0.55×0.145=0.08

10 ④ 66=(3) (1+g)/(0.15−g)에서 g=10%이다.

part 03

기술적 분석

certified securities investment advisor

chapter 01

기술적 분석의 의의

주가분석방법은 크게 기본적 분석과 기술적 분석의 두 가지로 나눌 수 있다. 기본적 분석(fundamental analysis)은 증권의 내재가치를 산출하는 데 초점을 집중시키고 있다. 즉, 경제요인이나 산업요인 및 기업요인 등을 광범위하게 검토하고 기업의 재무제표를 분석하여 그 주식이 갖는 본질적 가치를 산출하며, 이를 시장에서 형성되는 실제 주가와 비교하여 매수 또는 매도의 판단에 이용한다.

한편, 기술적 분석(technical analysis)에서는 내재가치 결정에 영향을 주는 기본적 요인들보다 주가와 거래량의 과거흐름을 분석하여 주가를 예측하려고 한다. 즉, 기술적 분석가들은 주가 자체 또는 거래활동 등을 도표화하여 그것으로부터 과거의 일정한 패턴이나 추세를 찾아내고 이 패턴을 이용하여 주가 변동을 예측하고자 한다.

section 02 | 기본 가정

❶ 증권의 시장가치는 수요와 공급에 의해서만 결정된다.
❷ 시장의 사소한 변동을 고려하지 않는다면, 주가는 지속되는 추세에 따라 상당기간 동안 움직이는 경향이 있다.
❸ 추세의 변화는 수요와 공급의 변동에 의해 일어난다.
❹ 수요와 공급의 변동은 그 발생이유에 상관없이 시장의 움직임을 나타내는 도표에 의하여 추적될 수 있으며, 도표에 나타나는 주가 모형은 스스로 반복하는 경향이 있다.

section 03 | 장점 및 한계

1 장점

주가에는 계량화하기 어려운 심리적 요인까지도 영향을 미치기 때문에 기본적 분석만으로는 주가를 평가하는 데 한계가 있는데, 기술적 분석은 이와 같은 기본적 분석의 한계점을 보완할 수 있다.

또한 기본적 분석방법으로는 매매시점을 포착하기가 어려우나 어떤 정보가 있을 때, 처음부터 주가의 장기적인 변화 추세까지는 모르더라도, 그것이 변화할 것이라는 것과 변화의 방향은 알 수 있다.

2 한계

기술적 분석방법의 전제조건은 과거의 주가 추세나 패턴이 반복하는 경향을 가지고 있다는 것이나, 이것이 미래에도 반복해서 나타난다는 것은 지극히 비현실적인 가정이다.

또 동일한 과거 주가 양상을 놓고 어느 시점이 주가 변화의 시발점인가 하는 해석이 각기 다를 수 있다. 그리고 투자가치를 무시하고 시장의 변동에만 집착하기 때문에 시장이 변화하는 원인을 분석할 수가 없다.

section 04 차트(Chart) 분석

1 차트(Chart) 분석의 개요

기술적 분석을 차트(도표) 분석이라고도 한다. 이는 주로 차트를 이용하기 때문이다. 차트 분석은 과거의 주가나 거래량 또는 상승 종목이나 하락 종목 수의 변화 등을 통해 미래의 주가를 예측하는 것으로, 몇 가지 전제조건이 있다.

먼저 주가는 주식시장에서의 수요와 공급, 즉 매수량과 매도량이 만나서 결정되는데 전체 주식시장과 개별 종목의 호재와 악재가 모두 매수량과 매도량에 반영되어 있다고 본다. 또 주가는 위쪽으로든 아래쪽으로든 일단 방향을 잡으면 계속해서 같은 방향으로 움직이려는 경향이 있는데, 이를 추세라고 한다. 이는 주가가 상승추세에 있을 때 갑자기 떨어질지 모른다는 생각을 갖고 투자전략을 세우는 것이 마치 맑은 하늘을 보면서 갑자기 비가 올지 모르니까 우산을 준비해 나가야 하겠다고 생각하는 것과 같은 이치다.

물론, 상승추세에 있던 주가도 언젠가는 꺾이겠지만, 그때에는 미리 징후가 나타난다고 본다. 예를 들어 하루의 주가 움직임을 나타내는 일봉의 모습이나 이동평균선의 방향을 통해 또는 고가권에서의 거래량 급증 등으로 주가의 전환을 예상할 수 있다. 이러한 주가의 변화 역시 매수량과 매도량의 변화에 의해서 나타난다고 본다.

차트 분석은 보통 봉차트 분석, 추세 분석, 패턴 분석, 지표 분석 등으로 나눌 수 있는데, 차트 분석의 장점은 매수시점과 매도시점을 파악하는 데 유용하다는 점이고, 단점은 위에서 이야기 한대로 과거의 주가나 거래량추세 또는 패턴이 미래에도 반영될 것이라는 데 대한 확실성이 부족하며 주가 변화의 움직임을 분석하는 데에 주관성이 개재될 가능성이 크다는 점이다. 또 대부분의 주가 차트를 통한 매매 신호는 선행성보다 후행성을 나타내기 때문에 시세의 흐름에 한 발 늦게 대응할 수밖에 없는 단점을 지니고 있다.

실전 투자에 차트 분석을 이용하다 보면 차트 분석을 통한 주식투자가 반드시 수익을 보장해 주는 것은 아니라는 사실을 알게 되는데 이는 마치 차트가 완벽의 관점이 아니라 확률의 관점에서 접근해야 한다는 점을 내포하고 있다.

2 **선차트(도표)**

선차트(line chart)는 매일의 종가를 직선으로 연결한 도표로 개별 주식의 종가뿐만 아니라 매일의 주가지수를 직선으로 연결하여 시장 추세를 나타낸다.

3 **차트(chart)**

(1) 미국식 차트

미국식 차트는 네 가지 대표주가 중 고가, 저가, 종가만을 표시하여 주가를 나타내는 것으로 세로에는 주가, 가로에는 최고가와 최저가를 이어서 몸을 만들고 종가를 오른쪽에 가로선으로 표시하면 된다.

최근에는 막대의 좌측에 시가를 그려 넣기도 한다.

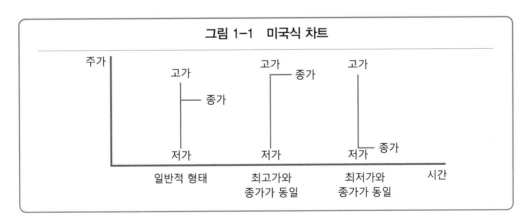

그림 1-1   미국식 차트

(2) 일본식 차트

일본식 차트는 시가, 고가, 저가, 종가의 네 가지 주가를 모두 표시하고, 시가에 비해 종가가 하락한 경우를 청색 혹은 흑색의 음선형으로, 시가에 비해 종가가 상승한 경우는 붉은색 혹은 백색의 양선형으로 표시해 구분짓는다.

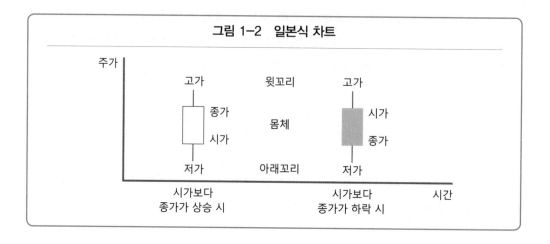

그림 1-2　일본식 차트

chapter 02

기술적 분석의 이론

section 01 **다우이론**

추세분석의 주요 이론이 되고 있는 다우이론(Dow theory)은 찰스 다우(Charles H. Dow)가 고안한 것으로 주가 움직임이 주기적인 추세를 형성한다는 가설을 정립하여 1929년 미국 증권시장 붕괴를 예언함으로써 유명해졌다.

다우이론에 의하면 주가는 매일매일의 주가 움직임을 말하는 단기추세, 통상 3주에서 수개월간 지속되는 중기추세, 1~10년에 걸친 장기적 흐름을 나타내는 장기추세로 구분된다.

그리고 새로운 중기추세의 바닥점이 그 이전의 바닥점보다 높으면 장기추세는 상승국면으로 들어가고 있음을 말하고, 새로운 중기추세의 최고점이 장기추세의 최고점을 갱신하지 못하면 장기추세는 하락국면에 있다고 본다.

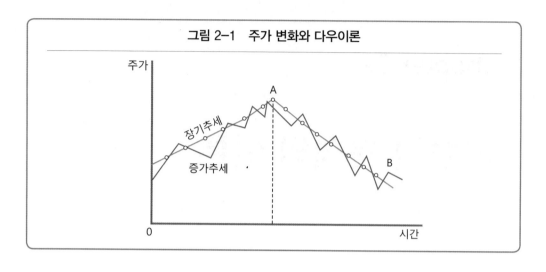

그림 2-1 주가 변화와 다우이론

한편, 다우이론의 일반적인 원칙은 다음과 같다.

❶ 모든 시세는 대내 · 외적으로 복합적인 요인들에 의하여 결정

❷ 평균 주가 개념은 전체 주가 흐름을 정확히 반영

❸ 주가는 장기파동, 중기파동, 일일파동과 같은 파동법칙에 의해 형성

❹ 장기파동은 평균 주가가 바로 전에 형성된 최고가를 돌파하여 상승할 때 만들어
지며 중기파동은 최저가를 하향돌파하기 전에 끝남

❺ 강세국면에서는 경기 및 경제여건이 호전되고 전문가들이 저가주를 매수하며 중
간단계부터 시작하여 말기에 이르기까지 일반투자자를 중심으로 과열된 투기가
일어남

❻ 약세국면에서는 경기와 경제여건이 악화되고 전문가들이 매도를 시작하며 국면
말기에는 소형주 중심으로 우량주도 투매현상이 나타남

❼ 어떠한 종목의 평균 주가 변동은 다른 종류의 주가 변동을 유발

❽ 보합세에서 수주일 동안에 걸쳐 형성된 주가가 추세선 이탈과 함께 상향돌파하
면 상승신호

❾ 강세국면에서 거래량이 계속 증가된다거나 약세국면에서 거래량이 점차 감소되
면 시장 내부에 상승저력이 축적되는 과정으로 간주

❿ 다른 추세로 전환될 때까지 하나의 강세나 약세추세는 지속

1 장기추세의 진행과정

장기추세의 진행과정을 시장 상황과 관련하여 구분해 보면 강세장은 매집국면, 상승국면, 과열국면으로 나눌 수 있고 약세장은 분산국면, 공포국면, 침체국면으로 구분할수 있다.

(1) 매집국면(강세 1국면)

강세시장의 초기단계에서는 전체 경제 및 시장여건은 물론 기업환경이 회복되지 못하여 장래에 대한 전망이 어둡다는 특징이 있으며, 이에 실망을 느낀 다수의 투자자들은 오랫동안 지속된 약세시장에 지쳐서 매수자만 있으면 매도해 버리고자 한다.

반면, 시장 내외적인 여건이 호전될 것을 미리 감지한 전문투자자들이 일반투자자들의 실망매물을 매수하려는 활동이 일어나게 됨에 따라 거래량은 점차 증가하게 된다.

(2) 상승국면(강세 2국면)

강세시장의 제2국면에서는 전반적인 경제여건 및 기업의 영업수익이 호전됨으로써일반투자자들의 관심이 고조되어 주가가 상승하고 거래량도 증가하게 된다. 이 국면에서는 기술적 분석에 따라 주식투자를 하는 사람이 가장 많은 투자수익을 올릴 수 있다.

(3) 과열국면(강세 3국면)

강세시장의 제3국면에서는 전체 경제 및 기업수익 등이 호조를 보이고 증권시장도과열 기미를 보이게 된다. 보통 주식투자에 경험이 없는 사람들은 이 때 확신을 가지고적극 매수에 나서는데 이 때의 매수자는 흔히 손해를 보기 때문에 조심해야 한다.

(4) 분산국면(약세 1국면)

강세시장의 제3국면에서 시장이 지나치게 과열된 것을 감지한 전문투자자들이 투자수익을 취한 후 빠져나가는 단계로서, 이 단계에서는 주가가 조금만 하락하여도 거래량이 증가하는 거래양상을 보이므로 이를 분산국면이라 한다.

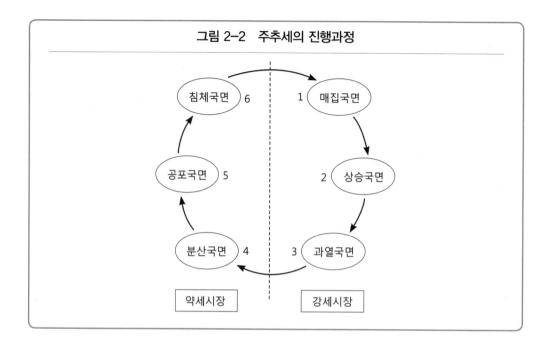

그림 2-2 주추세의 진행과정

침체국면 6

1 매집국면

공포국면 5

2 상승국면

분산국면 4

3 과열국면

약세시장

강세시장

(5) 공포국면(약세 2국면)

경제 및 기업수익 등이 나빠짐에 따라 주식을 매도하려는 일반투자자들의 마음이 조급해지고, 주식의 매수세력이 상대적으로 크게 위축되어, 주가는 거의 수직으로 하락하며 거래량도 급격히 감소하는 양상을 보인다.

(6) 침체국면(약세 3국면)

공포국면에서 미처 처분하지 못한 일반투자자들의 실망매물이 출회됨으로써 투매양상이 나타나는 것이 특징이며, 투매양상이 나타남에 따라 주가는 계속 하락하지만, 시간이 경과할수록 주가의 낙폭은 작아진다.

2	다우이론의 활용 및 한계

그랜빌(J. E. Granville)은 강세시장과 약세시장에서 일반투자자와 전문투자자는 서로 반대의 생각을 하게 된다고 보았다. 즉 일반투자자는 강세시장의 제1·2국면과 약세시장의 제3국면에서 공포심을 갖고 강세시장의 제3국면과 약세시장의 제1·2국면에서는

확신을 갖는 반면, 전문투자자는 반대의 투자패턴을 보이는 것이 일반적이다.

따라서 강세시장의 제2국면에서는 점진적 매도, 제3국면에서는 매도전략이 유효하고 약세시장의 제2국면에서는 점진적 매수, 제3국면에서는 매수전략이 비교적 바람직하다.

그런데 다우이론은 주추세와 중기추세를 명확하게 구분하기 어려울 뿐만 아니라 추세전환을 확인할 수 있다고 하더라도 너무 늦게 확인되기 때문에 실제 투자에 도움을 주지 못한다. 또 증권시장의 추세를 예측하는 데 적절하다고 해서 그것이 곧 분산투자의 여부와 방법을 알려 주는 단서가 될 수는 없으며, 증권의 위험에 대하여 아무런 정보를 제공해 주지 못한다.

표 2-1 투자결정과 투자행위

시장국면	강세			약세		
투자자	제1국면	제2국면	제3국면	제1국면	제2국면	제3국면
대중 전문가 투자전략	공포심 확신 –	공포심 확신 점차 매도	확신 공포심 매도	확신 공포심 –	확신 공포심 점차 매수	공포심 확신 매수

section 02 엘리엇 파동이론

1 의의

20세기 초 엘리엇(Eliot)은 장기간의 주가 흐름을 차트로 나타내어 분석한 결과 주가의 변동은 일정한 법칙하에 반복적으로 움직인다는 사실을 발견했다. 엘리엇이 발견한 가격 변동의 법칙에 바탕을 둔 엘리엇 파동이론은 시장의 가격이 일정한 리듬으로 반복된다는 것으로서 이러한 리듬은 상승국면의 5개 파동과 하락국면의 3개 파동으로 구성된다는 것이다.

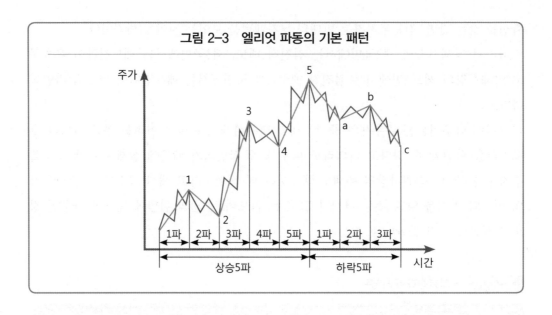

그림 2-3　엘리엇 파동의 기본 패턴

한 번의 가격 움직임에는 모두 8번의 상하파동이 존재한다. 상승국면은 5개의 파동으로 분류할 수 있는데, 1번, 3번, 5번 파동은 상승파동이며, 2번과 4번파동은 조정파동이다. 1번에서 5번까지 상승국면이 끝나고 하락국면이 시작되면 이 파동들은 다시 3개의 파동으로 나눌 수 있는데, 이 파동들은 각각 a, b, c의 파동으로 이름지어진다. a, c 파동은 하락파이며 b파동은 조정파이다.

한편, 각각의 파동은 충격파동(impulse wave)과 조정파동(corrective wave)으로 분류하는데, 충격파동은 전체적인 시장의 움직임과 같은 방향으로 형성되는 파동을 말하며, 조정파동은 이러한 움직임을 거스르는 방향으로 나타나는 파동을 말한다.

즉, 1번 파동, 3번 파동, 5번 파동, a파동 그리고 c파동이 충격파동이 되며 2번 파동, 4번 파동 및 b파동이 조정파동으로 분류된다. 그리고 각각의 파동은 형성되는 기간을 기준으로, 초단기순환부터 대규모 장기순환까지 여러 단계로 세분될 수 있다.

2　파동의 특징

(1) 1번 파동

1번 파동은 추세가 전환되는 시점으로서 이제까지의 추세가 일단 끝나고 다시 새로운 추세가 시작되는 출발점이다. 일반적으로 1번 파동은 5개의 파동 중 가장 짧으

며, 보통의 경우는 바닥 수준에서의 단순한 반등 정도로 간주되는 경우가 많아 알아
내기가 힘들다. 그리고 1번 파동은 충격파동이므로 반드시 5개의 파동으로 구성되어
야 한다.

(2) 2번 파동

1번 파동의 방향과는 반대방향으로 형성되므로 1번 파동으로 인하여 새로운 추세가
시작되었다고 생각하던 기술적 분석가들을 과연 새로운 추세가 시작되었는지 의심하
게 된다.

보통 2번 파동은 1번 파동을 38.2% 또는 61.8% 비율만큼 되돌리는 경향이 높고, 1번
파동을 100% 이상 되돌리는 경우는 없다. 그리고 2번 파동은 성격상 조정파동이므로
반드시 3개의 파동으로 구성되어야 한다.

(3) 3번 파동

3번 파동은 5개의 파동 중에서 가장 강력하고 가격 변동도 활발하게 일어나는 파동
으로 5개의 파동 중 가장 긴 것이 일반적이다.

또한 거래량도 최고에 이르게 되며 가격의 움직임 가운데서 갭이 나타나는 예도 많
다. 이때 나타나는 갭은 돌파갭이거나 계속갭이며 소멸갭은 나타나지 않는다.

3번 파동은 1번 파동에 비해서 길이가 길어야 하는데, 일반적으로 1번 파동의 1.618
배의 길이가 된다. 다만 3번 파동이 1번 파동의 1.618배가 된다고 하여 그 수준에서 3
번 파동이 끝나리라고 생각하는 것은 성급한 생각이며, 또한 그 수준에서 4번 파동으로
의 조정이 있을 것으로 기대하여 추세와 반대되는 포지션을 만드는 것도 위험한 일이다.

(4) 4번 파동

4번 파동은 어떤 의미로는 예측하기 용이한 파동으로 일반적으로 3번 파동을 38.2%
되돌리는 경우가 많으며 또는 3번 파동을 5개의 작은 파동으로 나누었을 때 그 중에서
의 네 번째 파동만큼 되돌아가는 경향이 높다.

(5) 5번 파동

5번 파동은 이제까지 진행되어 온 추세가 막바지에 이르는 국면으로 가격의 움직임도
3번 파동과 비교하여 그리 활발하지 못하며 거래량도 3번 파동에 비하여 적게 형성된다.

또한 일반적으로 1번 파동과 똑같은 길이로 형성되거나 또는 1번에서 3번 파동까지 길이의 61.8%만큼 형성되는 경향이 높다.

(6) a파동

1번 파동에서 시작된 가격 움직임의 추세가 5번 파동에 이르러 끝나고 a파동부터는 이제까지의 추세와는 반대방향의 새로운 추세가 시작된다.

그리고 a파동은 새로운 추세가 시작되는 충격파동이므로 반드시 5개의 파동으로 구성되어야 한다.

(7) b파동

b파동은 새로이 시작되는 하락추세에 반발하는 매수세력이 시장에 나타나면서 형성되며 보통의 경우 거래는 그리 활발하지 못하다.

이 파동은 1번 파동에서 비롯된 상승추세가 잠깐 동안의 조정기 a파동을 거친 이후에 다시 상승 움직임을 재개하는 것으로 사람들이 믿기 쉬운 파동으로 b파동이야말로 이제까지의 상승국면에서 가지고 있던 매수 포지션을 정리할 마지막 기회이다.

(8) c파동

c파동은 세 번째 파동이라는 점에서 3번 파동의 성격과 유사하고 거래가 활발하게 이루어지며 도중에 갭이 나타나는 등 가격의 변동폭도 크다.

또한 이 파동에서는 실망감과 두려움에서 비롯된 투매의 영향으로 가격의 하락폭도 빨라지게 된다.

3 엘리엇 파동이론의 한계성

엘리엇 파동이론의 가장 큰 약점은 너무나 융통성이 많다는 점이다. 즉 거의 모든 법칙이 예외를 가지고 있고 또한 전형적인 파동이 있는 반면에 파동이 변형되는 경우도 많기 때문에 파동의 해석이 분석가에 따라 달라질 수밖에 없고 똑같은 이론을 적용하더라도 어떤 하나의 공통된 의견으로 집결하는 것이 힘든 경우가 많다.

둘째로 엘리엇 이론은 파동이 전부라고 하여도 과언이 아닌데, 엘리엇조차도 파동이라는 용어에 대해서 명확한 정의를 내리지 않았다는 점이다.

section 03 **사께다 전법**

사께다 전법은 삼공, 삼병, 삼산, 삼천, 삼법으로 주가 추세 및 강세와 약세를 설명하는 이론이다.

(1) 삼공

여기에서 공(空)은 미국식 차트에서의 갭과 같은 의미로, 3공(三空)이란 주가가 상당기간 상승하는 데 있어 인기가 과열되어 공간, 즉 갭을 3회 연속으로 만드는 경우를 뜻하는데 여기에는 단선 3공과 복선 3공이 있다. 이 상태에서 마지막 상승선 다음에 하락선이 전일보다 높은 시세에서 출발하여 전일의 종가 아래로 떨어지는 모양이 나타나거나 십자형의 모양이 나타나면 전형적인 천장의 패턴이 된다.

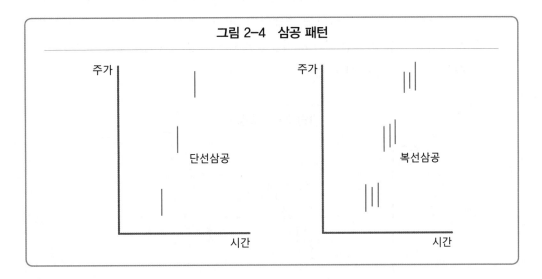

그림 2-4   삼공 패턴

(2) 삼병(三兵)

❶ 적삼병 : 적삼병(赤三兵)은 상승 시작의 신호로 오랜기간 동안의 침체국면에서 평

행으로 움직이던 주가가 단기간에 걸쳐 양선 3개가 연이어 형성하는 주가 패턴을 말하는 것으로, 바닥권에 있는 주가가 서서히 상승시세로 진입하는 첫단계의 주가 흐름으로 볼 수 있음. 그리고 이 패턴에서 가장 주의해야 할 것은 바닥권에서 출현해야 의미가 있으며 주가가 이미 어느 정도 상승한 상태에서 적용하기는 위험이 따름

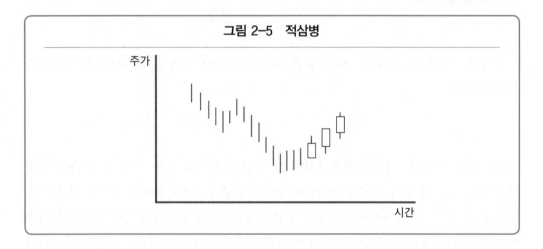

그림 2-5 적삼병

❷ 흑삼병 : 흑삼병(黑三兵)은 적삼병과 상반되는 패턴으로 주가가 꽤 높은 고가권에서 음선 3개가 잇달아 나타나는 형태이며, 고가권에서 나타날 경우 주가가 폭락으로 이어질 가능성이 큼. 특히, 이중천장형이 형성되는 과정에서 두 번째 천장 부근에서 나타날 경우 매우 유효

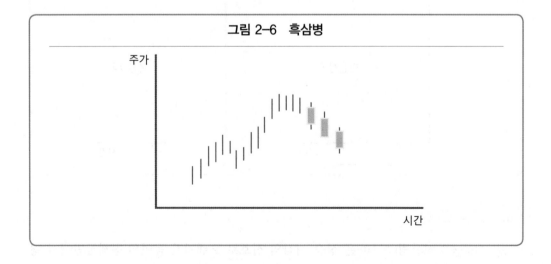

그림 2-6 흑삼병

❸ 삼산 : 삼산(三山)모형은 주가가 크게 상승한 후 매수세력이 계속되는 가운데 매물이 출회되는 모양으로 더 이상 상승을 하지 못하는 양상이며 기간은 보통 1개월 정도 소요. 이 모형은 1년에 한 번 정도 형성되는 것이 일반적이기 때문에 경솔하게 판단해서는 안 되며 모형의 형성 뒤에는 대세가 하락하는 것이 지배적

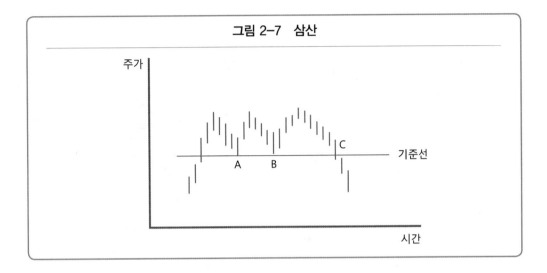

그림 2-7 삼산

❹ 삼천 : 삼천(三川)은 삼산과 반대현상으로 대세바닥을 형성하는 전환모형인데 삼중바닥형과 비슷한 운동을 함. 즉 주가가 장기간 크게 하락하였다가 일정한 시점 안에서 같은 기준선을 두고 상승과 하락을 반복하는 모양을 형성

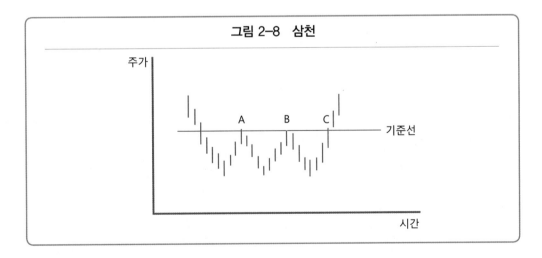

그림 2-8 삼천

❺ 삼법 : 삼법(三法)에서는 매도·매수하는 과정에 있어서 휴식을 강조. 휴식 행동
지시는 상승 시와 하락 시에 각각 나타나고 있는데 휴식기간은 무조건 쉬는 것이
아니고 매도시점이나 매수시점 포착을 위한 관망자세 개념. 즉, 매매시점 포착을
의식하면서 적극적인 휴식기간을 갖는 것임

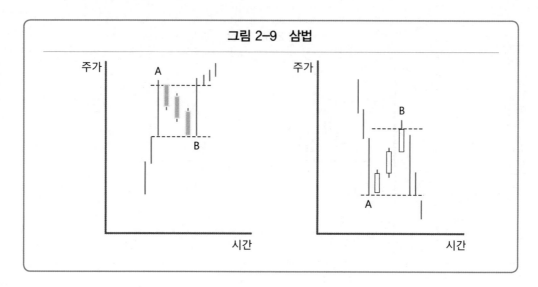

그림 2-9 삼법

chapter 03

캔들차트 분석

한 개의 캔들차트

1 우산형

추세의 천장권이나 바닥권에서 아래로 달린 꼬리가 몸체의 두 배 이상되는 모양의 캔들차트가 나타나면 추세전환의 신호로 보는데, 이러한 패턴을 우산형(umbrella)이라고 한다. 해머형(hammer)의 경우 더 이상 주가가 하락하지 않고 상승추세로 돌아설 가능성이 많은데, 음선보다는 양선 출현 시 신뢰도가 높다.

교수형(hanging man)의 경우 과도한 매수 상태로 향후 하락추세로 발전할 가능성이 많은데, 양선보다는 음선의 경우 신뢰도가 높다.

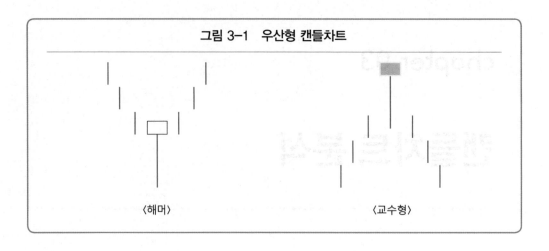

그림 3-1 우산형 캔들차트

〈해머〉 〈교수형〉

2 샅바형(belt-hold line)

상승샅바형은 하락추세에서 시가가 당일 중의 저가를 기록한 후 지속적인 상승을 보여 긴 몸체의 양선을 나타낸 것이고, 하락샅바형은 상승추세에서 시가가 당일 중의 고가를 기록한 후 계속 하락을 보여 긴 몸체의 음선을 나타낸 것을 말한다.

그러나 상승샅바형이 출현한 후 다음날 종가가 샅바형 양선 아래에서 형성되면 매도세의 지속으로 본다. 또 하락샅바형이 출현한 후 다음날 종가가 샅바형 음선 위에서 형성되면 상승세의 지속으로 본다. 샅바형은 우산형보다 신뢰도가 다소 떨어지는 경향이 있다.

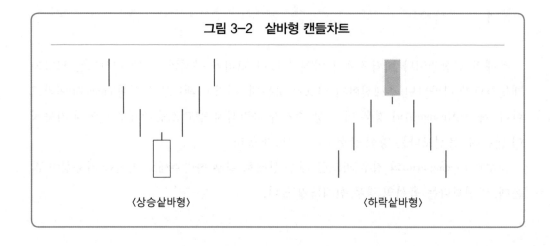

그림 3-2 샅바형 캔들차트

〈상승샅바형〉 〈하락샅바형〉

주가가 장 중에 등락을 거듭하다가 종가가 시가와 같아지게 되는 경우를 십자형(Doji)이라고 하는데, 추세반전에 대한 신호로 본다.

미국식 캔들차트보다 일본식 캔들차트에서 더 중요하게 인식된다.

상승추세에서 긴 양선 이후 출현하는 십자형은 추세전환 신호로서 높은 신뢰도를 갖지만, 하락추세에서의 십자형은 신뢰도가 약하다. 이는 십자형이 시장의 매수세와 매도세의 균형을 반영하기 때문이다.

즉, 하락추세에서는 심리적으로 불안정한 투자자들 때문에 매도세가 이어져 하락세가 계속되기도 한다. 그리고 몸체 아래와 위로 긴 꼬리를 갖는 장족십자형은 시장이 급등락을 보인 후 종가와 시가가 같게 된 것으로 추세가 불안정한 모습을 나타낸다.

또 비석십자형은 시가와 종가와 저가가 같게 형성된 것으로 바닥권보다는 천장권에서 신뢰도가 높다. 즉 상승추세에서 나타나는 비석십자형은 하락추세로의 전환을 의미하는데, 이는 저가로 출발하여 상승을 하다가 매수세의 동요로 다시 종가가 저가와 시가 수준으로 하락했기 때문이다. 이때 고가가 높으면 높을수록 강력한 하락전환 신호로 본다.

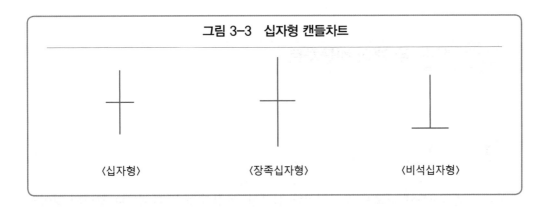

그림 3-3 십자형 캔들차트

〈십자형〉   〈장족십자형〉   〈비석십자형〉

4 유성형과 역전된 해머형

유성형(shooting star)은 상승추세가 한계에 다다라 추세의 하락반전을 예고하는 신호

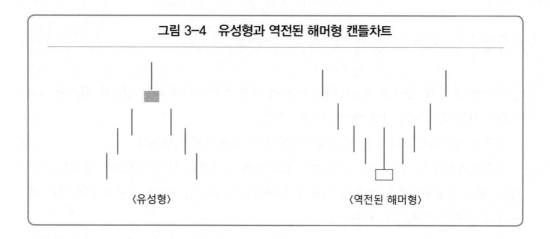

그림 3-4   유성형과 역전된 해머형 캔들차트

〈유성형〉   〈역전된 해머형〉

이다. 유성형은 대개 갭(gap)을 동반하여, 작은 몸체와 위로 몸체보다 2배 이상 되는 긴 꼬리를 갖춘 캔들차트의 모습을 하는데, 양선보다 음선의 신뢰도가 높다.

그리고 역전된 해머형(inverted hammer)은 하락국면에서 작은 몸체에 위로 긴 꼬리를 갖춘 캔들차트를 말하는데, 해머형보다는 신뢰도가 다소 떨어진다.

역전된 해머형은 다음날 캔들차트가 양선이거나 갭을 만들면서 전일 종가보다 높게 형성되면 강한 추세전환 신호로 본다.

section 02 두 개의 캔들차트

1 장악형

하나의 캔들차트에 나오는 우산형이나 십자형, 유성형 등은 몸체보다 꼬리의 길이를 중요하게 하는 반면에, 장악형(engulfing pattern)은 두 개의 캔들차트로 구성되고 꼬리보다 몸체의 길이가 더 중요시된다.

장악형에는 상승장악형과 하락장악형이 있으며, 전일의 몸체보다 다음날 몸체가 크면 클수록 새로운 추세의 에너지가 강한 것으로 본다.

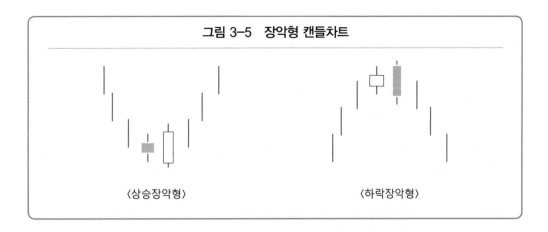

그림 3-5 장악형 캔들차트

〈상승장악형〉   〈하락장악형〉

상승장악형이란 하락추세에서 전일보다 몸체가 큰 양선이 발생하는 것으로 상승전환 신호로 본다.

또 하락장악형이란 상승추세에서 전일보다 몸체가 큰 음선이 발생하는 것으로 하락전환 신호로 본다.

상승장악형에서는 '음선＋양선', 하락장악형에서는 '양선＋음선'일 경우 신뢰도가 높은데, 꼬리보다는 몸체위주로 판단한다. 장악형의 둘째 날 거래량이 급증하게 되면 강력한 추세전환 신호로 본다.

2 먹구름형과 관통형

먹구름형은 첫째 날에 몸체가 긴 양선이 나타나고 둘째 날 시가는 전일 고가보다 높

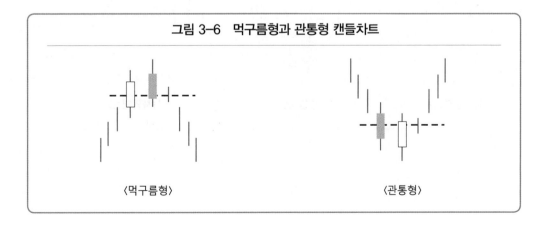

그림 3-6 먹구름형과 관통형 캔들차트

〈먹구름형〉   〈관통형〉

게 형성되나 종가는 전일의 시가 부근에서 형성되는 경우로 천장권에서는 하락전환 신호로 본다. 둘째 날 종가가 전일 양선의 몸체중심선 이하로 내려올 경우의 신뢰도가 높은데, 하락장악형보다는 약하다.

관통형은 두 개의 캔들차트로 구성되고 몸체가 긴 음선이 출현된 후, 다음날 몸체가 긴 양선이 나타나는 경우인데, 하락추세에서는 상승전환 신호로 본다. 둘째 날 시가는 전일종가 아래에서 낮게 시작된 후 주가가 점차 상승하여, 종가가 전일 음선몸체의 50% 이상의 수준에서 형성되며 종가가 고가에 가까울수록 신뢰도가 크다.

3 잉태형

잉태형(harami)이란 몸체가 긴 캔들차트와 몸체가 짧은 캔들차트가 계속 나오는 모양이다. 장악형은 두 번째 캔들차트의 몸체가 첫 번째 캔들차트의 몸체를 감싸 안을 정도로 크지만 잉태형은 그 반대의 경우이다. 하락잉태형에서는 '양선＋음선', 상승잉태형에서는 '음선＋양선'이 되면 신뢰도가 높다.

잉태형에서 둘째 날 캔들차트가 십자형으로 나타나면 신뢰도가 더욱 높아지는데, 이를 십자잉태형(harami cross)이라고 한다. 상승추세에서의 십자잉태형은 강력한 하락전환 신호로 여겨진다.

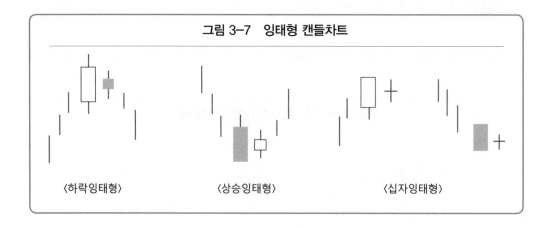

그림 3-7 잉태형 캔들차트

〈하락잉태형〉   〈상승잉태형〉   〈십자잉태형〉

반격형(counterattack line)은 전일종가와 당일종가가 일치하는 반전패턴으로 장악형이나 관통형보다 신뢰도가 약하다. 상승반격형은 하락추세에서 몸체가 긴 음선이 출현한후, 다음날 시가가 매우 낮은 수준에서 형성되기는 하나, 상승세로 돌아서 종가가 전일종가 수준에서 형성되어 긴 양선이 나타나는 것을 말한다.

그리고 하락반격형은 상승추세에서 긴 몸체의 양선과 긴 몸체의 음선의 종가가 같은수준에서 형성되는 경우로 하락전환 신호로 본다.

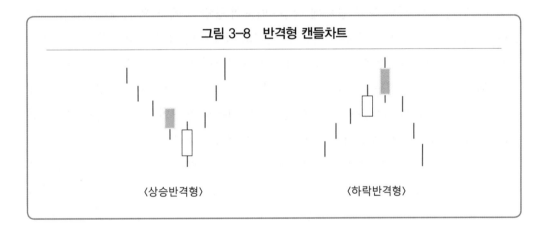

그림 3-8 반격형 캔들차트

〈상승반격형〉   〈하락반격형〉

---

section 03 | 세 개 이상의 캔들차트

1   별형

상승추세나 하락추세에서 몸체가 긴 캔들차트가 출현한 후, 갭이 발생하면서 작은몸체를 가진 캔들차트가 나타나는 경우 둘째 날의 캔들차트를 별형(star)이라고 한다.

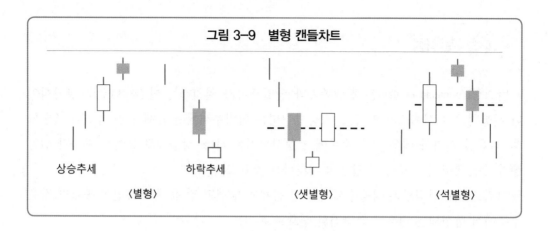

그림 3-9 별형 캔들차트

상승추세   하락추세

〈별형〉   〈샛별형〉   〈석별형〉

별형패턴은 둘째 날의 작은 몸체에 매수·매도의 공방 속에서 오는 교착상태를 의미한다. 즉 상승추세에서의 별형은 매수세의 약화와 매도세의 강화를 나타내고, 하락추세에서의 별형은 매도세의 약화 및 매수세의 강화를 나타내므로 추세전환의 신호로 본다.

이러한 별형에는 샛별형(morning star)과 석별형(evening star)이 있다. 샛별형은 하락추세에서 몸체가 긴 음선이 나타난 후 갭을 만들면서 다음날 몸체가 작은 캔들차트가 출현하고, 셋째 날 몸체가 긴 양선이 발생하는 경우를 말하는데, 상승전환 신호이다.

이 경우 첫째 날과 둘째 날 사이에 발생하는 갭에서 꼬리는 의미가 별로 없으며 둘째 날의 별형은 양선인 경우 신뢰도가 높다. 셋째 날 양선의 종가는 첫째 날 음선의 중심선을 돌파해야 하며, 둘째 날과 셋째 날 사이에 갭이 생길 경우 신뢰도는 더 높아진다.

샛별형은 관통형과 비슷한데 그 사이에 별형이 끼어 있는 게 다르다. 석별형은 상승추세에서 몸체가 긴 양선이 출현한 후 다음날 갭이 나타나면서 몸체가 작은 캔들차트가 출현한다. 그 후 셋째 날에 몸체가 긴 음선이 출현하면서 첫째 날 양선의 몸체중심선을 관통하여 종가가 형성된다. 석별형은 하락전환 신호로 먹구름형과 비슷하지만 별형이 끼어 있는 게 다르다.

2 **까마귀형**

까마귀형(upside-gap two crows)은 천장권에서 나타나는 하락전환 신호이다. 우선 상승추세에서 긴 양선이 출현한 후 둘째 날 갭이 발생하면서 음선이 나오고, 연이어 셋째 날 음선이 출현하면서 갭을 메우게 되는 것이다.

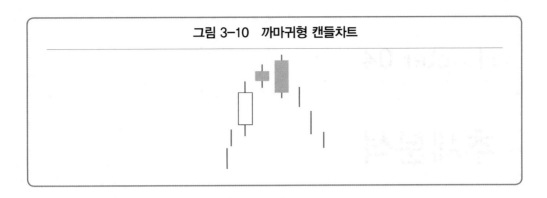

그림 3-10 까마귀형 캔들차트

chapter 04

추세분석

그래프가 한국대학 ㄷ~~ㅇ골곱

section 01 저항선과 지지선

주가는 특정한 범위 안에서 주가운동 행위를 결정지으려는 경향이 있다. 지지는 어떤 기간에 있어서 주가 하락추세를 멈추는 데 충분한 매수와 매수하고자 하는 세력을 말하며, 이러한 현상을 선으로 연결시켜 놓은 것을 지지선이라 한다.

그리고 저항은 어느 일정한 기간 동안의 매수세력에 대한 매도세력으로, 이렇게 상승저항을 받고 있는 고점들을 선으로 연결한 것이 저항선이다.

1 저항선과 지지선의 돌파

(1) 저항선 돌파

주가가 하락하다가 지지선을 중심으로 일정한 수요가 발생되어 주가의 하방경직성

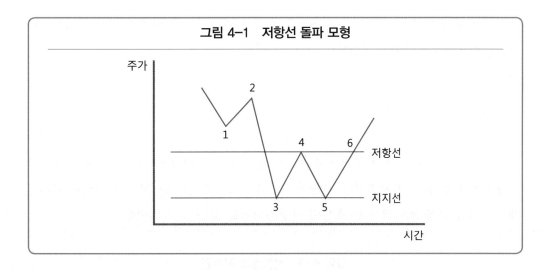

그림 4-1　저항선 돌파 모형

을 보인 후 저항선을 돌파하는 모양이다.

　6점 주가 수준에서는 4점 수준보다 매도세력이 급격히 약화되거나 매수세력 증가로 저항선 돌파가 나타나게 된다. 따라서 주가가 지지를 보이는 3, 5점을 소극적 매수시점으로 삼고 저항선을 돌파하는 6점을 적극적인 매수시점으로 삼아야 한다.

(2) 지지선 돌파

　주가 상승 후 매도 증가로 저항을 보인 후 지지 수준을 하향돌파하는 것으로서 매도세의 급격한 증가와 매수세 감소로 인하여 하향돌파되어 지지선이 무너지며 주가가 저항선에서 상방경직성을 보이며 거래가 급감되는 현상이 발생된다.

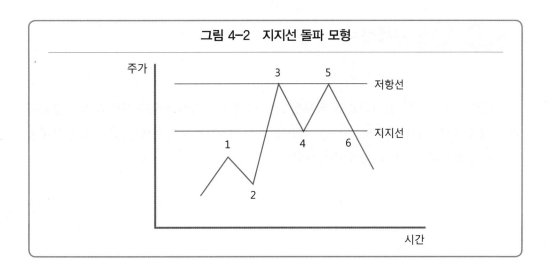

그림 4-2　지지선 돌파 모형

따라서 주가가 저항을 보이는 3, 5점은 소극적 매도시점이 되며 지지선을 하향돌파하는 6점을 적극적인 매도시점으로 하여야 한다.

2   **저항권과 지지권**

저항선과 지지선 안에서 주가가 움직이다가 지지선을 하향돌파하는 경우 이 범위를 저항권이라 칭하며, 지지권이란 저항권과 반대개념으로 일정한 저항선 범위와 지지선에서 주가 운동을 보이면서 큰 흐름이 하방경직성을 갖는 것을 의미한다.

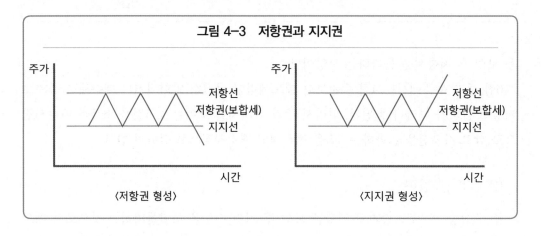

그림 4-3 저항권과 지지권

section 02   **추세분석**

추세분석 종류에는 장기적으로 횡보현상이 나타나는 평행추세와 지속적으로 상승하려는 상승추세, 이와 반대로 기나긴 하락세를 보여 주는 하락추세가 있는데 분석대상으로는 상승추세와 하락추세가 중요시된다.

추세선(trend line)이란 고점, 저점 중 의미 있는 두 고점 또는 저점을 연결한 직선을 의미한다.

주가는 일정한 운동습관이 있지만 이것을 단기적 움직임으로 파악해 보면 매일 상승과 하락을 하는 형태를 가지면서 규칙적인 운동을 하는데, 이러한 주가 운동 속에 저점과 고점이 발생하게 되어 일정 시점의 저점과 고점을 연결하면 추세선을 설정할 수 있다.

일반적으로 상승추세선과 평행추세선은 저점끼리 연결하고 하락추세선은 고점끼리 연결한다.

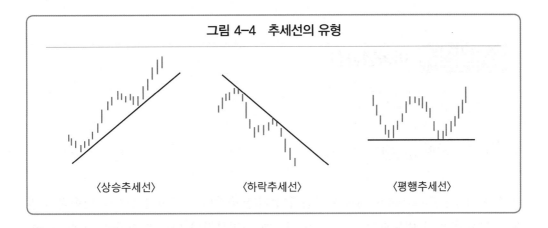

그림 4-4   추세선의 유형

〈상승추세선〉   〈하락추세선〉   〈평행추세선〉

2   추세통로

전형적인 모형은 기본 추세선에 바탕을 두고 있으며, 추세선 반대편에 보조 추세선(아웃라인)을 그어 추세대를 설정할 수 있다. 추세대는 다른 전문용어로 추세통로라고도 하며 종류에는 상승추세대, 하락추세대, 평행추세대의 세 가지 기본모형으로 구분할 수 있다.

이러한 추세선과 추세대를 정확히 도출할 수 있으면 주가 미래 행동에 따른 매매시점을 훨씬 편리하게 예측분석할 수 있다.

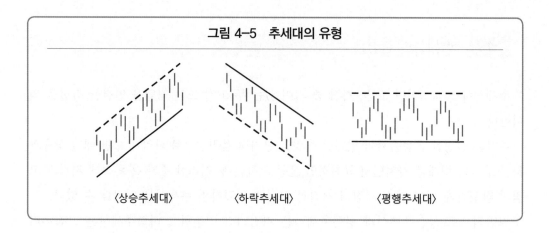

그림 4-5 추세대의 유형

〈상승추세대〉　　　〈하락추세대〉　　　〈평행추세대〉

이동평균선

1 주가 이동평균의 개념

주가 이동평균(moving average)은 어떤 일정기간 동안에 이루어진 주가의 연속적인 변동 과정에서 일일 변동과 같은 조작이 가능한 비정상적인 변동의 영향을 최대한 줄여서 전체 주가의 흐름을 정상적인 상태로 유도하여 주가의 흐름을 가장 객관적으로 관찰할 수 있도록 평균화하여 도표상에 옮겨놓은 것이다.

또한 120일, 200일 이동평균선은 장기추세를, 20일, 60일 이동평균선은 중기추세를, 5일 이동평균선은 단기추세를 나타낸다.

만약 5일 이동평균선을 작성한다면 그 날의 종가를 포함한 최근 5일간의 합계를 5로 나눈 것이 되고, 그 다음날의 이동평균치는 전일까지의 합계에서 당일의 종가를 더하고 6일 전의 종가를 뺀 5일간의 평균치가 된다.

$$t\text{일의 이동평균치} = \frac{P_1 + P_2 + \cdots + P_{(t+1)} + P_t}{t}$$

2   주가 이동평균선의 성질

이동평균선을 이용하여 주가를 분석할 경우 다음과 같은 기본적 성질을 파악하는 것이 중요하다.

❶ 강세장에서는 주가가 이동평균선 위에서 파동운동을 계속하면서 상승하는 것이 보통

❷ 약세장에서는 주가가 이동평균선 아래에서 파동운동을 계속하면서 하락하는 것이 보통

❸ 주가가 상승하고 있는 이동평균선을 하향돌파할 때는 조만간 반전하여 하락할 가능성이 큼

❹ 주가가 하락하고 있는 이동평균선을 상향돌파할 때는 조만간 반전하여 상승할 가능성이 큼

❺ 이동평균의 기준기간(time span)이 길면 길수록 이동평균선은 더욱 유연해짐

❻ 주가가 이동평균선으로부터 너무 멀리 떨어져 있을 때는 회귀 변화가 일어남

❼ 주가가 이동평균선을 돌파할 때는 매수·매도 신호

❽ 주가가 장기이동평균선을 돌파할 때는 주추세의 반전을 기대할 수 있음

3   분석방법

(1) 방향성

주가가 하락세에서 상승세로 전환할 경우 먼저 단기이동평균선이 상승하고, 이어서 중기이동평균선 그리고 장기이동평균선이 상승한다. 또 주가가 상승세에서 하락세로 전환할 경우 먼저 단기이동평균선이 하락하고, 이어서 중기이동평균선 그리고 장기이동평균선이 하락한다.

(2) 배열도

주가가 하락세에서 상승세로 전환하여 상승추세의 모양을 갖추면 위로부터 현재주가, 단기이동평균선, 중기이동평균선, 장기이동평균선의 순서를 이루는데, 이를 정배열

상태라고 한다. 그리고 하락추세에서는 맨 위에 장기이동평균선, 중기이동평균선, 단기이동평균선, 현재 주가의 순서를 이루는데 이를 역배열 상태라고 한다.

(3) 지지와 저항

주가가 상승할 경우 단기이동평균선, 중기이동평균선, 장기이동평균선을 지지선으로 상승하고, 하락할 경우 단기이동평균선, 중기이동평균선, 장기이동평균선을 차례로 이탈하게 된다.

예를 들어, 20일 이동평균선이 30,000원이라면 20일 동안의 평균 매매단가가 30,000원이라는 것을 의미한다. 즉, 현재 주가가 30,000원 이하로 하락할 경우 그 동안의 매수자들은 평균적으로 손실을 입게 되므로 이 가격을 지키려고 노력하게 되고 여기에 지지선이 형성된다. 하락하던 주가가 반등하여 30,000원에 접근하면 투자원금 수준에서 매도하려는 세력이 나타나므로 저항선이 형성된다.

(4) 크로스 분석

단기이동평균선이 장기이동평균선을 상향돌파할 경우를 골든 크로스(golden cross)라고 하여 매수신호로 보고, 단기이동평균선이 장기이동평균선을 하향돌파할 경우를 데드 크로스(dead cross)라고 하여 매도신호로 보는데, 실질적인 추세의 전환과는 시차가 존재한다.

4 매매방법

(1) 한 가지 이동평균선의 이용

주가가 이동평균선을 상향돌파하면 매수하고, 주가가 이동평균선을 하향돌파하면 매도하는 방법으로 속임수나 일시적인 경우가 존재한다.

따라서 하루 중의 최고가, 최저가 모두가 이동평균선을 완전히 상향돌파 또는 하향돌파하거나 종가와 이동평균선이 교차해 넘어서도 미리 정해 둔 특정 비율(예 : 1%, 3%, …, 10pt, 20pt)을 초과해야 매매하는 방법을 병용하는 게 필요하다.

또 종가와 이동평균선이 교차해 넘어서는 1~3일 동안 지켜본 후 매매하거나 다른 차트의 지표를 통해 상호 확인하는 게 필요하다.

(2) 두 가지 이동평균선의 이용

단기이동평균선은 주가에 민감하고, 시세전환을 빨리 나타내므로 매매시점포착에 이용하고 중·장기 이동평균선은 주가 추세파악에 이용하는 게 유리하다.

즉, 장기이동평균선과 단기이동평균선이 교차하는 시점을 매매시점으로 삼거나, 주가가 장·단기이동평균선 위에 있을 경우를 매수시점, 그 반대의 경우를 매도시점으로 본다.

(3) 세 가지 이동평균선의 이용

❶ 상승추세 시 투자전략
ㄱ. 단기이동평균선이 중·장기이동평균선을 아래에서 위로 상향돌파할 때에는 매수신호

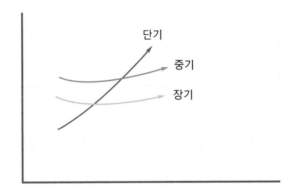

ㄴ. 위로부터 단기·중기·장기 이동평균선이 나란히 형성되면 강세국면

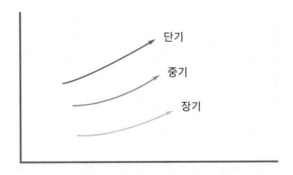

ㄷ. 중·장기이동평균선의 상승이 계속된 후 단기이동평균이 하락세로 돌아서면 천장권으로 봄

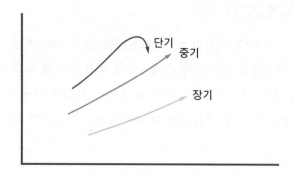

ㄹ. 단기·중기·장기이동평균선이 얽혀 있는 경우 매수를 보류하라는 신호로 봄

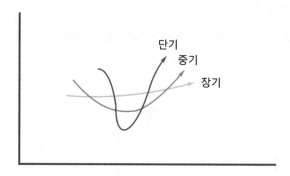

❷ 하락추세 시 투자전략

　ㄱ. 단기이동평균선이 위로부터 아래로 중·장기이동평균선을 하향돌파할 때는 매도신호

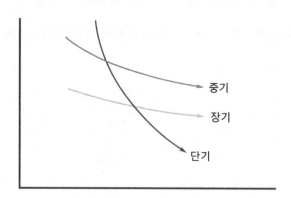

　ㄴ. 단기·중기·장기이동평균선이 나란히 하락할 경우 약세시장

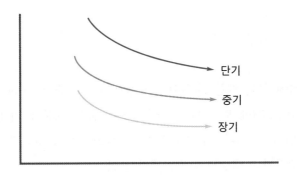

ㄷ. 중기·장기이동평균선이 상당기간 진행된 후 단기이동평균선이 더 이상 하락하지 않고 상승세로 돌아서면 바닥권

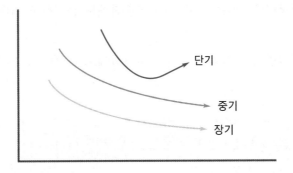

ㄹ. 단기이동평균선이 중·장기이동평균선을 하향돌파할 경우 데드 크로스로 강력한 약세전환 신호

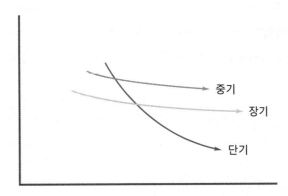

5　거래량 이동평균선

주가가 상승추세에 있을 때는 매수수요가 상대적으로 증가하므로 거래량이 늘어나는 경향이 있고 하락추세에 있을 때는 매수수요가 줄기 때문에 거래량이 감소한다는 기본적인 원리에 입각하여 주가의 예측과 매수, 매도신호를 찾고자 하는 것이 거래량 이동평균선이다. 주가와 거래량의 상관관계를 보면,

❶ 거래량이 감소추세에서 증가추세로 전환되면 앞으로 주가는 상승할 것으로 예상
❷ 거래량이 증가추세에서 감소추세로 전환되면 앞으로 주가는 하락할 것으로 예상
❸ 주가가 천장국면에 진입하면 주가가 상승함에도 불구하고 거래량은 감소하는 경향을 보임
❹ 주가가 바닥국면에 진입하면 주가가 하락함에도 불구하고 거래량은 증가하는 경향을 보임

$$\text{거래량}(t\text{일}) \text{ 이동평균} = \frac{V_1 + V_2 + V_3 + \cdots + V_t}{t} \left(\begin{array}{l} V : \text{거래량} \\ t : \text{거래일수} \end{array} \right)$$

이러한 이동평균선을 이용하여 매매시점을 포착하는 방법은,

❶ 기준 기간이 짧은 이동평균선이 긴 이동평균선을 상향돌파(golden cross)하면 매수시점이 되고 하향돌파(dead cross)하면 매도시점
❷ 단기가 중기를 돌파하는 것보다 중기가 장기를 돌파하는 것이 더욱 강력한 매매시점

chapter 05

패턴 분석

반전형

1 삼봉형(head and shoulder formation)

(1) 삼봉천장형

삼봉천장형(head and shoulder tops formation)은 단순한 형태로서 상승과 하락이 세 번 반복해서 일어나며, 두 번째의 정상이 다른 좌우의 정상보다 높은 것이 일반적이다.

왼쪽 어깨는 제1국면으로서 주가는 강력하고 가파른 상승추세가 형성되어 고점 A를 형성하면서 대량거래를 수반한다.

머리부분은 앞에서 형성된 고점 A에서 주가가 반락하여 E수준까지 하락한 후 다시

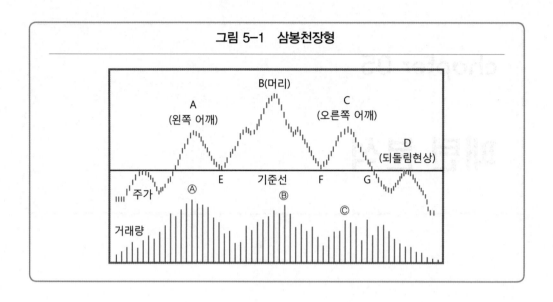

그림 5-1 삼봉천장형

새로운 상승을 시작함으로써 형성된다. 머리부분이 형성되는 과정에서 수반되는 거래량은 제1국면에서보다 상대적으로 적은 거래량을 보여 준다.

오른쪽 어깨가 형성될 때의 거래량은 고점 A와 B를 형성할 때보다 상대적으로 적은 거래량을 수반한다. 이때 주가 상승은 고점 B의 가격 수준까지 연결되지 못하고 그 이하에서 멈추게 되는데, 대부분 왼쪽 어깨 정상부근에서 고점이 형성된다.

되돌림 현상은 주가가 고점 C에서부터 하락하여 기준선을 하향돌파한 후 다시 기준선 수준까지 상승하는 현상을 말한다. 되돌림 운동 후 주가가 기준선을 상향돌파하지 못하고 다시 하락 직전의 저점 수준 밑으로 떨어지면 삼봉천장형은 완전히 완성된다.

(2) 삼봉바닥형

삼봉바닥형(head and shoulder bottoms formation)은 삼봉천장형과 반대의 모형이다. 즉 주가추세선이 하향에서 상향으로 반전하는 과정에서 형성되며, 거래량 변화 양상을 제외하고는 모형의 확인방법은 물론 모형돌파 시 예상되는 변화폭까지 삼봉천장형과 유사하다.

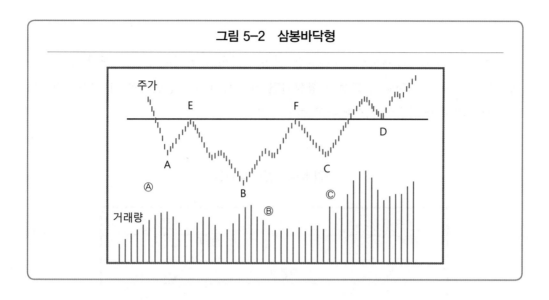

그림 5-2 삼봉바닥형

2 원형 모형(rounding formation)

(1) 원형 천장형

원형 천장형(rounding top formation)은 주가가 상향추세를 따라 상당한 기간 동안 상승하고 나서 추세선의 기울기가 완만해진 후 하락추세로 반전하는 형태를 나타낸다. 이때 거래량의 증감추세는 대체로 주가 움직임의 반대방향으로 움직인다.

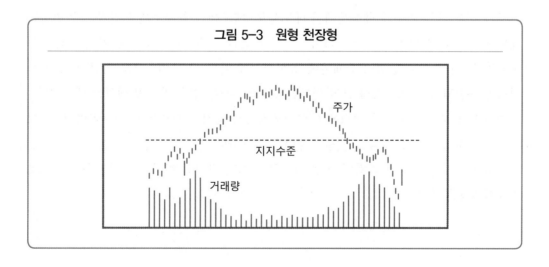

그림 5-3 원형 천장형

(2) 원형 바닥형

원형 바닥형(rounding bottom formation)은 원형 천장형을 뒤집어 놓은 형태이다. 주가가 대폭적으로 하락한 후에 이 모형이 형성되면 이는 대세의 상승반전을 나타내는 것이므로 상당폭의 주가 상승이 기대된다고 볼 수 있다.

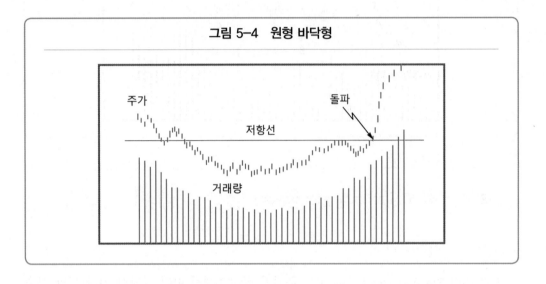

그림 5-4 원형 바닥형

---

3 V자 모형(V formation or spikes)

주가 전환 모형 가운데 매수세에서 매도세로, 매도세에서 매수세로 갑자기 돌변하는 패턴으로 비교적 단기간에 형성되며 상승추세선과 하락추세선의 기울기의 절대값이 동일하다. 한 각도로 형성되기 때문에 방향설정에 따른 각도 예측으로 삼봉형 등의 움직임과 구별되며, 우리나라와 같이 외부환경에 의존하는 경우 자주 발생하는 패턴이다.

천장 V자 모형은 주가가 정점에 이르기까지 급상승하는 과열양상을 보이며 정점 이후 급등락하고, 정점을 전후로 평균거래량은 감소한다.

바닥 V자 모형은 주가 하락이 매우 급격한 것이 일반적인 현상으로 저점을 중심으로 평균거래량은 증가한다.

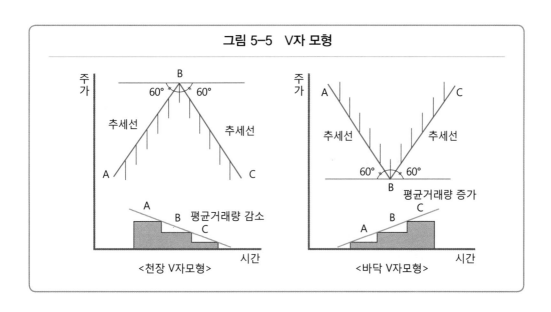

그림 5-5　V자 모형

4　확대형(broadening formation)

발산하는 추세선이 두 개인 모형으로 고점이 계속 상승하고, 저점은 계속 하락하는 형태로 바닥권에서는 나타나지 않으며 천장권에서 형성되는 경향이 있다.

세 개의 고점과 두 개의 저점으로 형성되고 세 번째 고점이 아래 추세선 돌파 시 완성되며 거래량이 증가하는 경향이 있다.

보통 활황의 정점에서 발생하여 주가를 하락으로 이끄는 반전 패턴으로 작용하는데,

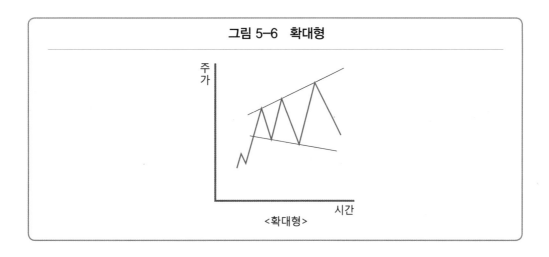

그림 5-6　확대형

시황이 매우 혼란하고 미래에 대한 예측이 불가능한 상태이거나 투자자의 심리가 극히 민감하고 극도로 불안정한 상태에 있음을 의미한다.

section 02 **지속형**

1 삼각형 모형(triangle formation)

(1) 대칭삼각형 모형

대칭삼각형 모형(symmetrical triangle)은 삼각형의 가장 일반적인 형태로 가격 변화에 있어 먼저 발생한 가격 변화보다는 나중에 발생한 가격 변화의 변동폭이 감소하면서 우측 꼭지점을 향해 움직임에 따라 삼각형 모양을 이루는 것이다.

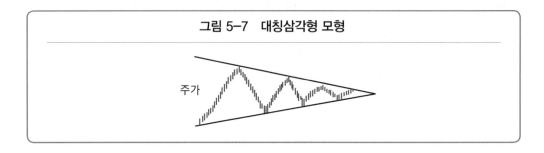

그림 5-7 대칭삼각형 모형

(2) 직각삼각형 모형

직각삼각형 모형(right-angled triangle)은 상향직각삼각형(ascending triangle)과 하향직각삼각형(descending triangle)으로 구분되는데, 상향직각삼각형 모형의 고점경계선은 수평을 이루고 저점경계선은 반드시 상향기울기를 가져야 한다.

상향직각삼각형은 어떤 고정된 가격 수준에서 대기하고 있는 대량 매도물량이 점점 증가하는 매수세력에 의해 흡수되어 가는 과정에서 형성되기 때문에 매도물량이 완전히 흡수되고 나면 주가는 저항선(고점 경계선)을 돌파하여 본격 상승국면으로 돌입된다.

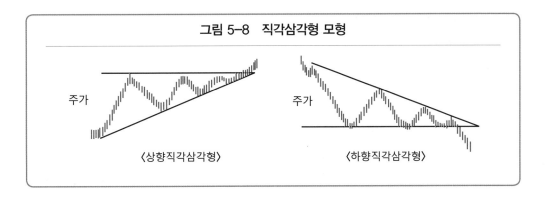

그림 5-8 직각삼각형 모형

〈상향직각삼각형〉 〈하향직각삼각형〉

하향직각삼각형은 상향직각삼각형의 대칭모형이므로 정반대의 특징을 갖는다.

2 깃대형

깃대형(flag formation)은 직사각형으로 형성되는 과정에서 밀집된 영역으로 나타나 모형의 폭이나 크기가 훨씬 작고 좁은 특징을 갖는데 외관상 깃대와 유사한 형태로 나타난다. 이 모형은 주가가 거의 수직에 가까울 정도의 기울기 추세를 따라 매우 빠르고 급격한 상승을 보인 후에 형성되는 경향이 있다. 깃대형은 약 45° 각도의 방향으로 경사진 평행사변형이 보편적이다.

상승깃대형(rising flag formation)은 주가가 수직에 가깝게 대폭적으로 상승한 직후에 나타나며, 하락깃대형(falling flag formation)은 주가가 크게 하락한 뒤에 일시적으로 나타난다.

깃대형의 주가 패턴을 확인하려면, ① 주가가 수직적인 변동을 보인 직후인가, ② 모

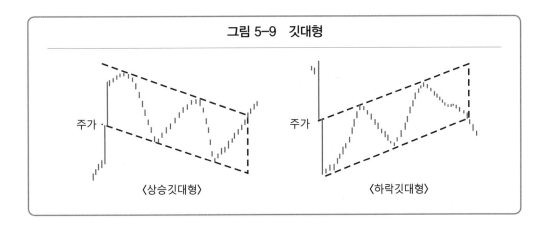

그림 5-9 깃대형

〈상승깃대형〉 〈하락깃대형〉

형의 형성기간 중에 거래량이 점차 감소하였는가, ③ 모형의 형성기간이 단기간인가를
살펴보아야 한다.

3 다이아몬드형

역삼각형과 대칭삼각형이 합쳐진 모양으로 주가의 큰 변동이 있은 후 많이 나타나
는 패턴인데, 일반적으로 주가 상승 시 거래량이 증가하고, 주가 하락 시 거래량이 감
소한다.

상승추세가 가속화되는 막바지에 나타나는 반전 패턴으로서의 역할을 수행하는 경
우도 있다.

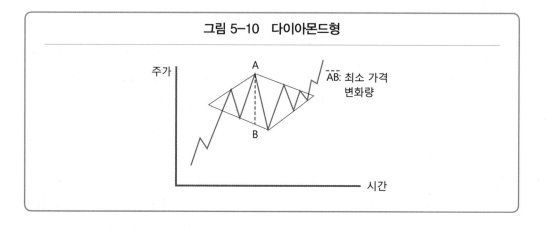

그림 5-10 다이아몬드형

4 쐐기형

쐐기형(wedge formation)은 주로 추세선의 천장권에서 형성되며 저점과 고점경계선이
모두 상향 기울기로 나타나지만 고점경계선의 기울기가 저점경계선의 기울기보다 완
만한 것이 특징인 상승쐐기형과 추세선의 바닥권에서 나타나며, 저점경계선의 기울기
가 고점경계선의 기울기보다 완만히 나타나는 하락쐐기형으로 구분된다. 즉, 상승쐐기
형은 주가의 하락반전을, 하락쐐기형은 주가의 상승반전 가능성을 시사해 준다.

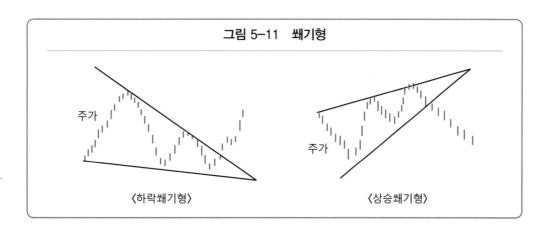

그림 5-11 쐐기형

주가

〈하락쐐기형〉

주가

〈상승쐐기형〉

직사각형 모형(rectangle formation)

두 개의 평행한 추세선 사이에서 가격이 움직이는 모습을 나타내는 모형으로, 1개월에서 3개월 정도의 형성기간이 걸린다.

매도세력과 매수세력이 균형을 이루고 있으며 거래가 활발하지 못한 경우에 발생한다. 저항선을 만드는 두 개의 산과 지지선을 형성하는 두 개의 골이 존재해야 하며 네 번 이상의 주가 등락이 있어야 한다.

상승직사각형 모형은 상승추세에서 일정기간 보합권을 유지할 때 나타나며 저항선을 돌파하면 계속적인 상승국면을 보이는 모형이다.

하락직사각형 모형은 하락추세에서 일정기간 보합권을 유지할 때 나타나며 지지선

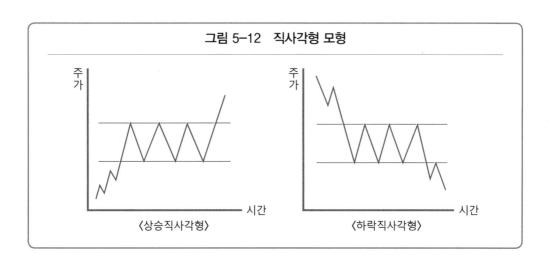

그림 5-12 직사각형 모형

주가

시간

〈상승직사각형〉

주가

시간

〈하락직사각형〉

을 돌파하면 기존 하락추세가 계속되는 하락국면모형이다.

section 03 **갭, 되돌림**

1 · **주가 갭**

어떤 주식이 특정한 전일의 고가보다 높이 시작하여 그대로 계속 상승하거나 반대로
전일의 저가보다 낮은 가격으로 떨어진 후 계속 하락하는 경우가 발생하는데 이를 주
가 갭이라고 한다.

이처럼 주가 갭은 거래가 이루어지지 않으면서 손이 바뀌는 주가 범위를 의미하며
보통 단기적인 변동에 의해서 메워지나 그렇지 못할 경우 소변동 혹은 2차 변동에 의해
서라도 메워짐이 일반적이다.

❶ 보통갭 : 보통갭(common gap)은 반전모형보다는 강화모형에서 빈번히 나타나는

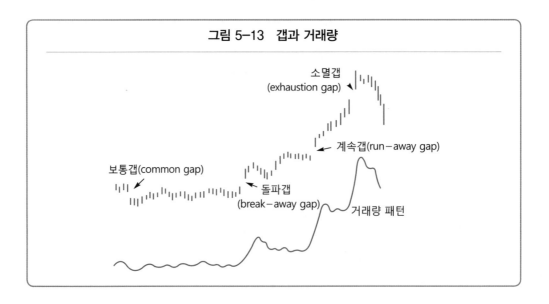

그림 5-13   갭과 거래량

경향이 있긴 하나 모형의 형성과정에서 나타나기 때문에 기술적 의미가 모호한 갭

❷ 돌파갭 : 돌파갭(break－away gap)은 주가가 모형에서 완전히 벗어나서 결정적인 돌파를 할 때 나타나는 주가 갭을 뜻하며, 보통갭은 모형의 진행과정에서 나타나지만돌파갭은 모형을 완전히 벗어날 때 나타난다는 점에서 차이. 특히 상향 직각 삼각형 모형에서 주가가 고점경계선을 상향돌파할 경우에는 대부분의 경우 돌파갭을 수반

❸ 계속갭 : 계속갭(run－away gap)은 주가가 반전모형이나 강화모형에서 완전히 벗어나서 예상했던 방향으로 급격한 변화를 보이는 과정에서 나타나는 경향이 있기 때문에 주가 변화의 예상폭을 측정하는 데 유용하게 이용. 즉, 계속갭이 나타나면 주가는 돌파갭이 형성되기 직전의 주가 상승률에 해당하는 만큼 추가로 상승하는 것이 일반적

❹ 소멸갭 : 소멸갭은 추세반전이 이루어지기 직전에 나타나는 경향이 있기 때문에 주가의 단기 변동을 예고하는 기술적 의미를 가짐. 소멸갭은 거래량이 과거의 평균 수준 이상으로 급격하게 증가할 때 나타나는 경향이 있으며, 주가가 추세선을 돌파하여 최초에 나타나는 주가 갭은 계속갭으로 발전하는 경우가 많고, 이와 같은 계속갭이 두 번이나 세 번 이상에 걸쳐 나타난 다음에 형성되는 주가 갭은 소멸갭으로 발전하는 경우가 많음

또 소멸갭은 큰 가격 범위를 수반하는 것이 보통이며 계속갭은 상당한 시간이 경과한 후에 나타나는 2차 추세선에 의해서 메워지지만, 소멸갭은 단기간의 소

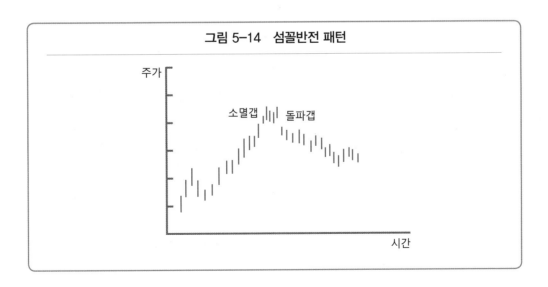

그림 5-14   섬꼴반전 패턴

추세선에 의해서 메워지는 경향이 있음

❺ 섬꼴반전 : 섬꼴반전(island reversal)은 주가의 추세가 급격히 반전될 때 나타나는 형태로 소멸갭에 이어 돌파갭이 나타나면서 차트상에 섬과 같은 모습이 연출되는 반전 패턴을 의미. 특히 비정상적일 정도로 많은 거래량이 수반될 때는 추세의 대반전일 가능성이 크며 이와 같은 모형이 형성되는 것은 어느 경우에라도 지금까지의 추세가 적어도 얼마 동안은 멈춘다는 신호

2 되돌림

❶ 의의 : 추세의 움직임은 항상 작용과 반작용에 의하여 결정되는데 추세의 주된 움직임을 작용이라고 부른다면, 반작용으로 간주되는 것을 바로 되돌림(retracement) 현상이라고 부름. 즉, 시장 가격의 추세가 전개되는 과정에서 추세가 일단 움직임을 멈추면 이처럼 주된 추세의 움직임과는 반대로 나타나는 시장 가격의 움직임을 되돌림이라고 하며, 다른 말로 후퇴 움직임이라 함

❷ 비율 : 일반적으로 되돌림 비율은 50%. 즉 어떤 상품의 시장 가격이 100에서 200으로 상승했다면, 이 상품의 시장 가격은 상승추세가 200의 수준에서 일단 끝나면 150 수준[200−(200−100)×0.5]까지는 하락할 수 있다는 의미. 또한 33% (1/3), 66%(2/3) 등도 중요한 비율로 인식되고 있는데, 이 비율은 분석가에 따라서 조금씩 다름

❸ 이용법 : 추세의 움직임이 일단 끝이 나고 이제까지의 주된 추세의 움직임과는 반대방향으로 되돌림 움직임이 일어나는 것이 확인된다면 되돌림의 원리를 이용하여 효과적인 거래를 수행할 수 있음. 즉, 주된 추세의 움직임이 끝나고 되돌림 움직임이 시작되는 것이 확인되면, 각각의 비율 부근에서 강력한 지지선이나 저항선이 형성될 것임을 미리 예측할 수 있다는 것임

❹ 트라이던트 시스템 : 트라이던트(trident) 시스템은 시장 가격이 일방적인 움직임을 나타내기보다는 되돌림 움직임이 반드시 있다는 것을 이용하는 거래기법으로, 개념 자체가 독특한 것은 아니지만, 실행기법은 독특하여 최근 외환시장의 딜러들 사이에서도 널리 사용

이 시스템의 기본 목적은 시장 가격의 추세에 따른 포지션을 만드는 것이지만

시장 가격의 되돌림 움직임을 이용하여 보다 유리한 수준에서 포지션을 만드는 것이 그 특징. 즉, 모든 시장 가격의 움직임은 바로 직전의 움직임과 거의 유사하게 나타난다는 것으로 되돌림 움직임이 나타나기 전의 주된 추세의 움직임만큼 되돌림 이후의 시장 가격도 같이 움직일 것이라는 것임

그런데 트라이던트 시스템은 다음에 있을 시장 가격의 움직임을 예상하는 것이 목표가 아니라 언제 매수거래를 하고, 언제 매도거래를 하느냐 하는 시점을 결정하는 것을 목표로 하고 있어 매수시점은 되돌림이 끝나고 나타날 것으로 예상되는 새로운 추세의 25% 지점으로 결정되며 또한 매도시점은 예상되는 새로운 추세의 75% 지점으로 결정

트라이던트 시스템의 가장 큰 장점은 시장 가격이 새로운 추세 움직임의 25% 수준에 이른 이후에야 매수에 나서게 되므로 되돌림 움직임이 완전히 끝난 것을 확인할 충분한 시간적인 여유가 있게 되고, 따라서 보다 안전한 거래가 가능하다는 점

결론적으로 트라이던트 시스템의 가장 기본적인 원리를 요약한다면 다음과 같음

ㄱ. 주된 추세에는 반드시 되돌림 움직임이 있음

ㄴ. 추세의 움직임과 같은 방향의 포지션을 만듦

ㄷ. 천장과 바닥을 잡으려고 노력하기보다는 전체 추세 움직임의 1/2만을 취함

ㄹ. 시장 가격의 움직임이 예상과 다르면 적절한 수준(25%)에서 반대거래를 수행

chapter 06

지표분석(1)

section 01 **OBV**

1 의의

OBV(On Balance Volume)선은 그랜빌(J.E. Granville)이 만든 거래량 지표로서, 거래량은 주가에 선행한다는 전제하에 주가가 전일에 비해 상승한 날의 거래량 누계에서 하락한 날의 거래량 누계를 차감하여 이를 매일 누적적으로 집계하여 도표화한 것이다.

OBV선은 특히 주가가 뚜렷한 등락을 보이지 않고 정체되어 있을 때 거래량 동향에 의하여 향후 주가의 방향을 예측하는 데 유용하게 활용되는 기술적 지표의 하나로서, 시장이 매집단계에 있는지 아니면 분산단계에 있는지를 나타내 준다.

❶ 주가가 전일에 비하여 상승한 날의 거래량은 전일의 OBV에 가산

❷ 주가가 전일에 비하여 하락한 날의 거래량은 전일의 OBV에서 차감

❸ 변동이 없는 날의 거래량은 무시

표 6-1   OBV 산출의 예

일자	종합지수	전일 대비	거래량	상승일 누계	하락일 누계	OBV
12. 1	808.75	하락	3,189		3,189	−3,189
2	801.17	하락	3,226	2,836	6,415	−6,415
3	806.86	상승	2,836	5,673	6,415	−3,579
4	821.59	상승	2,837	10,779	6,415	−742
7	826.49	상승	5,106	10,779	6,415	4,364
8	823.17	하락	4,187		10,602	177

3   분석방법

OBV선 분석의 기본법칙은 다음과 같다.

❶ 강세장에서는 OBV선의 고점이 이전의 고점보다 높게 형성되고 약세장에서 OBV선의 저점이 이전의 저점보다 낮게 형성. 이때 전자의 경우 U마크(up)로 표시하고, 후자의 경우에는 D마크(down)로 표시

❷ OBV선의 상승은 매수세력의 집중을, 하락은 분산을 나타냄

❸ OBV선의 장기적 상향추세선이 진행되는 가운데 저항선을 상향돌파하는 경우 강세장을, 장기적 하향추세선을 하회하면 약세장을 예고

❹ OBV선이 상승함에도 불구하고 주가가 하락하면 조만간 주가 상승이 예상되고, OBV선이 하락함에도 불구하고 주가가 상승하면 조만간 주가 하락이 예상

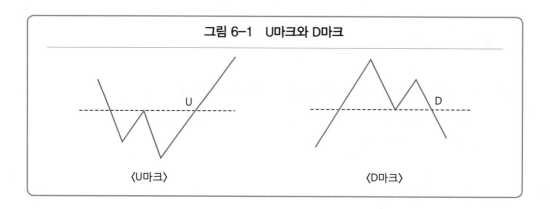

그림 6-1　U마크와 D마크

〈U마크〉　　　　〈D마크〉

4　한계점

❶ 주가 상승일에는 보편적으로 거래량이 급증하므로 OBV선은 급격히 올라가고 주가 하락일에는 거래량이 상승때보다는 감소되지만, 상승일과 하락일에 있어서 투자심리적인 요인이 작용하기 때문에 상승일의 거래량 증가비율만큼 하락일에 같은 비율의 거래량 감소가 이루어지지 않음

　　따라서 주가가 이틀에 걸쳐 같은 폭의 등락을 보였다 하더라도 거래량 차이가 발생되기 때문에 주가 하락 시 OBV 하락폭이 시장 상황보다 축소되므로 분석에 오류가 있으면 매도시기를 놓치게 됨

❷ OBV 도출은 거래량을 중심으로 일정한 타당성이 있으나 자전거래종목 적용 시에는 거래량의 급증과 주가 조작의 비효율적인 측면 때문에 반드시 적중하지는 않음

❸ 기산일을 활황장세에서 잡으면 주가가 하락으로 돌아설 때 매매신호가 뒤늦게 발생되어 정확한 분석을 하지 못함

❹ 주가의 선행성에 대한 거래량 지표이기는 하지만 현실적으로 OBV지표는 주가가 전환된 후 주가 방향으로 움직이므로 매매신호가 늦게 나타나기 때문에 조기신호 지표라기보다 오히려 시세확인으로 그치는 경우가 대부분

❺ OBV는 누적거래량에 대한 산출기준일 선정에 따라서 과대평가되고 과소평가될 수 있기 때문에 주가와 비교분석 없이 단독적으로 주가의 전환을 알지 못함

VR

OBV선이 누적차수이기 때문에 시세를 판단할 때 과거의 수치와 비교하는 것이 불가능하다는 결점을 보완하기 위하여 거래량의 누적차가 아닌 비율로 분석한 것이 VR(Volume Ratio)이다.

VR은 일정기간(주로 20거래일) 동안의 주가 상승일의 거래량과 주가 하락일의 거래량과의 비율을 백분비로 나타낸 것이다. 따라서 VR이 200%라면 대체로 주가 상승 시의 거래량이 주가 하락 시의 거래량의 2배라는 것을 나타낸다.

$$VR = \frac{\text{주가 상승일의 거래량 합계} + \text{변동이 없는 날의 거래량 합계} \times \frac{1}{2}}{\text{주가 하락일의 거래량 합계} + \text{변동이 없는 날의 거래량 합계} \times \frac{1}{2}} \times 100$$

일반적으로 VR은 150%가 보통 수준이며 450%를 초과하면 단기적으로 주가의 경계신호가 되고, 70% 이하이면 단기 매수시점으로 본다. 이 지표는 시세의 천장권에서 일률적으로 적용하기 어렵지만 바닥권을 판단하는 데 신뢰도가 매우 높은 투자지표로 알려져 있다.

section 03 **등락주선**

1 **의의**

등락주선(Advance Decline Line : ADL)은 일정 기준일 이후부터 전일의 종가에 비해 오른 종목수에서 내린 종목수를 뺀 것을 매일마다 누계해서 그것을 선으로 이어서 작성한다.

ADL은 주가의 선행지표로서 이해되고 있으며, ADL과 주가와의 움직임에는 다음과 같은 관계가 있다.

표 6-2	ADL 작성 예			
일자	상승종목수(A)	하락종목수(B)	A-B	ADL(A-B의 누계)
1	350	325	25	25
2	400	297	103	128
3	362	348	14	142
4	150	508	−358	−216
5	257	320	−63	−279
6	329	310	19	−260

❶ ADL선이 상승하는 데도 종합지수가 하락할 경우에는 장세가 상승과정에 있으며, ADL선이 하락하는 데도 종합지수가 상승하는 경우에는 장세가 하락과정에 있음

❷ 종합지수가 이전의 최고치에 접근하고 있을 때 ADL선이 그 이전의 최고치보다 낮을 경우에는 장세는 약세국면에 있고, 이와 반대로 종합지수가 바닥권에 접근하고 있을 때 ADL선이 그 이전의 바닥권보다 상당 수준 상회하고 있을 때는 장세는 강세국면

❸ 종합지수 및 ADL선이 모두 하락할 경우, 장세는 붕괴할 가능성이 높으며 종합지수 및 ADL선이 모두 상승할 경우, 장세는 대폭 상승할 가능성이 높음

2 한계점

❶ 전반적으로 장기적인 모양이 하락하는 형태로 나타나는데, 등락주선 산출 시 보합종목은 고려하지 않았기 때문에 정확한 선행지표의 역할을 독자적으로 하지 못하고 항상 종합주가지수와 비교분석하여야 하는 번거로움이 있음

❷ 동적인 모양을 하고 있어 현재 시점 분석을 과거의 추세형태와 비교하여 흐름만 보아야 하고 특히 시세의 상승국면에서 주도업종 출현 때문에 투자대상 집중화 현상이 나타나 상승종목수가 적어도 주가는 상승하는 경우가 많으므로 이것만을 가지고 매매행동을 하기에는 상당한 어려움이 따름

등락비율

1 의의

등락주선은 약세시장의 바닥지표로는 완전한 것이 되지 못한다는 약점이 있으므로 보조지표인 등락비율(Advance Decline Ratio : ADR)을 병용하는 것이 바람직하다.

등락비율은 일정기간 동안 등락종목비율에 의하여 시장 기조를 분석하고자 하는 기술적 지표로, 지수와 비교하여 시세가 어느 정도인가를 알고자 하는 것이며 단순이동평균선을 산출할 때와 같은 개념에 의해서 도출된다.

즉, 등락주선이 시세의 상승국면에서 투자대상이 집중화되는 경향과 함께 권리락, 배당락 등을 반영하지 않는 결점을 보유하고 있기 때문에 등락종목의 누계보다 비율을 도입함으로써 보다 합리적으로 분석하려고 한 것이 등락비율이다.

2 작성방법

우리나라에서는 1개월 단위로 주가를 산출하기 때문에 등락비율을 20일 이동평균으로 산출하여 많이 사용하고 있는데, 작성방법은 다음과 같다.

$$등락비율(\%) = \frac{분석대상기간\ 동안의\ 상승종목수}{분석대상기간\ 동안의\ 하락종목수} \times 100(\%)$$

3 분석방법

등락비율을 해석하는 방식은 등락비율이 120~125%에 속할 때 과열양상, 경계지대, 매도신호로 간주하며 70~75% 범위 내에서는 침체 양상, 안정지대, 매수신호로 파악하고 있다.

하지만 주가의 전반적인 상황을 모두 표현하기 어려우므로 종합주가지수 추이를 분석하는 데 쓰이고 있다.

section 05 투자심리선

투자심리선(psychological line)은 투자심리의 변화를 일정기간 동안 파악하여 과열상황인가 침체상황인가를 파악하여 지표화한 것이다.

작성방법은 최근 10일간 중 전일대비 상승일수를 누계하여 10으로 나누어 %로 나타낸다.

$$투자심리선(\%) = \frac{10일 \ 동안 \ 주가 \ 상승일 \ 수}{10} \times 100(\%)$$

투자심리선의 지수가 50%를 중심으로 75% 이상이면 과열상태로 경계지대이며, 25% 이하이면 침체상태로 안전지대에 속하고, 25~75% 사이는 중립지대이다. 따라서 이 선에 따라 투자전략을 세운다면 75% 이상일 때 팔고, 25% 이하일 때 주식을 매수하는 전략이 바람직하다.

section 06 엔빌로프

1 개념

엔빌로프(envelope)는 매닝 스톨러에 의하여 개발된 것으로 이동평균선이 지지선이나 저항선의 구실도 한다는 점에 착안하여 추세의 움직임이 어떻게 될 것인지를 예측하려는 기법이다.

즉, 이 원리는 '시장 가격의 움직임이란 특정의 추세중심선을 사이에 두고 일정한 범위에서 사이클을 그리며 움직인다'라는 가정에서 비롯된다.

2 작성방법

엔빌로프는 이동평균선을 중심으로 지지선과 저항선의 역할을 하는 아래, 위쪽 두 개의 곡선으로 구성되는데 아래, 위를 몇 퍼센트(%)의 비율로 그리느냐는 구체적인 정설이 없이 저마다의 경험을 통한 시행착오를 거쳐서 최적의 것으로 보이는 엔빌로프를 만들어야 한다.

> 추세중심선 : n일의 이동평균
> 상한선 : (n일의 이동평균)$\times(1+k)$
> 하한선 : (n일의 이동평균)$\times(1-k)$
> k : 상·하한폭의 비율

3 거래기법

❶ 지지선 부근에서 매수하고, 저항선 부근에서 매도
❷ 가운데의 이동평균선 바로 위에서 매수하거나 이동평균선의 바로 아래쪽에서 매도. 그러나 일단 이동평균선이 돌파되면 즉시 손절매를 수행
❸ 시장 가격의 움직임이 엔빌로프를 뚫고 벗어나면 거래에 최대한 주의를 기울임
❹ 일단 엔빌로프를 벗어난 시장 가격이 다시 엔빌로프에 접근할 때가 단기적 거래에서 최적의 거래시점이 됨

4 장·단점

장점으로는 추세의 전반적인 흐름에 대한 '감'을 얻을 수 있고, 현재의 시장 가격 움

직임이 정상적인 상태인지 비정상적인 상태인지에 대한 판단이 용이하다는 것이다. 반면, 단점은 추세중심선 상하의 엔빌로프 곡선이 지지선이나 저항선으로 작용한다는 보장이 없다는 점이다.

section 07　볼린저 밴드(Bollinger band)

1　의의

볼린저(J. Bollinger)가 개발한 볼린저 밴드(Bollinger band)에서는 일정기간 동안의 이동평균에서 표준편차의 일정 배수를 가감하여 상하의 밴드를 결정하며, 가격의 변동이 심하면 밴드의 폭이 커지고, 가격이 안정적으로 움직이면 밴드의 폭도 감소한다. 추세중심선은 이동평균선을 사용하며, 상·하한변동폭은 추세중심선의 표준편차로 결정한다.

> 추세중심선 : n일의 이동평균선
> 상한선(upper band) : 추세중심선+2σ
> 하한선(lower band) : 추세중심선−2σ
> σ : 표준편차

가격이 밴드의 밖으로 움직이면 추세의 지속을 의미하고, 좁은 밴드 안에서 장기간 머물수록 큰 가격 변동의 가능성이 높아진다. 일상적인 가격 변동은 밴드의 상한과 하한 사이의 왕복운동인데 상승(하락)추세에서는 하한선(상한선)에서 지지(저항)를 받는다.

2　볼린저 밴드를 이용한 투자전략

❶ 과도매수·매도의 지표 : 가격 변동띠의 폭이 큰 경우 주가는 계속 같은 추세로 움직임을 의미하고, 폭이 작은 경우 추세가 약화되어 횡보함을 의미

ㄱ. 매수 : 하한선 근처에서 주가가 움직일 때(과도매도)

ㄴ. 매도 : 상한선 근처에서 주가가 움직일 때(과도매수)

❷ 가격 변동띠의 이탈 및 진입 : 주가가 가격 변동띠를 상향 혹은 하향 이탈할 경우 진행중인 추세의 강화나 연장을 의미

ㄱ. 매수 : 좁은 가격 변동띠에서 상향이탈

ㄴ. 매도 : 좁은 가격 변동띠에서 하향이탈

chapter 07

지표분석(2)

section 01 | RSI

1 개념

RSI(Relative Strength Index)는 일정기간 동안 개별 종목과 개별 업종과의 주가 변화율을 대비한 것과 개별 업종과 종합주가지수의 주가 변화율로 대비한 종목별 상대강도지수와 업종별 상대강도지수가 있다.

기간설정에 있어서는 월더가 RSI를 개발했을 때 14일간의 움직임을 검증한 결과가 가장 효과적인 것으로 나타났다. 그러나 이 14일이라는 기간은 변경할 수 없는 것은 아니며, 기술적 분석가마다 나름대로의 기간을 정하여 독창적으로 공식을 바꾸어 쓸 수 있다.

❶ RSI의 값이 100에 접근하면 할수록 더 이상 올라갈 수 없는 수준에 가까워지는 것이 되며, 반대로 0에 가까워지면 가까워질수록 더 이상 하락할 수 없는 수준까지 내려가고 있는 것임

❷ 상승폭과 하락폭을 모두 평균값으로 구하므로 시장 가격이 기간 중에 일시적으로 비정상적인 움직임을 보이더라도 전체적인 분석에는 큰 영향을 미치지 못함

❸ 최대 100에서 최소 0 사이에서 RSI값이 움직이며 100 이상 또는 (−)가 될 수 없음

❹ RSI의 값이 100에 접근하면 할수록 절대적인 상승폭이 하락폭보다 월등하게 컸음을 의미

❺ RSI의 값이 0에 접근하면 할수록 절대적인 하락폭이 상승폭보다 월등하게 컸음을 의미

3 작성방법

작성방법은 일정기간 동안 상승과 하락을 평균하여 상대강도로 나타내는 방법과 종목과 업종 간의 상대적 개념으로 이들의 강도를 측정하여 사용하는 방법이 있는데 여기서는 일정기간 동안 상승과 하락을 평균하여 상대강도로 나타내는 방법을 살펴보고자 한다. 이것을 구체적으로 풀어 쓰면 다음과 같다.

$$RSI = \frac{14일간\ 상승폭\ 합계}{14일간\ 상승폭\ 합계 + 14일간\ 하락폭\ 합계} \times 100(\%)$$

한편, 분석방법은 RSI가 75%(70~80%) 수준이면 상한선을 나타내는 경계신호로 강세장의 유지로 이 선을 돌파할 때는 매도전략을 세워야 한다. 반면 25%(20~30%) 수준이면 하한선을 나타내는 경계신호로 약세장이 지속되어 하향돌파할 때는 매수행동을 하여야 한다.

또한 주가지수가 평행하거나 상승추세인데도 RSI가 하향추세이면 가까운 장래에 하락을 예고하는 신호이며, 주가지수가 평행하거나 하향추세인데도 RSI가 상향추세이면

상승을 예고하는 신호이다.

❶ divergence : divergence는 시장 가격의 움직임과 RSI의 움직임이 서로 일치하지 않고, 그 방향이 서로 상반되게 나타나는 것을 말하는데, 보통 RSI의 값이 30%와 70% 사이에서 결정될 때 나타남. 그러나 시장의 움직임이 과열되어 RSI의 값이 30% 이하로 결정될 때나 70% 이상에서 결정될 경우, divergence가 나타나면 이는 아주 강력하고 중요한 추세반전의 신호로 인식

❷ failure swing : 이것은 RSI가 직전에 나타났던 최고점 또는 최저점 기록을 뚫고 넘어서지 못하고 진행방향을 바꾸어 버리는 것을 말함. 상승국면에서 나타나는 top failure swing은 RSI의 값이 직전의 최고점을 갱신하여 계속 상승하지 못하고, 하락 움직임으로 바뀌는 것을 말함

반면에 하락국면에서 나타나는 bottom failure swing은 RSI의 값이 직전에 나타났던 최저치를 하향돌파하지 못하고 상승 움직임을 나타내는 것을 의미

특히 RSI의 값이 70% 이상이거나 30% 이하일 때 failure swing이 나타나면 시장 가격의 추세반전이 임박했다는 강력한 신호로 간주하여야 함

section 02 MACD

1 개요

MACD(Moving Average Convergence & Divergence)는 장·단기 두 이동 평균 사이의 관계를 보여주는 운동량 지표로서 제럴드 아펠(Gerald Appel)에 의해 개발되었다. 장기지수 이동평균과 단기지수 이동평균의 차이를 MACD라 하며, 이 MACD의 지수 이동평균을 '시그널(signal)'이라 부르는데, 이 두 곡선의 교차점과 주가와의 다이버전스(divergence)를

이용하여 매매시점을 포착한다.

2 계산

MACD＝단기 지수 이동평균－장기 지수 이동평균
시그널＝n일 MACD 지수 이동평균

3 설명

MACD의 원리는 장기와 단기 두 이동평균선이 서로 멀어지게 되면(diverge) 언젠가는 다시 가까워져(converge) 어느 시점에서 서로 교차하게 된다는 성질을 이용하여 두 개의 이동평균선이 멀어지게 되는 가장 큰 시점을 찾고자 하는 것이다.

(1) MACD와 시그널과의 교차

이 방법은 MACD를 이용하는 가장 기본적인 기법으로서 MACD가 시그널을 아래에서 위로 상향 돌파할 때를 매수시점으로, MACD가 시그널을 위에서 아래로 하향 이탈할 때를 매도시점으로 인식하고 매매하는 방법이다.

(2) MACD 오실레이터(MACD－OSC)

❶ MACD－OSC의 값은 주가 움직임을 미리 선도하는 경향이 크므로 전일의 MACD－OSC의 움직임과 반대 방향으로 움직이면 매매 신호로 인식

❷ 주가 움직임과 MACD－OSC 사이에서 다이버전스가 발견되면 추세 반전이 강력히 예견될 수 있음

❸ MACD－OSC의 값이 0선을 돌파할 때도 추세 전환이 임박했다는 중요한 신호로 인식. 음(－)에서 0선을 상향 돌파하여 양(＋)으로 변하면 상승 추세로의 전환, 즉 매수시점으로 판단하고, 반대로 양(＋)에서 0선을 돌파하여 음(－)으로 변하면 하락 추세로의 전환, 즉 매도시점으로 판단

1 개념

스토캐스틱(stochastics)의 기본원리는 시장 가격이 상승추세를 나타내고 있을 때에는 매일의 종가 가격이 최근의 시장 가격 변동폭 중 최고점 부근에서 형성되는 경향이 높고, 반대로 시장 가격이 하락추세를 나타낼 때에는 매일의 종가 가격은 최근의 시장 가격 변동폭 중 최저점 부근에서 형성되는 경향이 높다라는 과거의 경험에서 비롯된다.

2 산출방법

스토캐스틱 기법은 %K선과 %D선으로 구성되는데 %K선은 시장 가격의 최근 변동폭과 최근에 형성되는 종가와의 관계를 구하려는 것으로,

$$\%K = \frac{C - L5}{H5 - L5} \times 100(\%)$$

단, C : 최근의 종가

$L5$: 과거 5일 동안의 최저점

$H5$: 과거 5일 동안의 최고점

$\%K$의 값이 100 : 최근의 종가가 이제까지 5일 동안 형성된 시장 가격 중에서 가장 최고 수준임을 의미하는 것

　　　　0 : 최근의 종가가 바로 5일간의 가격 중에서 최저 가격이 되는 것

70~80 이상 : 시장 가격은 상승추세로 간주

20~30 이하 : 시장 가격은 하락추세로 간주

다음으로 %D선은 %K선의 움직임을 한 단계 완화한 것으로,

$$\%D = \frac{\%K_{t-2} + \%K_{t-1} + \%K_t}{3}$$

(1) %*K*선과 %*D*선의 교차

%*K*선은 최근에 형성된 종가와 과거 5일 동안의 시장 가격 변동폭과의 관계를 나타내는 지수이며 %*D*선은 %*K*선의 3일간의 이동평균선으로 간주되므로, %*K*선이 %*D*선을 아래로 돌파하는 순간을 매도의 신호로 인식하고, 반대로 %*K*선이 %*D*선을 위쪽 방향으로 돌파하게 되면 매수신호로 인식하게 된다.

그런데 %*K*선과 %*D*선이 서로 교차한다고 하여 항상 매매신호로 인식해서는 안 되며 %*K*선 값이 어느 수준 이상일 때만 거래신호로 판단해야 한다.

%*K*선의 값이 70 이상을 나타내면 현재의 시장 가격의 추세는 상승추세인데, 특히 %*K*의 값이 85 이상을 기록하게 되면 과도매수상태라고 하며 이 상태에서 %*K*선과 %*D*선이 교차한다면 이는 강력한 매도신호로 판단해야 한다.

반면, %*K*값이 30 이하를 기록하면 이는 시장 가격의 추세가 하락추세로, 특히 %*K*의 값이 15 이하이면 과도매도상태로, 이 상태에서 %*K*선과 %*D*선이 교차하면 확실한 매수신호로 판단해야 한다.

(2) divergence

다이버전스(divergence)는 가장 유력한 추세반전의 신호로, 특히 %*K*의 값이 85 이상이거나 15 이하로 나타나고 %*K*선과 %*D*선이 서로 교차하는 상태에서 시장 가격과 스토캐스틱 지표 간에 divergence가 나타나면 더욱 확실한 추세반전의 신호이다.

스토캐스틱의 경우 시장 가격의 움직임과 %*D*선의 관계를 살펴보아야 하는데 시장 가격이 계속해서 새로운 최고점을 형성하는 반면에, %*D*선은 기존의 최고수준을 갱신하지 못하는 것을 매도 divergence라고 하며, 반대로 시장 가격은 계속해서 하락하여 새로운 최저점을 형성하는 반면에 %*D*선은 기존의 최저점을 갱신하지 못할 때를 매수 divergence라고 한다.

01 다음 중 거래량과 관련이 깊은 지표는?

① RSI ② 스토캐스틱

③ 이격도 ④ OBV

02 다음 중 엘리엇 이론에 관한 설명으로 가장 적절한 것은?

① 2번 파동의 저점이 1번 파동의 저점보다 낮아서는 안된다.

② 3번 파동이 상승 5파동 중에서 가장 짧아도 된다.

③ 4번 파동의 저점이 1번 파동의 고점보다 낮아도 된다.

④ 5번 파동에서의 거래량이 3번 파동에서의 거래량보다 많다.

03 이동평균선과 관련이 적은 지표는?

① 볼린저밴드 ② MACD

③ OBV ④ 엔빌로프

04 다음 중 패턴분석에 관한 설명으로 가장 적절한 것은?

① 삼봉천장형에서 머리부분이 주가도 높고, 거래량도 최대이다.

② 깃대형은 주가 급등락 시에 별로 나타나지 않는다.

③ 확대형은 주로 저가권에서 발생한다.

④ 상승쐐기형이 완성된 후 주가 반락이 예상된다.

해설

01 ④ RSI, 스토캐스틱, 이격도는 주가와 관련이 있고, OBV는 거래량과 관련이 있다.

02 ① 3번 파동이 상승 5파동 중에서 가장 길고, 4번 파동의 저점이 1번 파동의 고점보다 낮으면 안 되며, 3번 파동의 거래량이 5번 파동보다 더 많다.

03 ③ 볼린저밴드, MACD, 엔빌로프는 이동평균선이 중요하다.

04 ④ 삼봉천장형에서 왼쪽어깨 부분의 거래량이 머리부분보다 더 많다. 깃대형은 주가 급등락 시에 잘 나타나며, 확대형은 주로 고가권에서 나타난다.

05 다우이론에서 점차 매도해야 하는 국면은?

① 상승국면   ② 과열국면

③ 분산국면   ④ 공포국면

06 상승종목이나 하락종목 수와 관련이 깊은 지표는?

① OBV   ② VR

③ ADL   ④ MACD

07 다음 중 섬꼴반전에 대한 설명으로 가장 옳은 것은?

① 상승소멸갭과 하락돌파갭 사이에서 발생한다.

② 하락세에서 상승세로의 전환을 의미한다.

③ 횡보장세가 이어질 것임을 시사한다.

④ 지속형의 일종이다.

08 다음 중 엘리엇 파동이론에서 조정파동은?

① 1번 파동   ② a파동

③ c파동   ④ b파동

해설

05 ① 점차 매도는 상승국면, 매도는 과열국면에서 이루어져야 한다.

06 ③ ADL과 ADR은 상승종목수와 하락종목수로 구한다.

07 ① 섬꼴반전은 고가권에서 이루어지는 반전형의 일종이다.

08 ④ 조정파동은 2번 파동, 4번 파동, b파동이다.

정답 01 ④ | 02 ① | 03 ③ | 04 ④ | 05 ① | 06 ③ | 07 ① | 08 ④

part 04

발행시장

certified securities investment advisor

chapter 01

증권시장 개요

---

section 01 증권시장의 개념

자금의 수요자와 공급자를 연결하여 금융거래가 이루어지는 금융시장은 일반적으로 금융상품의 만기에 따라 크게 단기자금의 거래가 이루어지는 단기금융시장과 장기자금의 거래를 위한 자본시장으로 구분할 수 있다. 자본시장은 다시 자금조달방법에 따라 자금의 수급이 공급자로부터 수요자에게 직접 연결되는 '직접금융방식'과 공급자로부터 금융중개기관을 거쳐 수요자에게 간접적으로 연결되는 '간접금융방식'으로 나눌 수 있다.

직접금융방식에 의한 장기자금의 수급은 증권을 매개로 하여 이루어지는데, 자금의 수요자는 자금의 공급자에게 증권을 발행하여 교부함으로써 자금을 제공하고, 투자의 대가로 배당 또는 이자 등을 지급받게 된다.

증권시장은 자본주의 경제체제를 상징하는 자본시장의 전형적인 형태로서, 자금의 수요자인 기업이나 정부, 지방자치단체 등이 자금의 공급자인 투자자로부터 증권을 매개로 하여 직접금융방식으로 필요자금을 조달하고, 자금을 공급한 투자자는 증권을 타인에게 자유롭게 매도함으로써 공급한 자금을 언제라도 회수할 수 있는 시장을 말한다.

section 02 증권시장의 구조

증권시장은 발행된 증권이 최초로 투자자에게 매각되는 '발행시장'과 이미 발행된 증권이 투자자들 사이에서 매매되는 '유통시장'으로 나눌 수 있다.

발행시장과 유통시장은 상호의존적이고 보완적인 관계를 가지고 있다. 즉 발행시장에서의 증권발행은 유통시장에서의 원활한 매매거래를 전제로 하고, 유통시장에서의 매매거래는 발행시장의 다양한 증권발행을 근원으로 하여 형성될 수 있기 때문이다.

1 발행시장

자금의 수요자에 의하여 발행되는 증권이 자금의 공급자인 투자자에게 매각됨으로써 자금이 투자자로부터 증권의 발행주체로 이전되는 일련의 과정을 발행시장이라 하고, 증권이 발행되어 최초로 투자자에게 매각되는 시장이기 때문에 '1차시장'이라고도 한다. 이러한 발행시장을 통하여, 발행주체는 직접금융방식으로 투자자로부터 장기산업자금을 조달하고, 투자자는 수익성 높은 투자대상에 자금을 투자하여 운용하거나 기업경영에 참여할 수도 있다.

2 유통시장

발행시장에서 자금을 제공하고 증권을 교부받은 투자자는 필요한 경우 증권을 다른 사람에게 양도함으로써 투자한 자금을 회수할 수 있어야 하는데, 이를 위해서는 다수의 투자자들 간에 2차적으로 증권의 매매거래가 이루어지는 시장이 필요하다.

증권시장에서 이러한 기능을 담당하는 유통시장은 발행시장을 통하여 발행된 증권이 투자자들 상호 간에 매매거래되는 '2차시장'으로 협의의 증권시장이라고도 한다. 발행시장에서 증권을 취득한 투자자는 유통시장을 통하여 이를 매각함으로써 투자자금을 회수하고, 수익성 높은 투자대상을 찾는 투자자들은 유통시장에서 이미 발행된 증권에 투자하는 방법으로 자산을 운용할 수 있다.

흔히 유통시장이라고 할 때는 거래소시장만을 의미하는 경우가 많았으나, 최근 정보통신기술의 발달과 함께 장외시장도 거래소시장처럼 조직화되어 감에 따라 그 경계가 점차 모호해져 가고 있다.

section 03 | 증권

증권시장에서는 증권을 매개로하여 매매거래가 이루어지고 자본시장법령 및 기타 관련 규정의 적용을 받게 되기 때문에, 어떤 금융투자상품이 증권인지 여부는 매우 중요한 의미를 갖는다.

자본시장법에서 증권이란 내국인 또는 외국인이 발행한 금융투자상품으로서 투자자가 취득과 동시에 지급한 금전 등 외에 어떠한 명목으로든지 추가로 지급의무[1]를 부담하지 아니하는 것으로 정의하면서 다음과 같이 구분하고 있다.

❶ 채무증권 : 국채증권, 지방채증권, 특수채증권, 사채권, 기업어음증권 그 밖에 이와 유사한 것으로서 지급청구권이 표시된 것
❷ 지분증권 : 주권, 신주인수권이 표시된 것, 법률에 의해 직접 설립된 법인이 발행한 출자증권, 상법에 따른 합자회사·유한책임회사·유한회사·합자조합·익명조합의 출자지분, 그 밖에 이와 유사한 것으로서 출자지분 또는 출자지분을 취득할 권리가 표시된 것
❸ 수익증권 : 신탁업자가 발행한 금전신탁계약에 의한 수익권이 표시된 수익증권,

---

1 옵션 등과 같이 투자자가 기초자산에 대한 매매를 성립시킬 수 있는 권리를 행사하게 됨으로써 부담하게 되는 지급의무는 예외로 한다.

투자신탁을 설정한 집합투자업자가 투자신탁의 수익원을 균등하게 분할하여 표시한 수익증권, 그 밖에 이와 유사한 것으로서 신탁의 수익권이 표시된 것

❹ 투자계약증권 : 특정 투자자가 그 투자자와 타인 간의 공동사업에 금전 등을 투자하고 주로 타인이 수행한 공동사업의 결과에 따른 손익을 귀속받는 계약상의 권리가 표시된 것

❺ 파생결합증권 : 기초자산의 가격·이자율·지표·단위 또는 이를 기초로 하는 지수 등의 변동과 연계하여 미리 정하여진 방법에 따라 지급금액 또는 회수금액이 결정되는 권리가 표시된 것

❻ 증권예탁증권 : ❶부터 ❺까지의 증권을 예탁받은 자가 그 증권이 발행된 국가 외의 국가에서 발행한 것으로서 그 예탁받은 증권에 관련된 권리가 표시된 것

chapter 02

발행시장 개요

발행시장의 의의

발행시장은 기업, 정부, 공공기관 등 자금의 수요자인 발행주체(발행인)가 증권을 발행하여 자금의 공급자인 최초의 투자자에게 이를 매각함으로써 자본이 투자자로부터 발행주체에게 이전되는 추상적인 시장을 일컫는다.[1]

---

1 발행시장을 추상적인 시장이라고 하는 이유는 물리적 장소에서 거래되는 유통시장과 달리 증권발행을 위한 일정한 장소가 필요하지 않기 때문이다.

발행시장의 기능

발행시장은 기업의 장기자금 조달시장으로서 기업자본의 대규모화를 실현시키는 한편, 증권의 매각 및 취득과정을 통하여 기업의 소유구조 및 지배구조를 개선하고, 기업 상호 간의 연결을 촉진시키는 등 경제의 양적·질적 고도화를 유도하는 기능을 수행한다.

또한 통화정책당국에 의한 국공채 증권발행과 공개시장조작의 시행을 가능하게 함으로써 금융정책 및 경기조절의 기능을 수행하고, 발행된 증권의 매각과정에서 경쟁력을 갖춘 기업에 투자자금을 집중시켜 한정된 자원을 효율적으로 배분하는 기능과 투자자에게 성장성이 있는 기업에 투자할 수 있는 기회를 제공함으로써 소득분배를 촉진시키는 기능도 수행한다.

증권의 발행형태

발행시장에서의 증권발행형태는 투자자를 구하는 방법에 따라 '공모(모집과 매출)'와 '사모'로, 발행에 따른 위험부담과 사무절차를 누가 담당하느냐에 따라 '직접발행'과 '간접발행'으로 구분된다. 보통 거래소시장에 상장하기 위한 증권의 발행은 다수의 일반대중을 상대로 널리 투자자를 모집하는 공모와 발행사무 및 위험을 금융투자회사(증권회사)나 금융기관 등 전문적인 인수업자로 하여금 담당하게 하는 간접발행의 형태로 이루어진다.

1 공모(모집·매출)와 사모

(1) 공모

'공모'는 일반적으로 새로이 발행되거나 기 발행된 증권을 일반투자자에게 매각하여 분산시키는 행위를 말하는데, 이는 '모집'과 '매출'로 나누어 볼 수 있다.

자본시장법에서는 '모집'을 50인 이상의 투자자에게 새로 발행되는 증권의 취득의 청약을 권유하는 것으로, '매출'은 50인 이상의 투자자에게 이미 발행된 증권의 매도의 청약을 하거나 매수의 청약을 권유하는 것으로 정의하고 있다. 결국 모집과 매출의 차이는 공모대상인 증권이 신규로 발행되는 것인지(모집), 아니면 이미 발행된 것인지(매출)에 있으며, 모집을 하는 주체는 발행인임에 반해 매출을 하는 주체는 증권의 보유자가 된다.

한편, 공모의 적용 여부를 판단하는 50인 산출 대상에서 전문가와 연고자를 제외하도록 하고 있는데, 이는 이들 전문가와 연고자의 경우 전문적인 투자지식을 가지고 있거나 발행인과 밀접한 관계를 지니고 있어 스스로를 보호할 수 있다고 보기 때문이다.

표 2-1 증권의 모집과 매출 기준인 50인 산출 시 제외되는 자의 범위

① 전문가
- 전문투자자(국가, 한국은행, 은행·금융투자회사·보험사 등 금융기관, 금융감독원·거래소·예탁결제원·예금보험공사 등 자본시장법 시행령에서 정하는 자)
- 법률에 따라 설립된 기금 및 그 기금을 관리·운용하는 법인과 법률에 따라 공제사업을 경영하는 법인 중 금융위원회가 정하여 고시하는 자
- 공인회계사법에 의한 회계법인
- 자본시장법에 따라 인가받은 신용평가회사
- 발행인에게 회계, 자문 등의 용역을 제공하고 있는 공인회계사, 감정인, 변호사, 변리사, 세무사 등 공인된 자격증을 소지하고 있는 자
- 중소기업창업지원법에 따른 중소기업창업투자회사
- 그 밖에 발행인의 재무상황이나 사업내용 등을 잘 알 수 있는 전문가로서 금융위원회가 정하여 고시하는 자

② 연고자
- 최대주주 및 발행주식 총수의 5% 이상을 소유한 주주
- 발행인의 임원 및 근로복지기본법에 따른 우리사주조합원
- 발행인의 계열회사와 그 임원
- 발행인이 주권비상장법인인 경우 그 주주
- 외국법령에 의해 설립된 외국기업인 발행인이 종업원의 복지증진을 위한 주식매수제도 등에 따라 국내 계열회사의 임직원에게 해당 외국기업의 주식을 매각하는 경우 그 국내 계열회사의 임직원
- 발행인이 설립 중인 회사의 경우에는 그 발기인
- 그 밖에 발행인의 재무상황이나 사업내용을 잘 알 수 있는 연고자로서 금융위원회가 정하여 고시하는 자

(2) 사모

'사모'란 새로 발행되는 증권의 취득의 청약을 권유하는 것으로서 모집에 해당하지 아니한 것을 말하며, 발행인이 특정의 수요자를 대상으로 증권을 발행하고 자금을 조달하는 방법을 의미한다. 발행주권을 발기인만을 대상으로 발행한다든가 또는 투자전문가나 연고자 등 특정의 소수에게 발행주식을 인수시키는 방법으로, 그 대상이 일반대중이 아니라는 점에서 공모와 대비되는 개념으로 사모라 일컫는다.

2 직접발행과 간접발행

'직접발행'은 발행주체가 자기의 책임과 계산으로 발행위험을 부담하고 발행사무를 모두 담당하여 증권을 발행하는 것을 말하며, '직접모집' 또는 '자기모집'이라고도 한다. 이 경우 발행증권의 응모총액이 발행총액에 미달할 때에는 당해 발행주체가 이사회 결의를 통하여 잔량을 처리하여야 하므로, 당해 발행주체가 투자자를 모집할 능력이 충분하거나 발행규모가 적어 상대적으로 발행위험이 적고 발행사무가 비교적 간단한 경우에만 가능한 방법이다.

이에 비하여 '간접발행'은 발행주체가 중개인인 발행기관을 거쳐서 간접적으로 증권을 발행하는 방법으로, 전문적인 지식과 조직을 가지고 있는 금융투자회사나 금융기관 등의 전문기관에 발행업무를 의뢰하여 발행하므로 '모집발행'이라고도 한다. 이 경우 발행주체는 원칙적으로 발행 및 모집사무 또는 발행위험을 전문기관에 부담시키고, 이에 따른 수수료를 부담한다.

3 간접발행의 발행위험 부담

발행시장에서 주로 이용되는 간접발행은 발행위험의 부담 정도에 따라 다시 '모집주선', '잔액인수', '총액인수'의 방법으로 구분할 수 있다.

(1) 모집주선

'모집주선(best-effort basis)'은 발행기관이 수수료를 받고 발행인을 위하여 당해 증권의 모집 또는 매출을 주선하거나, 기타 직접 또는 간접으로 증권의 모집 또는 매출을 분담하는 방법으로 '위탁모집'이라고도 한다. 이 방법은 발행인이 스스로 발행위험을 부담하지만 모집업무와 같은 발행사무를 발행기관에 위탁하는 데에 그 특징이 있다. 발행기관은 발행사무만을 담당하고 소화되지 않은 증권은 발행인에게 되돌려 주게 되며, 간접발행방법 중 수수료가 가장 저렴하다.

(2) 잔액인수[2]

'잔액인수(stand-by agreement)'는 발행 및 모집사무와 인수위험을 분리하여 발행기관(인수기관)에 위임하는 방법으로, 일단 발행기관에 발행 및 모집사무를 위탁하고 일정기간 모집을 한 다음, 그 기간이 경과한 후 모집부족액이 발생하였을 경우 그 잔량에 대해서만 인수기관에 인수시키는 방식이다. 인수수수료는 발행기관이 부담하는 위험의 정도가 클수록 높다.

(3) 총액인수

'총액인수(firm commitment)'는 대표주관회사가 구성한 인수기관들의 집단인 인수단이 공모증권 발행총액을 자기의 책임과 계산하에 인수하고 이에 따른 발행위험(인수위험)과 발행 및 모집사무 모두를 담당하는 방법이다. 인수단은 인수를 위하여 많은 자금을 필요로 할 뿐 아니라 매출하기까지의 기간중 매출잔량을 보유하여야 하므로 발행증권의 불리한 가격 변동에 따른 손해 등 모든 위험을 부담하게 된다. 간접발행의 대부분은 이 총액인수방식을 사용하며 인수기관의 부담이 큰 만큼 인수수수료율도 가장 높다.

---

section 04 발행시장의 조직

발행시장의 가장 간단한 형태는 자금을 조달하는 자인 발행주체(발행인)와 자금을 공급하는 자인 투자자로 구성된다. 그러나 대부분의 발행주체가 증권발행에 관한 지식이

---

2 인수란 제3자에게 그 증권을 취득시킬 목적으로, 자기의 책임과 계산 하에서 그 증권의 전부 또는 일부를 발행인으로부터 직접 매입하는 것을 말한다.

나 공모하려는 증권을 소화할 수 있는 능력을 모두 갖추기는 어려운 일이므로 발행주체와 투자자 사이에서 증권발행의 사무절차와 발행위험을 담당하는 전문기관, 즉 발행기관(인수기관)이 존재하게 된다.

1 발행주체(발행인)

발행주체란 발행시장에서 유가증권을 발행하는 자로서, 증권의 공급자인 동시에 자금수요의 주체가 되는 자를 말한다. 이에는 주권 및 사채권을 발행하는 주식회사, 국공채 증권을 발행하는 국가 및 지방공공단체, 그리고 특수채증권을 발행하는 특수법인 등이 있다.

2 발행기관(인수기관)

발행기관은 증권의 발행자와 투자자 사이에 개입하여 증권발행에 따른 사무처리 및 모집주선업무를 수행하고, 발행자를 대신하여 발행에 따르는 위험을 부담하는 기관을 말한다.

발행기관은 발행주체에게 조언을 하거나 사무적인 발행절차를 대행하고, 증권을 모집하거나 매출할 때 증권의 발행에 따르는 책임과 위험을 부담하며, 불특정 다수인으로부터 증권을 모집·매출하는 간사기능·인수기능·청약대행기능 등을 수행한다. 따라서 증권발행 과정에서 발생할 수 있는 책임과 위험을 분산하고 발행증권의 매출을 원활히 하기 위하여 여러 발행기관이 공동으로 증권의 발행에 참여하는 것이 보통이다.

이와 같이 공동으로 참여하는 기관 중 주관회사는 증권을 인수함에 있어서 인수회사를 대표하여 발행회사와 인수조건 등을 결정하고 인수 및 청약업무를 통할하는 회사를 말하며 인수회사는 제삼자에게 증권을 취득시킬 목적으로 다음의 어느 하나에 해당하는 행위를 하거나 그 행위를 전제로 발행인 또는 매출인을 위하여 증권의 모집·매출을 하는 회사를 말한다.

가. 그 증권의 전부 또는 일부를 취득하거나 취득하는 것을 내용으로 하는 계약을 체결하는 것

나. 그 증권의 전부 또는 일부에 대하여 이를 취득하는 자가 없는 때에 그 나머지를

취득하는 것을 내용으로 하는 계약을 체결하는 것

아울러, 발행회사로부터 증권의 인수를 의뢰받은 자로서 주관회사를 대표하는 회사를 대표주관회사라고 한다.

3 투자자

투자자는 발행시장에서 모집 또는 매출에 응하여 증권을 취득한 후 이를 다시 유통시장에서 매각하는 자를 말하는데, 투자의 형태에 따라 개인자격으로 증권투자를 하는 '개인투자자'와 법인의 형태를 취하고 있는 '기관투자자'로 나눌 수 있다.

자본시장법에서는 투자자를 '전문투자자'와 '일반투자자'로 구분하고 있다. '전문투자자'란 금융투자상품에 관한 전문성 구비 여부, 소유자산규모 등에 비추어 투자에 따른 위험 감수능력이 있는 투자자로서, 국가, 한국은행, 대통령령으로 정하는 금융기관, 주권상장법인 등이 해당되며, '일반투자자'는 전문투자자가 아닌 투자자를 말한다.

chapter 03

주식발행의 방법 및 절차

주식의 의미

주식(株式, share, stock)은 자본의 구성단위로서, 주식회사의 자본은 주식으로 분할하여야 하되 균등한 단위로 하여야 한다. 균등하게 나누는 방법은 금액으로 표시하는 방법(액면주식)과 전체 자본금에 대한 비율로 표시하는 방법(무액면주식)이 있다.

액면주식의 경우 1주의 금액(액면금액)은 100원 이상이어야 한다. 주권상장법인이 액면금액 5,000원을 초과하는 주권을 발행하는 경우 1만 원의 배수로 하여야 하고, 액면금액 5,000원 미만의 주권을 발행하는 경우에 1주의 금액은 100원, 200원, 500원, 1,000원, 2,500원으로 해야 한다. 무액면주식의 경우 1주의 금액이 정관 및 주권에 표시되지 않고 단지 자본금에 대한 비율로 표시한다. 주식회사는 정관으로 액면주식과 무액면주식을 선택할 수 있으나, 양자를 모두 발행할 수는 없다.

액면주식의 경우 발행주식의 액면총액이 회사의 자본금이 되지만, 무액면주식의 경우 발행 가격의 1/2 이상으로서 이사회 또는 주주총회가 임의로 정하는 금액이 자본금이 된다.

section 02 주식발행의 형태

주식의 발행은 다양한 형태로 가능하나, 크게 주식회사의 설립에 따른 주식발행, 기설립된 기업의 증자에 의한 주식발행, 기타 주식배당·전환사채권 및 신주인수권부사채권의 권리행사·합병 또는 주식병합 등에 의한 주식발행 등으로 나누어 볼 수 있다.

1 주식회사 설립 시 주식발행

신규로 주식회사를 설립하는 경우와 개인기업 또는 그 외의 형태로 존재하는 기업이 주식회사 형태로 전환되는 경우 주식발행이 이루어진다.

이 경우 발기인이 정관을 작성하고 공증인의 공증을 거쳐 설립등기를 하여야 하는데, 정관에는 상법에 규정된 여러 사항과 함께 주식발행에 관한 사항이 규정되어야 한다.

주식회사의 설립은 주주모집의 방법에 따라서 발기설립과 모집설립으로 나누어진다.

❶ 발기설립 : 발기설립은 주식회사의 발기인이 설립 시 발행되는 주식의 총수를 인수하여 회사를 설립하는 방법으로, 소수의 발기인만이 주식을 인수함과 동시에 회사의 설립이 이루어지는 비교적 간단한 방법
❷ 모집설립 : 회사 설립 시에 발행되는 주식 중 일부를 발기인이 인수하고, 나머지 부분에 대하여는 발기인 이외의 주주로부터 모집하는 방법

한편, 개인기업 또는 다른 기업형태로 존재하고 있던 기업이 그 기업조직을 주식회사 형태로 변경할 때에는 기업의 법률적 형태가 변경되는 동시에 신규로 주식이 발행된다.

2 　기 설립기업의 증자에 의한 주식발행

증자에 의한 주식발행은 정관에 기재된 회사가 발행할 주식의 총수 중 미발행 주식의 범위에서 그 일부 또는 전부를 이사회의 결의에 의해서 발행하는 것이다. 증자에는 회사의 재무정책 관점에서 주식회사가 실질적으로 자본규모를 확대하기 위해 신주를 발행하여 주금을 납입(실질적 증자)하는 '유상증자'와 주금을 납입하지 않고 잉여금을 자본으로 전입함으로써 신주를 발행(형식적 증자)하는 '무상증자'로 분류할 수 있다. 유상증자의 경우, 주식발행과 함께 반드시 주금의 납입이 행하여지며 그 결과 회사의 자산이 실질적으로 증가한다. 그러나 무상증자의 경우는 주금의 납입이 현실적으로 수반되지 않는 대차대조표상 항목 간의 자금이동에 불과하여 회사자산의 실질적인 증가는 없고 잉여금의 감소와 자본금의 증가로 나타난다.

유상증자와 무상증자 모두 신주발행에 대한 효력은 주금납입일의 다음날에 발생한다.

3 　기타 주식발행

유상증자, 무상증자 등 기업의 재무활동에 기인한 주식발행 이외에도, 회사의 이익을 현금이 아닌 주식으로 배당하기 위한 신주발행, 전환사채 또는 신주인수권부사채 등의 권리행사에 따른 신주발행, 기업합병 또는 주식분할에 의한 신주발행 등 다양한 형태의 주식발행이 존재한다.

section 03 　주식의 분류

주주의 권리는 주주평등의 원칙에 의하여 소유주식의 수에 비례해서 정해지며, 각각의 주식의 내용을 이루는 권리는 모두 평등한 것이 원칙이다. 그러나 회사는 정관의 규정에 따라 권리의 내용이 각기 다른 종류주식을 발행할 수 있으며, 이 경우 정관에 각

표 3-1 주식의 구분

구분		명칭	개념
액면표시		액면주	주식의 액면가액이 기재된 주식
		무액면주	주식의 액면가액이 기재되지 않은 주식
기명 여부		기명주	주주의 성명이 주권과 주주명부에 기재된 주식
		무기명주	주주의 성명이 주권과 주주명부에 기재되지 않은 주식
종류 주식	이익배당 및 잔여재산	보통주	이익배당이나 잔여재산분배에서 표준이 되는 주식
		우선주	이익배당이나 잔여재산분배에서 우선적 지위가 부여된 주식
		후배주	이익배당이나 잔여재산분배에서 열후적 지위에 있는 주식
		혼합주	이익배당에서는 우선적 지위가 부여되나 잔여배산분배에 서는 열후적 지위에 있는 주식
	의결권	의결권주	의결권이 부여된 주식
		의결권제한주	정관이 정하는 일부사항에 대하여만 의결권이 없는 주식
		의결권배제주	의결권이 부여되지 않은 주식
	상환	상환사유부주식 (강제상환주식)	회사가 정관이 정하는 바에 따라 이익으로 소각할 수 있 는 주식
		상환청구권부주식 (의무상환주식)	주주가 정관이 정하는 바에 따라 회사에 대하여 상환을 청구할 수 있는 주식
	전환	전환사유부주식 (강제전환주식)	회사가 정관이 정한 일정한 사유 발생시 주주의 인수주식 을 다른 종류주식으로 전환할 수 있는 주식
		전환청구권부주식 (의무전환주식)	주주가 정관이 정하는 바에 따라 인수한 주식을 회사에 대하여 다른 종류주식으로 전환을 청구할 수 있는 주식

종류주식의 내용과 수를 정하여야 한다.

1 보통주·우선주·후배주·혼합주

특정 종류의 주식이 이익의 배당이나 잔여재산의 분배에 관하여 내용이 다를 때에
우선적 지위가 인정되는 주식을 우선주, 열후적 지위에 있는 주식을 후배주라 하고, 그
우선과 열후의 기준이 되는 주식을 보통주라 한다. 또한 이익배당에 있어서는 보통주
에 우선하고, 잔여재산의 분배에 있어서는 열등한 지위에 있는 혼합주도 있다.

2　의결권주와 무의결권주

의결권이라 함은 주주총회에 상정되는 여러 안건에 대한 주주의 결정권을 뜻하는데, 주식에는 의결권이 부여되는 것이 일반적이다. 원칙적으로 의결권은 1주당 하나가 부여되는 것이지만, 정관이 정하는 바에 따라 의결권이 없는 주식과 일부사항에 대하여만 의결권이 없는 주식을 발행할 수 있다.

3　액면주와 무액면주

액면가액의 기재 여부에 따라 액면주와 무액면주로 구분할 수 있다. 액면주란 주권에 액면가액이 기재되어 있는 주식을 말하고, 무액면주란 액면가액이 기재되어 있지 않은 주식을 말한다.

4　기명주와 무기명주

주주의 성명이 주권과 주주명부에 표시되는가에 따라 기명주와 무기명주로 구분할 수 있다. 회사가 기명주식을 발행하는 경우에는 주주로서의 권리행사자를 명확하게 알 수 있어 주주관리가 편리하다는 이점이 있는 반면, 무기명주식은 신속하게 유통될 수 있다는 장점이 있다.

5　상환주식

상환주식이라 함은 회사가 정관이 정하는 바에 따라 회사의 이익으로 소각할 수 있는 주식(상환사유부주식, 강제상환주식)과 정관이 정하는 바에 따라 주주가 회사에 대하여 상환을 청구할 수 있는 주식(상환청구권부주식, 의무상환주식)을 말한다.

6　전환주식

　　전환주식이란 주주가 인수한 주식을 다른 종류의 주식으로 전환할 것을 청구할 수 있는 주식(전환청구권부 주식, 의무전환주식)과 정관이 정한 일정한 사유 발생 시 회사가 주주의 인수주식을 다른 종류주식으로 전환할 수 있는 주식(전환사유부주식, 강제전환주식)을 말한다.

　　회사가 주주로부터 주식을 매입하여 소각한다는 측면에서 상환주식과 동일하지만, 상환주식의 경우 회사가 그 대가로 금전 또는 자산을 지급하는 반면, 전환주식의 경우 회사가 발행한 다른 종류주식을 지급한다는 점에서 차이가 있다.

---

section 04　기업공개 절차와 실무

1　기업공개의 의의

　　'기업공개(initial public offering : IPO)'란 개인이나 소수의 주주로 구성되어 있는 기업이 주식의 분산요건 등 거래소시장에 신규상장하기 위하여 일정 요건을 충족시킬 목적으로 행하는 공모행위를 말한다.

　　기업공개는 결국 거래소시장에의 상장을 위한 준비단계라 할 수 있는데, 기업은 기업공개 시 거래소의 다양한 상장요건을 충족시킬 수 있도록 일정한 절차를 밟아야 한다.

2　기업공개 절차 : 상장 준비단계

(1) 외부감사인 지정

　　거래소의 유가증권시장에 상장하고자 하는 법인은 최근 3사업연도, 코스닥시장에 상장하고자 하는 법인은 최근 1사업연도의 재무제표에 대해 외부감사인으로부터 감사를 받아야 한다. 또한 사업연도 개시 후 6월이 경과한 경우에는 반기재무제표에 대한 외부감사인의 검토를 받아야 한다.

이 경우 감사인과의 유착관계가 형성되지 않도록 상장희망 사업연도의 직전 사업연도 또는 당해 사업연도에 한하여 증권선물위원회가 지정한 회계감사인의 회계감사를 받아야 한다. 다만, 국가기간산업 등 국민경제상 중요한 산업을 영위하는 법인으로서 금융위원회가 지정한 공공적 법인, 특별한 법률에 의해 설립된 법인, 은행, 투자매매업자 또는 투자중개업자, 공공기관 등은 감사인 지정이 면제된다.

(2) 대표주관계약의 체결

기업공개를 통해 거래소시장에 상장하기 위해서는 금융투자회사와 대표주관계약을 체결해야 하며, 대표주관회사는 계약 체결 후 5영업일 이내에 이를 금융투자협회에 신고해야 한다.

(3) 정관 정비

❶ 수권주식수 조정 : 신주공모 또는 기타의 증자에 따른 발행주식수의 증가가 예정되어 있어 정관상의 수권주식수가 부족할 것으로 예상되는 경우 기업공개 전에 수권주식수를 늘려야 함

❷ 회사가 발행할 주식의 종류 : 보통주식 이외에 다양한 종류의 주식을 발행하기 위해서는 정관에 회사가 발행할 수 있는 각종 주식의 내용과 수를 정하여야 함

❸ 1주의 금액(액면가) : 1주의 금액이 5,000원 미만인 액면주식을 발행할 경우 권면액을 100원, 200원, 500원, 1,000원, 2,500원 중에서 하여야 하며 5,000원을 초과하는 경우에는 1만 원의 배수에 해당하는 금액으로 발행하여야 함

❹ 구주주 신주인수권의 배제 및 제약에 관한 조항 : 신주인수권은 구주주의 기본적인 권리로서 정관에 다른 정함이 없으면 주주는 신주가 발행될 경우 소유주식수에 비례하여 신주를 배정받을 권리를 가진다. 따라서 신주를 공모하기 위해서는 정관에 주주의 신주인수권을 배제하는 조항이 있어야 함

❺ 주주총회의 소집공고에 관한 사항 : 상법상 주주총회의 소집을 위해서는 회의일 2주 전에 회의의 목적사항을 기재하여 주주에게 서면 또는 전자문서로 통지하여야 함. 그러나 주권상장법인은 간소화된 주주총회 소집절차가 적용되므로 동 사

항을 규정할 필요가 있음

❻ 명의개서대행제도의 채용에 관한 조항 : 주권신규상장법인은 명의개서업무에 관하여 명의개서대행회사와 계약을 체결하여야 하므로, 명의개서대리인에 관한 사항을 정하여야 함

❼ 신주의 배당기산일에 관한 사항 : 거래소는 주식의 종류별로 배당기산일이 다를 경우 그 사유가 해소될 때까지 당해 주권의 상장을 유예하고 있음. 이는 배당기산일이 다른 주식을 각각 별도의 종목으로 상장하는 경우 상대적으로 발행주식 수가 적은 신주의 유동성이 떨어져 주가도 왜곡될 가능성이 높기 때문임. 따라서 유·무상증자나 주식배당 등에 의하여 발행할 신주도 구주와 동일한 배당기산일이 적용되도록, 신주의 이익배당은 신주를 발행한 날이 속하는 사업연도의 직전 사업연도말에 발행된 것으로 본다는 내용을 정함으로써 새로이 발행되는 신주와 기발행된 구주를 병합할 수 있는 여건을 마련할 필요가 있음

❽ 주식등의 전자등록에 관한 사항 : 거래소에 주권을 상장하려고 하는 법인은 정관상 주식 전자등록·발행근거를 마련하고 주주명부상 권리자 대상공고(1개월 이상) 후 전자등록 신청 및 승인이 이루어져야 함

(4) 명의개서대행계약

주권상장법인은 은행, 특별법에 의해 설립된 법인, 정부가 50% 이상의 지분을 지닌 공공기관 등을 제외하고는 명의개서대행회사와 명의개서대행계약을 체결하여야 하므로, 기업공개에 앞서 이사회 결의를 거쳐 명의개서대행회사를 선정하고 명의개서대행계약을 체결해야 한다.

(5) 우리사주조합 결성 등

유가증권시장 주권상장법인 또는 주식을 신규로 유가증권시장에 상장하고자 하는 법인이 주식을 공모하는 경우에 당해 법인의 우리사주조합원은 공모하는 주식 총수의 20%를 우선적으로 주식을 배정받을 권리가 있다. 따라서, 기업공개를 통해 우리사주를 배정하고 유가증권시장에 상장하고자 하는 법인은 사전에 우리사주조합을 결성해야 한다.

다만, 코스닥시장에 상장하려는 법인의 경우에는 우리사주조합에 대한 우선배정이 의무화되지는 않았지만 정관의 규정에 따라 구주주의 신주인수권을 제한하여 조합원

에게 우선 배정할 수 있다.

(6) 이사회(또는 주주총회)의 결의

❶ 신주모집의 경우 : 주권의 신규상장을 위해 신주를 발행하는 경우 주주총회 또는 이사회에서 신주의 종류와 수, 신주의 발행 가액과 납입예정일, 신주의 인수방법 등에 관한 사항을 정하여야 함

❷ 구주매출의 경우 : 증자 없이 구주매출을 통해 주권을 상장하는 경우에 구주주로부터 매출주식수 및 매출가액 등 구주매출에 관한 제반사항에 대한 위임을 받아 이사회 결의에 따라 공모

(7) 회계감리를 위한 상장예비심사신청계획 통보

대표주관회사는 상장을 희망하는 기업의 상장예비심사신청 계획을 거래소에 미리 통보해야 한다. 거래소는 상장예비심사신청 예정기업 목록을 금융감독원에 전달하여 회계감리대상에 포함되도록 하고 있으며, 금융감독원은 통보받은 기업 중 감리대상을 선정하여 회계감리를 실시한다.

감리결과 회계처리기준 위반행위가 확인되어 증권선물위원회로부터 검찰 고발, 증권발행 제한, 과징금 부과 조치를 받은 경우 상장예비심사신청을 기각할 수 있고, 이 경우 상장신청인은 기각일로부터 3년 이내에는 상장예비심사를 다시 신청할 수 없다.

(8) 상장신청 사전협의

거래소는 상장예비심사신청서 등의 부실기재를 사전에 예방하기 위해 상장예비심사신청서제출 전에 대표주관회사로부터 상장예비심사신청서 초안, 대표주관회사 종합의견, 기업실사(Due-Diligence) 체크리스트, 감사보고서를 제출받아 기재내용을 확인하고 있다.

---

3   **기업공개 절차 : 상장 추진단계**

1) 주권의 상장예비심사신청서 제출

기업공개를 위한 사전 준비 단계를 마친 법인은 거래소시장 상장을 위한 본격적인

기업공개 절차를 추진하기에 앞서 거래소에 주권의 상장예비심사신청서를 제출하여 상장 적격여부에 대해 심사를 받아야 한다.

2) 증권신고서 등의 제출

상장예비심사 승인을 받은 상장신청인은 증권신고서를 금융위원회(금감원)에 제출하여야 한다. 증권신고서는 공모하는 증권의 내용과 증권의 발행인에 관한 사항을 일정한 형식에 따라 작성한 청약권유의 근간이 되는 공시서류로서, 동 신고서가 수리되어 효력이 발생되어야 공모를 진행할 수 있다.

(1) 증권신고서

증권신고서의 기재사항에 허위의 내용이 있거나 중요한 사항이 누락된 경우, 발행인, 대표주관회사, 회계법인 등은 손해배상책임을 부담할 수 있으므로, 대표주관회사 등은 실사의무(Due-Diligence)의 내용과 외부감사인의 의견, 변호사의 법률 검토의견 등을 근거로 상장신청인이 작성한 증권신고서의 기재내용을 검토하여야 한다.

(2) 정정신고서

금융위원회(금감원)는 증권신고서에 형식상 불비가 있거나 중요한 사항의 기재가 불충분하다고 인정한 때에는 그 이유를 제시하고 정정신고서의 제출을 명할수 있고, 증권신고서 제출인도 청약일 개시 전에 신고서의 기재사항에 변경이 있는 때에는 정정신고서를 제출할 수 있다. 정정신고서가 제출된 때에는 그 정정신고서가 수리된 날에 당해 증권신고서가 수리된 것으로 본다. 금융위원회는 증권신고서가 형식적 요건을 갖추지 못한 경우, 증권신고서 중 중요사항에 관하여 거짓의 기재 또는 표시가 있거나 중요사항이 기재 또는 표시되지 아니한 경우를 제외하고는 수리를 거부하지 못한다.

공모 가격이 확정되는 경우에도 확정된 공모 가격과 수요예측 결과 등을 추가로 기재한 정정신고서를 제출해야 하며, 동 정정신고서는 처음 제출한 증권신고서의 효력발생에는 영향을 미치지 않는다.

(3) 승인효력 발생

증권신고서가 금융위원회에 제출되어 수리된 날부터 증권의 종류 또는 거래의 특성 등을 고려하여 자본시장법 시행규칙 제12조에서 정하는 기간이 경과한 날에 그 효력이 발생한다.

3) 예비투자설명서 및 투자설명서의 제출

(1) 예비투자설명서 제출

증권을 공모하고자 하는 기업은 증권신고서가 수리된 후 그 효력이 발생되기 전에 예비투자설명서를 작성하여 당해 증권의 청약을 권유하는 데 사용할 수 있다.

(2) 투자설명서 제출

투자설명서는 증권의 청약을 권유할 때 일반투자자에게 제공하는 투자권유문서이며 증권신고서의 내용을 더 이해하기 쉽게 작성하여 일반투자자에게 제시함으로써 올바른 투자판단을 돕는 문서이다.

투자설명서에는 증권신고서에 기재된 내용과 다른 내용을 표시하거나 그 기재사항을 누락하여서는 안 되며, 발행인은 투자설명서를 작성하여 발행회사의 본·지점뿐만 아니라 금융위원회, 거래소 및 청약사무를 취급하는 장소에 비치하고 일반인들이 공람할 수 있도록 해야 한다.

투자설명서에는 예비투자설명서의 기재사항에 증권신고서의 효력발생일 및 확정공모 가액을 추가 기재해야 한다. 또한 청약개시일까지 당해 증권신고서의 기재사항 중일부가 변경될 수 있다는 것과 정부가 증권신고서의 기재사항이 진실 또는 정확하다는 것을 인정하거나 당해 증권의 가치를 보증 또는 승인하는 것이 아니라는 것 등을 기재한다.

4) 공모희망가격의 산정

기업공개에 있어서 공모 가격의 결정은 매우 중요한 사항 중의 하나로, 먼저 대표주관회사가 회사의 가치를 가장 적절하게 평가할 수 있는 분석방법을 사용하여 공모 희망 가격을 일정 범위(밴드)를 정하여 제시한다.

5) IR과 수요예측

(1) IR(Investor Relations)

기업설명회(IR)는 주주, 투자자, 애널리스트 등에게 회사의 사업내용, 경영전략, 미래 비전 등에 관한 정보를 제공함으로써 기업의 이미지를 향상시키고 시장으로부터 적절한 평가를 받기 위하여 실시한다.

(2) 수요예측(Book Building)과 공모 가격 결정

수요예측이란 주식을 공모함에 있어 인수 가격을 결정하기 위하여 대표주관회사가 발행주식의 공모희망가격에 대한 수요 상황(매입희망 가격 및 물량)을 파악하는 것을 말한다. 수요예측은 공모주식 중 우리사주조합 배정분과 일반청약자 배정분을 제외한 기관투자자 배정분을 대상으로 실시한다.

대표주관회사와 발행회사는 이러한 수요예측 결과를 감안하여 최종적인 공모 가격을 결정하게 된다. 다만, 공모 예정금액이 50억 원 미만인 경우에는 수요예측 방법에

그림 3-1   수요예측 절차

1. 수요예측 안내	2. IR 실시	3. 수요예측 접수
• 수요예측 안내 공고 • 경제신문 등에 게재 • 수요예측 참가신청서를 대표주관회사의 홈페이지에 안내	• 대규모 IR을 통해 기관투자자의 수요 진작 • 주요 자산운용사 등 수요가 많은 기관투자자들에게는 별도로 1:1 IR을 실시	• 기관투자자로부터 수요예측 온라인 접수 • 희망 가격 및 수량 기재 (가격 미제시도 가능)
4. 공모가액 결정	**5. 물량배정**	**6. 수요예측 참가내역 및 배정물량 통보**
• 수요예측 결과 및 주식시장 상황 등을 감안하여 대표주관회사 및 발행회사가 협의하여 확정 공모 가격을 결정	• 확정 공모 가격 이상의 가격을 제시한 수요예측 참여자들을 대상으로 "참여가격, 참여시점 및 참여자의 질적인 측면"등을 종합적으로 고려한 후, 대표주관회사가 자율적으로 배정	• 수요예측 개별 참가내역은 공시하지 않으며, 배정물량은 대표주관회사 홈페이지를 통해 개별 통보 (수요예측 참여 계좌별 배정내역 조회)

의하지 않고 공모 가격을 결정할 수 있다.

6) 청약과 납입

(1) 청약

대표주관회사는 증권신고서 제출 후 청약일 전까지 증권신고서와 함께 제출한 투자설명서(예비투자설명서, 간이투자설명서 포함)의 내용에 따라 발행회사, 대표주관회사 및 인수회사 전원의 연명으로 청약안내를 공고하고, 증권신고서 효력발생 후 약 2일간 대표주관회사와 인수회사는 실명확인 절차를 거쳐 사전에 투자자에게 공시한 기준에 따라 청약을 접수한다.

(2) 배정

대표주관회사는 청약 마감 후 청약 결과를 집계하여 자체 배정기준에 따라 배정한다. 인수회사로부터 제출받은 청약단위별 집계표, 청약자별 명세서, 배정내역 등과 자체 청약결과를 종합하여 이중청약자를 검색하고 인수회사별로 배정내역을 점검한다.

대표주관회사는 당해 공모와 관련하여 발행회사 또는 인수회사에 용역을 제공하는 등 발행회사 또는 인수회사와 중대한 이해관계가 있는 자에 대해서는 공모주식을 배정할 수 없다. 대표주관회사는 발행회사와 협의하여 공모 예정주식을 초과하여 발행할 수 있는 초과배정옵션제도를 이용하여 시장 상황에 따라 공모규모를 조절할 수도 있다.

초과배정옵션제도(Green Shoe Option)

1. 개요
    초과배정옵션제도란 대표주관회사가 공모주식 수량을 초과하여 주식을 배정할 수 있는 옵션을 부여한 주식배정제도로 2002년에 도입되었다.

2. 제도내용 및 절차
    ㄱ. 초과배정옵션 계약의 체결 및 준수사항
    대표 주관회사가 발행회사와 초과배정옵션에 대한 계약을 체결하는 경우에는 아래사항을 준수해야 한다.
        • 초과배정 주식수량 : 공모주식 수량의 15% 이내

- 초과배정옵션의 행사일 : 매매개시일로부터 30일 이내
- 초과배정옵션의 행사에 따른 신주의 발행 가격 : 공모 가격

ㄴ. 초과배정

대표주관회사는 발행회사로부터 추가로 공모주식을 취득할 수 있는 옵션을 부여받는 계약을 체결한 후 이를 토대로 청약·배정 시 옵션분만큼 공모주식을 추가 배정(공매도)한다. 이때, 초과 배정 주식은 대주주등으로부터 차입해야 한다.

ㄷ. 초과배정주식 반환을 위한 주식매수

공모 완료 후 주가가 공모가 이상의 가격으로 상승하면 동 옵션을 행사하여 발행회사의 신주를 취득함으로써 초과배정된 순매도 포지션을 해소하고, 주가가 공모가 이하의 가격으로 하락하면 당해 주식을 시장에서 매수(시장조성)하여 순매도 포지션을 해소(옵션행사 포기)하면 된다.

> **시장 가격 > 공모 가격**
> 초과배정옵션의 일부 또는 전부를 행사하여 발행회사로부터 신주를 공모 가격에 취득하여 초과배정자에게 주식을 이전
>
> **시장 가격 < 공모 가격**
> 초과배정옵션의 일부 또는 전부를 행사하여 시장에서 주식을 공모 가격의 90% 이상의 가격으로 매수하여 초과배정자에게 주식을 이전

출처: 증권인수업무 등에 관한 규정 제10조

(3) 납입

청약자별로 배정주식수가 확정된 후 대표주관회사 및 인수회사는 청약자의 납입금액을 청약증거금에서 대체시키고 초과청약증거금은 각 청약자에게 환불한다. 반대로 청약증거금이 납입예정금액보다 적은 경우 청약자는 그 미달금액을 추가로 납입해야 하며, 미납입된 청약분은 인수회사가 자기의 계산으로 인수해야 한다.

7) 증자등기 및 증권발행실적 보고

주금납입이 완료되면 발행회사는 주금납입증명서와 인수회사의 주식청약서, 총액인수 및 매출계약서 사본, 정관, 이사회의사록 사본 등을 첨부하여 납입일 익일부터 2주 이내에 본점소재지 관할 등기소에 자본금 변경등기를 해야 한다.

증권의 모집·매출이 완료되면 발행인은 지체 없이 금융위원회에 증권발행실적보고서를 제출해야 하고 그 사본을 거래소에 제출해야 한다.

8) 주권의 발행

청약단위별 배정주식수가 확정되면 명의개서대행회사는 예탁결제원에 전자등록하는 절차를 진행하여야 한다. 2019년 전자증권제도 전면도입 이후 유가증권, 코스닥, 코넥스 시장에 상장되는 주식은 실물주권을 발행하지 않는다.

---

section 05 유상증자

1 유상증자의 의의

유상증자는 기업이 자금 등의 재산수요를 충족시키기 위해 주주에게 현금이나 현물로 출자시키는 행위이다. 즉, 유상증자는 주식을 발행함으로써 자기자본을 확충시키는 방법으로 기업의 재무구조를 개선하고 타인자본 의존도를 줄이는 가장 기본적인 방법으로 활용되고 있다.

2 유상증자의 방법

(1) 주주배정증자방식

주주에게 그가 가진 주식 수에 따라서 신주인수의 청약기회를 부여하는 방식이다. 가장 일반적인 유상증자의 방법은 신주의 인수권을 기존 주주(구주주)에게 부여하는 방식이다.

동 방식은 ① 주주의 지위, 특히 의결권의 비례적 지위의 변동을 막을 수 있고, ② 신주의 발행 가격이 시가와 차이가 있는 경우에도 주주의 재산상의 피해를 방지할 수 있으며, ③ 일반공모에 비해 발행비용이 적게 들고 절차가 비교적 간단하다는 등의 장점이 있는 반면에, 발행규모가 대규모인 경우에는 기존 주주들만으로 그 규모를 완전히 소화해 내지 못할 수 있다는 단점이 있다.

(2) 제3자배정증자방식

신기술의 도입, 재무구조의 개선 등 회사의 경영상 목적을 달성하기 위하여 특정한 자에게 신주인수의 청약기회를 부여하는 방식이다. 특별법, 회사의 정관, 주주총회 특별결의 등에 의해 특정의 제3자에게 신주인수권을 부여하는 경우로서 '연고자배정방식'이라고도 한다. 이는 기존 주주의 이해관계 및 회사의 경영권 변동에 중대한 영향을 미치므로, 정관에 특별히 정하거나 주주총회 특별결의를 거치도록 하는 등 엄격한 규제를 가하고 있다.

(3) 일반공모증자방식

기존 주주의 신주인수권을 배제하고 불특정 다수인에게 신주인수의 청약기회를 부여하는 방식으로 '완전공모'라고도 한다.

일반공모는 불특정 다수를 대상으로 신주를 모집하기 때문에 발행사무가 복잡해서 발행회사가 발행실무를 담당하기 어렵고, 발행된 주식을 전량 소화해 내지 못할 위험성도 내포하고 있다.

자본시장법은 불특정 다수인에 대한 신주배정방식에 따라 ① 불특정 다수인에 대한 신주배정, ② 우리사주조합 미청약분을 포함하여 불특정 다수인에 신주배정, ③ 주주우선배정 후 미청약분에 대해 불특정 다수인에 신주배정(주주우선공모증자), ④ 인수인(또는 주선인)이 합리적 기준에 의해 특정 유형의 자에게 신주를 배정하는 방식으로 분류

표 3-2 **주주배정증자방식과 주주우선공모증자방식의 증자 비교**

구분	주주배정증자방식	주주우선공모증자방식
실권위험	높다	낮다
실권주처리절차	이사회결의에 의한 실권주처리	일반투자자에 공모
증여세 부담	실권주이익에 대한 증여세 부담	증여세 면제
소요기간 및 일정	약 2개월	길다(10일 정도 더 소요)
신주발행비용	기본증자비용	인수수수료 추가
인수 및 모집사무분담	발행회사가 부담(직접모집)	대표주관회사가 부담(간접모집)
신주인수권증서 발행	필요함	필요함
효력발생기간	7일	10일
우리사주조합 우선배정분 청약	주주청약일 20일 전에 청약을 실시하여 실권분 주주배정 가능	주주우선청약분과 동시 청약(양쪽 실권분 모두 공모)

하고 있다.

3 유상증자 발행 가격의 결정

(1) 주주배정방식 및 주주우선공모방식

주주배정 및 주주우선공모는 기존 주주에의 우선적 신주배정으로 신주 발행에 따른 구주주의 피해 유발 가능성이 적다는 점을 반영하여 발행주체가 발행 가격을 자유롭게 결정할 수 있도록 하고 있다.

(2) 일반공모방식

일반공모방식은 구주주의 신주인수권을 배제하고 전액 일반투자자에게 배정하는 형식이므로 구주주 피해를 최대한 줄이기 위해 발행 가격을 엄격히 제한하고 있다. 즉 청약일 전 제3거래일로부터 제5거래일까지의 가중산술평균주가를 기준주가로 하여 당해 기준주가의 70% 이상에서 발행 가격을 정하여야 한다.

(3) 제3자배정방식

제3자배정방식 유상증자의 경우에도 구주주에 대한 신주의 배정(신주인수권)을 배제하므로 발행 가격은 청약일 전 제3거래일로부터 제5거래일까지의 가중산술평균주가를 기준주가로 하여 산정한다. 다만, 구주주에게 공모참여의 기회가 주어지지 않는다는 점을 감안하여 기존 주주에게 피해를 주거나 신주를 배정받는 특정 투자자에게 과도한 특혜를 주지 않도록 그 발행 가격을 일반공모방식보다 엄격한 기준주가의 90% 이상으로 정하도록 하고 있다.

(4) 기업구조조정을 위한 경우 등 발행 가격 결정의 예외

기업구조조정을 위한 유상증자의 경우 대부분 제3자배정방식에 의하여 이루어진다. 이는 기업구조조정을 위한 유상증자의 경우 대부분 부실기업의 자기자본 확충을 위해 추진되기 때문에, 금융기관 같이 일정 수준 이상의 자금력을 갖춘 전문투자자의 투자 유치를 통해 이루어지는 경우가 많기 때문이다. 따라서 이런 경우의 제3자배정방식의 유상증자나 일반공모방식의 유상증자 시 발행 가격의 결정에 융통성을 두어 원활한 구조조정과 기업개선작업이 이루어지게 하도록 하고 있다.

발행 가격 결정의 예외(할인율 한도를 적용하지 않음)

1. 금융위원회 위원장 승인을 얻어 해외에서 주권 또는 주권과 관련된 증권예탁증권을 발행하거나 외자유치 등을 통한 기업구조조정(출자관계에 있는 회사의 구조조정을 포함)을 위하여 국내에서 주권을 발행하는 경우
2. 기업구조조정촉진을 위한 금융기관협약에 의한 기업개선작업을 추진 중인 기업으로서 금융기관이 대출금 등을 출자로 전환하기 위하여 주권을 발행하는 경우나 채권금융기관 공동관리절차가 진행 중인 기업으로서 채권금융기관이 채권재조정의 일환으로 대출금 등을 출자로 전환하기 위하여 주권을 발행하는 경우
3. 정부, 정책금융공사 또는 예금보험공사의 출자를 위하여 주권을 발행하는 경우
4. 금융기관이 공동(1개 이상의 은행을 포함하여야 한다)으로 경영정상화를 추진 중인 기업이 경영정상화계획에서 정한 자에게 제3자배정증자방식으로 주권을 발행하는 경우
5. 회생절차가 진행 중인 기업이 회생계획 등에 따라 주권을 발행하는 경우

---

4 신주인수권증서의 발행

주권상장법인이 주주배정증자방식의 유상증자를 결의하는 때에는 신주인수권증서의 발행에 관한 사항을 정해서 주주의 요청에 의하여 신주인수권증서를 발행할 수 있도록 하여야 하고, 당해 신주인수권증서의 매매 및 매매의 중개를 담당할 금융투자회사(증권회사)도 정하여야 한다.

---

section 06 무상증자

무상증자는 이사회 또는 주주총회의 결의로 자본잉여금 전부, 이익준비금, 기업합리화적립금, 재무구조개선적립금 등 법정준비금을 자본에 전입하고 증가된 자본금에 해

당하는 만큼의 신주를 발행하여 구주주에게 소유주식수에 비례하여 무상으로 배정·교부하는 방법이다.

따라서 무상증자는 자금조달을 목적으로 하지 않고 자본구성의 시정, 사내유보의 적정화 또는 주주에 대한 자본이득의 환원을 목적으로 총자산의 변화 없이 재무제표상의 항목 변경을 통해 신주를 발행하는 것이다.

section 07 **기타 주식발행**

1 주식배당

주식배당은 기업의 영업성과에 따라 발생한 이익잉여금을 자본으로 전입하여 회사의 이익을 주주에게 현금으로 배당하는 대신 신주를 발행하여 주는 것으로서, 사외유출될 자금을 자본화시켜 주식으로 지급하기 때문에 자산이 그만큼 유보되어 '이익의 자본화'라고도 한다.

비상장법인의 경우 주식배당 한도는 이익배당총액의 1/2 이내로 제한되나, 주권상장법인의 경우에는 시장에서 형성된 시가가 액면가를 초과하는 경우에 한하여 이익배당의 전부를 주식배당으로 할 수 있다.

2 주식형 사채의 권리행사에 의한 주식발행

(1) 전환사채의 주식전환

전환사채권자가 전환권을 행사하여 사채를 주식으로 전환시킴으로써 주식을 발행하는 경우로 전환액에 상당하는 부채가 감소하고 자본이 증가하나 자산의 변화는 없다.

주권상장법인이 전환사채를 발행하는 경우 그 전환가액은 전환사채 발행을 위한 이사회결의일 전일을 기산일로 하여 그 기산일부터 소급한 1개월 가중산술평균주가, 1주일 가중산술평균주가 및 최근일 가중산술평균주가를 산술평균한 가액과 최근일 가중산술평균주가 및 청약일(청약일이 없는 경우에는 납입일) 전 제3거래일 가중산술평균주가 중 높은 가액(일반공모방식으로 발행하는 경우에는 낮은 가액) 이상으로 한다.

주권상장법인의 경우 전환사채발행 후 1년이 경과한 후 전환권을 행사할 수 있으나, 공모발행형식으로 발행하는 경우에는 발행 후 1개월이 경과한 후 전환권을 행사할 수 있다.

(2) 신주인수권부사채의 신주인수권 행사

신주인수권부사채권자가 신주인수권을 행사함으로써 신주를 발행하는 경우이다. 사채권과 신주인수권이 통합되어 있는 일체형과 이들을 분리하여 권리를 행사할 수 있는 분리형이 있는데, 분리형의 경우에는 사모의 방법으로 발행할 수 없도록 하고 있다.

주권상장법인의 경우 신주인수권 행사가액은 신주인수권부사채 발행에 대한 이사회 결의일 전일을 기산일로 하여 그 기산일부터 소급한 1개월 가중산술평균주가, 1주일 가중산술평균주가 및 최근일 가중산술평균주가를 산술평균한 가액과 최근일 가중산술평균주가 및 청약일(청약일이 없는 경우에는 납입일) 전 제3거래일 가중산술평균주가 중 높은 가액(일반공모방식으로 발행하는 경우에는 낮은 가액) 이상으로 한다.

(3) 전환주식의 전환권 행사

전환에 의하여 전환주식(구주식)이 소멸하고 새로운 종류의 신주식이 발행됨에 따라 신·구 양 주식의 발행주식수가 증감하는데, 전환 시에는 변경등기가 필요하다.

3 합병 등 기타 주식발행

(1) 합병에 의한 주식발행

합병으로 인하여 존속하는 회사가 소멸하는 회사의 주주에게 신주를 발행하여 교부하게 되는데, 그 배정에 관한 사항은 합병계약서에 기재되어 추후 주주총회의 승인을 받아야 한다.

(2) 주식병합에 의한 주식발행

주식병합의 경우 회사가 발행한 주식의 총수가 감소하고 1주의 금액이 변경된다. 이때, 주주의 권리는 단주에 의하여 소멸되지 않는 한 병합 후의 신주식에 존속하며 그 지분의 변동은 없으나, 회사는 1주의 금액이 변경된 신주식을 발행하여 교부하여야 한다.

(3) 주식분할에 의한 주식발행

주식분할은 주식병합과 반대되는 개념으로서 회사가 자본이나 재산을 변경시키지 아니하고 기존의 주식을 세분화하여 발행주식 총수를 증가시키는 절차이다. 분할에 의하여 발행되는 주식은 각 주주의 지분율에 따라 배분되므로 주주의 실질적인 지위에는 아무런 변화가 없다.

01 다음 중 발행시장의 기능에 대한 설명으로 적절하지 않은 것은?

① 경제의 질적 고도화　　　　　　② 자금조달의 원활화

③ 투자수단의 제공　　　　　　　④ 자본의 집중

02 다음 중 발행시장의 형태에 대한 설명으로 적절하지 않는 것은?

① 사모란 발행주체가 특정의 수요자를 대상으로 증권을 발행, 자금을 조달하는 방법이다.

② 간접발행방법 중 모집주선방법은 발행주체가 인수위험을 지고 발행 및 모집사무는 제3자인 발행기관에게 위탁하여 발행하는 방법이다.

③ 간접발행 중 인수단이 발행총액을 인수하고, 이에 대한 위험부담을 지는 것을 잔액인수방법이라 한다.

④ 공모의 경우는 간접발행의 형태가, 사모의 경우는 직접발행의 형태가 일반적이다.

03 다음 중 발행시장의 조직에 대한 설명으로 옳지 않은 것은?

① 발행시장의 조직은 발행주체, 발행기관, 투자자로 구성된다.

② 발행기관은 주관회사, 인수단, 청약기관으로 그 역할을 달리하고 있다.

③ 인수는 자기책임과 계산 하에서 증권을 발행주체로부터 직접 매입하는 것이다.

④ 청약기관은 자기책임과 계산으로 투자자를 대신하여 인수단에 직접 청약을 하는 역할을 수행한다.

해설

01 ④ 발행시장의 기능으로서는 자금조달의 원활화, 경제의 양적·질적 고도화, 경기조절 역할, 투자수단의 제공 등을 들 수 있다.

02 ③ 간접발행은 발행위험의 부담 정도에 따라 모집주선, 잔액인수, 총액인수 등으로 구분할 수 있는데, 이 중에서 총액인수방법은 인수단이 발행총액을 인수하고 이에 따른 발행위험 및 발행사무 모두를 담당하는 방법으로 가장 보편적으로 사용되고 있다.

03 ④ 청약기관은 자기책임과 계산으로 하지 않고 투자자를 대신하여 인수단에게 직접 청약하는 역할을 수행한다.

04 다음 중 공모주식의 발행 가격 결정에 대한 설명으로 적절하지 않은 것은?

① 발행 가격은 원칙적으로 수요예측의 결과를 감안하여 정한다.

② 대표주관회사는 자신 또는 인수단에 참여한 증권회사의 고객만을 대상으로 공모주식을 배정할 수 있다.

③ 최종 공모 가격은 발행회사가 결정한다.

④ 공모 예정금액이 50억 원 미만인 경우는 인수회사와 발행회사 간에 정한 단일 가격으로도 공모 가격을 결정할 수 있다.

05 다음 중 주주우선공모증자방식과 주주배정증자방식을 비교한 것 중 잘못된 것은?

① 실권위험은 주주우선공모방식에 비해 주주배정방식이 높다.

② 실권주는 주주배정방식의 경우 이사회의 결의에 의해, 주주우선공모방식의 경우 일반투자자 공모로 처리된다.

③ 소요기간 및 일정에서는 주주우선공모방식이 주주배정방식보다 긴 경향이 있다.

④ 인수 및 모집사무는 두 방식 모두 대표주관회사가 부담한다.

06 다음 중 유상증자 발행 가격의 결정과 관련된 설명으로 적절하지 않은 것은?

① 주주배정방식의 경우 증자 시 할인율이 자율화되었다.

② 일반공모증자방식의 경우 1, 2차 발행 가격을 구하고 이 중 높은 가격을 최종 발행 가격을 정한다.

③ 제3자배정증자방식의 발행 가격은 기준주가의 90% 이상으로 정하고 있다.

④ 기업구조조정을 위한 유상증자의 경우 그 발행 가격을 예외적으로 적용할 수 있다.

해설

04 ③ 최종 발행 가격은 수요예측의 결과를 감안하여 대표주관회사를 포함한 인수회사와 발행회사가 협의하여 자율적으로 정한다.

05 ④ 인수 및 모집사무는 주주배정방식은 발행회사가, 주주우선공모방식은 대표주관회사가 각각 부담한다.

06 ② 일반공모방식은 1, 2차 발행 가액의 구분 없이 청약일 과거 제3거래일로부터 전 제5거래일까지의 가중 산술평균주가를 기준주가로 하여 산출한다.

정답 01 ④ | 02 ③ | 03 ④ | 04 ③ | 05 ④ | 06 ②

part 05

유가증권시장 · 코스닥시장

certified securities investment advisor

chapter 01

유통시장과 한국거래소

section 01 | 유통시장의 의의

유가증권이 발행인으로부터 공모시장에 참여한 최초의 투자자에게 이전되는 시장이 발행시장이라면, 유통시장은 이미 발행된 유가증권이 투자자들 사이에서 매매거래를 통해 이전되는 시장이라 할 수 있다. 유통시장은 일정한 요건을 구비한 상장주식의 매매가 이루어지는 거래소시장과 비상장주식의 개별적인 거래가 이루어지는 장외시장으로 구분된다.

거래소시장은 일정한 장소에서 정해진 시간에 계속적으로 상장증권의 주문이 집중되어 경쟁매매원칙 등 일정한 매매거래제도에 따라 조직적·정형적으로 매매거래가 이루어지는 시장으로, 우리나라의 경우 자본시장법에 의해 설립된 거래소가 개설하는 시장을 말한다.

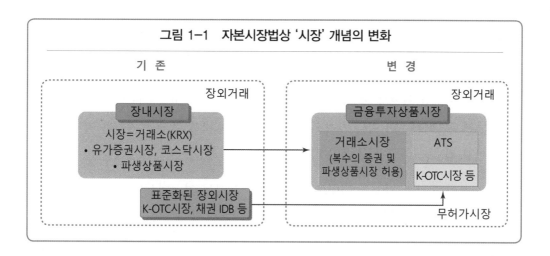

그림 1-1　자본시장법상 '시장' 개념의 변화

과거에는 한국거래소가 자본시장법에 의해 설립된 우리나라의 유일한 증권시장이었으나, 2013년 4월 자본시장법이 거래소 허가주의 체계로 개정됨에 따라 이제 법령에서 정한 일정한 요건을 갖추고 금융위원회의 허가를 받은 자는 누구나 거래소를 개설할 수 있게 되었다. 자본시장법상 '거래소'란 증권 및 장내파생상품의 공정한 가격 형성과 그 매매, 그 밖의 거래의 안정성 및 효율성을 도모하기 위하여 금융위원회의 허가를 받아 금융투자상품시장을 개설하는 자를 말하고, '거래소시장'이란 이러한 거래소가 개설하는 금융투자상품시장을 말한다.

한편 정보통신망이나 전자정보처리장치를 이용하여 거래소시장 외에서 상장주권 등의 매매체결업무를 수행할 수 있는 소위 대체거래소라고 불리는 다자간매매체결회사(Alternative Trading System : ATS) 설립도 가능하게 되었다.

section 02　유통시장의 기능

유통시장은 다음과 같은 중요한 경제적 기능을 갖는다.

❶ 발행된 증권의 시장성과 유통성을 높여 투자자들의 투자를 촉진시킴으로써 발행시장에서의 장기자본조달을 원활하게 함

❷ 시장성과 유통성이 높으면 적정가격으로 즉시 현금화가 가능해 증권의 담보력을 높여 줌으로써 증권을 담보로 한 차입을 용이하게 함

❸ 다수의 투자자가 참여하는 자유경쟁시장인 유통시장에서 형성되는 증권의 가격은 공정하고 적정한 가격이라 할 수 있어 기업가치를 판단하는 근거가 됨

❹ 유통시장에서 형성되는 가격은 발행시장에서 발행될 증권의 가격을 결정하는 근거가 됨

유통시장이 이러한 기능을 제대로 수행하기 위해서는 거래대상이 되는 증권의 발행물량이 많아야 하고, 발행된 증권이 다수의 투자자에게 분산·소유되어야 하며 증권의 매매·유통에 제약이 없어야 한다.

section 03 한국거래소

1 개설시장

한국거래소는 증권 및 장내파생상품의 공정한 가격 형성과 그 매매, 그 밖의 안정성과 효율성을 도모하기 위해 과거 증권선물거래소법에 의하여 설립된 법인이다. 개정 자본시장법에서는 한국거래소의 시장 개설 단위 전부에 대하여 개정 자본시장법에 의해 거래소 허가를 받은 것으로 보도록 하고 있으며, 현재 한국거래소가 개설하고 있는 시장은 유가증권시장, 코스닥시장 및 코넥스시장, 파생상품시장 등이 있다.

2 한국거래소의 법적 성격

(1) 회원조직

거래소의 회원이 아닌 자는 당해 거래소가 개설한 증권시장 및 파생상품시장에서의 매매거래를 하지 못한다. 다만, 회원관리규정에서 특정한 증권의 매매거래를 할 수 있

도록 정한 경우에는 그 특정한 증권의 매매거래를 할 수 있다.

거래소의 회원은 거래소에 대한 결제이행책임의 부담 여부에 따라 ① 결제회원(자기의 명의로 성립된 증권의 매매거래나 장내파생상품거래 또는 매매전문회원으로부터 결제를 위탁받은 증권의 매매거래나 장내파생상품거래에 대하여 자기명의로 결제하는 회원), ② 매매전문회원(자기의 명의로 성립된 증권의 매매거래나 장내파생상품거래에 따른 결제를 결제회원에게 위탁하는 회원), ③ 그 밖에 대통령령으로 정하는 회원으로 구분된다.

(2) 자율규제기관

한국거래소는 자율규제기관 기능을 수행하고 있다. 즉, 한국거래소는 법의 구체적 위임과 그 위임에 의한 각종 업무 관련규정 및 자치규범인 정관 등에 근거하여 회원 등 시장참가자에 대한 자율규제기능을 수행하는 기관이다.

3 한국거래소의 주요 업무

거래소는 증권 및 장내파생상품의 매매 및 결제에 관한 업무, 증권의 상장 및 상장법인 공시에 관한 업무 등 자본시장법 또는 다른 법령에서 거래소가 운영할 수 있도록 한 경우와 별도의 인가를 받아 금융투자상품거래청산업을 영위하는 경우를 제외하고는 다른 업무를 할 수 없다. 한국거래소의 경우 금융위원회로부터 금융투자상품거래청산업 인가를 받아 법적 청산기관으로서의 기능을 수행하고 있다.

section 04 거래소시장의 구분

1 유가증권시장

유가증권시장은 종전의 한국증권거래소가 1956년에 개설한 시장을 계승한 것으로, 기업규모가 상대적으로 큰 기업들이 주로 상장되어 있는 우리나라 증권시장의 중심이 되는 시장이다.

현재 유가증권시장은 한국거래소가 특정 목적으로 가지고 운영하는 다른 증권시장(코스닥시장 및 코넥스시장)과는 달리 주권뿐만 아니라 지분증권, 채무증권, 수익증권, 파생결합증권 등이 상장되어 거래되고 있는 종합증권시장으로 운영되고 있다.

2 코스닥시장

코스닥시장은 중소기업 및 기술중심 기업의 자금조달을 지원하고 성장성이 큰 기업에 대한 투자자의 투자기회를 제공하기 위하여 운영하는 증권시장으로 다음과 같은 특징을 지니고 있다.

(1) 성장기업 중심의 시장

기업규모는 작지만 성장 잠재력이 높은 벤처기업, 유망중소기업 등이 용이하게 자금을 조달할 수 있는 시장이다.

특히 신생 벤처기업에 투자를 전문으로 하는 벤처금융(Venture Capital)회사들이 투자한 자금을 회수하고 새로운 유망 벤처기업을 발굴하여 지원할 자금조성의 장으로서 활용할 수 있어 벤처기업 등의 성장을 원활하게 하는 기능을 갖는다.

(2) 독립적 경쟁시장

코스닥시장은 유가증권시장의 보조적 시장이 아니라 독립된 경쟁시장이다.

(3) 금융투자업자의 역할과 책임이 중시되는 시장

코스닥시장의 상장기준은 유가증권시장에 비하여 완화된 수준이므로 우량종목 발굴에 대한 금융투자업자의 선별 기능이 중요하다. 특히, 설립 이후 실질적인 영업활동기간이 얼마 되지 않은 벤처기업의 경우 당해 기업에 대한 정보가 부족하므로 금융투자업자가 업종, 재무상황 등에 대한 분석정보의 제공이 필요하다.

(4) 투자자의 자기책임 원칙이 강조되는 시장

고위험 · 고수익(High Risk, High Return)의 새로운 투자수단을 제공해 주는 시장으로서 투자자의 자기책임 원칙이 중요하다.

3 코넥스시장

코넥스시장은 초기 중소기업에 대한 지원을 강화하기 위한 중소기업전용시장으로, 기술력을 갖춘 중소기업 지원을 위해 상장요건 및 공시의무 등을 최소화하여 유가증권시장 및 코스닥시장과 별도로 운영하고 있다.

chapter 02

상장제도

1 상장의 의의

상장(Listing)이란 주식회사가 발행한 주권이 거래소[1]가 정하는 일정한 요건을 충족하여 증권시장에서 거래될 수 있는 자격을 부여하는 것을 말한다. 종종 '기업공개'라는 용어가 혼용되어 사용되는데, 이는 기업이 공모를 통하여 일반대중에게 발행주식을 분산시키는 상장 이전 단계를 의미한다.

1　현재 자본시장법에 의해 설립이 허가된 거래소는 한국거래소가 유일하므로, 한국거래소를 기준으로 설명한다. 이하 특별히 구별하여 사용하는 경우를 제외하고 거래소는 한국거래소를 지칭한다.

거래소에 상장되는 경우, 기업은 다음과 같은 효과를 기대할 수 있다.

(1) 직접자금 조달기회 및 능력의 증대

주권상장법인은 증권시장을 통해 유상증자와 해외 DR발행, 전환사채권, 교환사채권 발행 등 다양한 방법으로 일반대중으로부터 필요한 자금을 조달할 수 있다. 특히 기업 내용이 양호한 회사일수록 장기적·안정적이고 유리한 조건의 대규모 자본조달이 용이 하다.

(2) 기업의 홍보효과와 공신력 제고

주권상장법인은 국내외 투자자를 비롯한 많은 사람들의 관심의 대상이 되며, 기업의 재무내용이나 경영상황이 신문, TV, 금융투자업계의 각종 자료 등을 통하여 국내외에 전달됨으로써 기업의 인지도를 제고할 수 있다.

또한 회사의 지명도와 상품을 연계함으로써 홍보효과를 증대시킬 수 있고, 해외진출 및 해외합작투자를 모색할 경우에 상장기업으로서의 지명도가 큰 도움이 될 수 있다.

(3) 종업원의 사기진작과 경영권의 안정효과

종업원에게 자사주식을 분배함으로써 종업원의 주인의식을 제고하여 생산성 향상을 도모할 수 있고, 종업원이 자사주식을 보유하게 되면 우호적인 주주집단이 되어 경영 권을 안정시킬 수 있는 부수적인 효과도 얻을 수 있다.

(4) 투자자본의 회수효과

상장을 계기로 주권거래가 활성화됨과 동시에 주가 상승이 이루어질 가능성이 높기 때문에, 회사 설립자나 비상장 단계에서 투자한 투자자의 경우 투자자본을 회수할 기 회가 제공된다.

(5) 소유와 경영의 분리 가속화

주권상장법인은 주식분산요건을 충족시켜야 하기 때문에, 지분분산이 원활히 이루어져 소유와 경영의 분리가 가속화하는 효과를 기대할 수 있다.

(6) 구조조정의 추진이 용이

주권상장법인은 기업분할 재상장제도, 지주회사 상장제도 등 기업의 구조조정과 관련된 제도를 적극적으로 활용하여 기업의 목적에 맞는 방법으로 구조조정을 추진할 수 있다.

3 상장기업의 혜택

(1) 주식 양도소득세 비과세

비상장주식의 경우 양도차익의 20%(중소기업의 주식을 소유한 소액주주의 경우 10%, 중소기업 이외의 기업의 주식을 소유한 대주주로서 1년 미만 보유한 경우 30%)를 세금으로 납부하여야 하나, 주권상장법인이 발행한 주식의 경우에는 대주주[2] 및 특수관계자 이외의 자의 증권시장을 통한 양도에 대해 양도소득세를 부과하지 않는다.

(2) 자본시장법상의 특례

❶ 주식매수청구권(법 제165조의5) : 상법에서의 주식매수청구권은 주식교환, 영업의 양도·양수 및 임대, 합병, 간이합병 등의 경우에만 인정되나, 자본시장법에서는 이외에도 상장법인의 간이주식교환, 주식이전, 분할합병 등의 경우에도 상장법인의 주주에게 주식매수청구권을 행사할 수 있도록 하고 있음. 이는 반대주주에 대한 정당한 보상을 통해 합병 등 회사의 중요 활동이 원활하게 이루어지도록 지배주주와 군소주주의 이해관계를 조정하기 위한 제도로서, 소액주주를 보다 두텁게 보호하기 위한 장치를 마련한 것임

❷ 주식의 발행 및 배정 등에 관한 특례(법 제165조의6) : 상법에서는 주주 외의 자에게 신주를 배정하는 것은 신기술의 도입, 재무구조의 개선 등 회사의 경영상 목적을 달성하기 위하여 필요한 경우로 한정하고 있으나, 자본시장법에서는 신주

---

2 일반적으로 대주주라고 하면 최대주주를 의미하나, 여기서 말하는 대주주는 소득세법 시행령 제157조에서 규정하고 있는 대주주를 말한다.

배정의 유형을 ① 주주배정방식, ② 제3자배정방식, ③ 일반공모방식 등으로 명확히 규정하여 회사는 신주배정방법의 틀 내에서 자유로운 자금조달 활동이 가능하도록 하고 있음

❸ 우리사주조합원에 대한 우선배정(법 제165조의7) : 유가증권시장 상장법인 또는 주식을 신규로 유가증권시장에 상장하고자 하는 법인이 주식을 공모하는 경우에 당해 법인의 우리사주조합원은 공모하는 주식 총수의 20%를 우선적으로 배정받을 권리가 있다. 이것은 코스닥시장 상장법인에게는 적용되지 않음[3]

한편, 우리사주조합원이 취득한 주식은 종업원지주제도의 취지에 따라 1년간 보유하도록 의무화하고 있으며, 한국증권금융(주)에 예탁된 주식은 퇴직하거나 예탁 후 1년이 경과한 경우 또는 주택구입이나 치료비 마련 등 예탁주식의 매각이 불가피한 사유가 발생한 경우에만 인출이 허용

❹ 액면미달발행에 대한 특례(법 제165조의8) : 상법에서는 주식의 액면미달 발행 시 법원의 인가를 받도록 되어 있으나, 주권상장법인은 법원의 인가 없이 주주총회 특별결의만으로 주식의 액면미달발행이 가능

❺ 조건부자본증권의 발행(법 제165조의11) : 주권상장법인은 상법에서 정하고 있는 주식관련사채(교환사채, 전환사채, 신주인수권부사채) 외에도 정관으로 정하는 바에 따라 이사회의 결의로 '전환형 조건부자본증권'과 '상각형 조건부자본증권'을 발행할 수 있음

❻ 이익배당의 특례(법 제165조의12) : 상법상에서는 이익의 배당은 주주총회의 승인을 받도록 하고 있고, 연 1회의 결산기를 정한 회사는 영업연도 중 1회에 한하여 이사회의 결의로 일정한 날을 정하여 그 날의 주주에 대하여 이익을 배당(중간배당)할 수 있도록 규정하고 있음. 그러나 주권상장법인은 정관에 그 근거규정을 두고 사업연도 개시일부터 3월, 6월, 9월의 말일에 주주에게 이사회 결의로써 금전으로 이익배당(분기배당)을 할 수 있음

❼ 주식배당의 특례(법 제165조의13) : 상법상 주식배당은 이익배당총액의 1/2을 초과하지 못하나, 주권상장법인의 경우에는 시가[4]가 액면가액 이상인 경우 이익배당총액에 상당하는 금액까지 주식배당을 할 수 있음

---

3 코스닥시장 상장법인은 우리사주조합에 대한 우선 배정이 법으로 강제되어 있지는 않으나, 대부분의 코스닥시장 상장기업도 상장 시 우리사주조합에 일정량을 우선 배정하고 있다.
4 사업연도 초일부터 주총 전일까지의 종가 평균과 주총 전일 종가 중 낮은 가액

❽ 의결권이 없거나 제한되는 주식의 발행한도 특례(법 제165조의15) : 주권상장법인
이 외국에서 주식을 발행하거나 외국에서 발행한 주권 관련 사채권, 기타 주식과
관련된 증권의 권리행사로 주식을 발행하는 경우, 국가기간산업 등 국민경제상
중요한 산업을 경영하는 법인 중 금융위원회가 의결권 없는 주식의 발행이 필요
하다고 인정하는 경우 등의 의결권이 없는 주식은 상법상 의결권에 배제되는 종
류주식의 발행한도(발행주식 총수의 1/4) 계산에 산입하지 않음. 다만, 위의 의결권
없는 주식과 상법에 따라 발행된 의결권이 없거나 제한되는 종류주식의 합은 발
행주식 총수의 1/2을 초과해서는 아니 됨

(3) 기타 혜택

❶ 보증금 등의 대신 납부 : 국가, 지방자치단체 또는 정부투자기관에 납부할 보증금
또는 공탁금 중 입찰보증금, 계약보증금, 하자보수보증금 및 공탁금은 거래소에
서 정한 대용 가격으로 평가하여 상장증권으로 대신 납부할 수 있음

❷ 주주총회 소집절차의 간소화 : 상법상 주주총회의 소집통지는 각 주주에게 서면
또는 전자문서로 하여야 하나, 주권상장법인은 의결권 있는 발행주식 총수의 1%
이하를 소유하는 주주에 대하여는 주주총회일 2주 전에 2개 이상의 일간신문에
각각 2회 이상 공고하거나 금융감독원 또는 거래소가 운영하는 전자공시시스템
에 공고함으로써 주주총회 소집통지에 갈음할 수 있음

❸ 증권거래세 탄력세율 적용(증권거래세법 제8조 및 시행령 제5조) : 주권비상장법
인의 주식을 양도하는 경우는 0.35%의 증권거래세율을 적용하나, 유가증권시장
을 통해 양도되는 주권에 대하여는 0.03%(농어촌특별세 0.15% 별도 부담), 코스닥시장
및 K-OTC시장[5]에서 양도되는 주권은 0.18%, 코넥스시장에서 양도되는 주권은
0.1%의 탄력세율을 적용

❹ 상속 및 증여재산의 평가기준(상속세 및 증여세법 제63조 및 시행령 제52조의2) :
상속 및 증여의 경우 주권비상장법인의 주식은 상속세 및 증여세법에서 정한 산
식으로 평가하나, 주권상장법인의 주식의 평가는 평가기준일(상속개시일 또는 증여개
시일) 전·후 각 2개월간의 거래소 최종 시세가액 평균으로 평가

---

5 K-OTC시장이란 한국금융투자협회가 자본시장법 제286조 제1항 제5호, 자본시장법 시행령 제
   178조 제1항 및 금융위원회의 「금융투자업규정」 제5-2조에 따라 증권시장에 상장되지 아니한 주
   권의 장외매매거래를 위하여 운영하는 장외시장을 말한다.

상장원칙과 대상증권

1 상장의 원칙

(1) 신청에 의한 상장

증권의 상장은 당해 증권의 발행인으로부터 상장신청이 있어야만 가능하다. 단, 거래소는 ① 증권의 상장신청서 등의 형식을 제대로 갖추지 아니한 경우, ② 증권의 상장신청서 등에 허위의 기재 또는 표시가 있거나 중요한 사항이 기재 또는 표시되지 않은 경우, ③ 증권의 상장신청이 공익과 투자자 보호 및 시장관리 측면에서 부적절하다고 판단되는 경우에 증권의 상장신청을 거부할 수 있다.

(2) 주권의 전부 상장

주권을 상장하고자 하는 경우 이미 발행한 주권 중 그 일부만을 상장신청할 수 없다. 다만 종류주식의 경우에는 종목별로 상장신청이 가능하며, 외국거래소에 이미 주권의 일부만을 상장한 법인은 증권시장에 잔여분 전부를 상장신청하여야 한다.

(3) 주권의 상장유예

주권을 상장하고자 하는 법인이 상장신청한 주권이 신주발행의 효력 등과 관련하여 소송의 분쟁이 발생한 경우와 주권의 배당기산일이 주권의 종류별로 동일하지 않은 경우에는 그 사유가 해소될 때까지 상장을 유예할 수 있다.

(4) 재무내용의 적용기준

거래소시장 상장과 관련하여 적용하는 재무내용에 관한 사항은 주식회사의 외부감사에 관한 법률에 의한 감사인의 감사보고서상 재무제표를 기준으로 한다. 다만, 감사인의 감사결과 회계처리기준 위반으로 한정의견이 제시된 경우에는 한정사항을 반영한 수정된 재무제표를 기준으로 한다.

2   대상증권

유가증권시장에 상장할 수 있는 증권은 자본시장법상 증권으로 국채증권, 지방채증권, 특수채증권, 사채권, 출자증권, 주권 또는 신주인수권증서, 수익증권 등이 있다.

section 03   상장절차

1   상장신청 사전협의

거래소는 상장예비심사신청서 등의 부실기재를 사전에 예방하기 위해 상장예비심사신청서 제출 전에 대표주관회사로부터 상장예비심사신청서 초안, 대표주관회사 종합의견, 실사의무(Due-Diligence) 체크리스트, 감사보고서를 제출받아 그 기재내용을 확인하고 있다.

외국주권 상장신청인은 상장예비심사신청서를 제출하기 통상 최소 1개월 전에 거래소와 반드시 사전협의를 실시하여야 한다. 이는 외국기업의 경우 국내기업과 제도적, 법률적 환경이 다르므로 사전협의 단계에서 당해 외국기업의 정관, 설립지 국가의 법조항 등을 검토할 시간이 필요하기 때문이다.

2   상장예비심사신청서 제출

거래소에 발행주권을 상장하고자 하는 법인은 신규상장 신청 전에 거래소에 주권의 상장예비심사신청서를 제출하여 상장적격 여부에 대해 심사를 받아야 한다. 12월 결산법인의 경우 결산확정, 외부감사보고서 제출 및 주주총회 일정을 감안하여 제출시기를 정해야 하며, 심사 신청시기가 당해 사업연도의 6월이 경과한 때에는 반기재무제표에 대한 외부감사인의 검토보고서를 제출하여야 한다.

상장예비심사신청서는 상장신청인의 재무내용을 포함하여 주요 사업과 해당 산업의 현황을 기술하고, 지배구조 및 이해관계자와의 거래 관련 사항 등을 기재한다.

3 상장예비심사 절차

(1) 상장예비심사신청서류 검토

상장심사는 상장신청인 및 대표주관회사가 제출한 상장예비심사 신청서류를 기반으로 상장예비심사를 신청한 기업이 상장규정에 명시되어 있는 상장요건(형식적 심사요건 및 질적 심사요건)을 충족하는지 검토하는 과정이다.

심사를 진행하면서 주요 심사 포인트가 결정되면 거래소는 해당 이슈에 대하여 대표주관회사와 상장신청인의 구체적인 의견을 요청하게 되는데, 이때 상장신청인과 대표주관회사는 주요 심사포인트에 대한 입장을 서면 또는 전자우편으로 제출할 수 있다.

(2) 상장공시위원회 심의

상장예비심사 결과는 회계·법률 등 각 분야의 전문가로 구성된 상장공시위원회의 심의를 거쳐 결정된다.

상장공시위원회의 심의 결과는 승인, 재심의 및 미승인으로 구분된다. 승인은 상장적격성이 인정된 것으로 상장신청인은 즉시 공모 및 신규상장 절차를 진행할 수 있으며, 재심의는 투자자 보호 등의 관점에서 일부 사안에 대해 보완 조치를 요구받은 것으로, 해당사항의 보완조치 완료 후 상장공시위원회의 심의 절차를 한번 더 거쳐야 한다. 미승인은 상장적격성을 인정하지 않는 것으로, 상장신청인은 미비사항(경영실적, 지배구조, 내부통제 시스템 등)을 대표주관회사의 도움을 받아 재정비한 이후, 다시 거래소에 상장예비심사신청서를 제출할 수 있다.

(3) 상장예비심사 결과의 통지

거래소는 상장예비심사신청일로부터 영업일 기준으로 45일(신속이전기업 30일, 외국기업 1차 상장 65일) 내에 그 상장예비심사 결과를 당해 상장예비심사신청인과 금융위원회에 문서로 통지하여야 한다. 다만, 상장예비심사신청서 및 첨부서류의 정정 또는 보완이 필요하거나 그 밖에 추가적인 심사가 필요한 경우에는 그 결과 통지를 연기할 수 있다.

한편, 상장예비심사 결과를 통지한 후 상장예비심사신청인이 다음의 어느 하나에 해당되어 당해 상장예비심사 결과에 중대한 영향을 미친다고 거래소가 인정하는 경우에는 당해 상장예비심사 결과에 관하여 그 효력을 인정하지 않을 수 있다. 이 경우 당해 상장예비심사신청인이 다시 증권의 상장을 신청하려면 상장예비심사신청서를 다시 제출하여 심사를 받아야 한다.

❶ 경영상 중대한 사실이 발생한 경우
❷ 투자자 보호에 중요한 사항이 상장예비심사신청서에 거짓으로 기재되거나 기재되지 않은 사실이 발견된 경우
❸ 신규상장 신청인이 국내 회계기준 위반으로 증권선물위원회로부터 검찰 고발·검찰 통보·증권발행 제한 또는 과징금 부과 조치를 받은 경우
❹ 투자설명서, 예비투자설명서, 간이투자설명서의 내용이 상장신청서와 다른 경우
❺ 상장예비심사 결과를 통보받은 날로부터 6개월 이내에 신규상장신청서를 제출하지 않은 경우(다만 불가피한 경우 거래소 승인을 득하면 6개월 연장 가능)
❻ 상장예비심사 신청일 후 상장일 전일까지 제3자배정방식으로 신주를 발행하는 경우

4 신규상장심사

상장을 준비하는 기업은 거래소로부터 두 번의 심사를 받아야 한다. 상장예비심사는 상장자격에 대한 심사를 뜻하며, 신규상장심사는 분산요건, 시가총액 요건 등의 충족 여부 심사를 말한다. 상장예비심사를 통과한 기업이 공모를 통하여 주식분산 요건을 충족하게 되면 신규상장을 신청하게 되고, 거래소는 최종적으로 신규상장심사를 진행한다.

거래소는 주식분산요건 등 상장예비심사 시 확인되지 않은 사항과 명의개서대행계약체결 여부, 주금납입 여부 등을 확인한다. 또한 신규상장심사 시점을 기준으로 상장요건 충족 여부를 다시 검토하고, 상장신청인의 영업·경영환경 등에 중대한 변화가 발생하지 않았다면 공모를 통한 주식분산요건 충족 여부만 추가로 확인하고 있다.

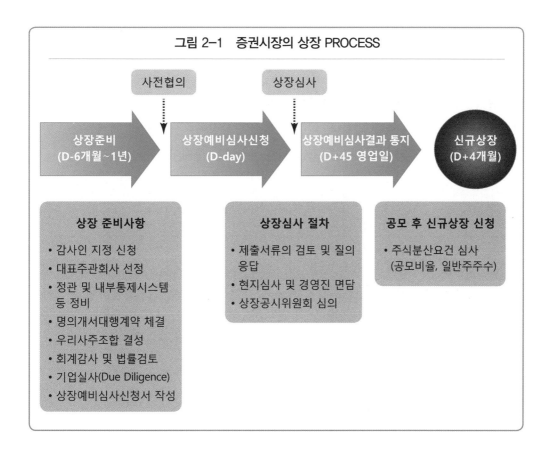

그림 2-1 증권시장의 상장 PROCESS

사전협의

상장심사

상장준비
(D-6개월~1년)

상장예비심사신청
(D-day)

상장예비심사결과 통지
(D+45 영업일)

신규상장
(D+4개월)

상장 준비사항

• 감사인 지정 신청
• 대표주관회사 선정
• 정관 및 내부통제시스템 등 정비
• 명의개서대행계약 체결
• 우리사주조합 결성
• 회계감사 및 법률검토
• 기업실사(Due Diligence)
• 상장예비심사신청서 작성

상장심사 절차

• 제출서류의 검토 및 질의 응답
• 현지심사 및 경영진 면담
• 상장공시위원회 심의

공모 후 신규상장 신청

• 주식분산요건 심사 (공모비율, 일반주주수)

section 04 | 상장의 종류

상장의 종류는 증권의 종류에 따라 주권, 외국주권 및 외국주식예탁증권, 채무증권(채권, 외국채무증권 포함), 신주인수권증권, 신주인수권증서, ETF(상장지수집합투자기구집합투자증권), 수익증권, 투자회사주권 및 부동산투자회사주권, 선박투자회사주권 및 주식워런트증권, 상장지수증권(ETN) 등의 상장이 있는데, 주권을 중심으로 상장의 종류를 살펴보면 그 내용은 다음과 같다.

1 신규상장

신규상장은 거래소에 주권이 상장되어 있지 아니한 주권의 발행인이 처음으로 증권시장에 주권을 상장하는 것을 말한다. 이는 거래소의 상장예비심사 결과 적격통보를 받은 법인이 모집·매출(공모)을 통해 자금조달한 후 상장하는 형태이다.

2 추가 상장

추가 상장은 기상장된 주권의 발행인이 유상 또는 무상증자, 기업합병, 전환사채권 등의 권리행사, 주식배당, 예탁증권 발행 등과 같이 새로이 주권을 발행하여 상장하는 것이다.

신주일괄상장신청제도

신주일괄상장신청이란 주권상장법인이 신주인수권증권, 신주인수권부사채권, 전환사채권의 권리행사 또는 주식매수선택권의 행사로 인한 발행예정 총주식수에 대하여 권리행사 가능일 직전일까지 일괄하여 상장을 신청하는 것을 말한다.

3 변경상장

변경상장은 당해 주권의 종목(상호), 액면금액, 수량(자본감소, 병합 등으로 주식수 감소) 등이 변경된 경우 해당 종목명 등을 변경하는 것을 말한다.

4 재상장

재상장이란 ① 유가증권시장에서 상장이 폐지된 보통주권의 발행인이 상장폐지일부터 5년 이내에 해당 보통주권을 다시 상장하는 것(일반 재상장), ② 보통주권 상장법인의 분할이나 분할합병에 따라 설립된 법인의 보통주권을 상장하는 것(분할 재상장),[6] ③ 보통주권 상장법인 간의 합병에 따라 설립된 법인의 보통주권을 상장하는 것(합병 재상장)을 말한다. 재상장은 신규상장요건보다는 완화된 요건을 적용하며, 재상장을 신청할 수 있는 시기는 상장폐지된 법인의 경우 상장이 폐지된 날로부터 5년 이내, 분할·분할합병에 의해 설립된 법인은 분할·분할합병을 위한 이사회 결의 후에 지체 없이 하여야 한다.

다만, 코스닥시장에서는 일반 재상장의 경우를 재상장으로 분류하지 않고 합병 재상장 및 분할 재상장만을 재상장으로 인정하고 있다.

5 우회상장

우회상장은 주권상장법인이 주권비상장법인과의 합병, 포괄적 주식교환 및 중요한 영업의 양도, 주권비상장법인의 주요 출자자로부터의 중요한 자산(지분증권) 양수 및 현물출자로 인하여 경영권이 변동되고, 주권비상장법인의 지분증권이 상장되는 효과가 있는 경우를 말한다.

주권비상장법인 또는 당해 법인의 최대주주 등과 우회상장에 해당하는 거래를 하고자 하는 거래소상장법인은 우회상장 예비심사신청서를 거래소에 제출하여 그 심사를 받아야 한다. 이에 따라 우회상장신청인은 우회상장 해당 여부, 우회상장절차, 상장예비심사신청서 작성 등과 관련하여 거래소와 사전에 협의하여야 한다.

section 05 신규상장심사요건

1 신규상장심사요건의 개요

거래소의 상장심사요건은 크게 형식적 심사요건과 질적 심사요건으로 구분된다. 형식적 심사요건은 상장을 희망하는 기업의 영업활동 및 실적, 주주분포 등 상장예비심

---

6 물적분할에 따른 분할이나 분할합병은 제외한다.

사를 신청할 수 있는 자격요건(양적요건, 외형요건)으로 형식적 심사요건 미비 시에는 거래소에 상장예비신청을 할 수 없다.

질적 심사요건은 형식적 심사요건을 충족한다는 전제하에 거래소에서 심사하는 요건으로, 크게 기업의 계속성, 경영 투명성 및 안정성, 투자자 보호 등의 관점에서 심사한다.

2   상장심사요건

(1) 영업활동 기간

신규상장심사 신청인은 상장예비심사신청일 현재 설립 후 3년 이상 경과하고 계속적으로 영업을 하고 있어야 한다. 설립 후 경과연수는 법인등기부등본의 설립일을 기준으로 한다.

(2) 기업규모 및 상장예정주식수[7]

유가증권시장에 상장하고자 하는 기업의 경우에는 상장예비심사 신청일 현재 상장예정 보통주식 총수가 100만 주 이상이고, 자기자본이 300억 원 이상이어야 한다.

반면, 코스닥시장은 중소·벤처기업 중심의 시장이라는 점을 반영하여 유가증권시장에 비해 대폭 완화된 규모요건을 적용하고 있는데, 코스닥시장에 상장하고자 하는 기술성장기업은 상장예비심사 신청일 현재 자기자본이 10억 원 이상이거나 보통주식의 기준시가총액[8]이 90억 원 이상이어야 한다.

표 2-1 영업활동기간 및 기업규모 관련 유가증권시장과 코스닥시장 신규상장심사요건 비교(일반법인 기준)

요건	유가증권시장	코스닥시장
경과연수	3년 이상	면제
자기자본	300억 원 이상	–
상장주식수	100만 주 이상	–

---

7 상장예비심사 신청 후 모집 또는 매출하는 법인은 신규상장 신청일 현재의 자기자본 및 상장 예정 주식 총수를 기준으로 한다.

8 기준시가 총액=공모 가격×상장 예정 주식수(시장이전기업 또는 2차상장 외국기업의 경우 증권시장 시세)

(3) 주식분산요건

증권시장은 다수의 투자자가 다양한 투자판단을 가지고 참여할 때, 원활한 매매거래와 공정 가격 형성이 가능하다. 이러한 측면에서 거래소는 신규상장법인에 대하여 일정한 규모의 주식분산이 이루어져 있을 것을 요구하고 있는데, 유가증권시장과 코스닥시장에서의 주식분산 요건은 〈표 2-2〉와 같다.

표 2-2	주식분산 관련 유가증권시장과 코스닥시장 신규상장심사요건 비교(일반법인 기준)	
요건	유가증권시장	코스닥시장
주식 분산	(1), (2) 요건을 모두 충족 (1) 아래의 지분요건 중 하나를 충족 　• 일반주주 지분 25% 이상 or 　　일반주주 소유주식수 500만 주 이상 　• 총공모지분 25% 이상 or 　　총공모주식수 500만 주 이상 　• 심사 신청 후 공모지분이 10% 이상 & 자기자본(or 기준시가총액) 기준으로 일정 주식수 이상 　• 국내외 동시공모 10% 이상 & 국내 공모 주식수 100만 주 이상 (2) 일반주주 500명 이상	(1), (2) 요건을 모두 충족 (1) 아래의 지분요건 중 하나를 충족 　• 소액주주 지분 25% 이상으로서, 아래의 요건 중 하나를 충족 　　-심사 신청일 현재 소액주주 지분이 25% 미만인 경우 → 신청 후 10% 이상 공모 & 공모 후 소액주주 지분 25% 이상 　　-심사 신청일 현재 소액주주 지분이 25% 이상인 경우 → 신청 후 5% 이상 공모 & 공모 가액 10억 원 이상 　• 심사 신청 후 공모지분이 10% 이상 & 자기자본(or 기준시가 총액) 기준으로 일정 주식수 이상 　• 모집에 의한 소액주주 지분 25% 이상 or 10% 이상으로 자기자본(or 기준시가 총액) 기준으로 일정 주식수 이상 　• 공모 보통주식 총수가 발행주식 총수 및 보통주식 총수의 25% 이상 　• 국내외 동시공모 20% 이상 & 국내 공모 주식수 30만 주 이상 (2) 소액주주 500명 이상

(4) 경영성과

상장은 거래소시장에서 거래될 수 있는 자격을 부여하는 것이므로, 투자자를 보호하기 위해서는 기업의 수익성 또는 성장성 측면에서 일정 수준이 충족되어야 한다. 이러한 측면에서 거래소는 신규상장기업에 대해 〈표 2-3〉과 같이 일정 수준의 경영성과를 요구하고 있는데, 코스닥시장의 경우 아직 규모는 적으나 성장 가능성이 큰 기업에 대해서도 상장을 통한 자금조달기회를 제공하기 위하여 매출액증가율 기준을 병행하고 있다.

표 2-3	경영성과 등 관련 유가증권시장과 코스닥시장 신규상장심사요건 비교(일반법인 기준)	
요건	유가증권시장	코스닥시장
매출액, 수익성, 기준시가 총액	최근 사업연도 영업이익, 법인세차감전계속사업이익 및 당기순이익이 있고 이익액이 다음 ①, ② 중 어느 하나에 해당 ① 매출액 및 수익성 • 최근 3 사업연도 평균 매출액 700억 원 이상 & 최근 사업연도 매출액 1,000억 원 이상 • 수익성은 다음 중 하나를 충족 −이익액[2] 최근 30억 원 & 3년 합계 60억 원 이상 −자기자본이익률[3] 최근 5% 이상 & 3년 합계 10% 이상 −자기자본 1,000억 원 이상인의 경우 : (최근 자기자본이익률[3] 3% 이상 or 최근이익 50억 원 이상) & 최근 영업현금(+) ② 매출액 및 시가총액 최근 사업연도 매출액 1,000억 원 이상 & 기준시가 총액 2,000억 원 이상 ③ 수익성 및 시가총액 최근 사업연도 이익액 50억 원 이상 & 기준시가 총액 2,000억 원 이상 ④ 시가총액 및 자기자본 기준시가 총액 5,000억 원 이상 & 자기자본 1,500억 원 이상	다음 ①~⑨ 중 어느 하나에 해당 (수익성 매출액기준) ① 법인세차감전계속사업이익 20억 원 & 시총 90억 원 ② 법인세차감전계속사업이익 20억 원 & 자기자본 30억 원 ③ 법인세차감전계속사업이익 있을 것 & 시총 200억 원 & 매출액 100억 원 ④법인세차감전계속사업이익 50억 원 (시장평가 · 성장성 기준) ⑤ 시총 500억 원 & 매출 30억 원 & 최근 2사업연도 평균 매출증가율 20% 이상 ⑥ 시총 300억 원 & 매출액 100억 원 이상 ⑦ 시총 500억 원 & PBR 200% ⑧ 시총 1,000억 원 ⑨ 자기자본 250억 원

주 : 1) 연결재무제표 작성대상법인의 경우 연결재무제표 기준
　　2) 당해 사업연도의 영업이익/법인세비용·차감전계속사업이익/당기순이익 중 적은 금액을 기준으로 함.
　　3) 자기자본이익률(ROE)＝이익액/자기자본×100(코스닥시장 적용 시 : 당기순이익 기준)

(5) 감사인의 감사의견

재무제표는 상장기업에 대한 가장 기본적인 공시자료로, 투자자 보호를 위해서는 그 진정성이 담보될 필요가 있다. 이에 따라 거래소는 상장희망기업에 대해 〈표 2−4〉와 같이 일정 수준 이상의 감사결과를 요구하고 있다.

표 2-4	감사의견 관련 유가증권시장과 코스닥시장 신규상장심사요건 비교 (일반법인 기준)	

요건	유가증권시장	코스닥시장
감사의견*	− 최근 사업연도 : 적정 − 최근 사업연도 전 2사업연도 : 적정 or 한정 　(감사범위 제한에 따른 한정은 제외)	− 최근 사업연도 : 적정

* 연결재무제표 작성대상법인의 경우 연결재무제표에 대한 감사의견 포함

(6) 자본상태

코스닥시장에 상장을 신청하는 법인의 경우에는 최근 사업연도말 현재 자본잠식이 없어야 한다. 다만, 당해 자본잠식 상황을 판단함에 있어 당해 사업연도 중 유상증자금액 및 자산재평가에 의하여 자본에 전입될 금액을 반영한다.

표 2-5	자본상태 관련 유가증권시장과 코스닥시장 신규상장심사요건 비교(일반법인 기준)	

요건	유가증권시장	코스닥시장
자본잠식 여부	−	미적용

(7) 주식양도의 제한

거래소시장에 상장되기 위해서는 주식의 자유로운 유통이 보장되어야 하므로 주식의 양도에 대한 제한이 없어야 한다. 그러나 법령 또는 정관 등에 의하여 주식의 양도가 제한되는 경우로서 그 제한이 거래소시장에서의 매매거래를 저해하지 않는다고 인정되는 때에는 양도제한의 불가피성을 인정하고 있다.

3 　주권의 질적 심사요건

거래소는 상장희망법인 중 형식적 심사요건을 충족한 법인의 주권을 상장하는 것이 적합한지에 대하여 다음과 같은 사항을 종합적으로 고려하여 심사한다.

❶ 기업의 계속성 : 거래소에 상장하고자 하는 법인은 영업, 재무상황 및 경영환경 등에 비추어 기업의 계속성이 인정되어야 함. 이를 위해 거래소는 상장신청인의 영업의 계속성, 재무안정성 유지 여부 등을 심사

❷ 경영의 투명성 및 안정성 : 거래소 상장법인은 기업지배구조, 내부통제제도, 공시
체계 및 특수 관계인과의 거래 등에 비추어 경영투명성이 인정되어야 함. 또한
지분 당사자 간 관계, 지분구조 변동 내용·기간 등을 감안한 기업경영의 안정성
유지도 주된 심사기준임

❸ 상법상의 주식회사 : 상장하고자 하는 법인의 법적 성격과 운영방식 측면에서 상
법상 주식회사로 인정될 수 있어야 함. 또한 소액주주가 상법에 따라 권리를 충
분히 행사할 수 있도록 운영되어야 함

❹ 투자자 보호 및 공익실현 : 투자자 보호는 거래소 상장심사의 가장 기본이 되는
항목으로, 상장 전 증자나 주식거래, 상장업무 관련 이해관계자의 주식투자 등
으로 경영안정성 및 주주이익이 침해되지 않아야 함. 또한 상장신청인의 업종이
선량한 풍속 그 밖의 사회질서에 위반하지 않고 상장 후 매매거래의 충분한 유
동성을 확보할 수 있는 등 투자자 보호와 공익실현을 해치지 않는다고 인정되
어야 함

❺ 기타 투자자 보호 및 거래소시장의 건전한 발전을 저해하지 않는다고 인정되어
야 함

4 신규상장요건의 적용 특례

(1) 공공적법인등[9]에 대한 상장심사요건의 적용 특례

거래소가 공익 실현과 투자자 보호를 위하여 공공적법인등의 신속한 상장이 필요하
다고 인정하는 경우에는 해당 공공적법인등에 대하여 다음과 같은 최소한의 상장심사
요건만을 적용하고 나머지 요건과 주권의 질적 심사요건을 적용하지 않을 수 있다.

❶ 공공적법인 및 민영화 대상 공기업 : 주식양도제한 요건

❷ 특수법인 및 정부지배 공공기관 : 주식분산요건(유가증권시장의 경우에만 해당) 및 주

---

9 "공공적법인등"이란 다음 각 목의 어느 하나에 해당하는 자를 말한다.
  • 자본시장법 제152조 제3항에 따른 공공적 법인("공공적법인")
  • 특별한 법률에 따라 직접 설립된 법인("특수법인")
  • 「공공기관의 운영에 관한 법률」 제4조 제1항 제3호에 따른 공공기관 중 정부가 100분의 50 이상
    의 지분을 가진 기관("정부지배공공기관")
  • 「공기업의 경영구조 개선 및 민영화에 관한 법률」 제2조에 따른 법인("민영화 대상 공기업")

식양도 제한요건

(2) 지주회사에 대한 상장심사요건의 적용 특례(유가증권시장)

다음의 ❶, ❷, ❸ 모두를 충족하는 지주회사에는 영업활동기간 요건, 경영성과 요건을 적용하지 않는다.

❶ 모든 상장 자회사의 발행주식 총수를 소유하고 있을 것
❷ 상장 자회사의 주식 가격 합계가 전체 자회사의 주식 가격 합계에서 차지하는 비중이 75% 이상일 것
❸ 상장 자회사 중 주식 가격이 가장 작은 회사 보다 주식 가격이 큰 비상장 자회사가 있는 경우에는 해당 비상장 자회사가 상장심사요건 중 수익성 요건과 감사의견 요건을 충족하고 있을 것

(3) 벤처기업 및 기술성장기업에 대한 특례(코스닥)

벤처기업이란 첨단의 신기술과 아이디어를 개발하여 사업에 도전하는 창조적인 중소기업으로, 개인 또는 소수의 창업인이 위험성은 크지만 성공할 경우 높은 기대수익이 예상되는 신기술과 아이디어를 독자적인 기반 위에서 사업화하려는 신생중소기업을 말한다.

거래소는 벤처기업이 보다 용이하게 자금을 조달할 수 있도록 지원함으로써 우리나라 경제의 미래 성장기반을 마련하고 벤처기업의 성장과실을 투자자가 함께 공유할 수 있도록, 벤처기업의 코스닥시장 상장요건을 일반기업의 요건보다 완화하여 적용하고 있다.

또한 벤처기업 중에서 기술성 등에 관한 전문평가기관의 평가를 받고 전문평가기관의 평가결과가 A등급 이상인 기술력과 성장성이 인정되는 기술성장기업에 대해서는 경영성과 요건과 자기자본이익률 요건을 적용하지 않는 등 신규상장심사요건의 특례를 적용하고 있다.

요건	일반기업	벤처기업	기술성장기업
자기자본	–	–	10억 원 이상
시가총액	–	–	90억 원 이상
경영성과, 시장평가 (택일)	① 법인세차감전계속사업이익 20억 원 & 시총 90억 원 ② 법인세차감전계속사업이익 20억 원 & 자기자본 30억 원 ③ 법인세차감전계속사업이익 있을 것 & 시총 200억 원 & 매출액 100억 원 ④ 법인세차감전계속사업이익 50억 원 ⑤ 시총 500억 원 & 매출 30억 원 & 최근2사업연도 평균 매출증가율 20% 이상 ⑥ 시총 300억 원 & 매출액 100억 원 이상 ⑦ 시총 500억 원 & PBR 200% ⑧ 시총 1,000억 원 ⑨ 자기자본 250억 원	① 법인세차감전계속사업이익 10억 원 & 시총 90억 원 ② 법인세차감전계속사업이익 10억 원 & 자기자본 15억 원 ③ 법인세차감전계속사업이익 있을 것 & 시총 200억 원 & 매출액 50억 원 ④ 법인세차감전계속사업이익 50억 원 ⑤ 시총 500억 원 & 매출 30억 원 & 최근2사업연도 평균 매출증가율 20% 이상 ⑥ 시총 300억 원 & 매출액 50억 원 이상 ⑦ 시총 500억 원 & PBR 200% ⑧ 시총 1,000억 원 ⑨ 자기자본 250억 원	〈기술평가특례〉 – 전문평가기관의 기술 등에 대한 평가를 받고 평가 결과가 A등급 & BBB 등급 이상 일 것 〈성장성 추천〉 – 상장주선인이 성장성을 평가하여 추천한 중소기업 일 것

(4) 코넥스 신속이전 상장

코넥스기업 활성화를 위해 코넥스 신속이전 상장요건을 별도로 두고 있으며, 총 6개의 Track과 신속합병상장을 통한 이전상장이 있다. 공통으로 적용되는 요건은 ① 코넥스 상장 후 1년 경과, ② 지정자문인(상장주선인) 추천, ③ 기업경영의 건전성 충족의 3가지이다. 트랙별로 최근사업연도 이익, 소액주주수 등에서 차이가 있다.

5 상장주권의 의무보유

'의무보유'란 기업공개 시 주식의 안정적인 수급을 통해 공정한 주식 가격 형성을 도모하고, 내부자의 불공정한 차익거래로부터 다수의 소액투자자들을 보호하기 위해 일정한 요건에 해당하는 주주들의 주식매도를 일시적으로 제한하는 것으로, 신규상장기업 핵심 주주들의 책임경영 원칙을 확립하기 위한 제도라 할 수 있다. 이는 주식양도를 전면적 또는 영구적으로 제한하거나 주식양도 시 이사회의 승인을 요구하는 것이 아니므로 강제적인 주식양도제한과는 구별된다.

유가증권시장의 최대주주와 특수관계인은 상장 후 최소 6개월간, 제3자배정으로 신주를 취득한 주주는 주식 발행일로부터 1년 또는 상장일로부터 6개월 중 긴 기간 동안 보유주식을 한국예탁결제원에 의무보호예수하여야 하며, 코스닥시장은 기술성장기업에 대해 보다 엄격한 의무보유 요건을 적용하고 있다.

구분	대형법인[1]	일반·벤처기업	기술성장기업
① 최대주주 및 특수관계인 (최대주주가 명목회사인 경우, 그 명목회사의 최대주주 및 특수관계인)	6개월	6개월	1년
② 상장예비심사신청일전 1년 이내에 – 제3자배정으로 주식등[2]을 취득한 자 – 최대주주등의 소유주식등을 취득한 자[3]	6개월	6개월	1년
③ 벤처금융 및 전문투자자 (투자기간 2년 미만)	미적용	1개월[4]	
④ 상장주선인	미적용	3개월[5] (모집·매출한 주식의 3% : 최대 10억 원)	
⑤ SPAC 상장예비심사신청일 현재 주주등	주권 상장일로부터 상장법인 또는 비상장법인과의 합병기일 후 6월		

주 : 1) 자기자본 1,000억 원 또는 기준시가총액 2,000억 원 이상인 대형기업
2) CB/BW의 신주 전환을 포함
3) 최대주주등의 보유주식등을 코넥스시장을 통하여 취득한 물량에 대하여는 매각제한 미적용
4) 코넥스 상장법인의 경우 벤처금융/전문투자자에 대한 매각제한 1월 미적용
5) 외국기업의 경우 모집·매출 주식의 5%(최대 25억 원)를 6개월간 보호예수. 다만, 적격 해외증권시장에 상장한 후 3년 이상 경과한 외국기업은 미적용

6 우회상장 심사요건

(1) 의의

'우회상장(Back-door listing)'이란 비상장기업이 상장기업에 대한 기업결합(합병, 주식교환 등)과 경영권 변동을 통해 실질적으로 상장되는 효과가 발생하는 것을 의미한다. 거래소는 부실한 비공개법인의 우회상장을 원천적으로 차단하여 주권상장법인의 재무건전성을 유지하고, 매각제한을 통해 주권비상장법인의 최대주주 등의 부당한 상장차익 획득을 방지하기 위하여 우회상장 관리제도를 운영하고 있다.

(2) 우회상장 관리대상

거래소는 주권비상장법인을 상대방으로 하는 합병, 영업·자산양수, 포괄적 주식교환, 현물출자 등으로 보통주권 상장법인의 경영권이 변동되고 주권비상장법인의 지분증권이 상장되는 효과가 있는 경우를 우회상장 관리대상으로 보고 있다.

❶ 기업합병 : 상장기업과 비상장기업이 합병하면서 비상장기업은 소멸되고 합병신주를 인수한 비상장기업의 최대주주가 합병법인의 지배권을 취득하는 경우

❷ 포괄적 주식교환 : 비상장기업의 지분을 모두 상장기업에 이전하여 100% 자회사가 되면서, 교환비율만큼 상장기업의 신주를 취득한 비상장기업의 최대주주가 지배권을 취득하는 경우

❸ 영업양수 : 상장기업이 비상장기업의 중요한 영업을 양수하고, 상장기업의 제3자배정 증자(주식이전)를 통하여 비상장기업의 최대주주가 상장기업의 지배권을 취득하는 경우

❹ 자산양수 : 상장기업이 비상장기업의 최대주주 등으로부터 비상장기업이 발행한 주식등 지분증권을 양수하고, 상장기업의 제3자배정 증자를 통하여 비상장기업의 최대주주가 상장기업의 지배권을 취득하는 경우

❺ 현물출자 : 비상장기업의 주주가 상장기업의 제3자배정 유상증자에 참여하면서 주식납입대금을 비상장기업 지분증권(현물)으로 납입하고 지배권을 획득하는 경우

(3) 우회상장법인의 심사기준

거래소는 상장적격성을 충족하지 못하는 비상장법인의 우회상장 방지를 위해 신규상장에 준하여 형식적 요건을 심사하고, 상장부적격 기업의 시장 진입을 차단하기 위해 우회상장 추진 비상장법인(사업부문)에 대해서 '기업계속성', '경영투명성', '경영안전성', '투자자 보호 및 시장 건전성' 등 신규상장 수준의 질적심사제도를 운영하고 있다.

(4) 우회상장법인의 의무보유

보통주권의 우회상장과 관련하여 우회상장 대상법인의 주요 출자자, 상장예비심사신청일 전 1년 이내에 우회상장 대상법인이 제3자배정 방식으로 발행한 주식을 취득한 자, 우회상장 대상법인의 주요 출자자가 소유하는 주식 등을 취득한 자 등은 자신이 소

유하는 당해 주식 등을 신규상장에 준하여 의무보유해야 한다.

(5) SPAC(Special Purpose Acquisition Company, 기업인수목적회사)

거래소는 부적격 기업의 시장 진입을 막기 위해 우회상장 기준을 엄격히 운영하는 한편, 우량 비상장기업의 건전한 우회상장 기회 및 다양한 증시 진입수단을 제공하기 위해 SPAC제도를 도입하였다. SPAC은 다른 법인과의 합병을 목적으로 설립한 기업인 수목적회사로서, SPAC 설립 후 공모 및 상장을 통해 자금을 마련하고 일정기간 내 비상장기업과의 합병을 통해 해당 기업의 가치 상승 이익을 투자자에게 환원하는 기능을 수행한다.

표 2-6 **우회상장과 SPAC의 비교**

구분	우회상장	SPAC
시장 건전성	경영권 취약 또는 자금난에 시달리는 상장기업이 악용함에 따라 한계기업의 퇴출지연 및 시장 건전성 저해 우려	현금(공모자금)을 보유하고 있는 회사로서 재무구조가 투명하므로 합병으로 인한 시장 건전성 저해 가능성 낮음
재무구조 개선	IPO에 비하여 자금조달 효과 미미 (기업결합을 통한 경영권 변동)	SPAC과의 기업결합을 통해 SPAC이 보유한 공모자금조달 효과 (자금조달 기능 및 재무구조개선 효과)
비상장기업 우량성	부실한 비상장기업이 역합병을 통해 자동으로 상장함으로써 비상장회사의 잠재적 부실을 떠안을 수 있음	우량한 비상장기업을 인수합병의 대상으로 함에 따라 부실기업의 시장 진입 가능성이 낮음

section 06 재상장 절차

1 주권재상장 신청인

'재상장'이란 거래소시장에서 상장이 폐지된 보통주권을 다시 상장하거나 보통주권 상장법인의 분할, 분할합병, 합병으로 설립된 법인의 보통주권을 상장하는 것을 의미하는데, 일반재상장, 분할재상장, 합병재상장으로 구분한다. 다만, 코스닥시장에서는 분할재상장 및 합병재상장만을 규정하고, 일반재상장에 대해서는 규정하지 않고 있다.

이에 따라 주권 재상장을 신청할 수 있는 자는 ① 유가증권시장에서 상장폐지된 후 5년이 경과하지 않은 주권의 발행인(유가증권시장에 한함), ② 주권상장법인의 분할 또는 분할합병(분할합병은 상대회사가 당해 거래소시장 주권상장법인인 경우에 한함)에 따라 설립된 법인, ③ 주권상장법인 간의 합병에 의해서 설립된 법인에 한한다.

<h2>2   재상장 신청기간</h2>

유가증권시장에서 상장폐지된 법인의 경우 상장폐지일로부터 5년 이내에, 분할·분할합병(물적분할은 제외)에 따라 설립된 법인은 분할·분할합병을 위한 이사회 결의 후 지체 없이 상장신청하여야 한다.

<h2>3   상장예비심사</h2>

재상장신청인 중 상장폐지된 법인 및 인적분할에 의하여 설립된 법인은 재상장신청 전에 상장예비심사를 받아야 한다.

<h2>4   상장폐지된 주권발행인의 재상장요건[10]</h2>

유가증권시장에서 상장폐지된 기업이 상장폐지 후 5년 이내에 다시 상장하기 위해서는 〈표 2−7〉의 재상장요건을 충족하여야 한다.

---

10 상장폐지된 기업의 재상장 관련 규정은 유가증권시장에서 상장폐지된 기업에 한한다. 코스닥시장에서는 일반재상장에 대해 규정하고 있지 않아, 상장폐지된 후 다시 상장을 추진하는 기업의 경우 신규상장에 준하여 상장요건을 충족하여야 한다.

표 2-7　유가증권시장의 일반재상장 심사요건

요건	유가증권시장 재상장요건
상장폐지 후 경과연수	5년 이내
자기자본	300억 원 이상
상장주식수	100만 주 이상
주식분산	■ 다음의 지분요건 중 모두 충족 ① 일반주주의 소유주식 요건이 다음의 하나를 충족 　• 일반주주지분 20% 이상 또는 일반주주 소유주식수 400만 주 이상 　• 일반주주지분 10% 이상으로서 자기자본 또는 기준시가총액을 기준으로 일정 주식수 이상 ② 일반주주 500명 이상
매출액 및 수익성 & 기준시가총액 (택일)	■ 다음의 경영성과 중 어느 하나를 충족 ① 매출액 및 수익성이 다음 모두를 충족 　• 최근 사업연도 매출액 1,000억 원 이상 　• 최근 사업연도 영업이익, 법인세차감전계속사업이익 및 당기순이익이 있고 이익액이 다음 어느 하나에 해당 　　－ 최근 사업연도 이익액 30억 원 이상 　　－ 최근 사업연도 자기자본이익률 5% 이상 ② 매출액 및 시가총액 　최근 사업연도 매출액 2,000억 원 이상 & 기준시가총액 4,000억 원 이상
감사의견	• 최근 사업연도 : 적정 • 최근 사업연도 전 1년 : 적정 or 한정(감사범위 제한에 따른 한정은 제외)
합병 등	• 상장폐지 후 합병을 한 사실이 없을 것(소규모합병 제외)
사외이사 등	• 재상장신청일 현재 사외이사 선임의무 및 감사위원회 설치의무 충족
매각제한	• 최대주주 등 소유주식 : 상장후 6개월간 • 상장예비심사신청 전 1년 이내 제3자 배정 신주 : 발행일로부터 1년간(단, 그날이 상장일로부터 6개월 이내인 경우에는 상장후 6개월간)

주 : 당해 사업연도의 영입이익/법인세비용차감전계속사업이익/당기순이익 중 적은 금액을 기준으로 함.

5　분할 및 분할합병으로 인한 재상장법인의 재상장요건

거래소 상장법인의 분할이나 분할합병(물적분할은 제외)에 따라 신설된 법인의 주권을 상장하는 경우, 다음의 요건을 충족하여야 한다.

요건	유가증권시장	코스닥시장
영업활동 기간	이전 대상 영업부문 3년 이상	−
기업규모	• 자기자본 100억 원 이상이고 재상장예정 보통주식수 100만 주 이상	• 자기자본 30억 원 이상
매출액 등	• 최근 사업연도 매출액 300억 원 이상이고, 이익액 25억 원 이상	• 법인세차감전계속사업이익이 있고 이전 영업무문에 대한 성과가 다음의 하나를 충족 − 최근 사업연도 자기자본이익률 : 10% 이상 − 최근 사업연도 당기순이익 : 20억 원 이상 − 최근 사업연도 매출액 : 100억 원 이상
자본상태	−	• 자본잠식이 없을 것
유통주식수	−	• 100만 주 이상
감사의견 등	• 감사인의 검토보고서와 감사보고서의 검토의견과 감사의견이 모두 적정	(좌동)
기타	• 재상장신청일 현재 사외이사 선임 의무와 감사위원회 설치 의무를 충족하고 있을 것 • 주식양도 제한이 없을 것	(좌동)

주 : 코스닥시장은 벤처기업의 경우 기업규모, 매출액 요건은 1/2로 축소하여 적용

section 07 상장증권의 매매거래정지제도

1 매매거래정지제도의 취지

매매거래정지제도는 당해 상장법인의 주권에 중대한 영향을 미칠 사유가 발생할 경우 당해 법인이 발행한 주권의 매매거래를 정지시키고 투자자에게 해당 사실을 공표한 후 매매거래를 재개하여 공익과 투자자를 보호하기 위한 제도이다.

2 매매거래 정지사유 및 정지기간

근거	정지사유	정지기간
공시규정 유 §40 코 §37	1. 조회공시 답변공시 기한 내 불응	조회공시 답변공시까지
	2. 기업의 주가/거래량에 중대한 영향을 미칠 수 있는 중요내용 공시	당해 공시 시점부터 30분*
	3. 불성실공시법인 지정(유가 : 벌점 10점 미만 제외, 코스닥 : 벌점 8점 미만 제외)	지정일 당일
	4. 풍문·보도 관련 거래량 급변 예상	조회 공시 시점~답변공시 후 30분이 경과한 때까지*(단, 조회결과를 공시한 후에도 해당풍문 등이 해소되지 아니하는 경우 매매거래 재개 연기 가능)
상장규정 유 §153 코 §29	5. 관리종목 지정	1일간(예외 : 사업보고서 미제출과 회생절차 개시신청의 경우 사업보고서 제출 시, 회생절차개시결정일까지)
	6. 상장폐지기준 해당	사유를 확인한 날부터 정지사유 해소 인정 시까지
	7. 위·변조 증권 발생 확인	1일간
	8. 주식병합 또는 분할 등을 위한 구주권 제출 요구 시	정지사유 해소 인정 시까지
	9. 우회상장 관련 공시 (상장-비상장법인의 합병, 포괄적 주식교환, 영업 또는 자산양수 등)	확인서 제출 시까지 단, 우회상장 대상으로 확인된 경우 우회상장 예비심사신청서 제출일까지
	10. 상장폐지실질심사대상 사실 확인	사유를 확인한 날부터 정지사유 해소 인정 시까지
	11. 공익과 투자자 보호 등	정지사유 해소 인정 시까지
업무규정 유 §26 코 §25	12. 매매거래 폭주로 인해 매매거래 시킬 수 없다고 인정되는 경우	호가상황 및 거래상황을 감안하여 거래 재개 시기 결정
	13. 거래내용이 현저히 공정성을 결여할 우려가 있는 경우	1일(거래소가 필요하다고 인정하는 경우 5일 이내)
	14. 투자경고종목 또는 투자위험종목 중 시장감시위원회가 요청한 경우	요청받은 기간

* 다만, 공시시점이 당일 정규시장 매매거래시간 종료 60분 전 이후인 경우 다음 매매거래일부터 재개하며, 당일 정규시장 매매거래개시시간(09:00) 이전인 경우에는 매매거래 개시 후 30분이 경과(09:30)한 후 재개

1 의의

거래소시장은 다수의 투자자가 참여하여 매매거래하는 곳이므로, 투자자가 믿고 투자할만한 일정 요건을 갖춘 기업에 대해 투자 적격성과 관련한 엄격한 심사를 거쳐 상장을 하게 된다. 따라서, 기상장법인이 기업내용의 변화 등으로 그 적격성을 상실하는 경우 거래소는 신속히 당해 법인의 발행주식을 거래대상에서 제외함으로써 투자자를 보호할 필요성이 있다.

상장폐지는 거래소시장에 상장된 증권에 대하여 유가증권시장에서 매매거래대상이 될 수 있는 적격성을 상실시키는 조치라고 한다면, 관리종목지정은 상장기업의 영업실적 악화 등으로 기업부실이 심화되거나, 유동성 부족 또는 기업지배구조 등이 취약하여 상장폐지 우려가 있다고 판단되는 경우 사전예고단계로서 투자자의 주의를 환기시키기 위한 조치이다.

상장폐지는 당해 주권상장법인의 신청에 의하는 경우도 있으나(신청폐지), 거래소의 직권(상장폐지기준)에 의하여 상장을 폐지하는 경우가 일반적(직권폐지)이다. 당해 주권상장법인이 상장폐지를 신청하는 경우 거래소는 상장공시위원회의 심의를 거쳐 상장폐지 여부를 결정한다.

2 관리종목 지정 및 상장폐지기준

유가증권시장과 코스닥시장의 관리종목 지정 및 상장폐지 기준은 〈표 2-8〉과 같다. 한국거래소는 2022년 9월 30일 개최된 제3차 규제혁신회의 논의 결과를 바탕으로 이의신청이 불가능한 재무관련 형식 상장폐지 사유를 실질심사 사유로 전환하고 이의 신청이 불가능한 일부 상장폐지 사유에 대하여 이의신청 및 개선기회를 부여하여 상장폐지 사유 해소 및 정상화를 유도하고 있다.

요건	유가증권시장 퇴출요건	코스닥시장 퇴출요건
매출액	[관리] 최근년 50억 원 미만 (지주회사의 경우 연결매출액 기준) [퇴출] 2년 연속 (실질심사)	[관리] 최근년 30억 원 미만(지주회사는 연결기준) * 기술성장기업, 이익미실현기업은 각각 상장후 5년간 미적용 [퇴출] 2년 연속 (실질심사) 이익미실현기업 관련, 관리종목지정 유예기간 중 최근 3사업연도 연속으로 매출액이 5억원 미만이면서 전년대비 100분의 50 이상의 매출액 감소가 공시를 통해 확인되는 경우
법인세비용 차감전 계속사업손실	–	[관리] 자기자본 50% 이상(&10억 원 이상)의 법인세비용차감전계속사업손실이 최근 3년간 2회 이상 & 최근 사업연도 법인세비용차감전계속사업손실 발생 * 기술성장기업 상장 후 3년 미적용, 이익미실현 기업 상장후 5년 미적용 [퇴출] 관리종목 지정 후 자기자본 50% 초과 & 10억 원 이상의 법인세비용차감전계속사업손실 발생 (실질심사) 관리종목지정 후 재차 발생시
자본잠식 / 자기자본	[관리] 최근년말 자본잠식률 50% 이상 [퇴출] 최근년말 완전자본잠식	[관리] (A) 사업연도말 자본잠식률 50% 이상 (B) 사업연도말 자기자본 10억 원 미만 (C) 반기보고서 기한 경과 후 10일 내 미제출 or 검토(감사)의견 부적정·의견거절·범위 제한 한정 [퇴출] • 최근년말 완전자본잠식 • A or C 후 사업연도말 자본잠식률 50% 이상 • B or C 후 사업연도말 자기자본 10억 원 미만 • A or B or C 후 반기말 반기보고서 기한 경과 후 10일 내 미제출 or 감사의견 부적정·의견거절·범위 제한 한정

표 2-8 유가증권시장과 코스닥시장의 관리종목 지정 및 상장폐지 기준

	[관리] 보통주 시가총액 50억 원 미만 30일간 지속	[관리] 보통주 시가총액 40억 원 미만 30일간 지속
시가총액	[퇴출] 관리종목 지정 후 90일간 "연속 10일 & 누적 30일간 50억 원 이상"의 조건을 충 족하지 못하는 경우	[퇴출] 관리종목 지정 후 90일간 "연속 10일 & 누적 30일간 40억 이상"의 조건을 충족 하지 못하는 경우

사외이사등	[관리]
	• 사외이사수가 이사 총수의 1/4미만 등
	• 감사위원회 미설치 또는 사외이사수가
	  감사위원의 2/3 미만 등(자산총액 2조
	  원 이상 법인만 해당)
		[관리]
		사외이사/감사위원회 구성요건 미충족

	[퇴출] 2년 연속	[퇴출] 2년 연속
회생절차 개시신청	[관리] 법원에 회생절차개시 신청	[관리] 법원에 회생절차개시 신청
	[퇴출] 회생절차 기각 시 상장적격성 실질심사 로 이관	[퇴출] 회생절차 기각 시 상장적격성 실질심사 로 이관
파산신청	[관리] 파산 신청	[관리] 파산 신청
	[퇴출] 법원의 파산선고 결정	[퇴출] 법원의 파산선고 결정
감사(검토) 의견	[관리] • 반기보고서 부적정, 의견거절 • 감사보고서 감사범위 제한으로 인한 한정	[관리] 반기보고서 부적정, 의견거절, 범위 제한 한정 or 반기보고서 기한 경과 후 10일 내 미제출
	[퇴출] • 감사보고서 부적정, 의견거절 • 감사보고서 범위 제한 한정 2년 연속	[퇴출] 감사보고서 부적정, 의견거절, 범위 제한 한정
거래량	[관리] 반기 월평균거래량이 유동주식수의 1% 에 미달	[관리] 분기 월평균거래량이 유동주식수의 1% 에 미달
	[퇴출] 2반기 연속	[퇴출] 2분기 연속
지분분산	[관리] 일반주주 200인 미만 or 일반주주지분 10% 미만	[관리] 소액주주 200인 미만 or 소액주주지분 20% 미만
	[퇴출] 2년 연속	[퇴출] 2년 연속 (이의 신청 신규 허용)

불성실공시	[관리] 최근 1년간 공시위반 관련 벌점 합계 15점 이상	[관리] 최근 1년간 공시위반 관련 벌점 합계 15점 이상
	[퇴출] • 관리종목 지정 후 최근 1년간 누계벌점이 15점 이상 추가(상장적격성 실질심사) • 관리종목 지정 후 고의, 중과실로 공시의무 위반(상장적격성 실질심사)	[퇴출] (실질심사대상)
공시서류	[관리] 분기, 반기, 사업보고서 기한 내 미제출	[관리] (A) 분기, 반기, 사업보고서 기한 내 미제출 (B) 정기주총 미개최 or 재무제표 미승인

	[퇴출]
	• 분기, 반기, 사업보고서 2회 연속 미제출
	• 사업보고서 제출기한 후 10일 내 미제출
	  (이의신청 신규 허용)
		[퇴출]
		• 2년간 3회 분기, 반기, 사업보고서 미제출
		• 사업보고서 제출기한 후 10일 내 미제출
		• A(미제출 상태 유지) or B 후 다음 회차에 A or B
		  (이의신청 신규 허용)

기타 (즉시퇴출)	• 최종 부도 또는 은행거래정지 • 법률에 따른 해산사유 발생 시 • 주식양도제한을 두는 경우 • 당해 법인이 지주회사의 완전자회사가 되는 경우 • 우회상장 시 우회상장 관련 규정 위반 시	• 최종 부도 또는 은행거래정지 • 피흡수합병등 해산사유 발생 시 • 정관 등에 주식양도제한을 두는 경우 • 유가증권시장 상장을 위한 경우 • 우회상장 시 우회상장 관련 규정 위반 시

3 상장적격성 실질심사

(1) 의의

상장적격성 실질심사제도는 매출액 부풀리기 등 임시방편적 수단을 통해 상장폐지 기준을 회피하려는 기업, 중요내용 공시의무를 위반하여 투자자의 시장 신뢰를 훼손하는 기업, 또는 임직원의 배임·횡령 등으로 기업의 계속성 점검이 요구되는 기업 등을 대상으로 당해 기업의 상장을 유지하는 것이 적정한지 여부를 판단하는 제도이다.

(2) 상장적격성 실질심사 대상

거래소는 〈표 2−9〉와 같은 사유에 해당하는 보통주권 상장법인에 대하여 상장적격성 실질심사를 실시한 결과 기업의 계속성, 경영의 투명성, 그 밖에 공익 실현과 투자자 보호 등을 종합적으로 고려하여 필요하다고 인정하는 경우에는 해당 보통주권을 상장폐지한다.

표 2-9 상장적격성 심사 대상

유가증권시장	코스닥시장
• 불성실공시로 관리종목 지정된 법인 　－불성실공시 누계벌점이 최근 1년간 15점 이상 추가된 경우 　－기업경영에 중대한 영향을 미칠 수 있는 사항에 대해 고의 또는 중과실로 공시의무를 위반하여 불성실공시법인으로 지정된 경우 • 회생절차개시 신청법인으로 관리종목 지정된 법인 　－회생절차개시신청 기각, 회생절차개시결정 취소, 회생계획 불인가 또는 회생절차폐지결정시 • 주권의 상장 또는 상장폐지심사와 관련한 제출서류에 투자자 보호와 관련하여 중요한 사항이 거짓으로 적혀 있거나 빠져있는 사실이 발견된 경우 • 기업의 계속성, 경영의 투명성, 기타 공익과 투자자 보호 등을 종합적으로 고려하여 상장폐지가 필요하다고 인정되는 경우 　－증자나 분할 등이 상장폐지요건을 회피하기 위한 것으로 인정되는 경우 　－당해 법인에게 상당한 규모의 횡령·배임 등과 관련된 공시가 있거나 사실 등이 확인된 경우 　－국내 회계기준을 중대하게 위반하여 재무제표를 작성한 사실이 확인되는 경우 　－주된 영업이 정지된 경우 　－자본잠식으로 상장폐지 사유에 해당하여 특수목적 감사보고서를 제출하여 사유해소가 확인된 경우 　－거래소가 투자자 보호를 위해 상장폐지가 필요하다고 인정하는 경우	• 불성실공시로 관리종목 지정된 법인 　－관리종목 지정 후 누계벌점이 최근 1년간 15점 이상 추가된 경우 　－관리종목지정법인이 추가로 불성실공시법인으로 지정된 경우로서 공시내용의 중요성 및 고의 또는 중과실이 인정되는 경우 • 회생절차개시 신청법인으로 관리종목 지정된 법인 　－회생절차개시신청 기각, 회생절차개시결정 취소, 회생계획 불인가 또는 회생절차폐지결정 시 • 상장신청서 및 첨부서류내용 중 중요사항의 허위기재 또는 누락내용이 투자자 보호를 위하여 중요하다고 판단되는 경우 • 기업의 계속성, 경영의 투명성 또는 기타 코스닥시장의 건전성 등을 종합적으로 고려하여 상장폐지가 필요하다고 인정되는 경우 　－증자나 분할 등이 상장폐지요건을 회피하기 위한 것으로 인정되는 경우 　－자기자본의 5% 이상 횡령/배임 혐의 확인(임원은 3% 이상 또는 10억 원 이상) 　－외감법상 분식회계의 중대한 위반이 확인된 경우 　－주된 영업의 정지(분기 3억, 반기 7억) 　－자구감사보고서를 제출하여 상장폐지사유를 해소한 경우 　－자기자본의 50% 이상 손상차손 발생 시 　－관리/투자주의환기종목의 경영권 변동, 제3자배정 증자대금 6월 내 재유출 시 　－거래소가 투자자 보호를 위해 상장폐지가 필요하다고 인정하는 경우

(3) 상장적격성 실질심사 절차

거래소는 보통주권 상장법인이 상장적격성 실질심사 기준 중 어느 하나에 해당하는 사실을 확인한 경우에는 즉시 당해 상장법인의 매매거래를 정지시키고, 15일(영업일을 기준) 이내에 당해 사실이 기업심사위원회 심의대상이 되는지 여부를 결정해야 한다. 다만, 추가 조사가 필요한 경우에는 15일 이내에서 그 기간을 연장할 수 있다.

거래소가 심의대상으로 결정한 경우에는 20일 이내에 심의위원단 중에서 심의위원을 선정하고 기업심사위원회를 개최하여 그 법인이 상장적격성을 유지하고 있는지를 심의한다.

거래소는 상장적격성 심사대상 여부의 심사 또는 상장적격성 여부의 심의에 필요하다고 인정하는 경우에 해당 상장법인에 대하여 관련 자료의 제출 또는 관계자의 의견 진술을 요청하거나 현지조사를 실시할 수 있다.

4 상장폐지절차

(1) 상장폐지 우려 예고

거래소는 보통주권 상장법인이 관리종목으로 지정되는 경우, 증권시장에 참여하는 다수의 투자자를 보호하기 위해 해당 상장법인이 상장폐지 사유에 해당될 우려가 있다는 사실을 상장폐지 사유에 해당될 때까지 예고할 수 있다.

(2) 상장공시위원회 심의

상장폐지 사유에 해당하는 경우에는 상장폐지의 사유와 근거, 상장폐지에 대하여 이의신청을 할 수 있다는 내용 등을 해당 주권상장법인에 서면으로 알려야 한다. 당해 통지를 받은 주권상장법인이 상장폐지 결정에 대하여 이의가 있는 경우에는 그 통지를 받은 날부터 유가증권시장은 15영업일, 코스닥시장은 7영업일 이내에 거래소에 이의를 신청할 수 있다. 다만, 일부 상장폐지사유[11]의 경우에는 이의를 신청하지 못한다.

거래소는 상장법인의 이의신청이 있는 경우에는 상장공시위원회의 심의를 거쳐 상

---

11 유가증권시장 : 정기보고서 미제출, 자본잠식, 매출액 미달, 해산, 지주회사 편입
  코스닥시장 : 정기보고서 미제출, 자본잠식, 매출액 미달, 해산, 최종 부도·은행거래 정지, 법인세 비용차감전계속사업손실, 장기간 영업손실, 거래량 미달, 신청에 의한 상장폐지, 시가총액 미달

장폐지 또는 개선기간 부여 여부 등을 결정하고, 부여된 개선기간이 종료된 경우에는 개선계획의 이행 여부 등에 대한 심의를 거쳐 상장폐지 여부를 결정한다. 다만, 거래소는 주권상장법인이 개선계획을 이행하지 않는 경우, 또는 영업활동에 필요한 자산을 보유하지 않거나 주된 영업이 중단되는 등 계속기업으로서의 존립이 어렵다고 인정되는 경우 등에는 상장공시위원회의 심의를 거쳐 상장폐지의 시기를 단축할 수 있다.

(3) 상장폐지의 유예

계속기업 가정에 대한 불확실성으로 감사의견 부적정 또는 의견거절이 발생하여 상장폐지 사유에 해당하는 상장법인이 정리매매를 시작하기 전에 해당 사유가 해소되었음을 증명하는 감사인의 의견서를 제출하는 경우에 거래소는 상장공시위원회의 심의를 거쳐 반기보고서의 법정 제출기한까지 상장폐지를 유예할 수 있다. 상장폐지가 유예된 보통주권 상장법인의 반기재무제표에 대하여 감사인의 감사의견이 적정이거나 한정(감사범위 제한으로 한정인 경우를 제외)인 경우에 거래소는 해당 상장폐지 사유가 해소된 것으로 본다.

우회상장기준 위반에 해당하는 보통주권 상장법인이 정리매매를 시작하기 전에 우회상장에 해당하는 거래를 취소하는 결의나 결정을 하는 경우에 거래소는 그 결의나 결정사항이 이행되는 날까지 상장폐지를 유예할 수 있다. 이에 따라 상장폐지가 유예된 보통주권 상장법인이 해당 결의나 결정사항을 이행한 사실이 확인된 경우에 거래소는 상장폐지 사유가 해소된 것으로 본다.

(4) 정리매매기간의 부여

상장폐지결정이 된 종목은 투자자에게 최종 매매기회를 주기 위해 7일 동안 정리매매를 할 수 있도록 한 후 상장을 폐지한다.

상장수수료 및 연부과금

1 상장수수료

상장신청인은 당해 주식회사의 주식 및 채권을 유가증권시장에 상장하기 위하여는 소정의 상장수수료를 납부해야 하는데 국채증권, 지방채증권, 통화안정증권 등의 경우는 그 납부를 면제하고 있다.

2 연부과금

연부과금은 정기납부와 수시납부로 구분되는데, 정기납부의 경우 상장증권의 발행인은 발행한 증권의 상장이 계속되는 한 소정의 연부과금을 매년 1월에 납부해야 하는데, 상장증권 중 국채증권, 지방채증권, 통화안정증권, 상장일로부터 존속기간이 1년 미만인 채무증권(채권) 등에 대해서는 면제하고 있다.

chapter 03

기업내용 공시제도

section 01 의의

기업내용 공시제도란 상장법인의 기업내용을 투자자 등 이해관계자들에게 정기 또는 수시로 공개하여 증권시장 내의 투자자 간 정보 불균형을 해소함과 더불어 당해 기업의 주가가 공정하게 형성되고 시장에서의 거래가 원활히 이루어질 수 있도록 하는 제도로서, 발행시장에서의 모집·매출이나 유통시장에서의 거래에서 투자자들이 공정한 투자판단을 할 수 있도록 하는 정보제공 수단이다.

1 기업공시제도의 역할

기업내용 공시제도는 상장법인으로 하여금 기업내용을 투자자에게 신속·정확하게 제공하도록 하여 정보 형평을 통한 증권시장의 효율성을 실현시키는 제도로, 내부자거래 등 불공정거래행위 방지 및 기업활동에 대한 사회적 감시기능을 수행한다. 즉, 모든 투자자가 기업내용을 공평하게 알 수 있도록 합리적인 투자판단자료를 제공함으로써, 증권거래의 공정성을 도모하고 다수의 투자자를 보호하는 역할을 담당하고 있다.

2 기업내용 공시의 요건

기업내용 공시제도가 증시 투명성을 통한 효율적 자원배분과 투자자 보호라는 본래 목적을 달성하기 위해서는 다음과 같은 조건들이 필요하다.

❶ 정보의 정확성 및 완전성 : 공시되는 정보가 정확하고 완전하여 투자판단자료로서의 신뢰성이 있어야 함
❷ 공시의 신속성 및 적시성 : 공시되는 정보가 최신의 것으로 당시의 상태를 적시에 파악할 수 있어야 함
❸ 공시내용 이해 및 접근 용이성 : 공시되는 정보를 투자자가 용이하게 접근하고 이해할 수 있어서 투자의사 결정에 필요한 정보를 언제든지 쉽게 이용할 수 있어야 함
❹ 공시내용 전달의 공평성 : 투자자 간에 정보의 비대칭성이 발생하지 않도록 모든 투자자에게 공평하게 전달될 수 있도록 해야 함

section 02 기업내용 공시제도의 개요

1 자본시장법 및 관련 규정상의 공시

기업내용 공시제도는 일반적으로 발행시장 공시제도와 유통시장 공시제도로 구분된다. 발행시장 공시는 증권의 발행인으로 하여금 당해 증권과 증권의 발행인에 관한 모

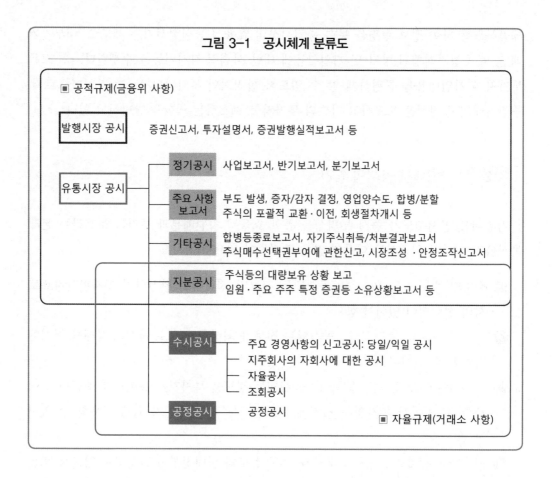

그림 3-1 공시체계 분류도

■ 공적규제(금융위 사항)

발행시장 공시   증권신고서, 투자설명서, 증권발행실적보고서 등

유통시장 공시

정기공시   사업보고서, 반기보고서, 분기보고서

주요 사항
보고서   부도 발생, 증자/감자 결정, 영업양수도, 합병/분할
주식의 포괄적 교환·이전, 회생절차개시 등

기타공시   합병등종료보고서, 자기주식취득/처분결과보고서
주식매수선택권부여에 관한신고, 시장조성 ·안정조작신고서

지분공시   주식등의 대량보유 상황 보고
임원·주요 주주 특정 증권등 소유상황보고서 등

수시공시   주요 경영사항의 신고공시: 당일/익일 공시
지주회사의 자회사에 대한 공시
자율공시
조회공시

공정공시   공정공시   ■ 자율규제(거래소 사항)

든 정보를 투명하게 전달하도록 하는 공시로서 증권을 모집·매출하는 경우에 신고·
공시하는 증권신고서, 투자설명서, 증권발행실적보고서 등의 공시를 들 수 있다.

반면, 유통시장 공시는 증권시장에 공급된 증권이 투자자 간에 이루어지는 거래와
관련하여 기업의 경영내용을 알리도록 하는 공시로서 이에는 정기공시, 수시공시, 주
요사항보고서, 기타 공시가 있다.

2   공시매체 및 공시방법

공시내용을 전달해 주는 매체로서는 금융감독원 및 한국거래소의 전자공시시스템,
증권정보단말기(거래소가 정한 요건을 갖춘 단말기), 증권시장지 등이 있다.
거래소시장 상장법인이 제출하는 모든 신고사항은 전자문서에 의한 방법으로 제출
이 가능하며, 이 경우 전자문서 제출인 또는 제출대행인을 등록하여야 한다.

1 주요 경영사항 공시의 의의

주요 경영사항 공시란 수시로 발생하는 기업의 경영정보 중 투자자의 투자판단에 중요한 영향을 주는 사실 또는 결정 내용을 적시에 공시하게 함으로써 투자자가 투자판단에 필요한 기업정보를 인지하고 투자 여부를 결정할 수 있도록 하기 위한 제도이다.

주요 경영사항 공시는 그 중요성에 따라 당일 공시사항과 익일 공시사항으로 구분하여 운영하고 있는데, 당일 공시사항은 사유발생 당일(당일 18 : 00시 또는 익일 7 : 20분) 내에 공시하여야 하고, 익일 공시사항의 경우 사유발생 익일(익일 18 : 00시 또는 익익일 7 : 20분)까지 공시하여야 한다.

2 주요 경영사항 공시대상

상장법인은 다음의 사실 또는 결정내용을 사유발생 당일(일부는 익일) 공시하여야 한다.

❶ 영업의 정지, 주요 거래처와의 거래중단 등 영업 및 생산활동 사항

❷ 증자 또는 감자결정, 이익소각 결정, 자기주식 취득 또는 처분의 결정 등 발행증권 관련 사항

❸ 신규시설투자, 유형자산의 취득 · 처분, 타법인 출자 결정 등 투자활동 사항

❹ 채무인수 및 면제 결정, 타인을 위한 담보제공 또는 채무보증 등 채권 · 채무 관련 사항

❺ 재해 발생, 임 · 직원 등의 횡령 · 배임 발생 등 기업손익에 중대한 영향을 미칠 사항

❻ 감사보고서의 접수, 주식배당의 결정, 회계처리위반 등 결산 관련 사항

❼ 합병, 영업양수도, 경영위임, 분할, 분할합병, 물적분할 등의 결정 등 지배구조 관련 사항

❽ 부도 발생, 당좌거래정지, 파산 신청, 법원으로부터 파산선고 등 기업 존립에 영

향을 미치는 사항

❾ 증권발행에 대한 효력 관련 소송, 주총 무효소송 등 기업과 관련된 소송에 관한 사항

❿ 주주총회 소집을 위한 이사회 또는 주주총회 등 주주총회 관련 사항

⓫ 그 밖에 영업·생산활동, 재무구조 또는 기업경영활동 등에 관한 사항으로서 주가 또는 투자자의 투자판단에 중대한 영향을 미치거나 미칠 수 있는 사실 또는 결정

section 04　자율공시

주권상장법인은 공시의무사항이 아닌 경우에도 회사의 경영·재산 및 투자자의 투자판단에 중대한 영향을 미칠 수 있다고 판단되는 사항이나 장래계획에 관한 사항, 또는 투자자에게 알릴 필요가 있다고 판단되는 주요 경영사항에 대해 그 발생 사실 또는 결정내용을 사유발생일 다음날까지 자율적으로 공시할 수 있다. 자율공시한 내용을 변경 또는 번복하는 경우에도 불성실공시법인으로 지정된다.

section 05　조회공시

거래소가 상장법인의 기업내용에 관한 풍문·보도의 사실 여부에 대하여 당해 법인에 공시를 요구하거나, 상장법인이 발행한 주권 등의 가격이나 거래량의 현저한 변동에 따라 중요한 미공개정보의 유무 여부에 대한 공시를 요구하는 경우 당해 법인이 일정기간 내에 공시하는 방법이다.

풍문 등의 조회공시를 요구받은 시점이 오전인 경우에는 오후까지, 오후인 경우에는

그 다음날 오전까지 공시하여야 하나 부도, 해산, 영업활동정지 등 상장폐지기준에 해당하는 풍문 및 보도 등과 같이 조회공시 요구 시 매매거래 정지조치가 취해지는 사항은 다음날까지 공시하여야 한다.

1 공정공시 도입 배경

공정공시제도는 주권상장법인의 특정인에 대한 선별적인 미공개정보 제공행위를 금지하여 투자자 간 정보의 공평성을 확보하고 미공개정보를 이용한 불공정거래 가능성을 예방하는 등 수시공시제도의 미비점을 보완하기 위한 제도이다.

2 공정공시제도의 내용

기업(공정공시정보 제공자)이 공시되지 않은 중요정보(공정공시 대상정보)를 특정인(공정공시정보 제공대상자)에게 선별적으로 제공하고자 하는 경우, 모든 시장참가자들이 이를 알 수 있도록 그 특정인에게 제공하기 전에 이를 공시하여야 하는 공정공시 의무가 발생한다.

(1) 공정공시 대상정보

공정공시 대상정보는 장래 사업계획·경영계획, 매출액 등 경영실적에 대한 전망 또는 예측치, 신고기한이 도래하지 않은 수시공시 의무사항 등 4가지 범주로 구분한다.

❶ 장래 사업계획 또는 경영계획

❷ 매출액, 영업손익, 법인세비용차감전계속사업손익, 당기순손익 등에 대한 전망 또는 예측

❸ 사업·반기·분기보고서 등 정기보고서 제출 전의 매출액, 영업손익, 법인세비용

차감전계속사업손익, 당기순손익 등 영업실적

❹ 수시공시 관련 사항으로서 그 신고기한이 경과되지 아니한 사항

(2) 공정공시정보 제공자

공정공시정보 제공자는 당해 법인, 공정공시 대상정보에 접근 가능한 포괄적 지위자 및 직원 등 3가지 범주로 구분한다.

❶ 상장법인 및 그 대리인

❷ 상장법인의 임원(이사, 감사 또는 사실상 동등 지위자 포함)

❸ 정보대상 접근이 가능한 상장법인의 직원(공정공시대상정보와 관련이 있는 업무수행부서 및 공시업무 관련부서를 말함)

(3) 공정공시정보 제공대상자

공정공시정보 제공대상자는 국내외 투자업 종사자 및 타인에 비해 공정공시 대상정보에 접근이 용이한 자 등 5가지 범주로 구분한다.

❶ 투자매매업자, 투자중개업자, 집합투자업자 등과 그 임·직원 및 이들과 위임 또는 제휴관계가 있는 자

❷ 전문투자자 및 그 임·직원

❸ 신문·통신 등 언론사 및 그 임·직원

❹ 증권정보사이트 등의 운영자 및 그 임·직원

❺ 공정공시 대상정보를 이용하여 증권의 매수, 매도가 예상되는 주주

(4) 공정공시 시한

공시시한은 원칙적으로는 정보를 선별제공하기 전까지이나, 사안별로 제공시한을 구체적으로 정해 운영하고 있다.

❶ IR 등 경우 : 기업설명회 등 개시 시점 전까지

❷ 보도자료 배포 시 : 보도자료 배포 전까지

❸ IR, 기자간담회 등 진행 중 미신고 공정공시 대상정보 제공 시 : 행사 종료 후 지체 없이 신고

(5) 공정공시의무의 적용 예외

거래소는 다음의 경우에는 공정공시의무의 예외로 인정하고 있다.

❶ 보도목적의 언론 취재에 응하여 언론사에 공정공시대상정보를 제공하는 경우
❷ 변호사, 공인회계사, 세무사, 인수계약을 한 주관회사, 대출계약한 금융기관 등 해당 상장법인과의 위임계약에 따른 수임업무의 이행과 관련하여 비밀유지의무가 있는 자에 공정공시대상정보를 제공하는 경우
❸ 금융위의 허가를 받은 신용평가기관이나 S&P나 Moody's 같은 외국의 신용평가기관에 정보를 제공하는 경우 등

다만, 보도내용에 새로운 정보가 있을 경우에는 거래소가 동 보도와 관련하여 조회공시를 요구할 수 있으며, 기자간담회 등을 통해 기업이 보도자료를 제공한 경우에는 공정공시 적용대상이 된다.

한편, 공정공시 대상정보 중에서 전망·예측정보에 대해서는 면책조항을 적용한다. 따라서 예측정보의 공시방법으로 공시하는 경우에는 사후에 실제치가 공시한 내용과 다른 경우에도 공시번복 및 공시변경에 따른 불성실공시법인으로 지정하지 않는다. 다만, 공정공시의무 자체를 위반한 경우에는 불성실공시의 조치대상에 해당한다.

section 07 　기업설명회(IR)

1 　IR 개념

IR(Investor Relations)은 주권상장법인의 경영내용, 사업계획 및 전망 등에 대한 설명회로서 공개적으로 실시하여야 하며, 설명자료의 작성은 공정성과 객관성을 유지해야 한다.

거래소시장 주권상장법인은 IR을 실시하는 경우 그 일시, 장소, 설명회 내용 등을 문서로 거래소에 신고하여야 하고, 거래소는 이를 공시실 등을 통하여 투자자에게 제공할 수 있다. 거래소는 설명회 내용이 실제 사실과 상당히 다르다고 인정되는 경우 사실 여부의 확인을 요구할 수 있으며, 그 결과 중대한 차이가 인정되는 경우에는 불성실공시법인으로 지정할 수 있다.

거래소와 상장회사협의회, 한국IR협의회는 거래소시장 상장법인의 IR 활동에 대한 사항을 권고, 지도 및 후원할 수 있다.

section 08 공시책임자

주권상장법인은 공시의무사항과 기타 주가에 영향을 줄 수 있는 기업내용을 자발적으로 성실하게 공시하여야 하며, 이를 위반함으로써 발생하는 사태에 대해서는 당해 주권상장법인이 전적으로 책임을 지게 된다.

책임의 명확화와 효율적인 적시공시를 위하여 공시책임자 1인을 지정하여야 하며, 이 경우 공시를 성실히 이행하겠다는 내용의 서류를 첨부하여 거래소에 등록하여야 한다. 또한 주권상장법인은 당해 법인의 신고 또는 공시업무를 담당하는 공시담당자를 지정하여 거래소에 등록하여야 하고, 공시책임자와 공시담당자는 신규등록 또는 상장일로부터 6개월 이내에 소정의 공시 관련 교육과정을 이수하여야 한다.

불성실공시

1 불공정공시제도의 의의 및 유형

(1) 불공정공시제도의 의의

불성실공시제도란 주권상장법인이 거래소 공시규정에 의한 신고의무를 성실히 이행하지 않거나 이미 신고한 내용을 번복 또는 변경하여 공시불이행, 공시번복 또는 공시변경의 유형에 해당된 경우 당해 주권상장법인을 불성실공시법인으로 지정하는 제도이다.

(2) 불공정공시의 유형

유형	내용
공시불이행	• 공시의무사항을 기한 내에 신고하지 아니하는 경우 • 공시내용이 허위인 경우
공시번복	• 이미 공시한 내용을 전면 취소, 부인 또는 이에 준하는 내용(조회공시 부인 후 일정 기간 내에 확정공시 등) 등을 공시하는 경우
공시변경	• 기공시한 내용의 중요한 사항을 변경하여 공시하는 경우

2 불성실공시에 대한 조치

(1) 불성실공시법인 지정

거래소는 주권상장법인의 신속하고 정확한 공시를 담보하기 위해, 공시의무를 위반하는 경우 지정예고 및 이의신청 절차 등을 거쳐 불성실공시법인으로 지정한다.

공시불이행, 공시번복, 공시변경에 해당하는 경우 불성실공시법인 지정예고 및 벌점부과를 하고, 당해 법인은 이에 대한 이의가 있는 경우 통보받은 날로부터 7일 이내에 거래소에 이의신청을 할 수 있다. 이 경우 거래소는 신청일로부터 10일 이내에 유가증권시장상장 · 공시위원회의 심의를 거쳐 심의일로부터 3일 이내에 불성실공시지정 여부, 부과벌점 및 공시위반제재금의 부과 여부를 결정하여야 한다. 한편, 당해 법인의 이의신청이 없는 경우 이의신청기간 종료일 다음날 불성실공시법인으로 지정하고 지정당일 1일간 당해 종목에 대하여 매매거래를 정지한다.

(2) 불성실공시법인에 대한 제재

❶ 매매거래정지 : 불성실공시법인으로 지정된 경우, 거래소는 해당 법인이 발행한 주권의 매매거래를 1일간 정지. 다만, 부과벌점이 10점 미만(코스닥 시장은 8점)인 경우에는 매매거래를 정지시키지 않을 수 있음

❷ 불성실공시법인 지정사실 및 부과벌점의 공표 : 거래소는 불성실공시법인에 대해 증권시장지 및 증권정보단말기 등의 시세표상에 '不' 또는 '불성실공시법인'이라는 표시를 하여, 당해 법인이 불성실공시법인으로 지정되었음을 투자자에게 공표. 공표기간은 5점 미만인 경우 1주일, 5점~10점미만 2주일, 10점 이상 1개월 등으로 벌점 수준별로 차등화하여 적용

❸ 공시위반제재금 부과 : 거래소는 불성실공시법인에 대하여 총 10억 원(코스닥시장은 5억 원) 한도에서 공시위반제재금을 부과할 수 있으며, 고의, 중과실 또는 상습적으로 공시의무를 위반한 경우에는 벌점당 3,000만 원(코스닥시장은 1,000만 원)씩 추가 부과할 수 있음. 다만, 최종 부과벌점이 5점 미만인 경우로서 고의, 중과실이 아닌 경우에는 벌점당 400만 원의 제재금으로 이를 대체할 수 있음

❹ 불성실공시법인에 대한 개선계획서 제출 요구 : 거래소는 누계벌점이 15점 이상인 법인에 대하여 향후 공시의무 위반 재발방지에 대한 기업의 개선계획서 및 이행보고서의 제출을 요구할 수 있으며, 당해 법인은 1일 이내에 제출하여야 함

❺ 공시책임자 및 공시담당자 교육 : 불성실공시법인의 공시책임자 및 공시담당자는 거래소가 실시하는 불성실공시 재발방지 및 예방을 위한 교육을 의무적으로 이수하여야 함

❻ 관리종목 지정 및 상장적격성 실질심사 : 불성실공시와 관련하여 과거 1년간 이내에 누계벌점이 15점 이상이 되는 경우에는 관리종목으로 지정이 되고, 관리종목 지정 후 1년 이내 불성실공시법인 지정 등으로 인한 누계벌점이 15점 이상이 되거나 기업경영에 중대한 영향을 미칠 수 있는 사항에 대하여 고의나 중과실로 공시의무를 위반하여 불성실공시법인으로 지정된 경우 상장적격성 실질심사 대상이 됨

❼ 공시책임자 등 교체 요구 : 거래소는 고의 또는 상습적인 불성실공시 행위자에 대해서는 공시책임자 등의 교체를 요구할 수 있음

chapter 04

매매거래제도

주식시장매매제도의 의의

증권시장에서는 거래 상대방을 상호 인지하지 못하는 다수의 투자자가 매매거래에 참여하므로 시장의 공정성·효율성·안정성을 도모하기 위한 관련 제도의 표준화가 필요하다. 이에 따라, 자본시장법은 증권시장에서의 수탁 및 매매제도 등 매매거래와 관련된 사항을 거래소의 업무규정으로 정하도록 하고 있으며, 거래소가 업무규정을 제정 또는 개정하는 경우에는 금융위원회의 승인을 받도록 하고 있다.

거래소의 업무규정은 거래소 회원의 의무 등을 정한 것으로서, 일반투자자에 대한 직접적인 구속력은 없다. 다만, 거래소 회원이 업무규정 준수를 위해 필요한 사항을 일반 투자자에게 요구함으로써, 업무규정은 일반투자자에게도 간적접으로 의무를 부과하는 효과를 지니고 있다.[1]

---

1 거래소시장의 매매거래에 참여할 수 있는 자는 거래소 회원에 국한되고, 모든 금융투자업자가 거

업무규정에서 정하고 있는 증권시장의 주요 제도는 크게 4가지로서 다음과 같이 구분할 수 있다.

① 수탁제도 : 계좌 개설, 수탁방법, 위탁증거금, 수수료 등 거래소 회원이 투자자(위탁자)로부터 매매거래를 수탁하는 방법과 절차에 관한 사항
② 매매제도 : 매매거래시간, 매매거래일, 매매계약체결의 원칙 등 증권시장의 구체적인 매매거래 방법과 절차에 관한 사항
③ 시장관리제도 : 종목별 매매거래정지, 배당락·권리락 조치, 공매도 관리 등 상장증권의 공정한 가격 형성과 안정적 시장운영에 관한 사항
④ 청산결제제도 : 체결된 내역에 대하여 투자자와 회원사 간, 회원사와 거래소 간의 결제방법 및 결제불이행 시의 처리 방법 등에 관한 사항

section 02 매매거래의 수탁

거래소시장에서 매매할 수 있는 자는 금융위원회로부터 금융투자업 인가를 받은 금융투자회사(투자매매·중개업자, 즉 증권회사)로서 거래소의 회원인 자로 한정하고 있다. 따라서 일반투자자가 거래소시장에서 증권을 매매하고자 할 경우에는 거래소의 회원인 금융투자회사에 주문을 위탁하여야 하며, 이는 회원의 입장에서는 수탁을 하게 되는 것이다.

최근에는 전자통신기술의 발달로 인하여 수탁방법과 수탁장소의 개념이 크게 변화하고 있다. 1997년 이전에는 금융투자회사의 본점, 지점, 기타의 영업소 이외의 장소를 매매거래의 수탁장소로 할 수 없도록 하고 수탁의 방법도 문서, 전화, 팩스 등에 의한 수탁으로 한정하였으나, 현재에는 이러한 수탁장소와 방법에 대한 제한이 크게 완화되어 컴퓨터나 휴대폰을 이용한 주문도 가능하게 되었다.

래소 회원인 것은 아니므로, 본 장에서는 금융투자회사라는 용어 대신 "회원"이라는 용어로 서술한다.

1 계좌의 설정

회원이 투자자로부터 매매거래를 위탁받아 이를 처리하고자 할 때에는 매매거래계좌설정약정서에 의하여 사전에 해당 투자자 명의의 매매거래계좌를 설정하여야 한다. 이는 회원과 투자자 간의 매매거래 위탁에 관한 계약이 성립한다는 것을 의미하는 것으로, 동 계약에 따라 회원사는 매매거래의 명의인으로, 투자자는 해당 매매거래의 계산주체로서 매매거래가 이루어진다. 매매거래계좌의 설정약정서는 회원과 투자자 간의 계약관계를 서면으로 명시하여 상호 간의 분쟁을 방지함과 동시에 투자자가 사전에 위탁계약 조건을 확인하도록 하는데 그 의의가 있다.

2 계좌의 설정방법

(1) 회원의 고객정보 파악

회원은 계좌 설정(또는 투자권유) 전에 해당 투자자에 관한 정보를 조사하고 이를 기초로 투자대상 상품에 대한 적합성을 파악하여야 한다. 이를 위해 회원은 우선 투자자의 금융투자상품에 대한 전문성 구비 여부 및 보유자산 규모 등을 고려하여 '전문투자자'와 '일반투자자'로 구분하고, '일반투자자'에 대해서는 회원이 계좌 개설 전에 면담 등을 통해 투자목적, 재산상태, 투자경험 등을 파악하고 동 내용을 서면, 녹취, 전자통신 등에 의한 방법으로 확인하여야 한다. 회원은 이러한 절차를 통하여 일반투자자의 투자 특성을 파악하여 해당 투자자의 특성에 적합한 상품에 대해서만 투자를 권유할 수 있고, 계좌 설정 시 투자자로부터 성명, 주민등록번호, 주소 등 필요한 사항을 확인하고 기록·유지하여야 한다.

(2) 매매거래수탁에 관한 약관

매매거래수탁에 관한 약관이란 회원이 위탁자와 매매거래계좌를 설정할 때 사용하는 표준화된 계약 내용으로, 회원은 다수의 위탁자와 매매거래계좌를 설정하므로 위탁자별로 계약내용을 달리 적용하는 것은 현실적으로 불가능하다는 점을 반영하여, 표준화된 약관을 만들어 각각의 계좌 설정 시에 일괄 적용하고 있다.

동 약관에는 관계법령·거래소의 업무 관련 규정 등의 준수에 관한 사항, 회원의 수탁 거부 및 제한 등에 관한 사항, 위탁증거금 등의 징수에 관한 사항 등이 포함되어야 한다.

회원은 계좌 설정 시 약관의 중요 내용을 위탁자에게 설명하여야 하고, 위탁자가 요구하는 경우에는 약관을 해당 위탁자에 교부하여야 한다. 또한 약관을 새로 정하거나 변경한 때에는 그 내용을 시행일로부터 5매매거래일 이내에 거래소로 통보하여야 한다.

한편, 자본시장법은 금융투자협회가 금융투자업의 영위와 관련된 표준약관을 제정할 수 있도록 하고 있으며, 이에 따라 금융투자협회가 제정한 매매거래계좌설정약관을 대부분의 회원사가 표준약관으로 사용하고 있다.

(3) 주문방법 등에 대한 공표 및 설명

회원은 주문의 생성·접수·점검·제출 관련 서비스 항목과 방법을 홈페이지 등에 공표하고, 회원이 위탁자와 매매거래계좌를 설정할 때에는 위탁자가 자신에게 적합한 주문방법 등을 선택할 수 있도록 해당 내용을 설명하여야 한다. 한편, 회원이 주문방법 등을 정하거나 변경하는 경우에는 홈페이지 등에 공표하는 즉시 거래소에 통보하여야 한다.

---

3 매매거래의 수탁

(1) 수탁의 방법

회원이 위탁자의 매매거래 주문을 수탁 처리할 수 있는 방법은 다음과 같이 크게 3가지로 구분할 수 있다.

❶ 문서에 의한 수탁 : 회원의 영업점(지점)에서 이루어지는 수탁방법으로, 회원은 위탁자가 수탁의 내용(종목명, 매수/매도 구분, 가격, 수량 등)을 기재하고 기명날인 또는 서명한 주문표에 의해 매매거래의 위탁을 받는 방법

❷ 전화 등에 의한 수탁 : 회원이 전화·전보·팩스 등으로 주문을 받는 방법을 말함. 이 경우 회원(주문접수자)은 위탁자 본인임을 확인한 후 별도의 주문표를 작성하고 직접 기명날인·서명하여야 하며, 위탁자의 주문사항을 입증할 수 있는 자료(녹음 등)를 일정기간 보관하여야 함

❸ 전자통신방법에 의한 수탁 : 회원은 HTS(Home Trading System), 무선통신(MTS), 인터

넷 홈페이지 등의 전자통신방법에 의해 주문을 수탁할 수 있음. 이 경우 회원은 해당 위탁자와 사전에 「전자통신방법에 의한 수탁에 관한 계약」을 체결하여야 하며, 회원이 제공하는 시스템은 위탁자 본인 확인, 체결내용 조회 등 안전한 금융거래를 위한 요건을 갖추어야 함

회원은 전자금융감독규정에서 정하는 요건을 충족하는 정보보호시스템(침입차단시스템)을 마련하여야 하고, 모든 위탁자의 주문이 해당 시스템을 경유하도록 하여야 한다.

(2) 수탁의 거부

회원은 공익과 투자자 보호 또는 거래질서의 안정을 위하여 다음과 같은 주문의 위탁 등이 있는 경우에는 수탁을 거부하여야 한다. 이 경우 회원은 수탁의 거부 이유를 주문표 및 주문내용을 기록한 문서에 기재하여야 하며, 그 사실을 위탁자에게 통지하여야 한다.

❶ 자본시장법상 내부자의 단기매매 차익반환의무(제172조), 미공개정보이용행위의 금지(제174조), 시세조종 및 부정거래행위 금지(제176조, 제178조) 규정에 위반하거나 위반할 가능성이 있는 매매거래의 주문
❷ 공매도호가 제한 또는 공매도호가 가격 제한 규정에 위반하는 주문
❸ 공익과 투자자 보호 또는 시장거래질서의 안정을 위하여 필요한 경우

한편, 결제일까지 결제대금을 납부하지 아니한 위탁자(미수위탁자)에 대하여는 약관이 정하는 바에 따라 신규주문의 수탁 또는 현금 및 증권의 인출을 거부하거나 제한할 수 있다.

4 고객주문정보의 이용금지

회원이 위탁자로부터 매매거래의 위탁을 받은 때에는 그 위탁받은 매매거래를 행하기 전에 자기가 직접 또는 간접으로 이해관계를 가지는 계산으로 매매거래(front running)를 할 수 없고, 위탁자로부터 매매거래의 위탁을 받지 아니하고 위탁자의 재산으로 매매거래(임의매매)를 할 수 없다. 이는 투자매매업과 투자중개업을 함께 수행하고 있는 회원이 선량한 관리자로서의 의무를 충실히 하도록 하기 위한 것이다.

1) 의의

'위탁증거금'이란 회원이 고객으로부터 증권의 매매거래를 수탁하는 경우 해당 위탁자의 결제이행을 담보하기 위해 징수하는 현금 또는 증권을 말한다. 즉, 위탁주문이 체결된 후에 결제를 이행하지 않을 가능성에 대비하여 회원이 채권확보를 위한 담보를 해당 위탁자로부터 미리 징수하는 것이다.

위탁증거금은 회원이 각사의 영업 및 리스크관리 정책에 따라 자율적으로 정할 수 있으나, 위탁증거금 징수율 등 징수기준을 정하거나 변경한 때에는 시행일로부터 5매매거래일 이내에 거래소로 통보하여야 한다. 다만, 거래소는 천재지변 및 경제사정의 급격한 변동 등으로 결제가 정상적으로 이루어지지 아니하는 경우에는 일시적으로 위탁증거금의 최저 징수율을 정할 수 있다.

2) 대용증권

(1) 의의

대용증권은 투자자가 보유한 증권의 활용도를 높이기 위해 현금에 갈음하여 위탁증거금으로 사용할 수 있도록 거래소가 지정한 증권을 말하는데, 회원은 거래소가 산출·공표하는 증권의 대용 가격 사정비율 이내에서 대용증권을 위탁증거금으로 충당할 수 있으며, 전체 증거금 중 대용증권으로 징수할 수 있는 비율도 자율적으로 정할 수 있다. 대용증권은 국가·지방자치단체 또는 공공기관에 납부하는 각종 보증금 및 공탁금으로 납부할 수 있고, 금융기관의 신용거래보증금으로도 사용할 수 있다.

(2) 대용증권의 지정

현재 대용증권으로 사용할 수 있는 증권은 상장주권, 상장지수집합투자기구 집합투자증권(ETF), 상장지수증권(ETN), 상장채무증권, 상장외국주식예탁증권(DR), 자본시장법에 의한 수익증권 및 비상장투자회사주권(사모는 제외), 기타 상장수익증권 등이다. 다만 관리종목, 정리매매종목, 투자경고종목 및 투자위험종목, 상장폐지 사유에 해당하거나 상장폐지실질심사 심의 등을 위해 매매거래가 정지된 종목 등은 대용증권으로 사용할 수 없다.

(3) 대용 가격의 산정

증권의 대용 가격은 거래소가 발표하는 증권별 기준시세 및 최대 사정비율 이내에서 회원사가 자율적으로 산정하여 적용한다. 거래소는 대표지수(유가증권 : 코스피200, 코스닥 : 코스닥 150) 편입 여부 및 유동성 위험 등을 기준으로 사정비율을 차등하여 적용하고 있다.

표 4-1 대용 가격 산출을 위한 기준 가격 및 사정비율

대상증권	기준시세	종목별 구분	사정비율	산출주기
상장주권, DR	당일 기준 가격	• 유가증권 : KOSPI200지수 구성종목 중 일평균거래대금이 상위 50%에 해당되는 종목* • 코스닥 : 코스닥150지수 구성종목 중 일평균거래대금이 상위 50%에 해당되는 종목*	80%	일별
		일평균거래대금 하위 5%에 해당되는 종목*	60%	
		코넥스시장 상장종목	60%	
		그 밖의 종목	70%	
ETF	당일 기준 가격	국채/지방채/특수채/금융채/CD로 구성된 ETF	95%	
		일반 사채권/CP(주식 관련 사채권 제외)가 포함된 ETF	85%	
		• 주식 관련 사채권 및 주가연계증권이 포함된 ETF • KOSPI200지수, KOSPI50지수, KRX100지수를 각각 기초지수로 하는 ETF	80%	
		그 밖의 종목	70%	
ETN	당일 기준 가격		70%	
상장채무증권	직전 5매매 거래일 종가평균	국채·지방채 등	95%	주별
		기타 사채	85%	
		주식 관련 사채	80%	
수익증권, 비상장 뮤추얼 펀드	직전 7일(상장수익증권의 경우 20일)간 NAV 평균	채권형 이외	70%	월별
		채권형	80%	

* 주권(DR 포함)의 사정비율은 매 분기말에 산정하여 다음 분기에 적용하고, 이때 일평균거래대금은 매 분기말 기준으로 과거 1년간의 거래실적을 기준으로 산출

3) 위탁증거금 징수의 특례

(1) 의의

거래소는 과도한 투기적 매매거래에 따른 증권시장의 불안정성을 완화할 수 있도록 다음과 같이 일부 예외적인 경우에 한해 위탁증거금을 100% 징수하도록 의무화하고 있다.

❶ 상장주식수가 5만 주 미만인 종목의 매도주문을 수탁한 경우
❷ 시장감시위원회에서 투자경고종목 또는 투자위험종목으로 지정한 종목에 대해 매수주문을 수탁한 경우
❸ 결제일에 매수대금 또는 매도증권을 납부하지 않은 투자자의 주문을 수탁한 경우(미수동결계좌)

미수거래에 대한 이해

일반적으로 투자자는 매매거래일(T)에 증거금을 우선 납입하고 결제일(T+2)에 잔금을 결제하지만, 투자자가 결제일에 매수대금 또는 매도증권을 납입하지 않을 경우 미수(未收)가 발생하게 된다. 이때 주문을 수탁한 회원사는 해당 투자자를 대신하여 거래소와의 결제를 완료함으로써 증권시장에서 결제불이행이 발생하지 않도록 조치한다. 회원은 투자자가 미수를 해소하지 않을 경우(예 : 매수증권을 매도하지 않거나 결제잔금을 납입하지 않을 경우), 결제일 익일에 반대매매를 실시하여 대납금액에 대한 채권을 회수할 수 있다.

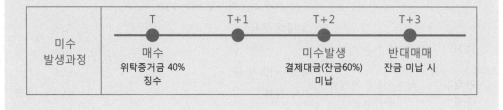

(2) 미수동결계좌의 지정

회원은 결제일까지 결제자금을 납부하지 아니한 위탁자의 매매거래계좌를 '미수동결계좌'로 지정하여 다음의 기간 동안 매수의 경우는 매수금액 전부(현금에 한함)를, 매도

의 경우는 매도증권 전부를 위탁증거금으로 징수하여야 한다.

❶ 매수대금을 미납한 경우 : 다음 매매거래일부터 30일간

❷ 매도증권을 미납한 경우 : 다음 매매거래일부터 90일간

결제일전 보유주식을 매도하여 매수포지션이 해소된 경우에도 결제일(T+2)에 결제 잔금이 납입되지 않으면 미수동결계좌로 지정되며, 미수를 발생시킨 투자자에 대해서는 정보공유를 통해 모든 회원사에서 '미수동결' 조치하도록 하여 제도의 회피 가능성을 차단하고 있다. 다만, 투자자 불편 최소화를 위해 미수발생 금액이 소액(10만 원)인 경우 등은 적용 대상에서 제외되고, 미수동결계좌로 지정된 경우에도 미수를 해소한 후에는 매도금액 범위 내에서 결제일 전에 재매수할 수 있다.

 예시

▶ 매수한 다음날 매도한 경우

아래의 예에서 결제일(T+2)일에 60만 원을 현금으로 납입하지 않을 경우 미수가 발생하여 미수동결계좌로 지정되고, 위탁자가 T+3일에 매도대금(110만 원)이 결제하면 미수가 해소되고 계좌잔고(50만 원) 범위 이내에서 신규 매수가 가능하다.

	T	T+1	T+2	T+3	T+4	T+5
계좌잔고	40	–	(−60)	50		
매매/결제	매수 100	매도 110	미수발생	미수해소		
비고				동결계좌 지정(30일)		

6　위탁수수료의 징수

회원은 투자자로부터 주문을 수탁하여 매매거래가 성립되면 매매체결 서비스를 제공해 준 대가로 결제시점에 투자자로부터 일정 수준의 위탁수수료를 징수하는데, 그 징수기준은 회원이 자율적으로 정할 수 있다. 다만, 회원이 위탁수수료 징수기준을 정하거나 변경한 때에는 동 내용을 시행 전에 투자자에 공표하여야 하고, 시행일로부터 5 매매거래일 내에 거래소로 통보하여야 한다.

시장운영

1 매매거래일 및 매매거래시간

(1) 매매거래일 및 휴장일

거래소의 매매거래일은 월요일부터 금요일까지이며 휴장일은 다음과 같다. 휴장일에는 매매거래뿐만 아니라 청산결제도 이루어지지 않는다.

❶ 『관공서의 공휴일에 관한 규정』에 의한 공휴일
❷ 근로자의 날 (5월 1일)
❸ 토요일
❹ 12월 31일(공휴일 또는 토요일인 경우, 직전의 매매거래일)
❺ 기타 시장관리상 필요하다고 인정하는 날

(2) 매매거래시간

거래소의 호가접수시간 및 매매거래시간은 〈표 4-2〉와 같다.

한편, 거래소는 시장관리상 필요한 경우 매매거래시간을 임시 변경할 수 있으며, 연초 개장일, 대학수학능력시험일 등에는 매매거래시간을 변경하여 운영하고 있다.

또한 거래소는 우리 시장의 경쟁력 및 투자편의를 제고하고 시장 활력을 강화하기 위해 '16.8.1일부터 정규매매거래시간을 30분 연장하였으며, '19.4.29일부터 시가단일가 호가접수시간 및 장 개시 전 시간외 매매시간 변경을 통해 매매수요집중과 시장효율성을 향상시키고 있다.

표 4-2 **거래소의 호가접수시간 및 매매거래시간**

구분		호가접수시간	매매거래시간
정규시장		08 : 30~15 : 30(7시간)	09 : 00~15 : 30(6시간 30분)
시간외시장			
	(장 개시 전)	08 : 00~09 : 00(1시간)	08 : 00~09 : 00(1시간)*
	(장 종료 후)	15 : 30~18 : 00(2시간 30분)	15 : 40~18 : 00(2시간 20분)

* 단, 장 개시 전 종가매매는 08 : 30~08 : 40(10분)

2 　 매매수량단위

　일반적으로 시장의 유동성 및 투자자의 거래편의 제고를 위해서는 매매수량단위를 작게 설정하는 것이 바람직하나, 이는 호가건수 증가에 따른 매매체결 지연 등 매매거래의 비효율을 야기할 수 있고, 소량의 거래가 수시로 발생함에 따라 적정 투자규모 관리의 어려움이 있을 수 있다. 이에 따라 각국의 증권시장은 그 역사와 전통, 시장 제반 여건 및 규모 등을 고려하여 다양한 형태로 매매수량단위를 설정하여 운영하고 있다.

　거래소는 투자자의 매매거래 편의를 위하여 매매수량단위를 1주로 운영하고 있으나, 주식워런트증권(ELW)의 경우에는 매우 낮은 수준으로 가격이 형성되는 당해 증권의 성격을 감안하여 10주 단위로 매매거래하고 있다.

3 　 호가 가격 단위

　호가 가격 단위(Tick Size)란 종목별로 가격이 표시되는 최소 단위이며, 동시에 가격이 한 번에 변동할 수 있는 최소 단위를 의미한다. 호가 가격 단위가 작을수록 가격 변동에 따른 거래비용(시장 충격 비용)을 줄일 수 있으나, 거래 가능한 가격이 세분화되어 균형 가격을 찾는데 많은 시간이 소요되는 등 거래의 효율성을 저해할 수 있다. 이에 따라, 거래소는 투자자의 거래비용 및 거래의 효율성 등을 고려하여 가격대에 따라 호가 가격 단위를 다르게 정하고 있다.

표 4-3　거래소의 호가 가격 단위

구분		유가증권시장/코스닥시장/코넥스시장
	2,000원 미만	1원
2,000원 이상	5,000원 미만	5원
5,000원 이상	20,000원 미만	10원
20,000원 이상	50,000원 미만	50원
50,000원 이상	200,000원 미만	100원
200,000원 이상	500,000원 미만	500원
500,000원 이상		1,000원

* ELW는 상품의 특성상 가격 범위와 무관하게 5원 단위를 일괄 적용

4 가격제한폭 및 기준 가격

1) 가격제한폭

(1) 의의

가격제한폭제도는 상장증권의 가격이 하루에 변동할 수 있는 등락폭을 상하 일정범위로 제한하는 장치이다. 증권시장의 자유경쟁에 의한 가격 형성이라는 기본원리를 감안하면 가격 형성에 관하여 인위적 제한을 하는 것은 바람직하지 않은 측면이 있다. 그러나 주식시장에 외부충격이 있는 경우 일시적인 수급의 편중이나 심리적인 요인 등에 의해 주가가 불안정해지고 단기간에 급등락하게 됨에 따라 선의의 투자자가 불측의 손실을 입을 우려가 있다. 이에 따라, 거래소에서는 가격의 급등락을 완화하기 위해 가격제한폭제도를 운영하고 있으며, 세계 주요 선진시장에서도 시장 급변 시 투자자 주의를 환기시키기 위한 다양한 형태의 가격 안정화 장치를 두고 있다.

(2) 거래소의 가격제한폭제도

유가증권시장과 코스닥시장에서는 주식, DR, ETF, ETN, 수익증권의 공정한 가격 형성을 도모하고 급격한 시세변동에 따른 투자자의 피해방지 등 공정한 거래질서 확립을 위해 하루 동안 가격이 변동할 수 있는 폭을 기준 가격 대비 상하 30%로 제한하고 있다.

즉, 주가의 당일 변동 가능 범위는 기준 가격에 상하 30% 범위 이내에서 가장 가까운 호가 가격 단위에 해당하는 가격으로 제한된다. 예를 들어, 기준 가격이 10,000원인 종목의 상한가는 13,000원(기준 가격 대비 30%)이나, 기준 가격이 9,990원인 종목의 상한가는 12,950원(기준 가격 대비 29.6%)으로 결정된다. 다만, 본질적으로 가격 변동의 폭이 큰 정리매매종목, 주식워런트증권(ELW), 신주인수권증서, 신주인수권증권의 경우에는 균형 가격의 신속한 발견을 위하여 가격제한폭제도를 적용하지 않고, 기초자산 가격 변화의 일정 배율(음의 배율도 포함)로 연동하는 레버리지ETF는 그 배율만큼 가격제한폭을 확대하여 적용하고 있다.

2) 기준 가격

(1) 의의

기준 가격은 가격제한폭을 정하는데 기준이 되는 가격으로서, 거래소에서는 일반적으로는 전일 종가를 기준 가격으로 하고 있다. 그러나 유상증자, 무상증자, 주식배당, 주식분할 및 주식병합 등이 이루어지는 경우에는 해당 이벤트 발생 전후의 변화된 주식가치를 기준 가격에 반영하기 위하여 일정한 산식을 통해 산출된 적정 이론 가격으로 기준 가격을 조정하고 있다.

> ❗ **예시**

▶ **주식분할**

전일 종가가 10,000원이었던 종목이 주식을 1 : 10으로 주식분할(1주를 10주로 분할)하는 경우 익일 기준 가격은 1,000원으로 조정된다. 동 종목의 주식분할 전 총발행주식수가 1,000주이면 주식분할 후 주식수는 10,000주가 되고, 가격조정으로 인해 해당 종목의 시가총액은 변동이 없다.

* 주식분할 전 시총 (10,000,000원＝10,000원×1,000주)
* 주식분할 후 시총 (10,000,000원＝1,000원×10,000주)

한편, 적정 기업가치를 거래소가 평가하기 곤란한 신규상장·자본금감소 종목 등의 경우에는 시장에서 평가를 받아 형성된 시초가를 당일 기준 가격으로 적용함으로써 신속한 균형 가격 발견을 도모하고 있다. 다만, 신규상장종목 중에서도 집합투자기구에 해당하는 투자회사(뮤추얼펀드), 부동산투자회사(리츠) 및 선박투자회사의 주권, 수익증권은 직전 공모가를 최초 기준 가격으로 하고, ETF 및 ETN은 주당 순자산가치(NAV)를 최초 기준 가격으로 하고 있다.

(2) 기세

특정 종목에 중요정보가 발생하는 경우에는 매도 또는 매수 일방의 호가만 제출되어 매매거래가 체결되지 않을 수 있다. 이때 유입된 일방의 호가를 인정하지 않으면, 당일의 기준 가격과 가격제한폭이 다음 날에도 그대로 적용되어 중요정보가 계속해서 주가에 반영되지 못하고 시장에서 원활한 매매거래가 이루어질 수 없게 될 위험성이 있다.

이러한 문제점을 해소하기 위하여 거래소에서는 기세제도를 운영하고 있다.

기세는 정규시장 종료 시까지 매매거래가 성립되지 아니한 종목 중 당일 기준 가격 대비 낮은(높은) 매도(매수)호가가 있는 경우 가장 낮은(높은) 매도(매수)호가의 가격을 그 날의 종가(즉, 다음 매매거래일의 기준 가격)로 인정하는 제도로, 가격제한폭이 있는 우리 시장에서 시장의 흐름을 주가에 반영하는 기능을 수행한다.

다만, 상장주식수가 적은 일부 우선주가 기세로 인해 연일 상한가를 기록하는 등의 문제가 발생함에 따라 보통주식과 가격괴리가 2배 이상인 종류주식의 경우에는 매수호가에 의한 기세를 인정하지 않고 있다.

section 04 매매거래의 종류

매매거래의 종류는 매매계약 체결일과 결제일의 시간적 간격에 따라 당일결제거래, 익일결제거래 및 보통거래로 구분된다. 당일결제거래는 매매계약을 체결한 당일에 결제하는 거래를 말하며, 익일결제거래는 매매계약을 체결한 다음 날(익일)에 결제하는 거래를, 보통거래는 매매계약을 체결한 날로부터 기산하여 3일째 되는 날(T+2)에 결제하는 거래를 말한다.

주권의 경우 모두 보통거래로 매매를 체결하고 있으나, 예외적으로 주권상장법인이 정부 등으로부터 시간외대량매매의 방법으로 자기주식을 취득하는 경우에 한하여 당일결제거래를 허용하고 있다. 한편, 채무증권(채권)은 모두 당일결제거래만 가능하나, 국채전문유통시장의 매매거래의 경우에는 익일결제거래로 매매거래가 이루어진다.

1　호가(주문)의 종류

(1) 지정가주문

지정가주문은 시장에서 가장 일반적으로 이용되는 주문형태로서, 투자자가 지정한 가격 또는 그 가격보다 유리한 가격으로 매매거래를 하고자 하는 주문이다. 즉, 투자자가 거래하고자 하는 최소한의 가격 수준을 지정한 주문으로, 매수 지정가주문의 경우 투자자가 지정한 가격이나 그보다 낮은 가격, 매도 지정가주문의 경우 투자자가 지정한 가격이나 그 보다 높은 가격이면 매매거래가 가능하다.

> **예시**
>
> 정규시장의 매매거래시간 중 매수지정가주문이 10,000원이면 10,000원 이하의 가격, 매도지정가주문이 10,000원이면 10,000원 이상의 가격에 상대방 주문이 있으면 즉시 매매체결이 이루어진다.

지정가주문은 투자자가 지정한 가격보다 불리한 가격으로 체결되지 않는다는 장점이 있지만, 동 가격에 부합하는 상대주문이 없는 경우에는 매매체결이 가능한 상대주문이 유입될 때까지 매매거래가 이루어지지 않는 단점이 있다.

(2) 시장가주문

시장가주문은 종목과 수량은 지정하되 가격은 지정하지 않는 주문유형으로, 체결가격과 무관하게 현재 시장에서 거래가 형성되는 가격으로 즉시 매매거래를 하고자 하는 주문을 말한다. 일반적으로 시장가주문은 지정가주문에 우선하여 매매체결되고, 주문수량 전량이 해소될 때까지 매매체결 순서가 가장 우선하는 상대방 주문부터 순차적으로 체결이 이루어진다. 다만, 상한가매수주문과 시장가매수주문 또는 하한가매도주문과 시장가매도주문 간에는 가격 측면에서 우선순위가 동일하므로 시간우선원칙에 따라 매매체결 우선순위가 결정된다.

시장가주문은 매매거래가 신속히 이루어진다는 장점이 있으나, 상대방 주문이 충분하지 않은 상태에서는 현재가와 현저히 괴리된 가격으로 체결될 위험이 있다. 따라서 정리매매종목, 신주인수권증서, 신주인수권증권, ELW, 수익증권 및 채권과 같이 가격제한폭이 없는 종목 등의 경우에는 시장가주문을 허용하지 않고 있다.

(3) 조건부지정가주문

조건부지정가주문은 접속매매 방식이 적용되는 정규시장의 매매거래시간(09 : 00~15 : 20) 중에는 지정가주문으로 매매거래에 참여하지만, 당해 주문수량 중 매매체결이 이루어지지 않은 잔여수량은 종가 결정을 위한 매매거래(장종료 전 10분간 단일가매매) 시 자동으로 시장가주문으로 전환되는 주문이다.

정규시장 중에는 지정가주문의 가격 보장기능이 유지되며, 종가결정을 위한 단일가매매 개시 전까지 체결이 되지 않은 경우에는 시장가주문으로 전환되어 매매체결률을 제고하는 장점이 있다. 하지만, 상한가(하한가)로 지정하는 매수(매도)의 조건부지정가호가는 장종료 단일가매매 시 매매체결의 우선순위가 오히려 낮아지는 결과가 초래되므로 투자자의 편익을 위해 입력을 제한하고 있다.

또한, 조건부지정가주문이 선물·옵션 최종거래일 프로그램매매 사전보고 의무를 회피할 목적으로 악용되지 않도록 프로그램매매가 활발한 유가증권시장에서는 선물·옵션 최종거래일에 한하여 프로그램매매를 위한 조건부지정가호가 제출을 금지하고 있다(코스닥시장에서는 미적용).

(4) 최유리지정가주문

최유리지정가주문은 상대방 최우선호가의 가격으로 즉시 체결이 가능하도록 하기 위해 주문접수 시점의 상대방 최우선호가의 가격으로 지정되는 주문형태이다. 즉, 매도의 경우 해당 주문의 접수 시점에 호가장에 기재되어 있는 가장 높은 매수주문의 가격, 매수의 경우 해당 주문의 접수 시점에 호가장에 기재되어 있는 가장 낮은 매도주문의 가격으로 지정가주문한 것으로 보아 매매체결에 참여하는 주문이다. 동 주문유형은 시장가주문처럼 전량 체결될 때까지 상대방 주문과 계속하여 체결하는 것은 아니고, 매매체결원칙상 가장 우선하는 상대방 주문과 즉시 체결된 후 남은 잔량은 체결된 가격으로 주문한 것으로 호가가 유지된다.

(5) 최우선지정가주문

최우선지정가주문은 해당 주문의 접수 시점에 호가장에 기재되어 있는 자기 주문 방향의 최우선호가 가격으로 지정되어 주문이 제출되는 주문유형이다. 매도의 경우 해당 주문의 접수 시점에 가장 낮은 매도주문의 가격, 매수의 경우 당해 주문의 접수 시점에 가장 높은 매수주문의 가격으로 지정가 주문한 것으로 보아 매매체결에 참여하는 주문이다.

 예시

▶ 최유리지정가주문 및 최우선지정가주문

• 호가상황

매도주문(수량)	가격	매수주문(수량)
100	10,150	
①200	10,100	
	10,050	
	10,000	②200
	9,950	100

☞ 최유리지정가 매수주문 300주 제출 : 10,100원으로 가격이 지정되어 ①번 주문과 200주가 즉시 체결되고 잔량 100주는 10,100원 매수 지정가주문으로 남게됨

☞ 최우선지정가 매수주문 300주 제출 : 10,000원으로 가격이 지정되어 매수주문이 입력되고 체결량 없이 시간상으로는 ②번 주문에 비해 후순위가 됨

(6) 목표가주문

투자자가 특정 지정 가격이 아닌 당일의 거래량 가중평균 가격(VWAP) 등 향후에 결정될 가격 또는 그와 근접한 가격으로 매매체결을 원하는 경우, 회원이 재량으로 투자자가 목표로 하는 가격에 최대한 근접하여 체결될 수 있도록 하는 주문유형이다.

다만, 목표가 주문과 관련된 호가유형은 별도로 존재하지 않기 때문에 회원사는 투자자가 정한 목표 가격의 달성을 위해 투자자 주문을 지정가호가 또는 시장가호가 등의 형태로 분할하여 제출하여야 한다.

(7) 경쟁대량매매주문

투자자가 일정 요건을 충족하는 수량의 주문에 대하여 종목 및 수량은 지정하되 체결가격은 당일의 거래량 가중평균 가격(VWAP)으로 매매거래를 하고자 하는 주문유형

이다. 이는 시장 충격을 최소화하기 위한 대량매매제도의 한 유형으로서 최소수량요건 등이 적용되며 정규시장과는 별도의 시장에서 비공개로 매매체결이 이루어진다.

주문의 조건부여

투자자는 지정가, 시장가, 최유리지정가주문, 경쟁대량매매주문에 대하여 다음의 조건을 부여할 수 있다.

① IOC(Immediate or Cancel) : 거래소에 주문이 제출된 즉시 체결 가능한 수량은 체결하고 미체결잔량은 취소

② FOK(Fill or Kill) : 거래소에 주문이 제출된 즉시 전량 체결시키되 전량 체결이 불가능한 경우에는 주문수량 전량을 취소

* 다만, 조건부지정가주문과 최우선지정가주문 및 코넥스시장 상장종목의 경우 위 조건을 부여할 수 없음.

표 4-4 호가접수시간별 가능한 호가의 종류 및 조건

호가 종류	시가 단일가	정규 시장	종가 단일가	시간외 종가	시간외 단일가	대량· 바스켓	경쟁 대량	최종 거래일
지정가	○	○	○	○	○	○	×	○
시장가	○	○	○	×	×	×	×	○
조건부 지정가	○	○	×	×	×	×	×	△*
최유리 지정가	×	○	×	×	×	×	×	○
최우선 지정가	×	○	×	×	×	×	×	○
경쟁 대량	×	×	×	×	×	×	○	○
조건 (FOK, IOC)	×	○	×	×	×	×	○	○

* 프로그램매매를 위한 호가는 불가능(유가증권시장)

표 4-5 **종목 및 매매거래 유형별 가능한 호가의 종류**

호가 종류	관리 종목	정리매매 종목	단기과열 종목	시가 기준가 종목 (시가 결정 시까지)	코넥스 상장종목	자기주식	공매도
지정가	○	○	○	○	○	○	○
시장가	○	×	○	×	○	×	×
조건부 지정가	○	×	×	×	×	×	×
최유리 지정가	○	×	×	×	×	×	×
최우선 지정가	○	×	×	×	×	×	×
경쟁 대량	×	×	○	×	×	×	○

2 호가의 제출

회원이 거래소시장에 호가를 제출할 때에는 종목, 수량, 가격, 매도/매수 구분, 호가 유형 등을 입력하여야 하고, 회원은 계좌 개설 시에 위탁자의 실지명의를 확인하여 그에 맞는 투자자분류 코드를 입력하여야 한다. 호가입력 시 차액결제거래(CFD)와 연계된 매매거래인 경우 그 구분과 차액결제를 체결한 투자자를 기준으로 투자자분류코드를 입력하여야 한다.

표 4-6 **투자자분류 체계**

구분	투자자분류	비고
①	금융투자업자	금융투자업자의 고유재산 운용
②	보험회사	보험법에 의해 설립된 보험회사
③	집합투자기구	공모펀드와 사모펀드로 분류
④	은행	은행법에 의해 설립된 은행
⑤	기타 금융기관	①~④를 제외한 금융기관
⑥	연금, 기금 및 공제회	법률에 의해 설립된 기금 및 기금 관리법인
⑦	국가, 지방자치단체, 국제기구 및 공익기관	공익 목적의 자금을 운영하는 기관 포함
⑧	기타법인	①~⑦번에 해당하지 않는 일반 법인
⑨	개인	–

* 외국인은 ID를 발급받는 '외국인'과 국내에서 6개월 이상 거주하고 있는 등 ID 발급이 면제된 '기타외국인'으로 분류하여 집계함
* ①~⑦ 해당하는 법인의 매매동향 정보는 합산하여 '기관투자자'로 공표

회원이 거래소에 호가하기 전에는 호가의 적합성을 반드시 직접 점검하도록 의무화하고 있으며, 거래소는 거래소 시스템에 도착한 호가의 유효성 등을 별도로 점검하고, 관련 법규를 위반한 호가 등은 자동적으로 거부처리한다.

3 호가의 접수 및 효력

회원이 거래소에 제출한 호가는 호가접수시간 내에서 거래소가 접수한 때로부터 매매거래가 성립될 때까지 유효하다. 호가의 접수시기는 호가의 효력발생 시점으로, 동일한 가격의 호가 간 매매체결 우선순위를 결정하는 요소로서 중요한 의미를 가진다.

정규시장의 호가접수시간에 접수된 호가는 시간외시장에서는 그 효력을 인정하지 않으므로, 시간외매매에 참여하기 위해서는 별도의 호가를 제출하여야 한다. 또한, 거래소에 접수된 호가는 당일의 매매거래시간 이내에서만 호가의 효력이 인정된다.

다만, 주문의 경우는 회원이 주문의 유효기간을 별도로 정할 수 있어 다음날 또는 수일 동안 유효한 조건의 주문을 활용할 수 있고, 주문을 집행할 시기를 별도로 정할 수도 있다.

4 호가의 취소 및 정정

회원은 이미 제출한 호가 중 매매거래가 성립되지 아니한 수량(잔량)의 전부 또는 일부를 취소할 수 있다. 수량의 일부를 취소하는 경우 시간상의 우선순위는 변화가 없다.

회원은 이미 제출한 호가의 가격 또는 호가의 종류를 정정할 수 있다. 호가를 정정하는 경우 시간상 우선순위는 정정호가 접수 시점으로 변경된다. 다만, 수량을 증가하는 방식으로 호가를 정정할 수는 없고, 이를 위해서는 원하는 수량만큼 신규의 호가를 제출하여야 한다.

1 매매체결방법

일반적으로 증권시장의 매매체결방법은 매도·매수자 간의 경쟁관계에 따라 다음과 같이 구분된다.

❶ 경쟁매매 : 복수의 매도자와 매수자 간의 가격 경쟁에 의한 매매거래
❷ 상대매매 : 매도자와 매수자 간의 가격 협상에 의한 매매거래
❸ 경매매(입찰매매) : 단일의 매도자와 복수의 매수자 또는 복수의 매도자와 단일의 매수자 간 경쟁입찰에 의한 매매거래

국내 증권시장의 일반적인 매매체결은 매도·매수 수급에 의한 균형 가격을 가장 효율적으로 반영하는 경쟁매매방법을 채용하고 있고, 세부적으로는 「단일 가격에 의한 개별경쟁매매」와 「복수 가격에 의한 개별 경쟁매매」로 구분하고 있다. 이와 더불어, 일정수량 이상의 대량주문 또는 비공개거래를 원하는 주문 등은 별도의 방식으로 체결될 수 있도록 특례제도를 운영하고 있다.

1) 단일 가격에 의한 개별 경쟁매매

(1) 개요

단일 가격에 의한 개별 경쟁매매(Periodic Call Auction, 단일가매매)는 일정 시간 동안 접수한 호가를 하나의 가격으로 집중 체결하는 방식이다. 이러한 방식은 매매거래의 연속성이 단절된 경우(시가) 또는 주가 급변 가능성이 높은 경우(종가) 등에 다수의 시장참가자 주문을 통해 새로운 균형 가격을 신속히 발견하는데 효율적인 제도이다.

표 4-7 단일가매매 적용 대상 및 참여호가의 접수시간

단일가매매 적용대상	참여호가의 접수시간
• 장 개시 시점의 최초 가격	• 호가접수 개시부터 장 개시까지 (08 : 30~09 : 00)
• 시장의 임시정지 후 재개 시의 최초 가격	• 매매거래 재개 시점부터 10분간 (전산장애 시에는 상황에 따라 결정)
• 시장의 매매거래중단(CB) 및 종목별 매매거래정지 후 재개 시의 최초 가격	
• 장 종료 시의 가격	• 장 종료 10분 전부터 장 종료 시까지 (15 : 20~15 : 30)
• 시간외단일가매매시장의 가격	• 시간외단일가매매시장 개시시점부터 종료 시까지(16 : 00~18 : 00) 10분 단위
• 정리매매종목, 단기과열종목	• 호가접수 개시 시점부터 장 종료 시까지 (장 개시 시점부터 30분 단위로 체결)

(2) 매매체결 방법

단일가매매는 체결순위가 우선되는 호가부터 순차적으로 누적한 매도호가의 합계수량과 매수호가의 합계수량이 일치하는 가격(합치 가격)으로 호가의 체결 우선순위에 따라 합치되는 호가 간에 매매거래를 체결한다. 합치 가격이 되기 위해서는 다음의 수량의 매매체결이 가능해야 한다.

❶ 합치 가격에 미달하는 매도호가와 이를 초과하는 매수호가의 전 수량
❷ 합치 가격의 호가 간에는 매도호가 또는 매수호가 어느 일방의 전 수량을 체결하고 타방의 호가는 매매수량단위 이상의 수량

합치 가격이 2개 이상일 경우에는, 직전의 가격과 동일한 가격이 있는 경우에는 그 가격, 직전의 가격과 동일한 가격이 없는 경우에는 직전의 가격에 가장 가까운 가격으로 합치 가격을 결정한다.

▶ 단일가매매방식에 의한 매매체결

• 호가상황

매도				가격	매수		
				15,400	●1,000		
	○	○		15,350	●300		
○	○	○		15,300	●200	●300	
④○ 2,000	③○ 1,000	②◐ 500	①● 100	15,250	①● 100	②● 200	
		150●		15,200	○	○	
	500●	500●		15,150	○		
		500●		15,100	○	○	○
		150●		15,050			

*○ : 미체결 호가　◐ : 일부 체결호가　● : 전량체결호가

☞ 가장 높은 가격의 매수호가(15,400원) 및 가장 낮은 가격의 매도호가(15,050원)로부터 차례대로 매매거래를 체결하여 가장 많은 수량을 체결할 수 있는 15,250원이 합치 가격으로 결정되며, 15,250원의 호가 간에는 접수된 순서대로 매매거래를 체결함

2) 복수 가격에 의한 개별 경쟁매매

(1) 개요

단일가매매가 적용되지 아니하는 정규매매거래시간에는 모두 '복수 가격에 의한 개별 경쟁매매(Continuous Auction, 접속매매)' 방식으로 매매체결이 이루어진다. 이 방식은 매매체결이 가능한 가격대의 주문이 유입되면 즉시 매매거래를 체결하기 때문에 매매거래시간 중에는 복수의 가격이 계속적으로 형성된다. 이러한 매매방식은 시장 상황에 대한 정보가 주가에 신속히 반영되고 투자자가 시황 변화에 능동적으로 대처할 수 있다는 장점이 있다. 다만, 유동성 수준이 낮은 종목 등에도 동일하게 접속매매를 적용하는 경우 균형 가격을 벗어난 일부 주문에 의해 가격이 급변할 수 있으며, 가격의 변동성도 증가하는 등 부작용이 발생할 우려가 있다.

(2) 매매체결 방법

접속매매는 단일가매매에 의해 체결 가능한 모든 매수·매도호가 간 거래가 이루어져 더 이상 매매체결이 이루어질 수 없는 상황에서 시작된다. 이후 가격 조건이 일치하는 주문이 신규(또는 정정)로 유입되면 가격우선과 시간우선 원칙에 따라 매매거래를 즉시 체결시킨다. 한편, 매매체결 조건이 성립되는 매도호가와 매수호가 간의 가격괴리(예 : 매도호가 가격이 매수호가 가격보다 낮은 경우)가 있으면 먼저 접수된 호가(선행호가)의 가격으로 매매거래가 체결된다.

 예시

▶ 접속매매 방식에 의한 매매체결

〈예 1〉

매도	가격	매수	체결 결과
	10,400		
②200	10,350		
	10,300	①200	〈1〉 ①~③ : 10,300원 200주
③200	10,250		
	10,200		
	10,150		

* ①~③은 호가접수 순서임

〈예 2〉

매도	가격	매수	체결 결과
	10,600	①500	
	10,550		
	10,500		
	10,450		〈1〉 ①~③ : 10,600원 200주
③200	10,400		〈2〉 ①~④ : 10,600원 200주
	10,350	②200	
	10,300		
④200	10,250		

* ①~④은 호가접수 순서임

〈예 3〉

매도	가격	매수	체결 결과
	10,600	①100	
	10,550		
	10,500	⑤300	〈1〉 ①~③ : 10,600원 100주
	10,450		〈2〉 ②~④ : 10,350원 200주
③200	10,400		〈3〉 ③~⑤ : 10,400원 100주
	10,350	②200	
	10,300		
④200	10,250		

* ①~⑤은 호가접수 순서임

3) 경매매(코넥스시장)

매도측 또는 매수측의 어느 한쪽이 단수이고 또 다른 한쪽은 복수일 때 이루어지는 매매거래 방식으로서, 최대주주 등에 집중되어 있는 지분을 초기에 분산하고 매도자가 원하는 가격으로 거래하기에 효과적이다. 코넥스시장에서는 매도측이 단수인 경우로서 일정한 요건에 따른 경우 경매매 방식을 매매체결 방법으로 허용하고 있다.

---

2 매매체결원칙

증권시장에서는 다수의 호가 간에 보다 빨리, 보다 유리한 가격으로 매매거래를 성립시키기 위한 경쟁이 불가피하다. 따라서 거래소는 매매체결 우선순위와 관련하여 일정한 원칙을 다음과 같이 정하고 있다.

1) 가격우선원칙

매수호가의 경우 가격이 높은 호가가 가격이 낮은 호가에 우선하고, 매도호가의 경우 가격이 낮은 호가가 가격이 높은 호가에 우선한다. 시장가호가는 지정가호가에 우선한다. 다만, 가격제한폭제도를 적용하고 있기 때문에 매도시장가호가와 하한가의 매도지정가호가, 매수시장가호가와 상한가의 매수지정가호가 간에는 가격우선원칙에 있어서는 동일한 순위로 간주된다.

2) 시간우선원칙

가격이 동일한 호가(시장가호가 포함) 간에는 먼저 접수된 호가가 나중에 접수된 호가에 우선한다.

 예시

▶ 매매체결원칙적용

• 가격우선원칙에 따라 ①번 매수호가와 매도호가가 가장 우선적으로 체결되며, 가격이 동일한 호가 간에는 시간우선원칙에 따라 먼저 접수된 ②번 호가가 나중에 접수된 ③번 호가보다 우선 체결된다.

매도주문(수량)	가격	매수주문(수량)
	20,150	①10 (가장 높은 매수주문)
	20,100	②200, ③300
③80, ②100	20,050	
①20 (가장 낮은 매도주문)	20,000	

* ①, ②, ③ 번호는 체결순서임

3) 시간우선원칙의 예외(동시호가)

(1) 예외 적용의 경우

거래소는 단일가매매 방식으로 시가(始價) 등을 결정하고 있다. 이 경우에도 일반적으로는 '가격우선원칙'과 '시간우선원칙'이 적용되지만, 예외적으로 시가 등이 상·하한가로 결정되는 경우에는 단일가매매에 참여한 상한가매수호가 또는 하한가매도호가(시장가호가 포함)간에는 동시에 접수된 호가로 간주하여 시간상 우선순위를 배제하고 있다.

이를 동시호가(同時呼價)제도라고 하고 시가 결정뿐만 아니라 Circuit Breakers(CB) 또는 Volatility Interruption(VI) 발동, 전산장애 또는 풍문 등에 의한 거래 중단 후 재개시의 최초 가격이 상·하한가로 결정되는 경우에도 적용된다. 그러나 종가(終價)결정 또는 시간외단일가매매 시에는 동시호가제도를 적용하지 않는다.

(2) 예외 적용의 이유

시가(始價) 등이 상·하한가로 결정되는 상황에서는 가격제한폭으로 인해 투자자는 상·하한가보다 더 우선하는 가격으로의 주문제출(정정)이 불가능하다. 따라서 이들 호가 간에는 더 이상 가격우선의 원칙을 적용할 여지가 없기 때문에 시간우선원칙에 따라 매매를 체결시킨다면 상·하한가로 주문을 제출하였음에도 불구하고 시간상 후순위인 투자자는 어떠한 방법으로도 매매거래가 체결되지 못하는 불리한 상황에 처할 수밖에 없다. 예를 들어, 시가가 상한가로 결정되는 경우 최초로 매수주문을 제출한 투자자가 대량의 주문을 제출한다면 시간상 2순위, 3순위 투자자의 매매체결은 사실상 어려워진다. 따라서, 다수의 투자자에게 거래기회가 제공될 수 있도록, 이들 호가를 동시에 제출된 호가로 보아 시간우선의 원칙을 배제하는 것이다.

(3) 예외시의 체결원칙

❶ 위탁자우선의 원칙 : 회원사가 투자매매업(자기매매)과 투자중개업(위탁매매)을 겸업함에 따라 발생할 수 있는 이해상충을 방지하기 위해, 동시호가 시에는 위탁자주문을 회원사의 자기매매 주문보다 우선하여 체결
❷ 수량우선의 원칙 : 위탁매매 또는 자기매매 호가 간에는 주문수량이 많은 호가부터 우선적으로 수량을 배분하여 매매거래를 체결. 이는 시장이 불안정한 상황에서 투자자의 주문수량에 비례하여 체결수량을 공평하게 배분하기 위한 것임
❸ 접수순 : 동일한 수량의 위탁주문 간에는 호가장에 접수순에 따라 배분

(4) 동시호가 시 체결수량 배분방법

주문수량이 많은 주문부터 적은 순으로 〈표 4-8〉의 각 수량단위를 배분하고 단일가매매 호가접수시간에 접수된 일방의 주문 전량이 체결될 때까지 동일한 순서로 배분을 순차적으로 실시한다. 동시호가가 적용된 주문수량이 전량 체결될 때까지는 정규시장에서도 동 배분방식을 계속 적용한다.

| 표 4-8 | 동시호가 배분방법 |

차수	배분수량
1차 배분	매매수량단위의 100배(100주)
2차 배분	500배(500주)
3차 배분	1,000배(1,000주)
4차 배분	2,000배(2,000주)
5차 배분	잔량의 1/2
6차 배분	잔량

예시

▶ 동시호가 시 매매체결

아래 호가상황은 시가가 상한가(20,150원)로 결정되는 경우로서 동시호가가 적용되고 수량우선원칙에 따라 매도호가 수량이 배분된다(모든 호가가 위탁주문이라고 가정).

※ 호가상황(시가 결정 전)

매도주문 (수량)				가격	매수주문 (수량)				
4,000	1,500	600	(6,100)	20,150	(16,200)	①1,000	②200	③10,000	④5,000
1,700	1,500		(3,200)	20,100		500	700		
1,300	1,000		(2,300)	20,050		400			
800			(800)	20,000					
700			(700)	19,950					
			13,100	합계	16,200				

* 총 13,100주의 매도수량을 상한가로 접수된 4개 호가(총 16,200주)에 배분해야 하는 상황
* ①~④의 번호는 호가접수 순서임.

☞ 매매체결 결과(시가 결정 시)

배분 사이클		③번 호가 (10,000주)	④번 호가 (5,000주)	①번 호가 (1,000주)	②번 호가 (200주)
1차	매매수량단위 100배	100	100	100	100
2차	매매수량단위 500배	500	500	500	100
3차	매매수량단위 1,000배	1,000	1,000	400	—
4차	매매수량단위 2,000배	2,000	2,000	—	—
5차	잔량의 1/2	3,200	700	—	—
6차	잔량	800	—	—	—
체결수량 (13,100주)		7,600	4,300	1,000	200

* 호가수량이 가장 큰 ③번 호가부터 ④번 호가, ①번 호가, ②번 호가 순으로 체결수량을 배분함.

☞ 호가상황(시가결정 후)

매도주문 (수량)	가격	매수주문 (수량)
⑤3,000 ⑦1,000 ⑨500	20,150	③2,400 ④700 ⑥1,000 ⑧500

* 시가 결정 후 상한가 매수잔량이 3,100주인 상태에서 추가적으로 ⑤~⑨ 호가 접수

☞ 매매체결 결과(시가 결정 후)

- 동시호가 배분 완료 : ⑤~③ 2,400주, ⑤~④ 600주, ⑦~④ 100주
- 신규 매수주문 체결 : ⑦~⑥ 900주, ⑨~⑥ 100주, ⑨~⑧ 400주

* 동시호가를 적용하는 ④번 매수호가까지는 배분이 이루어지나 그 밖의 호가는 시간우선원칙에 따라 체결

3 매매체결방법의 특례

1) 신규상장종목 등의 최초 가격 결정방법

(1) 개요

전일 종가가 없거나 기업의 인적분할에 의한 재상장이나 변경상장, 자본금 감소 등으로 기업내용에 큰 변화가 있는 경우에는 기존의 기준 가격에 기초한 가격제한폭으로는 균형 가격 발견이 지연될 개연성이 크다. 이에 따라 거래소에서는 기준 가격이 없는 종목에 대해 새로이 기준 가격을 결정하는 방법과 기업내용이 크게 변동된 종목에 대해 기준 가격을 재평가하는 방법을 별도로 정하고 있다.

기준 가격 재평가 필요종목은 당해 종목 평가 가격의 일정 범위 내에서 매매개시 전 호가접수시간(08 : 30~09 : 00) 중 제출된 매도·매수호가에 의해 체결된 최초 가격을 기준 가격으로 한다(시가기준가종목). 다만, 일반 종목과 다른 점은 최초 가격(기준 가격) 결정 시의 호가범위를 넓게 설정하여 가격 결정이 이루어질 수 있는 폭을 확대해준다는 점이다.

최초 가격(기준 가격)이 결정된 이후에는 당해 기준 가격을 기준으로 설정된 가격제한폭 이내에서 일반종목과 동일하게 접속매매가 이루어진다.

다만, 시가기준가 방식을 적용하던 신규상장종목(주권, DR 등에 한함)의 경우 '23년 IPO 건전성 제고방안에 따라 신규 상장일 당일의 기준가격은 공모가격으로 하고 신규 상장일 당일의 가격제한폭은 기준가격 대비 60~400%를 적용받게 된다.

(2) 평가 가격 설정기준

평가 가격이란 기준 가격을 새로이 정하거나 재평가하는 경우 최초 가격 결정을 위해 제출할 수 있는 호가범위의 기준이 되는 가격이다.

발행시장에서 1차적으로 공모가에 의해 평가를 받은 신규상장종목의 경우에는 해당 공모가를 평가 가격(기준가격)으로 하고, 기업내용의 변화가 있는 경우(기업분할, 자본감소 등)에는 이론 가격을 평가 가격으로 한다. 평가 가격 결정을 위한 객관적인 기준이 없는 경우에는 해당 종목의 주당순자산가치를 평가 가격으로 하고 있다.

(3) 호가범위

기준 가격을 새로이 정하는 경우 신속한 균형 가격 발견을 위해 가격 결정의 폭을 확대해 주는 반면, 비정상적 호가에 의해 최초 가격이 기업의 적정가치와 크게 괴리되는 문제를 최소화하기 위해 호가가능 범위를 일정 수준으로 제한하고 있다.

신규상장목 등의 호가범위는 평가 가격(기준가격)의 60~400% 범위로 한다. 예를 들어, 평가 가격(기준가격)이 10,000원으로 정해지면 신규상장일 시초가 결정 시 참여할 수 있는 호가범위는 6,000~40,000원으로 제한된다.

다만, 기업분할에 따른 재상장종목 및 변경상장종목, 종류주식의 상장 등의 경우에는 평가 가격의 50~200% 범위를 적용하고, 제3자배정 유상증자, 합병·영업자산 양수 등을 통해 저가의 대규모 신주를 발행하는 경우 등에는 1원~200%를 적용하여 기업내용 변화내용에 대한 투자자의 다양한 투자판단을 유연하게 수용할 수 있도록 하고 있다.

2) 정리매매종목의 매매체결방법

상장폐지가 확정된 종목의 경우 주주에게 상장폐지 전 마지막 환금의 기회를 부여하기 위하여 7일간(매매거래일 기준)의 정리매매 기간을 부여하고 있다. 정리매매종목은 정규시장 매매거래시간(09 : 00~15 : 30) 중 30분 단위 단일가매매 방법으로 매매거래(1일 14회)가 이루어지고, 가격제한폭은 적용되지 않는다.

4 특수한 형태의 매매체결방법

1) 시간외매매

(1) 개요

시간외매매란 정규시장의 매매거래시간 이전 또는 이후의 시간에 매매거래를 체결하는 제도로, 우리 증권시장에서는 매매체결방법에 따라 시간외종가매매, 시간외대량·바스켓매매, 시간외단일가매매로 구분된다. 시간외매매는 정규시장에서 매매거래기회를 갖지 못한 투자자에게 추가적인 매매거래 기회를 부여하고, 대량매매와 같이 일반경쟁매매를 통해 수용하기 어려운 특수한 매매수요를 수용하기 위한 제도이다.

시간외매매는 공통적으로 주권(DR 포함), ETF 및 ETN에 대해서만 적용하고, 지정가호가 이외의 다른 유형의 호가는 허용되지 않는 특징이 있다.

표 4-9 **시간외시장의 구분**

구분	매매거래시간	호가접수시간	매매거래유형
장 개시 전 시간외시장	08 : 30~08 : 40	08 : 30~08 : 40	시간외종가매매
	08 : 00~09 : 00	08 : 00~09 : 00	시간외대량·바스켓매매
장 종료 후 시간외시장	15 : 40~16 : 00	15 : 30~16 : 00	시간외종가매매
	16 : 00~18 : 00	16 : 00~18 : 00	시간외단일가매매
	15 : 40~18 : 00	15 : 40~18 : 00	시간외대량·바스켓매매

(2) 시간외종가매매

시간외종가매매는 종가를 확인한 이후 당해 가격으로 매매하고자 하는 투자자의 수요를 수용하기 위한 제도로서, 장 종료 후 또는 장 개시 전에 일정 시간 당일 종가(장 개시 전 시간외종가매매는 전일 종가)로 매도·매수호가를 접수하여 양방향 호가가 있는 경우 접수순에 따라 즉시 매매거래를 체결한다.

표 4 - 10 시간외종가매매 방법

구분	주요 내용
거래대상	• 주권, DR, ETF, ETN (정규시장 매매거래 미형성 종목 제외)
체결 가격	• 당일(장 개시 전 시간외시장의 경우 전일) 종가
매매체결원칙	• 매수 · 매도 호가 간에 시간우선원칙으로 매매체결
정정 · 취소	• 매매체결 전까지 취소 가능(가격정정은 불가능)

(3) 시간외단일가매매

시간외단일가매매는 장 종료 후에 10분 단위 단일가매매방식으로 매매거래를 체결하는 시장이다.

표 4 - 11 시간외단일가매매 방법

구분	주요 내용
거래대상	• 주권, DR, ETF, ETN (정규시장 매매거래 미형성 종목 제외)
가격 범위	• 당일 종가를 기준으로 상 · 하 ±10% 범위 이내의 가격 (당일 가격제한폭 범위 이내)
가격 결정방법	• 16 : 00 이후부터 매 10분 단위로 주문을 제출받아 단일가로 매매체결(총 12회 단일가 체결)
정정 · 취소	• 매매체결 전까지 정정 및 취소 가능

* 다만, 정리매매종목 및 단기과열종목의 경우 30분 단위

(4) 시간외대량 · 바스켓매매

시간외시장에서 일정 수량 이상의 개별 종목 또는 주식집단을 매매 당사자 간 합의된 조건(가격, 수량)으로 매매거래를 체결하는 제도이다. 시간외대량매매는 매도 · 매수 쌍방의 합의된 대량매매가 시장의 충격 없이 원활히 처리될 수 있도록 하고, 시간외바스켓매매는 다수의 종목을 대량매매하는 기관투자자들이 포트폴리오를 새로 구성하거나 해소하는데 도움을 주기 위하여 도입되었다. 한편, 대량매매 및 바스켓매매(장중 대량 · 바스켓매매 포함)는 호가제출 전에 거래소에서 운영하는 대량매매네트워크(K-BloX)를 통해 신청하여야 한다.

표 4-12 시간외대량 · 바스켓매매 방법

구분	주요 내용
거래대상	• 주권, DR, ETF, ETN (정규시장 매매거래 미형성 종목 제외)
거래시간	• 시간외시장 매매거래시간(08 : 00~09 : 00, 15 : 40~18 : 00)
가격 범위	• 당일의 가격제한폭 범위 이내
주문방법	• 주문내용이 일치하는 매도 · 매수 쌍방주문 (거래소 K-Blox를 통해 신청)
최소주문수량	• 시간외대량 　유 정규시장 매매수량단위의 5,000배(ETF의 경우 500배) 또는 1억 원 이상 　코 5,000만 원 이상 • 시간외바스켓 　유 5종목 이상으로서 10억 원 이상 　코 5종목 이상으로서 2억 원 이상
체결 가격	• 매수 · 매도 당사자 간 합의한 가격
정정 · 취소	• 매매체결 전까지 정정 및 취소 가능
회원요건	• 매도 · 매수 중 어느 일방은 단일회원

2) 정규시장 대량매매제도(장중대량 · 바스켓매매)

(1) 의의

대량의 거래가 정규시장에 유입되는 경우 주가 급등락 등 시장에 충격을 유발할 수 있고, 주가급변에 따라 투자자 역시 본인이 원하는 가격으로 거래를 할 수 없는 불편함이 존재한다. 이에 따라, 거래소는 대량매매의 시장 영향을 줄이고, 대량매매 수요자의 매매 편의 및 원활화를 도모하기 위해, 기존에 시간외시장에서만 가능하였던 대량매매를 정규시장의 매매거래시간 중에도 가능하도록 확대하였다.

(2) 매매제도

표 4-13 **장중대량·바스켓매매 방법**

구분	주요 내용
거래대상	• 주권, DR, ETF, ETN (정규시장 매매거래 미형성 종목 제외)
거래시간	• 정규시장의 매매거래시간(09 : 00~15 : 30)
가격 범위	• 호가제출 직전까지 형성된 당일 최고 가격~최저 가격
주문유형	• 주문내용이 일치하는 매도·매수 쌍방주문 (거래소 K-Blox를 통해 신청)
주문수량	• 대량매매 ⑪ 매매수량단위의 5,000배(ETF의 경우 500배) 또는 1억 원 이상 ⑳ 5,000만 원 이상 • 바스켓매매 ⑪ 5종목 이상으로서 10억 원 이상 ⑳ 5종목 이상으로서 2억 원 이상
체결 가격	• 매도·매수 쌍방 당사자 간 합의한 가격
정정·취소	• 매매체결 전까지 정정 및 취소 가능
회원요건	• 매도·매수회원 중 어느 일방은 단일 회원

3) 경쟁대량매매제도

(1) 의의

경쟁대량매매는 익명거래를 원하는 투자자의 일정 규모 이상의 대량호가를 정규시장 호가와는 별도로 집중시켜 비공개로 매매거래를 체결하는 제도이다. 이는 기존의 대량매매제도가 가진 단점(투자자의 매매전략 관련 정보 노출)을 보완함으로써 시장에 잠재된 대량거래 수요를 수용하고, 이를 통해 시장참가자의 거래비용(대량거래의 시장 충격 비용)을 완화하는 데 그 목적이 있다.

(2) 매매방법

경쟁대량매매는 특정 투자자 간에 합의된 가격과 수량으로 매매거래하는 기존의 대량매매와는 달리 '시간우선원칙'이 적용되는 경쟁매매방식이다. 즉, 투자자는 상대방 탐색 및 가격 협상 없이 일정 요건에 부합하는 대량호가를 제출하고(K-Blox 신청 불필요), 거래소는 매수·매도 쌍방의 호가가 접수되는 즉시 먼저 접수된 호가부터 우선하여 체결한다. 이때, 체결되는 가격은 해당 종목의 거래량가중평균가격(VWAP)으로서 거래소가 장 종료 후에 산출하여 각 당사자에게 통보한다. 경쟁대량매매 호가의 수량 및 체결 정보는 공개하지 않지만, 종목별로 경쟁대량매매를 위한 매도·매수호가의 유·무 정보는 최소한의 거래정보로서 정규시장의 매매거래시간 중에 한하여 공개하고 있다.

표 4-14 경쟁대량매매 방법

구분	주요 내용
대상종목	주식, DR, ETF, ETN (관리종목과 정리매매종목은 제외)
매매거래 시간	(시간외시장) 08 : 00~09 : 00 (정규시장) 09 : 00~15 : 00
매매체결 방법	• 양방향 주문이 있는 경우 즉시 매매를 체결하는 경쟁매매(접속매매) 방식 • 시간우선원칙에 따라 먼저 접수된 주문부터 전량 체결
체결 가격	• 시간외시장 : 당일(all day) VWAP* • 정규시장 : 체결 시점(match point) 직후부터의 VWAP** * 정규시장 개시 시점부터 장 종료 시까지의 총거래대금÷총거래량 ** 체결 시점부터 장 종료 시까지의 총거래대금÷총거래량 • 정규시장 중 거래 미형성 등으로 경쟁대량매매에 적용할 VWAP이 없는 경우는 당일 종가(종가가 없는 경우 기준 가격)를 적용
주문 요건	• 최소호가 규모 　[유] 5억 원 이상 (기준 가격×호가수량) 　[코] 2억 원 이상 • 매매수량단위 　[유] 100주 　[코] 1주

chapter 05

시장관리제도

section 01 매매거래의 중단

1 주식시장의 매매거래중단(Circuit Breakers)

(1) 개요

매매거래중단[Circuit Breakers(CB)] 제도는 증시의 내·외적 요인에 의해 시장 상황이 급격히 악화되는 경우 시장참여자들에게 냉정한 투자판단의 시간(Cooling-Off Period)을 제공하기 위해 증권시장 전체의 매매거래를 일시적으로 중단하는 제도이다. 주가급락 시에는 기업가치의 적정성에 대한 판단보다는 시장 분위기에 편승한 매매주문의 쏠림현상이 심화되고, 이로 인해 시장 실패 가능성이 높아지게 되므로 투자자 보호 및 증권시장의 안정화를 위한 장치가 필요하다.

(2) 제도의 기본방향

CB는 주가급락 시 투자자가 심리적 안정을 찾을 수 있도록 하기 위한 제도이므로 주가급등 시에는 발동하지 않는다. 또한 빈번한 주식시장의 매매거래중단은 오히려 시장의 불확실성을 증폭시키고 투자자의 혼란을 가중시킬 수 있으므로 심리적 공황상태와 같은 극단적인 상황에서만 발동되도록 엄격한 기준을 적용하고 있다.

(3) 주요 내용

❶ 발동요건 : 주가지수(유가증권시장은 코스피지수, 코스닥시장은 코스닥지수)가 직전 매매거래일의 종가지수와 대비하여 각각 8%, 15%, 20% 이상 하락하여 1분간 지속되는 경우 다음과 같이 CB를 발동. 다만, 동일 발동조건으로는 1일 1회에 한하여 발동하며, 장 종료 40분 전(14:50) 이후에는 발동하지 않음. 다만, 아래 'ㄷ'의 경우는 장 종료 40분 전 이후에도 발동.

ㄱ. 1단계 매매거래중단 : 주가지수가 직전 매매거래일의 최종 수치보다 8% 이상 하락하여 1분간 지속되는 경우(20분간 매매거래중단 후 재개)

ㄴ. 2단계 매매거래중단 : 'ㄱ'에 따라 매매거래를 중단·재개한 후에도 직전 매매거래일의 최종 수치보다 15% 이상 하락하고 1분간 지속되는 경우(20분간 매매거래중단 후 재개). 다만 1단계 매매거래중단 시점의 주가지수 수치보다 1% 이상 하락하지 아니하거나, 1% 이상 하락하였으나 1분간 지속되지 아니한 경우는 제외.

ㄷ. 3단계 매매거래중단 : 'ㄴ'에 따라 매매거래를 중단·재개한 후에도 직전 매매거래일의 최종 수치보다 20% 이상 하락하고 1분간 지속되는 경우(매매거래중단 후 즉시 당일의 매매거래 종결). 다만 2단계 매매거래중단 시점의 주가지수 수치보다 1% 이상 하락하지 아니하거나, 1% 이상 하락하였으나 1분간 지속되지 아니한 경우는 제외.

❷ 발동효과 : 주가지수가 8%, 15% 하락하여 CB가 발동되면 증권시장의 모든 종목(채권은 제외) 및 주식 관련 선물·옵션시장의 매매거래를 20분간 중단(호가접수 중단)하고, 20% 이상 하락하여 발동된 경우에는 당일 장을 종료. 다만, 신규호가접수가 중단된 경우에도 호가의 취소는 가능(위 'ㄷ'의 3단계 매매거래중단이 발동된 경우는

취소호가를 포함한 모든 호가접수가 불가능)

❸ 발동해제(매매거래재개) : 매매거래중단 후 20분이 경과된 때에 매매거래를 재개. 재개시 최초의 가격은 재개시점부터 10분간 호가를 접수하여 단일가매매방법에 의하여 결정하며, 그 이후에는 접속매매 방법으로 매매를 체결

2 종목별 매매거래정지제도

(1) 개요

특정 종목과 관련한 풍문 등으로 인하여 투자자에게 기업정보를 충분히 주지시킬 수 있는 시간이 필요하거나 매매거래의 폭주로 인하여 시장에서 정상적인 매매체결이 불가능한 경우, 거래소는 해당 종목의 매매거래를 일시적으로 정지할 수 있다. 이는 투자자의 주의를 환기시키고 시장에서의 안정적인 매매거래를 도모하기 위한 조치이다.

(2) 매매거래정지 사유

❶ 매매거래가 폭주하여 신속하게 매매거래를 성립시킬 수 없다고 인정되는 종목
❷ 투자유의종목으로 지정된 종목
❸ 그 밖에 시장관리상 필요하다고 인정되는 경우

한편, 매매거래가 정지된 주권을 기초자산으로 하는 신주인수권증서, 신주인수권증권 및 ELW의 매매거래도 정지될 수 있다.

(3) 매매거래재개

❶ 호가폭주로 인한 중단의 경우 : 호가상황 및 매매거래상황을 감안하여 매매거래 재개시기를 결정
❷ 투자유의종목으로 지정되어 중단된 경우 : 그 다음 매매거래일. 다만, 시장상황 등을 감안하여 거래소가 투자자보호를 위하여 필요하다고 인정하는 경우에는 매매거래의 개시시기를 달리 정할 수 있음
❸ 시장관리상 필요한 경우 : 시장 상황을 감안하여 매매거래 재개시기를 결정

3 단일가매매 임의연장(Random End, 랜덤엔드)

랜덤엔드는 모든 단일가매매 시 가격 결정을 위한 호가접수시간을 정규 마감시간 이후 30초 이내의 임의시간까지 연장하여, 매매체결 시점이 임의적으로 결정되도록 하는 제도이다. 이는 단일가매매시간 중 허수성 호가에 의한 가격 왜곡 문제를 방지하여 선의의 투자자 피해를 최소화하고 시장의 투명성 제고 및 균형 가격 발견 기능을 강화하기 위한 것이다.

4 변동성 완화장치(Volatility Interruption, VI)

(1) 의의

변동성 완화장치는 예상치 못한 갑작스런 주가의 급변으로부터 투자자를 보호하기 위한 가격 안정화 장치 중 하나로, 개별 종목에 대해 일정한 가격 범위를 설정하고 체결 가격이 동 가격 범위를 벗어날 경우 발동된다. 이는 비정상적인 주가 급등락이 우려되는 경우 단일가매매방식으로의 매매체결방법 변경을 통해 투자자에게 주가급변의 이유 등 제반 상황을 파악할 수 있는 냉각기간(Cooling-Off Period)을 제공함으로써 투자자에게 불측의 손실을 예방할 수 있도록 하기 위함이다. 가격제한폭은 주가급변 시 제한폭을 초과하는 가격대에서의 매매거래를 제한하는 직접적인 가격 규제인 반면, 변동성 완화장치는 시장참가자로 하여금 주가급변 상황에 대해 주의를 환기시킴으로써 주가 변동을 완화시키는 간접규제라 할 수 있다.

(2) 종류

변동성 완화장치는 크게 동적(Dynamic) VI와 정적(Static) VI로 구분할 수 있다. 동적 VI는 특정 호가에 의한 단기간의 가격 급변을 완화시키기 위한 것으로, 직전 체결 가격을 기준으로 체결 가격이 변함에 따라 연속적으로 가격 범위(Dynamic Price Range)를 설정하므로, 특정 호가에 의한 순간적인 수급불균형이나 주문착오 등으로 인한 일시적 변동성 완화에 효과적이다. 반면, 정적 VI는 특정 단일호가 또는 여러 호가로 야기되는 누적적이고 보다 장기간의 가격 변동을 완화하기 위한 장치로, 전일 종가 또는 장중의 새

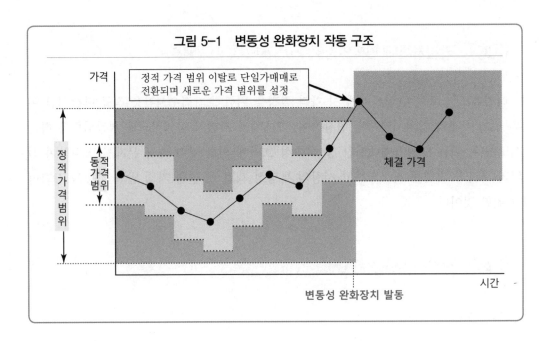

그림 5-1 변동성 완화장치 작동 구조

로운 단일 가격 등을 기준으로 가격 범위(Static Price Range)를 보다 넓게 설정하므로 큰 폭의 가격 변동을 완화하는 데 효과적이다. 다만, 투자자 편의 제고 등을 위해 다른 가격안정화장치와 중복 시에는 원칙적으로 중복적용을 배제한다. 예를 들어 매매거래중단(Circuit Breakers) 발동시 기 발동된 변동성완화장치는 취소된다.

(3) 주요 내용

❶ 동적 VI (Dynamic Volatility Interruption)

동적 VI는 특정 호가에 의해 주가가 직전 체결 가격(참조 가격)보다 일정 비율 이상 변동할 때 발동되며, 그 구체적인 발동기준은 다음과 같음

단일가매매 시 동적 VI가 발동되면 당해 단일가매매를 위한 호가접수시간이 2분간 연장되고, 접속매매 시 동적 VI가 발동되면 매매방식이 단일가매매로 전환되어 2분간 매매거래 없이 호가를 접수하여 당해호가간 매매거래를 체결. 단일가매매 이후에는 다시 접속매매방식으로 환원. 접속매매, 종가단일가매매시간 및 시간외단일가 매매시간에 적용되며, 시가단일가매매시간에는 적용되지 않으며, 정리매매종목, 단기과열종목 등에 대해서도 발동되지 않음

❷ 정적 VI (Static Volatility Interruption)

정적 VI는 호가제출 시점 직전에 체결된 단일가 체결 가격을 참조 가격(reference

price)으로 하여, 동 참조 가격 대비 10% 이상 변동한 경우 발동. 정적 VI가 발동 되면, 동적 VI와 동일하게 매매체결방식이 2분간 단일가매매으로 전환. 정적 VI 는 종목 및 세션의 구분없이 10% 발동요건이 적용되며, 시가단일가 매매 및 종 가단일가 매매시에도 발동될 수 있음

표 5-1 동적 변동성 완화장치 발동요건

구분		접속매매시간 (09:00~15:20)	종가단일가 매매시간 (15:20~15:30)	시간외시간 (16:00~18:00)
주식	ETF/ETN			
KOSPI200 구성종목	KOSPI200/100/50, KRX100, 인버스, 채권	3%	2%*	3%
유가증권일반 종목/코스닥 종목	레버리지, 섹터·해외지수, 상품 등 기타지수	6%	4%*	6%

* 주식관련(주가지수, 개별주식, ETF) 선물·옵션 최종 거래일 기초자산(주가지수인 경우 그 구성종목)의 종가결 정시 1%로 축소하여 적용

section 02 안정적 주가 형성을 위한 시장관리제도

1 프로그램매매 관리제도

1) 프로그램매매의 정의

프로그램매매는 일반적으로 시장분석, 투자시점 판단, 주문제출 등의 과정을 컴퓨터 로 처리하는 거래기법을 통칭한다. 즉, 투자자는 시장 상황별로 실행할 투자전략을 사 전에 미리 수립하여 그 내용을 컴퓨터에 프로그래밍하고, 해당 요건 발생 시 컴퓨터가 자동으로 주문을 처리하는 매매방식이다. 그러나 거래소는 프로그램매매 관리의 목적 을 고려하여 지수차익거래와 비차익거래로 구분하여 정의하고 있다.

지수차익거래는 주식시장과 파생상품시장의 가격 차이를 이용하여 이익을 얻을 목적으로, KOSPI200지수(코스닥은 코스닥150지수) 구성종목의 매수와 동시에 또는 매수의 전·후에 KOSPI200 선물·옵션(코스닥은 코스닥150지수 선물·옵션)을 매도하는 전략 또는 그 반대의 매매매거래 전략을 말한다.

비차익거래는 동일인이 일시에 KOSPI지수 구성종목 중 15종목 이상(코스닥의 경우 코스닥150지수 구성종목 중 10종목 이상)을 매수 또는 매도하는 거래를 말한다. 즉, 지수차익거래와 달리 파생상품시장과의 연관성 여부와 관계없이 일시에 매매하고자 하는 주문이 일정 규모 이상인 경우 비차익프로그램매매에 해당한다.

2) 프로그램매매의 관리 필요성

프로그램매매는 시장에 풍부한 유동성을 제공하고 가격 발견 기능의 효율성을 제고하는 순기능이 있다. 반면, 시황 변화에 따른 기계적 투자전략으로서 시장이 불안정할 경우에는 변동성을 심화시킬 우려가 있으며, 특히, 선물·옵션 최종 거래일에는 기존의 차익거래 포지션을 해소하기 위한 매매가 집중됨에 따라 주가급변의 위험이 확대될 수 있다. 따라서 거래소는 파생상품시장과 연계된 과도한 프로그램매매가 주식시장에 주는 충격을 완화하고, 투자자 보호 및 시장의 안정적 관리를 도모하기 위하여 프로그램매매에 대한 시장관리방안을 마련하고 있다.

3) 프로그램매매호가의 관리

(1) 프로그램매매호가 구분 표시

거래소는 프로그램매매의 투명성 확보를 위해 회원(투자자)의 호가제출 시 프로그램매매 해당 여부(차익거래와 비차익거래 구분)를 입력하도록 하여 프로그램매매호가를 관리하고 관련 통계를 시장에 공표하고 있다.

(2) 프로그램매매호가 효력의 일시정지 제도(Sidecar)

사이드카는 파생상품시장에서 선물 가격이 급등락할 경우 프로그램매매가 주식시장에 미치는 충격을 완화하기 위해, 주식시장 프로그램매매호가의 효력을 일시적으로 정지시키는 제도이다.

❶ 발동기준 : 각 시장별로 다음의 기준에 해당하면 사이드카가 발동

　ㄱ. 유가증권시장 : 코스피200지수선물 가격이 기준가 대비 5% 이상 변동하여 1분 간 지속되는 경우

　ㄴ. 코스닥시장 : 코스닥150지수선물 가격이 6% 이상 변동하고 코스닥150지수 가 3% 이상 변동하여 1분간 지속되는 경우

　ㄷ. 매수·매도 구분 없이 1일 1회에 한해 발동되며, 장 개시 후 5분이 경과한 시점부터 발동기준을 계산하므로 실제로는 장 개시 후 6분 이후부터 발동 될 수 있음

❷ 발동효력 : 상승의 경우에는 프로그램 매수호가, 하락의 경우에는 프로그램 매도 호가(취소 및 정정호가 포함)의 효력을 5분 동안 정지

❸ 해제기준

　ㄱ. 프로그램매매호가의 효력정지 시점부터 5분이 경과한 경우

　ㄴ. 장종료 40분 전인 경우

　ㄷ. 프로그램매매호가의 효력정지시간 중 주식시장 매매거래 중단(Circuit Breakers) 또는 임시정지된 경우에는 매매거래가 재개된 경우

표 5-2 서킷브레이커 및 사이드카 비교

구분	서킷브레이커	사이드카
요건	• 코스피(코스닥)지수가 기준 가격 대비 8%, 15%, 또는 20% 이상 하락하여 1분간 지속 • 동일 발동요건은 1일 1회에 한함(장 종료 40분 전 이후에는 발동하지 않음)	• 코스피200(코스닥150)지수선물 가격이 기준 가격 대비 5%(6%) 이상 상승하거나 하락하여 1분간 지속 (코스닥시장은 코스닥150지수도 3% 이상 변동한 경우에만 발동) • 1일 1회에 한함(장 개시 후 5분 전, 장 종료 40분 전 이후에는 발동하지 않음)
효력	• 주식시장 및 관련 파생상품시장 20분간 매매거래정지(20% 요건 발동 시에는 장 종료) • 신규호가 접수 거부(취소호가 가능) • 매매거래정지 해제 시 10분간 단일가매매	• 프로그램매매호가의 효력을 5분간 정지 • 신규 취소 및 정정호가의 효력도 정지

(1) 의의

단기과열종목 지정제도는 미확인된 정보 등의 시장 확산으로 인한 불특정 다수 투자자의 추종매매로 특정 종목의 주가가 단기간에 급등락을 반복하는 단기과열 현상을 예방하기 위한 제도이다. 이러한 단기과열종목은 특정 불공정거래 세력에 의해 이루어진 것이 아니라 주로 불특정 다수 투자자의 추종매매에 의해 발생한 것이어서 기존의 시장감시장치로는 이런 현상에 적절히 대응할 수 없어 도입되었다.

(2) 단기과열종목의 지정 및 지정해제

유가증권시장 및 코스닥시장의 상장주권 및 DR이 다음의 단기과열지표에 따라 적출되는 경우 지정예고조건 및 지정 조건 충족시 지정예고 또는 단기과열종목으로 지정한다.

❶ 당일 종가가 직전 40매매거래일 종가의 평균 대비 30% 이상 상승
❷ 최근 2거래일 평균 회전율이 직전 40매매거래일 회전율의 평균의 600% 이상
❸ 최근 2거래일 평균 일중변동성이 직전 40매매거래일 일중변동성의 평균의 150% 이상
❹ 당일 종가를 기준으로 종류주식의 가격과 해당 보통주식의 가격간 괴리율[(종류주식가격 − 해당 보통주식가격)/해당 보통주식가격 * 100]이 50%를 초과

상장 주권 등이 ❶~❸ 요건에 모두 해당하여 최초 적출된 날의 다음 매매거래일로부터 10매매거래일 이내에 동일 요건으로 재적출되는 경우 단기과열종목 지정예고를 하고, 그 후 10매매거래일 이내에 다시 동일요건을 충족하는 경우(단, 당일 종가가 예고일 전일 및 직전매매거래일 종가 대비 상승한 경우에 한함) 또는 지정예고의 ❹ 요건에 해당하여 지정예고된 날부터 10매매거래일 이내에 다시 동일 요건을 충족하는 경우 단기과열종목으로 지정한다.

단기과열종목 지정일부터 3매매거래일이 종료하는 날의 다음 매매거래일에 지정을 해제하나, 지정예고 ❶~❸ 요건에 모두 해당되어 단기과열종목으로 지정된 종목의 경우 지정정료일 종가가 지정일 전일의 종가보다 20% 이상 높은 경우에는 지정기간을 3매매거래일만큼 연장한다. 지정예고의 ❹ 요건에 해당되어 단기과열종종목으로 지정

된 종목의 경우 지정종료일의 종가를 기준으로 여전히 ❹ 요건에 해당하는 경우 3거래일간 지정요건을 연장한다. 이 경우, 이후에도 지정종료일에 ❹ 요건에 계속 해당되면 지정연장을 반복한다.

(3) 단기과열종목의 매매체결방법

단기과열종목으로 지정되면 3일간 30분 단위 단일가매매 방식을 적용하여 매매거래를 체결한다. 이 경우, 시간외 단일가매매의 경우에도 체결주기가 10분에서 30분으로 변경된다. 지정가호가, 시장가호가, 경쟁대량매매호가에 한하여 호가제출이 허용되고, 지정가호가 및 시장가호가에 대해서는 IOC, FOK 조건입력이 제한된다.

3 시장경보제도

(1) 개요

거래소(시장감시위원회)는 투기적이거나 불공정거래의 개연성이 있는 종목 또는 주가가 단기간에 비정상적으로 급등하는 종목의 경우 투자자의 주의를 환기하기 위해 시장경보제도를 운영하고 있다. 『투자주의종목 → 투자경고종목 → 투자위험종목』으로 연결되는 3단계 지정제도는 일반투자자의 추종매매를 억제하고 불공정거래의 확산을 사전에 차단하기 위한 경보조치이다.

(2) 지정요건

❶ 투자주의종목 : 거래소는 일정 기준에 해당하는 소수계좌 거래집중종목 등 투기적이거나 불공정거래 개연성이 있는 종목을 투자주의종목으로 지정. 이는 일반투자자의 뇌동매매를 방지하고 잠재적 불공정거래 행위자에 대한 경각심을 고취시키기 위함으로, 지정예고 없이 1일간 지정되며 익일 자동해제

❷ 투자경고종목 : 특정 종목의 주가가 비정상적으로 급등하는 경우, 투자자의 주의를 환기시키고 불공정거래를 사전에 예방하기 위하여 투자경고종목으로 지정. 단기(5일) 또는 중장기(15일) 기준으로 주가가 급등하면서 당해기간 중 특정 계좌의 시세관여율이 높은 경우 등에 투자경고종목으로 지정예고되고, 이후에도 주가상승률이 과도하게 높아 투자경고종목 지정요건에 해당하는 경우에는 투자경

고종목으로 지정. 지정일로부터 10일 이후의 날로서 주가 급등 등이 해소되어 지정해제요건에 해당하는 경우에 해제

❸ 투자위험종목 : 투자경고종목 지정에도 불구하고 투기적인 가수요 및 뇌동매매가 진정되지 않고 주가가 지속적으로 상승할 경우, 거래소 시장감시위원회는 동 종목을 투자위험종목으로 지정예고하고, 이후에도 주가 상승이 지속되어 투자위험종목의 지정요건에 해당하는 경우 투자위험종목으로 지정하여 관리. 지정일부터 10일 이후의 날로서, 주가 급등 등이 해소되어 지정해제요건에 해당하는 경우에 해제

(3) 제한조치

투자경고·위험종목으로 지정되는 경우 신규의 신용거래가 제한되며, 회원사는 해당 종목의 매수주문에 대해 위탁증거금을 100% 징수하여야 하고, 대용증권으로 사용할 수 없다. 또한, 투자경고종목으로 지정된 이후에도 주가가 계속 상승하는 경우, 투자위험종목으로 지정되는 경우 등에는 매매거래가 정지될 수 있다.

section 03 | 공정한 주가 형성을 위한 시장관리제도

1 공매도 관리

1) 의의 및 관리 필요성

(1) 의의

공매도(short selling, 空賣渡)는 자본시장법에서 소유하지 않은 증권을 매도하는 것으로 정의하고 있는데, 투자자는 자신이 보유한 증권의 가격 하락에 따른 손실을 회피(헤지)하거나, 고평가된 증권의 매도를 통한 차익을 얻기 위해 이를 활용하고 있다.

(2) 관리 필요성

공매도는 주식시장에 추가적인 유동성을 공급하여, 가격 발견의 효율성을 제고하고 투자자의 거래비용을 절감한다. 또한 부정적인 정보가 가격에 빠르게 반영될 수 있도록 하여 주가 버블 형성을 방지하고 변동성을 줄이는 등 순기능이 있어, 세계 대부분의 증권시장에서는 공매도를 수용하고 있다.

그러나 소유하지 않은 증권을 매도하여 결제일에 결제불이행 발생의 우려가 있고, 시장 불안 시 공매도가 집중될 경우 주가 하락 가속화 등 안정적인 시장운영에 위험요인으로 작용할 수 있다. 이에 따라, 각국의 증권시장에서는 공매도에 따른 잠재적인 위험을 관리하기 위한 다양한 제도를 도입하고 있다.

2) 공매도 관리

(1) 결제불이행 위험 방지를 위한 시장관리방안

❶ 차입 공매도의 예외적 허용 : 자본시장법에서는 매도증권의 차입 여부에 따라 소유하지 않은 증권의 매도(무차입 공매도)와 차입한 증권으로 결제하고자 하는 매도(차입 공매도)로 구분하여 정의하고 있으며, 일정한 방법 및 가격 등에 따라 이루어지는 차입 공매도만 예외적으로 허용. 즉, 투자자는 주문을 제출하기 이전에 신용대주거래 또는 대차거래 등에 의하여 차입한 증권에 대해서만 공매도할 수 있음

ㄱ. 대주거래 : 개인투자자 등이 회원사 또는 증권금융회사가 보유하고 있는 주식을 신용으로 차입하는 거래

ㄴ. 대차거래 : 기관투자자 등이 한국예탁결제원 또는 한국증권금융 등의 중개기관을 통해 거래 당사자 간 주식을 빌리고(borrow) 빌려주는(lending) 거래

한편, 자본시장법은 현재 증권을 소유하고 있지 않지만 결제일까지 소유하게 될 예정으로 결제불이행의 우려가 없는 증권의 매도에 대해서는 공매도가 아닌 것으로 간주함으로써 공매도 규제가 적용되지 않는 범위를 명확히 하고 있음

자본시장법상 공매도로 보지 않는 경우

- 매수계약 체결 후 결제일 전에 해당 증권을 다시 매도하는 경우
- 주식 관련 채권(전환사채·교환사채·신주인수권부사채 등)의 권리행사, 유·무상증자, 주식배

당 등으로 취득할 주식이 결제일까지 상장되어 결제가 가능한 경우 그 주식의 매도
- 기타 다른 보관기관에 보관하고 있는 증권을 매도하거나, DR에 대한 예탁계약의 해지로 취득할 주식 및 ETF 환매청구에 따라 교부받을 주식 등의 매도로서 결제일까지 결제가 가능한 경우 등

❷ 공매도호가의 방법 : 회원이 위탁자로부터 매도 주문을 수탁할 때에는 i) 공매도 여부를 확인하고, ii) 공매도일 경우 해당 증권의 차입 여부를 확인하여야 함. 이는 문서, 전자통신, 전화 녹취 등 다양한 방법으로 할 수 있으며, 확인한 내용은 3년 이상 보관하여야 함. 회원은 공매도를 구분 표시하여 호가를 제출하여야 하고, 공매도 규정을 위반하는 주문에 대해서는 수탁을 거부하여야 함

한편, 회원이 위탁자로부터 공매도를 하지 않는다는 확약서(공매도 미실행 확약서)를 제출받고 해당 위탁자 계좌에서 공매도 주문이 제출되지 않도록 전산조치를 한 경우에는 위의 확인절차를 생략할 수 있도록 하여 보유주식을 별도 보관하는 투자자의 거래 편의를 제고하고 있음

❸ 공매도호가의 사후 관리 : 회원은 결제일에 직접 또는 보관기관의 통보내용을 통해 위탁자의 결제부족 여부를 확인한 경우 위탁자로부터 해당 매매거래와 관련된 차입계약서 등을 제출받아 공매도 관련 법규의 위반 여부를 확인하고, 동 기록을 3년 이상 보관·유지하여야 함

또한, 공매도 관련 법규 위반규모 및 빈도가 〈표 5-3〉의 기준에 해당하는 위탁자에 대해서는 20일에서 60일간 공매도 주문수탁 시 차입계약서를 징구하거나 매도증권을 사전에 입고하도록 수탁강화 조치를 취하여야 함

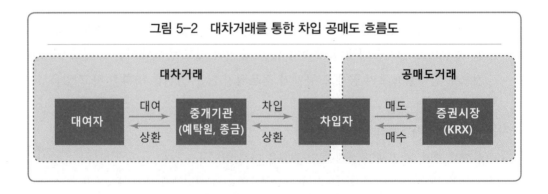

그림 5-2 대차거래를 통한 차입 공매도 흐름도

표 5-3	공매도 관련 법규 위반에 따른 수탁 강화 조치		
빈도＼위반규모	5억 원 이하	5억 원 초과~ 10억 원 이하	10억 원 초과
1 거래일	–	40일간 매도증권 사전납부	80일간 매도증권 사전납부
2~4거래일	40일간 매도증권 사전납부	80일간 매도증권 사전납부	120일간 매도증권 사전납부
5거래일 이상	80일간 매도증권 사전납부	120일간 매도증권 사전납부	120일간 매도증권 사전납부*

* 모든 매도주문시(일반매도, 차입공매도, 기타매도) 매도증권 사전납부 확인(이외에는 차입공매도 주문을 수탁 하는 경우에만 사전납부)

(2) 시장 불안 방지를 위한 시장관리방안

❶ 공매도호가의 가격 제한(Uptick Rule) : 공매도는 원칙적으로 직전 가격 이하의 가 격으로 호가할 수 없으나, 가격이 상승하는 경우(직전 가격이 그 직전 가격 보다 높은 경 우)에는 예외적으로 직전 가격으로 호가할 수 있도록 허용하고 있음. 그리고 상 대매매(장중대량매매 등) 방식 등에는 가격 제한을 적용하지 않음

예시

▶ 공매도 시 직전 가격으로 호가할 수 있는 경우

직전가 :	① 10,000 →	② 9,980 →	③ 9,980 →	④ 9,990 →	⑤ 9,990
	–	×	×	○	○

* ④번, ⑤번의 가격 형성(체결) 후에는 직전가인 9,990원에 공매도 호가 가능

❷ 공매도 금지조치 : 극단적인 시황급변 등으로 시장의 안정성 및 공정한 가격 형 성을 저해할 우려가 있는 경우에는 거래소가 금융위원회의 승인을 받아 상장증 권의 전부 또는 일부에 대해 차입 공매도를 제한할 수 있음

❸ 공매도 과열종목 지정제도 : 공매도가 평상시보다 급증하고, 주가 하락이 동반되 는 종목의 경우에는 투자자에게 주의를 환기하기 위하여 해당 적출된 종목을 공 개하고, 익일 1일간 공매도 거래를 금지하고 있음. 다만, 주식시장의 유동성공급 호가 및 시장조성호가, ELW · ETF · ETN 상품의 유동성공급에 발생되는 리스크 헤지를 위한 헤지거래 목적의 호가, 파생상품시장의 시장조성을 위한 헤지거래 목적의 호가는 예외적으로 공매도 호가를 허용하고 있음

표 5-4   공매도 과열종목 적출 기준(2023.4분기 현재)

시장	공매도 비중*	주가하락율	공매도 거래대금 증가율	직전 40 거래일 공매도비중평균
유가증권시장	15% 이상	5~10%	6배 이상	–
	–	10% 이상		–
	당일 해당 종목 공매도 비중 30% 이상	3% 이상	2배 이상	
코스닥시장 코넥스시장	20% 이상	5~10%	5배 이상	–
	–	10% 이상		–
	–	–		5% 이상
	당일 해당 종목 공매도 비중 30% 이상	3% 이상	2배 이상	

* 당일 공매도 비중 요건은 유가증권시장은 직전분기 코스피 구성종목 공매도 비중의 3배 이상, 코스닥시장은 직전분기 코스닥150 구성종목 공매도 비중의 3배 이상 수준이며 상한은 20%로 하여 결정한다. 동 공매도 비중 은 기준일에 따라 수치가 변동되므로 주기적인 확인이 필요하다.

(3) 공매도 거래의 투명성 강화

❶ 공매도 거래현황 공표 : 거래소는 공매도 거래의 투명성 제고를 위해 회원에게 공매도를 별도로 구분하여 표시하도록 하고, 공매도로 표시된 거래현황을 집계하여 종목 및 업종별 공매도 거래현황 등을 공표

❷ 대차잔고 현황 공표 : 협회는 예탁결제원, 증권금융 및 증권회사를 통한 대차거래 현황을 집계하여 종목 및 투자자별 대차잔고 등을 공표

❸ 공매도잔고 보고 및 공시 : 공매도 순보유잔고비율이 발행주식 총수의 0.01% 이상이며 순보유잔고평가액 1억 원 이상이거나, 순보유잔고비율 관계없이 순보유잔고평가액이 10억 원 이상인 투자자는 당해 기준에 해당하게 된 이후 2영업일 오후 6시까지 인적사항, 보유한 순보유잔고 등을 금융위원회 및 거래소에 보고하여야 함. 또한 공매도 순보유잔고 비율이 발행주식 총수의 0.5% 이상인 투자자는 공시의무가 발생하며, 투자자는 공시의무 발생 이후 2영업일 오후 6시까지 인적사항, 종목명 및 최초 공시의무 발생일 등을 공시하여야 함

❹ 공매도 종합 포털 : 공매도 관련 투자자 간 정보 비대칭을 해소하고, 공매도에 대한 올바른 이해를 위하여 공매도와 관련된 종합적인 정보를 한 곳에 망라하여 공매도 종합 포털 사이트(http://short.krx.co.kr)를 개설하여 운영. 본 사이트는 공매도

제도, 공매도 관련 통계, 오해와 진실, 자주하는 질문 등으로 구성

2 자기주식매매

(1) 자기주식의 개요

자기주식이란 법인이 자기가 발행한 주식 중 일부를 자기계산으로 취득하여 보유하고 있는 경우를 말한다.

자본시장법은 상장법인의 자기주식 취득을 폭넓게 허용하고 있지만, 과도한 자기주식 취득의 경우에는 자본충실을 저해할 수 있다는 점에서 취득재원 및 취득방법 등을 제한하고 있다. 또한, 증권시장을 통해 자기주식을 취득·처분하는 경우에도 내부정보 이용 등의 불공정거래를 예방하고 시장(가격)에 미치는 영향을 최소화하기 위해 자기주식 매매에 대해 별도로 관리하고 있다.

(2) 자기주식 취득 관리

❶ 취득수량 한도 : 현재 자기주식을 취득할 수 있는 수량 한도는 없으며, 취득재원이 충분한 경우에는 이론상 100% 취득도 가능

❷ 취득재원 : 상장법인이 자기주식을 취득할 수 있는 금액은 직전 사업연도말 재무제표를 기준으로 상법상 이익배당한도에서 직전 사업연도말 이후 발생한 자기주식 취득 및 처분(신탁계약 체결 및 해지 포함) 금액과 주총에서 결의된 이익배당금액 등을 가감하여 산정

　이익소각을 위한 취득의 경우에는 해당 사업연도말의 대차대조표를 기준으로 산출한 상법상 배당가능이익에서 재평가적립금, 기업발전적립금, 기업합리화적립금, 재무구조개선적립금 및 관련 신탁계약이 있는 경우 그 계약금액을 차감하여 취득 가능한 재원을 산정

❸ 취득방법 : 자기주식은 증권시장에서 매매를 통하여 취득하거나, 장외에서 공개매수의 방법으로 취득할 수 있음. 이는 상장법인이 공개된 시장에서 자기주식을 취득하도록 하여 일반주주의 환금기회를 보장하기 위함임

❹ 취득(처분)절차 : 상장법인이 자기주식의 취득 또는 처분(신탁계약의 체결 및 해지 포함)을 결의한 경우에는 주요 사항 보고서(자기주식취득신고서 또는 처분신고서)를 금융

위원회와 거래소에 제출하여야 함. 자기주식을 취득할 수 있는 기간은 이사회 결의사항 공시 후 익일부터 3개월 이내이고, 처분 기간은 이사회 결의일 익일부터 3개월 이내. 자기주식의 취득(처분)을 완료하거나 취득(처분)기간이 만료된 때에는 그날부터 5일 이내에 결과보고서를 금융위에 제출하여야 함

(3) 자기주식 매매방법

❶ 자기주식매매거래계좌 설정 : 상장법인이 자기주식의 매매거래를 위탁하기 위해서는 특정 회원사에 자기주식매매거래계좌를 별도로 설정하여야 하고, 동 계좌에서는 자기주식 외의 종목을 거래할 수 없음

❷ 자기주식매매신청서 제출 : 자기주식을 매매하기 전에 그 내용(종목, 수량)을 미리 공시하도록 하고 있음. 이에 따라, 자기주식매매를 위탁받은 회원은 취득 · 처분 전일의 정규시장 종료 후부터 18시까지 자기주식매매신청서를 거래소에 제출하여야 함

❸ 호가 및 가격 제한 : 회원은 자기주식 매매거래 당일에 상장법인으로부터 주문을 접수한 후 다음의 가격 범위 이내로 장 종료 30분 전(15 : 00) 이전까지 호가제출을 완료하여야 함. 매매거래시간 중에 자기주식에 대한 가격 제한 범위 내에서의 가격 정정은 허용되나, 이미 제출된 호가의 취소는 불가하고 이러한 가격 제한으로 인해 자기주식매매에 대해서는 지정가주문만 허용

구분	매수	매도
장 개시 전 호가	• 전일종가~전일종가의 +5%	• 전일종가~전일종가보다 2호가단위 낮은 가격
장중호가	• 직전 가격과 최우선매수호가의 가격 중 높은 가격으로부터 ±5호가 가격 단위	• 직전 가격과 최우선매도호가의 가격 중 낮은 가격으로부터 ±5호가 가격 단위

* 장중 호가를 제출하기 전까지 매매체결이 이루어지지 않은 종목의 경우에는 당일 기준 가격을 "최고 가격" 및 "직전 가격"으로 적용

❹ 수량제한 : 1일 최대 주문 가능 수량은 종목별로 총발행주식수의 1% 이내에서 신고한 취득(처분)예정수량의 10%에 해당하는 수량과 최근 1개월간 일평균거래량의 25%에 해당하는 수량 중 많은 수량 이내

❺ 시간외대량매매를 통한 자기주식 매매 : 자기주식을 처분하는 경우에는 시간외대량매매에 의한 방법으로도 가능. 이때 처분할 수 있는 가격 범위는 당일(장개시전

시간외시장의 경우는 전일) 종가를 기준으로 ±5% 이내(당일 상·하한가 이내)

시간외대량매매의 방법을 통한 자기주식의 취득은 정부 등으로부터 자기주식을 취득하는 경우 또는 정부가 지도·권고 등을 하고 금융위가 승인한 경우에만 가능. 이때, 매수 가격의 범위는 일반적인 시간외대량매매의 가격 범위와 동일하지만, 정부·예금보험공사로부터 자기주식을 취득하거나 금융위 승인에 따라 취득하는 경우에는 가격제한(가격제한폭 포함)이 적용되지 않음

(4) 신탁계약을 통한 자기주식 매매

신탁계약을 통하여 자기주식을 매매하는 경우에도 상장법인이 직접 매매하는 것과 동일하게 관리하고 있다. 다만, 신탁계약의 특성을 감안하여 1일 주문수량한도는 해당 기업 총발행주식수의 1% 범위 이내 요건만을 적용하고 있다.

또한, 신탁계약을 통한 빈번한 자기주식의 취득·처분행위를 방지하기 위하여 자기주식의 취득 후 1개월간 처분이 금지되며, 처분 후 1개월간 취득이 금지된다.

(5) 자기주식매매의 특례

시장 상황 급변 등으로 투자자 보호와 시장 안정 유지를 위하여 필요한 경우, 자기주식 취득을 보다 용이하게 할 수 있도록 거래소는 금융위원회의 승인을 받아 수량제한을 면제하는 특례조치를 취할 수 있다. 동 특례조치가 취해진 경우 자기주식의 일일 주문수량은 취득신고 주식수 이내까지 확대된다.

3 호가정보 등의 공개

거래소는 투자판단의 기초자료가 되는 시장의 호가내용을 실시간으로 모든 시장참가자에게 공개함으로써 회원사의 서비스 품질 및 시장의 가격 발견 기능의 효율성을 제고하고 있다. 거래소에서는 매매체결방법에 따라 다음과 같이 호가내용을 공개하고 있다.

❶ 접속매매 : 매도·매수별 최우선호가의 가격을 포함한 10단계 우선 호가 가격, 그 가격대별 호가수량 및 해당 호가의 합계 수량

❷ 단일가매매 : 예상체결 가격 및 수량, 매도·매수별 예상최우선호가의 가격을 포함한 3단계 우선호가의 가격 및 수량

거래소는 호가정보 외에도 투자자별 거래현황 등 투자자의 투자판단에 참고가 될 수 있는 다양한 정보를 홈페이지 등을 통해 공개하고 있다.

section 04 합리적 매매거래 지원을 위한 시장관리제도

1 배당락 및 권리락

1) 배당락

(1) 개요

배당락이란 해당 사업연도에 대한 기업의 이익배당을 받을 권리가 소멸하였음을 의미하며, 배당락 조치는 동 권리가 소멸되었음을 투자자에게 주지시켜 주기 위한 공시를 의미한다.

(2) 배당락 조치시기

상장기업은 해당 사업연도의 최종일(12월 결산법인의 경우 12월 31일)에 주식을 보유하고 있는 주주에 대해 배당금을 지급한다. 이때 12월 31일을 기준으로 주주를 확정하기 위해 주주명부를 폐쇄하고 명의개서를 정지하게 되는데 거래소에서는 연말 휴장일을 감안하여 직전 매매거래일인 12월 30일을 실제 '기준일'로 보고 있다. 12월 30일이 공휴일인 경우에는 직전 매매거래일을 기준일로 하고, 기준일이 매매거래정지기간인 경우에는 매매거래정지 해제 전일을 기준일로 한다.

하지만, 증권시장에서는 실제 증권의 결제가 매매체결일 이후 2일째 되는 날(T+2)에 이루어지기 때문에 주주명부에 등록되기 위해서는 '기준일' 2일 전까지 해당 주식을 매수하여야 한다. 즉, 12월 28일까지 주식을 매수하여야 하고 '배당락일'이 되는 12월 29

일에는 해당 주식을 매수하더라도 당해연도의 배당을 받을 권리가 없다.

▶ 12월 결산법인의 배당락 조치 일정

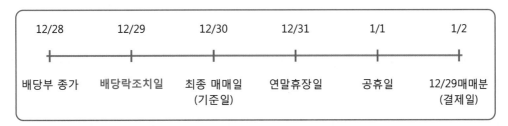

(3) 배당락일 기준 가격 조정

주식배당의 경우 배당 전·후 1주당 가치 변화를 주가에 반영하기 위하여 일정한 산식으로 배당락 조치일의 기준 가격을 새로이 정하고 있다.

$$\bullet \text{ 배당락 기준 가격} = \frac{\text{배당부 종가} \times \text{배당전 주식수}}{\text{배당 후 주식수}}$$

다만, 현금배당의 경우, 배당락일까지 해당 기업의 배당금이 확정되지 않은 상태이므로 이론 가격을 산출하는 것이 곤란하다는 점을 반영하여 현금배당에 대해서는 기준 가격 조정을 하지 않고 있다. 주식배당에 대해 배당락 시 기준 가격을 조정하는 것은 주식배당의 경우 주가 희석 효과가 크고 해당 기업으로 하여금 기준일 10일 전까지 그 예정내용을 공시하도록 하여 기준 가격을 조정할 수 있는 기준이 명확하기 때문이다.

2) 권리락

(1) 개요

권리락이란 주식회사가 주주배정 증자를 하는 경우 해당 증자에 따른 신주를 배정받을 수 있는 권리가 소멸되었음을 시장참가자에게 알려주기 위한 조치이다. 권리락 조치는 기존 주주의 권리에 변경이 발생하여 이를 알려주기 위한 것이므로 주주에게 신주를 배정하는 방법에 의한 증자의 경우에만 적용한다.

(2) 권리락 조치시기

권리락 시기는 배당락의 경우와 마찬가지로 보통거래의 결제시한을 감안하여 신주
배정 기준일 전일이 된다. 즉, 신주배정 기준일 2일 전(권리부)까지 해당 주식을 매수한
투자자는 신주인수권을 가지게 된다.

(3) 권리락 기준 가격

권리락일 기준 가격은 권리락 전·후의 1주당 가치 변화를 주가에 반영하기 위해 이
론가격으로 조정하고 있다.

$$• \ 권리락 \ 기준 \ 가격 = \frac{(권리부 \ 종가 \times 증자 \ 전 \ 주식수) + 신주납입금액^*}{증자 \ 후 \ 주식수}$$

* 무상증자의 경우 신주납입금액을 "0"으로 한다.

2	**착오매매 정정**

1) 개요

착오매매 정정은 회원사가 투자자(위탁자)의 주문을 처리하는 과정에서 착오로 주문
내용과 다르게 처리한 경우에 거래소가 회원사의 신청을 받아 매매계약 체결내용을 정
정하는 것을 말한다.

2) 주요 내용

(1) 착오매매의 정의

회원 착오매매는 회원이 투자자의 주문(종목, 수량, 가격, 매수·매도구분 등)과 다르게 호
가하여 이루어진 매매계약체결로 정의하고 있다. 즉, 매매체결을 전제로 하므로 회원
이 투자자의 주문을 누락하거나 주문 내용보다 적은 수량을 호가한 경우에는 착오매매
에 포함되지 않는다.

(2) 착오매매 정정방법

종목, 수량, 가격 및 매도·매수 구분 등에 대한 착오매매의 경우 착오분을 회원사 자

기상품(회원사 자기의 계산으로 증권을 매도·매수하는 행위)으로 인수하여 정정하고, 회원시스템 장애 등에 의한 위탁매매·자기매매 구분착오의 경우에는 그 구분에 맞도록 정정한다.

(3) 착오매매 정정절차

회원사는 착오매매 발생 시 당일(T일)부터 그 다음 매매거래일 15 : 00까지 정정신청서(전자문서)를 거래소에 제출하여야 하고, 거래소는 건별로 즉시 정정확정 후 착오매매 정정내역을 반영하여 결제자료를 산출한다.

3 대규모 착오매매 방지 및 구제

1) 개요

증권시장에서 대규모 착오주문이 발생하는 경우 시장 전체의 리스크로 전이되는 것을 방지하기 위하여 호가일괄취소 제도 및 대규모 착오매매 구제제도를 '16. 6월부터 운영하고 있다.

2) 주요 내용

(1) 호가일괄취소(Kill Switch) 제도

회원이 사전에 신고한 알고리즘거래 계좌 등에서 프로그램 오류 등으로 인한 착오주문 발생 시, 회원이 신청할 경우 해당 계좌의 미체결 호가를 일괄취소하고 호가접수 취소 해제를 신청하기 전까지 추가적인 호가접수를 차단한다.

(2) 대규모 착오매매 구제제도

착오매매로 인하여 손실금액이 100억 원 이상인 경우 회원의 신청을 받아 호가 및 거래패턴 등을 종합적으로 고려하여 착오매매 구제 여부를 결정한다. 착오매매 구제가 결정되면, 착오매매 체결 가격이 직전 가격 대비 ±10%를 초과하는 체결분에 대하여 결제 가격을 ±10%로 조정(ELW의 경우 ±15% 초과 시 ±15%로 조정)하여 착오매매로 인한 대규모 손실을 축소할 수 있도록 하고 있다.

chapter 06

청산결제제도

section 01 ## 청산 및 결제의 개념

1 청산·결제의 개요

증권시장에서 매매거래가 이루어진 후 투자자는 회원과, 회원은 거래소와 결제를 함으로써 매매거래가 종결된다. 우리 증권시장에서는 주권의 경우 매매거래일로부터 2거래일(T+2일)에, 국채의 경우 매매거래일로부터 1거래일(T+1일)에, 환매조건부채권 및 일반채권의 경우 매매거래일 당일(T일)에 결제하도록 하고 있다.

(1) 청산의 의미

청산(Clearing)은 거래소가 회원 간에 성립된 매매거래에 개입하여 매도자에 대해서는 매수자, 매수자에 대해서는 매도자가 됨으로써, 중앙거래당사자(CCP)의 지위에서 매도·매수자 간(CCP와 회원 간) 채권·채무를 차감하여 확정하고 결제기관에 결제지시를 하며 결제가 이행되기까지 결제를 보증하는 일련의 절차를 말한다.

(2) 청산의 이점

❶ 결제리스크 축소 : 청산기관이 결제이행을 보장하고 동시에 차감을 통해 결제규모 및 결제건수가 축소됨으로써 거래상대방의 리스크가 해소

❷ 거래활성화 및 익명성 보장 : 회원은 청산기관의 신용을 믿고 매매에 참여하므로 신속한 매매가 가능하고, 거래상대방이 아닌 청산기관과 직접 결제를 하게 되므로 익명성이 보장

❸ 체계적 위험(Systemic risk) 차단 : 일부 회원의 결제대금 납부지연 시 청산기관이 즉시 유동성을 투입함으로써 시장의 연쇄적인 결제 지연 또는 결제불이행 발생을 차단

❹ 자기자본비율규제상의 편익 : 파생상품시장의 경우 결제이행능력이 충분한 청산기관을 이용하게 되어 상대방리스크를 "0"으로 처리할 수 있어 회원의 신용도가 향상

(3) 우리나라 증권시장의 청산 제도

우리 증권시장에서는 거래소가 채무인수의 방식으로 CCP 역할을 수행한다. 자본시장법은 거래소가 증권시장 업무규정에 결제방법을 정하고, 회원이 거래소에 손해배상공동기금을 적립하는 한편, 회원의 증거금과 회원보증금을 채무변제에 충당하도록 하고 있다. 거래소는 회원의 매매거래 위약으로 발생하는 손해에 관하여 배상책임을 지고, 거래소의 다른 채권자에 대한 우선권을 부여하는 등 거래소가 실질적인 CCP의 기능을 수행할 수 있도록 근거도 마련하고 있다.

3 결제

(1) 의의

결제(Settlement)는 청산과정을 통해 확정된 CCP와 회원 간의 채무를 증권의 인도 및 대금의 지급을 통해 이행함으로써 매매거래를 종결시키는 것이다. 증권의 인도는 계좌 간 대체방식으로 예탁결제원을 통해 이루어지고 대금의 지급은 계좌 간 이체방식으로 결제은행을 통해 이루어진다.

현재 결제의 안정성 및 국제 정합성을 제고하기 위해 주식, 국채 및 환매조건부채권 거래에 따른 대금결제는 중앙은행을 통하며, 일반채권 거래에 따른 대금결제는 시중은행을 통해 이루어지고 있다.

(2) 결제방법

우리나라의 주식결제는 원칙적으로 증권과 대금을 실질적으로 수수하는 실물결제방식, 회원별·종목별로 매도·매수를 차감하여 잔액이나 잔량만 수수하는 차감결제방식 및 매매당사자 간 직접 결제하지 않고 결제기구에서 집중적으로 결제하는 집중결제방식을 택하고 있다. 대금을 차감하는 경우 유가증권시장과 코스닥시장을 포함하여 차감할 수 있다. 다만, 거래소가 정하는 종목의 경우에는 차감하지 않고 매도증권과 매수대금을 납부하게 하는 전량결제방식도 예외적으로 운용할 수 있다.

4 청산 및 결제 프로세스

(1) 매매확인

매매가 체결된 후 매매당사자 사이에 매매조건에 대한 확인이 이루어진다. 이 경우 착오매매의 정정 등으로 매매거래 내역이 변경된 때에는 변경된 매매거래를 확인한다.

(2) 면책적 채무인수

거래소는 결제회원이 매매거래에 관하여 부담하는 채무를 면책적으로 인수하고, 당해 결제회원은 거래소가 인수한 채무와 동일한 내용의 채무를 거래소에 부담하는 방법으로 결제한다.

(3) 차감 및 결제증권·결제대금의 확정

증권은 종목별·회원별로 매수수량과 매도수량을 차감하여 수수할 수량을 확정하며, 대금은 회원별로 매도대금과 매수대금을 차감하여 수수할 대금을 확정한다.

(4) 결제내역의 통지

거래소는 결제증권 및 결제대금의 확정내역(결제자료)을 결제회원 및 예탁결제원에 통보한다.

(5) 결제증권·결제대금의 수수

결제회원은 결제증권과 결제대금을 결제시한(16시)까지 결제계좌에 납부하여야 하며, 거래소는 결제개시 시점(9시) 이후에 조건을 충족한 회원순으로 당해 매도대금 또는 매수증권을 지급한다.

(6) 결제지시 및 계좌대체

거래소는 결제개시 시점(9시) 후 예탁결제원에 대하여 결제계좌에서 수령할 결제회원 계좌로의 증권인도 또는 대금지급을 지시한다. 이때 결제지시의 주체는 청산기관인 거래소이고, 결제지시의 상대방은 대체시스템운영자(예탁결제원)가 된다. 대금이체의 경우에는 이체시스템운영자가 결제은행이지만 자본시장법에서 계좌이체를 통한 대금지급업무를 예탁결제원이 수행하도록 정하고 있어 증권대체 및 대금이체를 위한 결제지시의 대상은 모두 예탁결제원이 된다.

(7) 예탁결제원의 결제이행·불이행결과 통지

거래소는 결제의 안정성 제고를 위해 매일 예탁결제원으로부터 9시에서 결제 종료 시까지 전자적 방법으로 결제 진행상황 파악에 필요한 사항을 통지받아 결제위험을 파악하며, 필요 시 관련 조치를 취하고 있다.

1 이연결제제도의 개념

이연결제제도(CNS : Continuous Net Settlement)란 결제개시 시점(9시)부터 결제시한(16시)까지 납부된 결제증권을 납부 즉시 수령 가능한 회원에게 인도하고, 결제시한까지 미납된 증권은 익일로 이연한 후 익일 결제할 증권과 차감하여 익일에 결제함으로써 증권결제를 결제시한에 종결하는 제도이다.

결제증권을 거래소에 납부하여야 할 결제회원이 결제시한까지 결제증권을 결제계좌에 납부하지 않은 경우 증권미납부(Fail)로 확정이 되고, 거래소는 회원에게 Fail 확정내역 및 이연결제대금 내역을 통보한다. 해당 회원은 이연결제대금을 17시까지 거래소에 납부하고 거래소는 이를 증권을 수령하지 못한 결제회원에게 지급한다.

결제증권을 결제시한까지 미납부·미수령 시 증권 및 이연결제대금을 다음날 결제내역과 차감하여 다음날 최종 결제내역을 확정하고, 그 최종 결제내역을 회원에게 통보한다.

 예시

▶ 결제이연 시 익일 결제내역 산출

구분	당일 Fail 현황	익일 결제내역	익일 최종 결제내역
증권	증권미납부회원 甲 (100주 미납부)	납부 1,000주인 경우	1,100주 납부
		수령 1,000주인 경우	900주 수령
	증권미수령회원 乙 (100주 미수령)	납부 1,000주인 경우	900주 납부
		수령 1,000주인 경우	1,100 주 수령
대금	증권미납부회원 甲 (이연결제대금 100원 납부)	납부 1,000원인 경우	900원 납부
		수령 1,000원인 경우	1,100원 수령
	증권미수령회원 乙 (이연결제대금 100원 수령)	납부 1,000원인 경우	1,100원 납부
		수령 1,000원인 경우	900원 수령

2 결제지연손해금제도

이연결제제도 도입으로 결제시한까지 납부되지 않은 증권의 결제는 익일로 이연되지만, 결제시한을 준수하지 않는 증권 미납부(Fail)를 최소화하기 위한 제도적 장치로서 주식시장의 경우 증권결제지연손해금을 부과하고 있다.

표 6-1 상품별 결제지연손해금 산출방법

구분			손해율	손해율 감경
결제대금	주식 결제대금		2/10,000	50%(15분 내 완납)
	국채 결제대금		1/10,000	-
	이연결제대금		2/10,000	50%(15분 내 완납)
	Buy-in 대금		2/10,000	50%(15분 내 완납)
결제증권	주식등	일반	20/10,000	-
		기준일	100/10,000	-
	ETF		5/10,000	-

section 03 결제리스크 관리제도

1 결제이행 재원

(1) 손해배상공동기금

손해배상공동기금(이하 공동기금이라 함)은 결제회원이 증권시장에서의 매매거래의 위약으로 인하여 발생하는 손해를 배상하기 위하여 거래소에 적립한 기금이며, 결제회원은 공동기금의 적립범위 내에서 회원의 결제불이행으로 인하여 발생하는 손해배상에 관하여 연대책임을 진다.

공동기금은 증권시장과 파생상품시장의 위험도 차이를 감안하여 양 시장을 구분하여 적립·사용되고 있으며,[1] 거래소의 재산과 구분 계리되며 안전한 운용을 위하여 국채 등 특정 상품으로만 운용되고 있다.

(2) 결제적립금 등 거래소 자산

거래소는 청산기관으로서 모든 회원의 채무를 면책적으로 인수하여 모든 회원에 대한 결제상대방이 되어 결제이행을 보증한다. 이를 위해 거래소는 자산 중 일부를 결제적립금(현재 4,000억 원)으로 적립하고 있고, 이와 별도로 은행 및 증권금융회사와 신용한도(Credit Line)를 설정하여 결제이행재원을 확보하고 있다.[2]

(3) 회원보증금

회원은 증권시장 또는 파생상품시장에서의 매매거래와 관련하여 발생할 수 있는 채무의 이행을 보증하기 위해 거래소에 보증금을 예치하여야 한다. 보증금 규모는 1백만 원을 최저한도로 하여 거래소 이사회에서 정하도록 하고 있는데, 현재 회원보증금은 회원별로 1백만 원으로 하고 있다.

2 결제불이행 예방제도

(1) 결제위험의 파악 및 관리

거래소는 결제회원에 대해 결제가 곤란하다고 예상되는 대금·증권의 현황 및 사유 등의 통지를 요구할 수 있다.

(2) 결제이행보증을 위한 유동성 공급

결제회원이 보통결제거래(주식)의 결제대금을 16시까지 납부하지 아니한 경우 및 익일결제거래(국채)의 결제대금을 17시 30분까지 납부하지 아니한 경우 거래소는 지체 없

---

1 2016년 이후 스트레스 테스트에 따른 시장별 위험액을 기반으로 공동기금 전체 규모를 주기적으로 변경·운용하고 있다.
2 2016년 이후부터는 회원의 결제불이행 시, 결제불이행 회원의 증거금 및 공동기금 적립금을 사용한 후 타회원의 공동기금 사용 전에 거래소의 결제적립금 일부를 사용하는 제도가 도입된다.

이 결제이행재원으로 유동성을 공급한다.

(3) 증권결제의 특례

거래소는 결제가 현저하게 곤란하다고 인정되는 경우에는 현금 또는 유사한 종목의 증권으로 결제할 수 있는 특례를 마련하고 있다.

3   결제불이행 시의 처리

1) 결제불이행 시 처리절차

(1) 결제불이행 시 조치

거래소는 결제회원이 결제를 이행하지 아니하거나 그 우려가 있다고 인정되는 경우에는 일정한 기간을 정하거나 그 사유가 소멸될 때까지 매매거래의 전부 또는 일부의 정지, 해당 결제회원이 거래소로부터 수령할 예정인 증권의 전부 또는 일부나 현금의 전부 또는 일부를 지급정지하거나 해당 결제회원의 채무인수를 하지 아니할 수 있다.

(2) 일괄청산

거래소는 지급정지된 현금 및 증권으로 해당 회원에 대한 채권회수에 충당하거나, 해당 결제회원이 거래소에 납부할 결제증권 및 결제대금과 상계할 수 있다. 거래소는 지급정지한 증권을 매도하거나 지급정지한 현금으로 증권을 매수할 수 있다.

(3) 결제불이행에 따른 손실보전

결제회원이 증권시장에서 증권의 매매거래에 따른 채무를 이행하지 아니하는 경우 결제불이행 회원이 증권의 매매거래와 관련하여 거래소에 예탁한 증거금, 보증금 그 밖에 당해 결제회원이 수령할 금전 등과 함께 해당 결제회원의 공동기금을 사용하여 손실을 보전한다.

(4) 결제불이행 회원에 대한 구상권 행사

거래소는 회원의 매매거래의 위약으로 인하여 발생하는 손해에 관하여 배상의 책임을 진다. 거래소가 손해를 배상한 때에는 위약한 회원에 대하여 그 배상한 금액과 이에 소요된 비용에 관하여 구상권을 갖는다.

(5) 금융위에 대한 보고

거래소가 회원의 매매거래의 위약으로 인하여 발생하는 손해를 배상한 때에는 그 사실을 금융위원회에 보고하여야 한다.

(6) 거래소 소속직원의 파견

거래소는 결제를 불이행한 결제회원에 대하여 필요하다고 인정하는 때에는 소속직원을 파견하여 결제를 원활히 진행하도록 지원할 수 있다.

(7) 결제불이행에 따른 조치의 해지

거래소가 기간을 정하지 않고 채무불이행 결제회원의 거래를 정지한 경우 해당 결제회원은 거래정지의 사유가 해소된 때 거래소에 대해 거래정지 조치의 해지를 신청할 수 있다.

2) 결제회원의 파산(회생)절차 개시에 따른 위험관리

결제회원의 파산(회생)절차가 개시되는 경우 '채무자회생 및 파산에 관한 법률'에 의하여 증권시장의 청산결제제도를 보호하며, 지급결제제도(증권대체 포함)의 결제완결성을 보장하고 있다.

❶ 청산(각종 차감)제도의 보호 : 증권 및 파생금융거래의 참가자에 대하여 파산(회생)절차가 개시된 경우 청산결제제도를 운영하는 자(거래소)가 정한 바에 따라 효력이 발생하며 해제, 해지, 취소 및 부인의 대상이 되지 않음
❷ 결제완결성의 보장 : 한국은행이 지정하는 지급결제제도의 참가자에 대하여 파산(회생)절차가 개시된 경우 그 지급결제제도를 운영하는 자가 정하는 바에 따라 효력이 발생

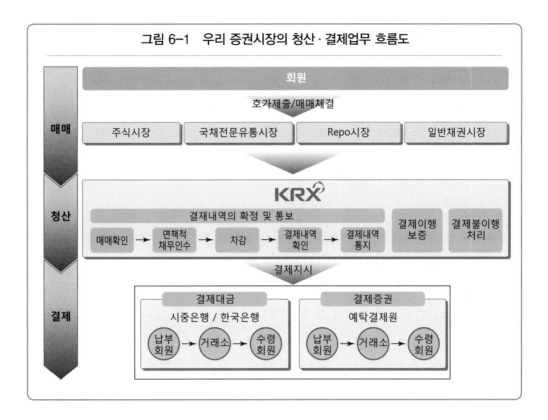

그림 6-1　우리 증권시장의 청산·결제업무 흐름도

4　증권시장의 거래증거금

1) 의의

자본시장법은 증권회사가 증권시장 및 파생상품시장에 거래증거금을 예치하도록 규정하고 있으나, 기존에는 파생상품시장에만 운용하고 있었다. 이에 IMF는 증권시장에 거래증거금 제도를 운용하고 있지 않는 것을 대표적인 금융시장 관련 국제 기준(PFMI: Principle for Financial Market Infrastructures) 미충족 사항으로 지적하고 이행을 권고한 바 있다. 또한 가격제한폭이 기존 15%에서 30%로 확대되어 위기상황에서 CCP의 결제 이행 능력을 제고할 수 있는 추가 위험관리수단을 확보할 필요가 있어 2017. 9월 증권시장에도 거래증거금을 도입하게 되었다.

2) 주요 내용

(1) 부과대상 종목

거래증거금을 부과하는 종목은 상장주식, 증권상품(ELW, ETN, ETF)으로 한정한다. 거래 당일 결제를 하는 일반채권 및 REPO, 다음날 결제하는 국채의 경우에도 증거금 부과대상에서 제외한다.

(2) 산출방법

증권회사의 자기계좌 및 위탁계좌 그룹별로 순위험증거금액과 변동증거금을 산출하여 합산한다. 순위험증거금액은 각 그룹별로 종목별 순매수·순매도 순위험증거금을 산출하고, 각각의 포지션별로 증거금을 합산하여 큰 금액으로 산출한다. 여기서 순위험증거금은 종목별로 매수수량의 합계와 매도수량의 합계를 상계하고 남은 순매수와 순매도 수량에 종목별 종가와 증거금률을 곱하여 구한다. 다음으로 변동증거금액은 장종료시점에서 각 그룹내 종목별 순매수 및 순매도 포지션에 대해 당일 종가로 환산한 손익을 산출한다. 순위험증거금액은 향후 발생할 수 있는 잠재적인 리스크 익스포져(Risk Exposure)를 커버하기 위한 것이고, 변동증거금은 당일 발생한 손익을 반영하기 위한 항목이라고 볼 수 있겠다.

표 6-2 거래증거금 산출 산식

구분	위탁계좌그룹			
① 거래종목	甲계좌	A종목 매수 50	乙계좌	A종목 매도10 B종목 매도10
② 순포지션	순매수	A종목 40주×종가	순매도	B종목 10주×종가
③ 거래증거금액	순위험증거금	MAX[Σ(순매수×증거금률), (Σ순매도×증거금률)]		
	변동증거금	순위험증거금 산출 포지션의 해당일 손익		

제도 도입 초기이므로 안정적 정착을 위해 증권회사가 직접적으로 통제하기 어려운 위탁계좌의 거래증거금액은 30%를 감면하여 운영하고, 거래증거금액이 일시에 급증할 경우에는 일정 금액을 추가적으로 감면할 수 있도록 하고 있다.

(3) 통지 및 납입시한

거래소는 매 거래일 20시까지 거래증거금 소요액을 회원증권사에게 통지하고, 회원 증권사는 다음 매매거래일 15시까지 동 증거금액을 납부하여야 한다. 거래증거금은 현금, 외화 및 대용증권으로 납부할 수 있다.

(4) 증거금 납부 불이행 시 처리

회원증권사가 거래증거금의 납부를 이행하지 않거나 불이행 우려가 있는 경우 위에서 살펴본 결제를 불이행한 것과 동일하게 처리하게 된다.

(5) 위탁증거금의 사용 제한

투자자의 위탁증거금 보호를 위해 거래증거금(위탁계좌분)을 회원의 재산으로 납부하도록 하고, 이를 담보하기 위해 위탁증거금의 거래증거금 사용을 제한하고 있다.

chapter 07

시장감시

자본시장법은 증권시장이나 파생상품시장에서의 불공정거래를 예방하고 그 규제를 효율적으로 수행하기 위해 여러 가지 규제와 함께 자율규제기관(Self-Regulatory Organization : SRO)인 거래소 시장감시위원회(시감위)에 불공정거래의 예방활동, 시장감시, 이상거래의 심리 및 회원감리와 분쟁조정을 할 수 있는 권한을 부여하고 있다. 시감위는 거래소 내부의 조직으로서, 회원에 대한 제재결정의 공정성 및 시장업무와의 이해상충 소지를 차단하기 위하여 법으로 업무의 독립성이 보장되어 있다.

시장감시위원회는 불공정거래의 사전예방을 위해 불공정거래의 우려가 있는 불건전 매매에 대한 예방조치요구, 이상급등·불건전종목에 대한 단계적 시장경보제도, 주가 급변·풍문 등에 대한 조회공시 요구, 사이버 시장감시 및 투자유의안내(Investor Alert)와 투자자교육 등의 활동을 한다.

불공정거래의 사후감시 활동으로는 이상거래 혐의가 있다고 인정되는 종목(이상거래 혐의종목)을 선정하기 위하여 상장종목 및 장내파생상품의 거래나 그 주문호가의 상황 또는 이와 관련된 제보·공시·풍문·보도를 감시 및 분석하는 시장감시 활동을 하며, 이를 통해 이상거래혐의종목으로 적출된 혐의종목을 대상으로 매매내역을 분석(심리)하여 자본시장법상 불공정거래 혐의가 있는 경우 금융위원회에 통보한다.

또한 회원에 대한 매매거래와 관련된 업무·재산상황·장부·서류 등의 감리를 통하여 회원이 거래소의 업무 관련 규정 또는 시장감시규정 등을 위반한 경우 직접 제재조치를 할 수 있다.

section 02 불공정거래 예방활동

시장감시위원회는 불공정거래 우려가 있는 불건전 거래자에 대하여 해당 회원사로 하여금 유선·서면경고, 수탁거부 예고 및 수탁거부 등의 예방조치를 취하도록 요구한다. 또한 특정 계좌에 의해 불건전거래가 집중되거나 단기에 이상급등하는 종목에 대한 투자위험을 시장에 알리기 위하여 투자주의종목 → 투자경고종목 → 투자위험종목으로 연결되는 단계적 시장경보제도를 운영하고 있다. 그리고 주가가 급변하거나 풍문 등이 발생하는 경우에는 시장에 조회공시를 요구하여 풍문의 진위 여부 등에 대한 정보를 시장에 제공하고 투자자 유의사항 안내 및 투자자 교육 등의 활동을 하고 있다.

시장감시 및 심리

시장감시위원회는 미공개 중요정보 이용행위 등 법령 등에서 규정된 불공정거래행위 금지를 위반할 염려가 있는 것으로, 증권시장 또는 파생상품시장에서의 공정한 거래질서를 해칠 염려가 있는 경우에는 관련 매매거래 상황을 파악하여 심리 대상을 적출하고(시장감시), 이상거래 혐의 여부 판별을 위한 심리 업무를 수행한다.

거래소는 심리를 위하여 필요한 경우 회원에 대하여 이상거래 등과 관련된 보고, 자료제출 또는 관계자의 출석·진술을 서면으로 요청할 수 있으며, 신속한 자료징구 등을 위하여 필요한 경우에는 시장감시요원이 회원의 본점, 지점 및 영업소를 직접 방문하여 요청할 수 있다.

회원 감리

회원감리는 거래소의 업무 관련 규정의 준수 여부를 확인하기 위하여 회원의 업무나 재산상황, 장부서류 그 밖의 물건을 조사하는 것을 말한다. 감리대상의 주요 유형은 선행거래·재산상 이익제공 등 회원의 금지행위, 허수성호가·종가관여·가장통정성매매주문 등 공정거래질서 저해행위 및 공매도규정·호가입력사항 등 업무 관련 규정 위반행위 등이 있다.

거래소의 회원감리 실시방법에는 연간 감리계획에 따라 정기적으로 실시하는 정기감리와 그 때마다 필요하다고 인정하여 실시하는 수시감리가 있다. 또한 회원으로부터 징구한 자료나 관계자로부터 청취한 내용을 조사하는 서면감리와 감리요원이 당해 회원의 본점, 지점 또는 영업소 등에 실제로 임하여 필요한 사항을 직접 조사하는 실지감리의 방법이 있다.

이상거래 심리 및 회원 감리 결과에 따른 조치

거래소는 이상거래 심리 및 회원감리 결과 불공정거래 등 법령 위반혐의가 있다고 판단되는 경우 금융위원회에 통보하여야 하며, 거래소 업무 관련 규정 위반행위 등의 경우에는 회원에 대한 자율규제로서 시장감시위원회가 직접 해당 회원에 대한 징계 및 그 임·직원에 대한 징계요구를 할 수 있다.

회원에 대한 징계는 ① 제명, ② 6개월 이내의 회원자격의 전부 또는 일부 정지, ③ 6개월 이내의 매매거래의 전부 또는 일부 정지, ④ 10억 원 이하 1,000만 원 이상의 회원제재금 부과, ⑤ 경고, ⑥ 주의 및 약식제재금(200만 원 이하) 등이 있다.

또한 위반행위와 관련 임직원에 대하여는 ① 임원의 해임·직무정지·경고 또는 주의요구, ② 직원의 면직·정직·감봉·견책·경고 또는 주의요구 등의 징계를 요구할 수 있다. 회원 및 그 임직원은 징계 또는 징계요구 결정 고지를 받은 날로부터 30일 이내에 시감위에 이의신청을 할 수 있다.

거래소의 분쟁조정

1 거래소의 분쟁조정제도의 개요

자본시장은 불특정 다수인이 참가하는 매우 복잡하고 전문적인 시장으로서 수많은 증권 관련 분쟁이 발생함에 따라, 관련 분쟁의 신속하고 효율적인 해결을 도모할 필요성이 증대되고 있다. 이에 따라, 조정기관의 다양화를 통해 투자자에 대한 양질의 분쟁조정서비스 이용기회를 확대하고자 자율규제기관인 거래소로 하여금 증권 관련 분쟁을 해결하도록 하고 있다.

거래소의 분쟁조정은 유가증권시장, 코스닥시장에서의 매매거래 및 파생상품시장에서의 매매거래와 관련하여 발생한 분쟁을 대상으로 한다.

분쟁조정을 신청한 후 당사자 간의 자율적인 합의가 성립되지 않거나 합의권고가 적당하지 않다고 인정되는 경우 분쟁조정 접수일로부터 30일 이내에 시장감시위원회에 회부하고, 시장감시위원회는 회부 후 30일 이내에 조정심의 및 조정결정을 하여야 한다. 분쟁조정 당사자는 시장감시위원회의 조정결정을 통지받은 날부터 15일 이내에 조정안에 대한 수락의 의사표시를 하여야 조정이 성립된다. 조정이 성립되는 경우 그 법적 효력은 민법상 화해계약이 성립된 것으로 본다.

2 거래소 분쟁조정제도의 특징

거래소(시감위)의 분쟁조정제도를 이용하는 경우 소송 등 법적 절차를 거치지 않고 자율적인 분쟁해결을 도모할 수 있다. 즉 증권시장 또는 파생상품시장 관련 분쟁은 주문수탁, 주문처리 등 매매체결 관련 사항이 다수이므로 시장을 개설·운영하는 거래소가 자율조정하는 것이 분쟁해결의 효율성을 도모할 수 있다.

한편 거래소 분쟁조정기구를 이용하면 별도의 비용부담 없이 간편하고 신속한 분쟁의 해결이 가능하게 된다. 또한 증권 또는 파생상품 관련 분쟁해결의 전문성과 공정성을 도모할 수 있다.

3 불공정거래 피해자 소송지원

거래소는 증권·파생상품시장에서 발생한 불공정거래로 피해를 입은 투자자의 민사적 구제지원을 강화하기 위하여 소송지원센터를 구축하여 소송지원서비스를 제공하고 있다. 소송지원대상은 증권·파생상품시장에서 불공정거래로 인하여 손해를 입은 일반투자자이며, 매매체결·호가정보 등 소송 기초자료 및 법률 상담 등을 제공한다. 또한 거래소는 법원감정촉탁기관으로서 소송 진행 중인 사건에 대하여 소송당사자가 법원에 불공정거래 손해액 감정을 신청하면 법원의 감정채택 결정 및 감정촉탁의 절차를 거쳐 손해액을 감정하고 있으며, 저렴하고 전문적인 감정서비스를 제공함으로써 피해자의 소제기 비용·부담을 경감시키는 데 기여하고 있다.

01 다음 중 한국거래소에 관한 설명으로 적절하지 않은 것은?

① 허가주의를 채택하고 있다.

② 거래소는 회원제조직으로서 민법상 비영리사단법인의 형태이다.

③ 원칙적으로 거래소의 회원이 아닌 자는 거래소시장에서의 매매거래를 하지 못한다.

④ 거래소가 개설하는 주식 관련 시장은 유가증권시장, 코스닥시장, 코넥스시장, 파생상품시장이다.

02 다음 중 증권의 상장제도에 관한 설명으로 옳지 않은 것은?

① 기상장된 법인이 유상 또는 무상증자 등으로 새로이 발행한 주권을 상장하는 것을 추가 상장이라고 한다.

② 상장폐지된 기업이 재상장하는 경우에는 상장예비심사를 생략할 수 있다.

③ 공모상장의 경우 상장예비심사를 거친 후 공모절차를 거친다.

④ 유가증권시장에서 상장폐지된 법인의 경우 폐지일로부터 5년 이내에 재상장을 신청할 수 있다.

03 다음은 공모상장 시의 절차를 표시한 것이다. 옳은 것은?

ⓐ 공모(증권신고서 제출)	ⓑ 주권상장 예비심사신청서 제출
ⓒ 상장예비심사결과 통지	ⓓ 주권 신규상장신청서 제출
ⓔ 상장승인	

① ⓐ → ⓑ → ⓒ → ⓓ → ⓔ

② ⓑ → ⓒ → ⓐ → ⓓ → ⓔ

③ ⓑ → ⓐ → ⓒ → ⓓ → ⓔ

④ ⓓ → ⓑ → ⓒ → ⓐ → ⓔ

해설

01 ② 거래소는 상법상 주식회사이다.

02 ② 재상장도 상장예비심사를 거쳐야 한다.

03 ② 상장절차:주권 상장예비심사신청서 제출 → 상장예비심사결과 통지 → 공모(증권신고서 제출) →
　　　주권 신규상장신청서 제출 → 상장승인 및 매매개시

04 다음 중 주권의 상장폐지제도에 대한 설명으로 옳지 않은 것은?

① 상장폐지는 거래소의 직권에 의해서만 한다.

② 관리종목 지정은 상장폐지 우려가 있음을 사전에 예고하는 단계라 할 수 있다.

③ 상장폐지가 결정되면 투자자에게 최종 매매기회를 주기 위해 7일 동안 정리매매를 할 수 있게 한다.

④ 상장폐지 해당 전에 해당 법인에 대하여 사전에 상장폐지 우려가 있음을 예고할 수 있다.

05 다음 중 코스닥시장에서 매매를 할 수 있도록 변경 또는 추가 상장해야 하는 사유로 적절하지 않은 것은?

① 코스닥시장상장법인의 상호를 변경한 경우

② 유상증자로 인한 신주발행을 한 경우

③ 코스닥시장 상장법인으로부터 분할 또는 분할합병에 의하여 새로운 법인이 설립된 경우

④ 액면분할 또는 액면병합을 한 경우

06 다음 중 기업공시제도의 의의에 관한 설명으로 적절하지 않은 것은?

① 투자자에게 투자판단에 필요한 정보를 제공하기 위함이다.

② 기업정보를 공개하는 것은 당해 기업의 자율적인 의사에 따르므로 반드시 의무를 지는 것은 아니다.

③ 내부자거래 등 불공정거래를 예방하기 위함이다.

④ 증권시장의 공정한 거래질서를 유지하기 위함이다.

해설

04 ① 상장법인의 신청에 의한 상장폐지도 가능하다.
05 ③ 재상장사유이다.
06 ② 공개기업은 투자자로부터 필요한 자금을 조달하므로 기업정보를 공개할 의무를 부담한다.

정답 01 ② | 02 ② | 03 ② | 04 ① | 05 ③ | 06 ②

part 06

채권시장

certified securities investment advisor

chapter 01

채권의 기초

채권의 의의

수많은 가계와 기업 그리고 정부를 포함한 경제주체들로 이루어진 시장경제는 자금의 잉여와 부족을 겪는 경제주체들이 공존하기 마련이다. 경제 전체적 관점에서 볼 때 일반적으로 자금부족 주체는 기업부문, 자금잉여 주체는 가계부문으로 대별될 수 있으나, 개별 경제주체별로 보면 해당 경제주체의 상황에 따라 자금의 잉여상태 혹은 자금부족상태에 있을 수도 있다.

전체 경제주체들을 자금의 과부족 상태에 따라 구분할 경우 자금부족 주체는 부족자금의 조달필요성이 있는 반면, 자금잉여 주체들은 잉여자금을 운용할 필요가 있다. 금융은 자금잉여 주체들의 잉여자금을 자금부족 주체들에게 이전시켜 주는 과정을 포함함으로써, 경제 내의 모든 경제주체들의 자금에 대한 상호 필요성, 즉 금융 욕구(financial needs)를 충족시켜 주는 역할을 한다.

　이 경우 자금잉여 주체(자금공급자)는 자금부족 주체(자금수요자)에게 자금을 대여하는 대신, 자금수요자는 자신이 차입한 자금에 대한 청구권을 자금공급자에게 지급하게 된다.

　이 청구권은 자금수요자에게는 금융부채가 되는 반면, 자금공급자에게는 금융자산이 되는데, 이와 같은 금융 청구권은 자금공급자와 자금수요자의 금융 욕구를 반영하게 된다. 그런데 금융 욕구란 자금융통의 대상, 자금융통의 기간 및 이자율, 융통된 자금에 대한 이자 및 원금의 지급방식 등에 따라 금융주체별로 다양한 측면을 지니게 되기 때문에 이를 반영하는 금융 청구권(financial claims)의 종류도 다양해지는 것이다.

　이와 같은 금융 청구권 중 정해진 자금의 융통기간 동안 일정한 이자 및 원금의 지급을 약속하는 것을 확정이자부 증권(fixed-income securities)이라고 하고, 이는 다시 자금융통기간의 장·단기에 따라서 CP, 전자단기사채, CD 등과 같은 단기 확정이자부 증권과 채권과 같은 장기 확정이자부 증권으로 나눌 수 있다.

　따라서 채권이란 일반적으로 비교적 장기의 자금조달을 목적으로 하는 경제주체가 차입기간 동안 약속된 방식에 의해 확정이자 및 원금의 지급을 약속한 금융상품이라고 할 수 있다.

section 02 　채권의 기본적 구조와 분류

1 　채권의 기본적 구조

(1) 채권의 정의

　채권이란 정부, 지방자치단체, 특별법에 의해 설립된 법인 및 「상법」상의 주식회사 등이 투자자들로부터 비교적 장기의 자금을 일시에 대량으로 조달하기 위해 발행하는 채무표시 증권이다. 채권은 기업어음증권과 함께 「자본시장과 금융투자업에 관한 법률」(이하 '자본시장법'이라 한다)의 분류상 채무증권에 포함된다(자본시장법 제4조 제3항).

(2) 채권의 기본적 특성

❶ 발행자격의 법적 제한 : 채권은 누구나 발행할 수 있는 것이 아니고, 발행주체의 자격요건 및 발행요건 등이 법으로 제한되어 있음. 따라서 보통의 차용증서와는 달리 법적인 제약과 보호를 받게 됨

❷ 이자지급 증권 : 기업의 수익성 여부에 따라 배당의 크기가 달라지는 주식과는 달리 채권은 발행 시 약속된 대로 확정이자율 또는 여타 이자율 결정기준에 의해 이자가 확정적으로 지급되는 채무증서

❸ 기한부 증권 : 주식발행에 의한 영구적인 자본조달과는 달리, 채권발행에 의한 자금조달은 한시적이며, 따라서 채권은 원리금에 대한 상환기간이 정해져 있음

❹ 장기증권 : 채권은 장기의 자금을 조달하기 위한 증권이므로 CD, 전자단기사채, CP 등 여타 채무표시 증권에 비해 상대적으로 장기의 상환기간을 지니고 있음

(3) 채권 관련 기본 용어

❶ 액면가 : 채권의 권면에 표시된 금액으로, 지급이자 산출을 위한 기본단위

❷ 표면이율 : 채권권면에 기재된 이율로 발행자가 액면금액에 대해 이자지급단위로 지급하는 이자율을 의미하며 발행 시점에 결정

　　표면금리라고 불리기도 하며 할인방식에 의한 채권의 경우 발행이율 혹은 발행할인율로 지칭되기도 함. 일반채권의 경우 표면이율이 확정되면 채권에서 발생하는 미래 현금흐름도 확정

❸ 발행일과 매출일 : 채권의 신규 창출 기준일을 발행일이라고 한다면, 매출일은 실제로 채권이 신규 창출된 날짜를 의미. 예컨대 제1종 국민주택채권의 발행일은 매월 말일이지만 실제 특정 월 발행 제1종 국민주택채권의 매출은 그 달의 초일부터 말일까지 이루어짐. 이 경우 해당 월에 신규 창출된 채권은 동일한 발행일을 가지나 매출일은 서로 다름

❹ 만기기간 : 채권의 발행으로부터 원금상환이 이루어지기까지의 기간

❺ 경과기간 : 채권의 발행일 혹은 매출일로부터 매매일까지의 기간

❻ 잔존기간 : 기발행된 채권을 매매할 경우 매매일로부터 만기일까지의 기간

❼ 이자지급 단위기간 : 표면이율이 동일할 경우에도 실제 이자는 만기에 한꺼번에 지급되기도 하지만 경우에 따라서는 일정한 단위기간마다 나누어 지급되기도 함. 이 경우 이자가 나뉘어 지급되는 단위기간을 이자지급 단위기간이라고 함.

예컨대 표면이율이 6%인 채권의 경우 이자지급 단위기간이 6개월이면 매 6개월마다 3%씩의 이자가 지급되며, 이자지급 단위기간이 3개월이면 매 3개월마다 1.5%씩의 이자가 지급

❽ 만기수익률 : 시장수익률, 유통수익률 혹은 수익률이라고 불리는데, 채권의 수급에 의해 채권의 시장 가격을 결정하는 이자율의 일종으로 '채권의 만기까지 단위기간별로 발생하는 이자와 액면금액에 의해 이루어지는 현금흐름의 현재가치의 합을 채권의 가격과 일치시키는 할인율'로도 정의. 주식시장에서 주식 가격이 계속 변하듯 채권시장에서는 만기수익률이 계속해서 변하면서 채권 가격을 변화시킴

❾ 단가 : 채권시장에서 형성된 만기수익률에 의해 결정된 채권매매 가격을 의미하며, 일반채권의 경우 액면 10,000원을 기준으로 산정

2 채권의 종류

채권의 발행조건인 발행주체, 원리금 상환기간, 이자지급방법, 원금상환방법, 발행통화의 종류 및 보증 여부 등은 채권의 분류기준이 된다. 채권 발행 시 특별히 첨부된 옵션이 없는 한 이들 발행조건들은 발행 시점에서 만기 시까지 유지되는 채권의 기본구조를 결정지을 뿐만 아니라 채권매매 시 채권 가격을 결정짓는 기본정보를 내포하게 된다.

(1) 발행주체에 따른 분류

채권은 발행주체에 따라 국채, 지방채, 특수채, 금융채, 회사채 등으로 구분된다. 상세한 내용은 chapter 3에서 살펴보겠다.

(2) 보증여부에 따른 분류

원리금의 적기상환이 이루어지지 않을 때 발행자 이외에 제3자가 원리금 상환을 보장하느냐에 따른 분류이다. 제3자의 원리금 상환보장이 된 회사채를 보증사채, 그렇지 않은 회사채를 무보증사채라고 한다. 그 밖에 부동산이나 유가증권 등을 원리금 지급의 담보로 제공하는 담보부사채도 있다.

❶ 담보부 사채 : 부동산, 동산, 유가증권 등을 담보로 하여 기업이 발행하는 사채로 국내에는 1962년 「담보부사채신탁법」을 통해 제도화되었으나, 1970년대 초부터 국내 회사채 시장이 보증사채 위주로 형성되면서 담보부 사채의 비중은 미미한 상황

❷ 보증사채 : 원금상환 및 이자지급을 발행회사 이외의 금융기관 등 제3자가 보장하는 회사채를 의미

우리나라의 경우 1972년부터 시행된 공모를 통한 회사채 발행 시 보증제도가 도입된 이후 1998년 초반까지는 대부분의 기업들이 보증사채를 발행하여 왔으나, IMF금융위기 이후 보증금융기관의 신뢰문제가 대두되면서 1998년 중반 이후부터는 우량 대기업을 중심으로 한 무보증사채의 비중이 사채발행의 대부분을 차지하게 되었음

❸ 무보증사채 : 원리금 상환에 대하여 금융기관의 보증이나 물적 담보의 공여 없이 발행회사가 자기신용을 근거로 발행하는 회사채

무보증사채는 일반적으로 보증사채나 담보부사채에 비해 원리금 적기지급 안정성이 떨어진다고 간주되므로 신용도가 우수한 기업에 의해서만 발행되는 경향이 있음

이때 기업의 신용도는 객관적인 신용평가기관에 의하여 평가되며, 우리나라의 경우 무보증사채를 공모 발행하기 위해서는 2개 이상의 복수평가를 받아야 함

(3) 이자 및 원금상환방법에 따른 분류

이자지급방법과 원금상환방법은 채권의 현금흐름을 결정하는 요인이다. 채권의 현금흐름은 현시점에서 향후 만기 시점까지 각 시점마다 지급되는 이자 및 원금의 크기를 나타내기 때문에 투자의 기본적 결정요인일 뿐만 아니라 시장 만기수익률로 할인되어 채권 가격을 결정하는 기초정보이기도 하다.

우리나라에서 일반적으로 채권에 적용하고 있는 이자지급방법은 만기일에 이자를 일시에 지급하는 복리채 및 단리채, 이자 선지급방식에 의한 할인채 그리고 일정기간마다 이자를 지급하는 이표채 등이 있다. 이와 같은 이자지급방식을 사용하는 채권들은 그 원금이 모두 만기 시에 지급되는 형태를 띠고 있다.

그 밖에 원금상환방식에 따라 만기상환일 이전이라도 발행자가 원금을 임의로 상환할 수 있는 채권과 채권의 보유자가 발행자에게 원금의 상환을 요구할 수 있는 채권도 있

다. 전자를 수의상환채권(callable bond), 후자를 수의상환청구채권(putable bond)이라고 한다.

❶ 복리채 : 채권 발행 후 만기까지 이자지급 단위기간의 수만큼 복리로 이자가 재투자되어 만기 시에 원금과 이자가 한꺼번에 지급되는 채권. 연단위로 표시되는 채권의 표면이율이 동일하더라도 재투자 횟수가 커지면 채권의 만기상환금액은 증가

ㄱ. 연단위 재투자 복리채 : 전환기간이 1년인 복리채로서 제1종 국민주택채권, 지역개발채권 등이 이에 해당. 액면금액 F, 연단위 표면이율 i, 그리고 만기연수가 N인 채권의 만기상환금액(S)은

$$S = F \times (1+i)^N$$

예컨대 만기기간 5년, 표면금리 2%인 연단위 복리채의 경우, 액면금액 10,000원을 기준으로 한 이 채권의 만기상환 원리금액은

$$10,000 \times (1+0.02)^5 = 11,040$$

ㄴ. 3개월 단위 복리채 : 재투자 단위기간 3개월, 재투자 횟수 연 4회인 복리채로서 금융채들 중에서 복리채로 발행되는 채권들이 이에 해당. 액면금액 F, 연단위 표면이율 i, 재투자 횟수 m번, 그리고 만기연수가 N인 채권의 만기상환금액(S)은

$$S = F \times \left(1 + \frac{i}{m}\right)^{m \times N}$$

예컨대 만기기간 3년, 표면이율 8%인 3개월 단위 재투자 복리채의 만기상환 원리금액은

$$10,000 \times \left(1 + \frac{0.08}{4}\right)^{4 \times 3} = 12,683 \,(\text{원 미만 절상})$$

으로 동일한 만기기간 및 표면이율을 지닌 연단위 재투자 복리채의 만기상환금액인 $12,597.12[= 10,000 \times (1+0.08)^3]$보다 큼을 알 수 있음

과거에는 산업금융채권 등과 같은 금융특수채들이 3개월 복리방식으로 많이 발행되었으나 최근에는 거의 발행되고 있지 않음

❷ 단리채 : 발생된 이자가 재투자되는 과정을 거치지 않는, 즉 단리방식에 의한 이

자금액이 원금과 함께 만기에 일시에 지급되는 원리금지급방식. 액면금액 F, 연 단위 표면이율 i, 그리고 만기연수가 N인 채권의 만기상환금액(S)은

$$S = F \times (1 + i \times N)$$

예컨대 표면이율 2%인 3년만기 단리채의 만기상환금액은 이자 600원(=10,000 원×0.02×3)과 원금 10,000원의 합인 10,600원임. 이 단리방식에 의한 지급이자 는 이자에 대한 이자가 발생하지 않기 때문에 만기와 표면이율이 같더라도 복리 방식에 의한 이자금액보다 적음. 최근 단리채로 발행되는 일반 채권은 많지 않 으나, 은행채의 일부와 주택금융공사 MBS와 같은 자산유동화증권이 단리채로 발행

❸ 할인채 : 만기 시까지의 총이자를 채권 발행 혹은 매출 시에 미리 공제하는 방식 으로 선지급하는 형태의 채권. 따라서 만기 시에는 채권의 투자원금에 해당하는 액면금액만을 지급. 이와 같은 채권에는 할인방식으로 발행되는 통화안정증권, 금융채 등이 있음

예컨대 표면이율이 2%이고 만기기간이 3년인 할인채에 대한 이자는 액면 10,000원당 600원이 됨. 그런데 이 채권의 이자는 발행일에 선지급되므로 액면 금액 10,000원에서 선지급되는 이자부분을 제외한 9,400원으로 발행시장에서 실 질적으로 취득 가능. 일반적으로 액면 10,000원을 기준으로 할 때 발행기관에서 취득할 수 있는 할인채의 발행가액은 다음과 같은 방식으로 구해짐

$$발행가액 = 10,000 \times (1 - i \times N)$$

앞에서 설명된 복리채, 단리채 및 할인채는 일단 발행이 되면 만기 시점을 제 외하고는 현금흐름이 발생하지 않음

❹ 이표채 : 정해진 단위기간마다 이자를 주기적으로 지급하는 방식의 채권. 실제로 채권의 권면에 이표가 붙어 있고 매 이자지급일에 이 이표를 떼어 내서 이자를 지급받는 형태를 취하고 있음. 국채 및 금융채 일부와 대부분의 회사채가 이표채 의 형태를 취하고 있음

우리나라의 일반사채와 이표채로 발행되는 통화안정증권은 주로 매 3개월 단 위로 이자가 지급되므로, 매기 지급되는 이자액은 표면이율의 1/4에 해당하는 금리가 액면에 적용된 금액. 예컨대 표면이율이 10%이고 만기가 3년인 회사채

의 경우 매 3개월마다 지급되는 이자금액은 액면 10,000원을 기준으로 250원(=10,000×0.1/4)이므로 이 채권의 발생이자 및 지급원금에 의한 현금흐름은 다음과 같음

전통적인 일반사채와는 달리 자산유동화증권(Asset-Backed Securities)은 이자지급 단위기간이 1개월인 경우가 많음. 이에 비해 국고채와 같은 주요 국채를 이표채로 발행할 경우는 이자지급 단위기간을 6개월로 하고 있음

따라서 2006년 3월 10일 발행된 만기기간 20년인 국고채권의 현금흐름은 다음과 같은 시간선상에 표시할 수 있음. 이 채권의 표면이율은 5.75%이다. 따라서 이 채권을 발행 후 만기까지 보유하면 매 6개월마다 287.5원($=10,000 \times \frac{0.0575}{2}$)과 만기 시 10,000원의 액면금액을 지급받게 됨

```
              287.5   287.5   287.5          287.5    287.5   10,287.5
├──────┼──────┼──────┼──  ))  ──┼──────┼──────┤
2006. 3. 10 2006. 9. 10 2007. 3. 10 2007. 9. 10      2025. 3. 10 2025. 9. 10 2026. 3. 10
```

(4) 만기기간에 따른 분류

채권의 발행 이후 만기까지의 기간을 기준으로 나눈 분류이다. 우리나라의 경우 통상적으로 발행 이후 만기기간이 1년 이하인 채권을 단기채라고 하고, 1년 초과 10년 미만의 채권을 중기채라고 하며, 10년 이상의 채권을 장기채라고 한다.

❶ 단기채 : 통화안정증권, 금융채 중 일부
❷ 중기채 : 대부분의 회사채 및 금융채를 포함한 특수채와 제1종 국민주택채권과 국고채권 중의 일부를 포함
❸ 장기채 : 일부 장기 회사채, 국고채권(10년, 20년, 30년, 50년)

그러나 원래는 장기채권이라고 할지라도 발행 이후 시간이 경과하여 만기까지의 잔존기간이 줄어들면 중기채 혹은 단기채라고 지칭하기도 하기 때문에 채권의 실제 투자 시에는 채권의 발행일 및 만기일을 확인할 필요가 있다.

(5) 표시통화에 의한 분류

❶ 자국통화표시 채권 : 발행국가의 법정통화로 채권의 권리를 표시한 채권으로 우리나라의 경우 원화표시에 의해 채권이 발행. 우리나라에서 발행되더라도 내국인들에 의해 발행되는 원화표시 채권인 국내채(domestic bond)와는 달리 외국인들에 의해 발행되는 원화채권이 외국채(foreign bond)이다. 국내 발행 외국채를 아리랑본드(Arirang Bond)라고 부르고 있는데 국가마다 자국 내에서 외국인이 발행하는 자국 통화 표시 외국채를 구분하는 고유한 명칭이 있음. 미국의 양키본드(Yankee bond), 중국의 팬더본드(Panda bond), 일본의 사무라이본드(Samurai bond), 영국의 불독본드(Bulldog bond) 등이 대표적

❷ 외화표시 채권 : 자국 통화 이외에 타국의 통화로 채권에 관련된 권리를 표시한 채권. 국내에도 원화 이외에 달러, 엔화 그리고 유로 등 해외통화 표시로 채권들이 발행되는데 이들 채권은 광의의 유로본드(Euro bond)에 속함. 유로본드는 자국 내에서 발행되는 타국 통화표시 채권들을 포함하는데 이를 발행하는 국가별로 통용되는 명칭이 있음

우리나라의 경우 김치본드(Kimchi Bond), 일본의 쇼군본드(Shogun 또는 Geisha bond) 등이 이에 해당된다. 중국의 딤섬본드(Dim sum bond)는 중국 이외의 지역에서 위안화 표시로 발행되는 채권을 포괄적으로 의미. 이와 같은 유로본드와 외국채를 포괄하여 국제채(International bond)라고 함

(6) 자산유동화증권

「자산유동화에 관한 법률」에 따라 발행되고 있는 자산유동화증권(ABS : Asset-Backed Securities)은 유동화의 대상이 되는 각종 채권 및 부동산·유가증권 등의 자산에서 발생하는 집합화된 현금흐름을 기초로 원리금을 상환하는 증서이다.

(7) 금리변동부채권

금리변동부채권(Floating Rate Note : FRN)은 일정 단위기간마다 정해진 기준금리에 연동된 표면이율에 의해 이자를 지급하는 채권이다. 이 채권은 지금까지 설명된 전형적인 일반채권과는 달리 기준금리의 변동에 따라 매 단위기간마다 표면이율이 변화하기 때문에, 표면이율에 의해 결정되는 미래 이자금액에 의한 현금흐름이 발행 시에는 확정

될 수 없는 채권이다.

연동되는 기준금리로는 CD(양도성 예금증서)수익률 및 국고채의 시장수익률들이 주로 사용되며, 기준금리에 일정한 스프레드가 가감되어 표면이율이 결정되는 방식을 띠고 있다.

예컨대 매 3개월 단위 3년 만기 이표채가 CD수익률을 기준으로 0.6%(60 basis points)의 가산금리가 붙는 방식으로 표면이율이 결정되는 금리변동부 이표채일 때, 발행 시 기준 금리 결정 시점의 CD수익률이 6%라면 발행 3개월 후 첫 번째 이표일에 지급 받는 이자금액은 액면 10,000원당 165원($10,000 \times \frac{0.06+0.006}{4}$)이다.

두 번째 이표이자금액은 발행 시점에서는 알 수 없고, 두 번째 이표이자 기준일(첫 번째 이표이자 지급일 직전)의 CD수익률에 따라 결정되며, 두 번째 이표일(발행 후 6개월 시점)에 지급된다. 그 이후의 이표이자도 기준금리가 정해지는 각 시점의 CD수익률 수준에 따라 결정된다.

이처럼 금리변동부채권의 이자율은 시장의 기준이 되는 지표금리의 변동에 연동되기 때문에 표면이율이 확정되어 있는 일반채권에 비해 수익률 변동 위험에서 벗어날 수 있는 장점이 있다.

그러나 이것이 수익률 변동에서 발생하는 모든 위험에서 벗어날 수 있음을 의미하는 것은 아닌데, 이는 채권 발행자의 신용변동 때문이라고 할 수 있다. 즉 금리변동부채권의 지표금리에 가산되는 금리는 지표금리가 되는 채권의 발행자와 금리변동부채권의 발행자의 신용위험의 차이 때문이라고 할 수 있는데 일반적으로 이 가산금리는 금리변동부채권의 발행 시점에 확정되어 만기까지 유지된다. 그러나 금리변동부채권의 발행 이후 채권 발행자의 신용위험이 발행 시점보다 더 커지게 되면 가산금리가 실제로 높아져야 하나 가산금리 자체는 고정되어 있기 때문에 변동금리부채권의 가격 하락을 발생시킨다.

이와 같은 금리변동부채권은 다양한 방식으로 변용되기도 하는데, 이들로는 역금리 변동부채권(Inverse FRN), 양기준 금리변동부채권(Dual Indexed FRN), 그리고 디지털옵션 금리변동부채권(Digital Option FRN) 등을 들 수 있다.

chapter 02

발행시장과 유통시장

1 채권 발행시장의 개요

채권의 발행시장에서 자금을 조달하려는 채권 발행자는 신규 창출한 채권을 직접 투자자에게 매각하거나, 전문적인 발행기관에게 전반적인 발행업무를 의뢰하여 이 발행기관이 발행 채권을 투자자들에게 매출하게 한다. 전자를 직접발행 그리고 후자를 간접발행이라고 한다.

(1) 채권 발행자

정부, 지방자치단체, 특별법에 의해 설립된 법인 그리고 주식회사 등 채권의 신규창출을 통하여 자금을 조달하려는 금융주체를 의미한다.

(2) 발행기관

채권 발행에 대한 제반업무를 수행하고 발행에 수반된 위험과 판매기능을 담당하는 전문기관으로 다음과 같다.

❶ 주관회사 : 증권을 인수함에 있어서 인수회사를 대표하여 발행회사와 인수조건 등을 결정하고 인수 및 청약업무를 통할하며, "대표주관회사"란 발행회사로부터 증권의 인수를 의뢰받은 자로서 주관회사를 대표하는 회사를 말함

❷ 인수회사 : 제삼자에게 증권을 취득시킬 목적으로 다음의 어느 하나에 해당하는 행위를 하거나 그 행위를 전제로 발행인 또는 매출인을 위하여 증권의 모집·매출을 하는 회사를 말함

ㄱ. 그 증권의 전부 또는 일부를 취득하거나 취득하는 것을 내용으로 하는 계약을 체결하는 것

ㄴ. 그 증권의 전부 또는 일부에 대하여 이를 취득하는 자가 없는 때에 그 나머지를 취득하는 것을 내용으로 하는 계약을 체결하는 것

---

2 채권의 발행방법

채권의 발행방법은 발행 채권에 대한 투자자의 대상범위에 따라 사모발행과 공모발행으로 구분된다. 발행방식은 발행기관의 발행업무 대행 여부 및 발행기관의 미발행 채권에 대한 위험부담 여부 등에 따라 세분된다.

(1) 사모발행

채권 발행자가 직접 소수의 투자자와 사적 교섭을 통하여 채권을 매각하는 방법이다. 이 경우 투자자는 주로 은행, 투자신탁회사, 보험회사, 저축은행 등과 같은 기관투자자들이 일반적이며, 발행자는 유동성이 낮은 회사채의 발행기업인 경우가 많다. 자본시장법에 따르면 발행을 위한 모집의 대상이 50인 미만일 경우에는 사모로 간주된다. 다만 금융투자상품에 대한 전문성과 일정한 자산규모 등을 갖춰 위험감수능력을 갖춘 전문투자자는 사모여부 판단기준인 50인에 포함되지 않는다. 대표적인 전문투자

자로는 금융기관과 연기금 등 기관투자자들이 있다.

(2) 공모발행

불특정 다수의 투자자를 대상으로 채권을 발행하는 방법인 공모는 투자자에게 직접 채권을 매출하는 직접발행방식과 함께 발행기관을 통한 간접발행방식으로 이루어진다.

❶ 직접발행 : 채권의 발행조건을 발행 전에 미리 결정하고 발행하는지 여부에 따라 매출발행과 공모입찰발행으로 구분

ㄱ. 매출발행 : 채권의 만기기간, 발행이율, 원리금지급방법 등 발행조건을 미리 정한 후 일정기간 내에 개별적으로 투자자들에게 매출하여 매도한 금액 전체를 발행총액으로 삼는 방식. 산업금융채권 등 금융채가 발행기관에 의해 창구매출

ㄴ. 공모입찰발행 : 미리 발행조건을 정하지 않고 가격이나 수익률을 다수의 투자자들로부터 입찰응모를 받아, 그 결과를 기준으로 발행조건을 결정하는 방법. 이 방식으로 발행하는 대표적인 채권들로는 국고채 및 통화안정증권 등이 있으며 이 채권들에 대한 입찰응모자격은 정부로부터 국고채전문딜러로 지정되거나 한국은행과 약정을 맺은 금융기관들로 한정. 입찰방식은 크게 경쟁입찰과 비경쟁입찰로 나누어지며, 경쟁입찰은 다시 복수 가격(수익률) 경매방식과 단일 가격(수익률) 경매방식으로 분류

a. 복수 가격(수익률) 경매방식 : Conventional Auction 혹은 American Auction 이라고 불리는 방식으로 내정 수익률 이하에서 각 응찰자가 제시한 응찰수익률을 낮은 수익률(높은 가격)순으로 배열하여 최저 수익률부터 발행예정액에 달할 때까지 순차적으로 낙찰자를 결정하는 방법. 낙찰자는 응찰시 제시한 수익률로 채권을 인수하게 되므로 복수의 낙찰 가격이 발생하게 된다. 2000년 8월 16일 이전에 국고채권 등의 발행 시 사용

b. 단일 가격(수익률) 경매방식 : 발행기관이 내부적으로 정한 내정수익률 이하에서 낮은 수익률 응찰분부터 발행예정액에 달하기까지 순차적으로 낙찰자를 결정. 이때 모든 낙찰자에게는 낙찰된 수익률 중 가장 높은 수익률이 일률적으로 통일 적용됨으로써 단일한 가격으로 발행이 이루어짐. 이 방식은 일반적으로 Dutch Auction이라 불리며 예금보험(상환)기금채권을

포함한 대다수의 비금융 특수채들이 이 방식에 의한 전자입찰로 발행

c. 차등 가격 경매(낙찰)방식 : 발행자의 입장에서 볼 때 단일 가격 경매방식은 평균 낙찰수익률보다 높은 발행수익률을 적용해야 하기 때문에 상대적으로 더 많은 채권 발행비용을 지불해야 하는 문제점을 발생시킴. 한편 복수 가격 경쟁방식은 평균 낙찰수익률보다 낮은 수익률로 낙찰되는 것을 원치 않는 잠재적 응찰자들의 응찰의욕을 감퇴시켜 발행시장을 위축시킬 가능성을 낳게 됨

이에 대한 개선방안으로 2009년 9월부터 차등 가격 낙찰방식의 경매제도가 국고채 발행에 도입. 이 방식은 최고 낙찰수익률 이하 응찰수익률을 5bps 간격으로 그룹화하여 각 그룹별로 최고 낙찰수익률을 적용하는 방식

예컨대 응찰수익률의 간격을 5bps(베이시스 포인트 : 0.015%)로 할 경우 최고 낙찰수익률이 5.055%이고 응찰수익률을 (5.055%~5.040%), (5.035%~5.020%), (5.015%~5.000%) 등으로 그룹화할 경우 경매방식별 낙찰수익률은 다음 표와 같음

기관	응찰 금리	낙찰금리		
		차등가격 낙찰방식 (Differential Pricing Auction Method)	단일가격 낙찰방식 (Dutch)	복수가격 낙찰방식 (Conventional)
A	5.005%	A, B : 5.010%	모두 5.055%	A : 5.005%
B	5.010%			B : 5.010%
C	5.025%	C, D : 5.030%		C : 5.025%
D	5.030%			D : 5.030%
E	5.040%	E, F, G : 5.055%		E : 5.040%
F	5.050%			F : 5.050%
G	5.055%			G : 5.055%

d. 비경쟁입찰 : 당해 경쟁입찰에서 국고채를 인수한 국고채전문딜러는 경쟁입찰 시행일부터 3영업일까지 비경쟁입찰을 통해 국고채를 인수할 수 있는 권한을 부여받음. 경쟁입찰과 달리 비경쟁입찰에서는 해당 입찰 최고 낙찰금리로 국고채를 인수받을 수 있음

일반인도 국고채전문딜러로 지정된 기관에 계좌를 개설한 후 국고채전

문딜러를 통해 국고채 인수를 신청할 수 있음. 일반인의 최소응찰금액은 10만 원이며, 최대응찰금액은 10억 원으로 그 금액에 제한이 있음. 정부는 응찰에 참여한 일반인에게 발행예정금액의 20% 범위 내에서 국고채를 우선적으로 배정

❷ 간접발행 : 발행기관을 통하여 불특정 다수의 투자자들에게 채권을 발행하는 이 방식은 발행 매출액이나 모집액이 발행하고자 했던 총액에 미달되는 부분에 대한 부담을 누가 지느냐에 따라 위탁모집, 잔액인수방식과 총액인수방식으로 구분

ㄱ. 위탁발행(Best-efforts Agreement) : 발행인의 대리인 자격 또는 발행기관 자신의 명의로 채권을 발행하는 이 방식은 모집 혹은 매출된 채권액이 발행하고자 했던 총액에 미치지 못할 경우 이 부분을 발행자가 부담

ㄴ. 잔액인수발행(Standby Underwriting) : 발행기관에 의하여 발행자 명의로 된 채권을 모집, 매출하는 것으로 만약 매출 또는 모집액이 발행하고자 했던 총액에 미달할 때에는 발행기관이 그 잔액을 책임인수한다는 계약하에 이루어지는 채권 발행 방식

ㄷ. 총액인수발행(Firm commitment Underwriting) : 발행 채권 총액을 발행기관이 모두 인수한 후 이 기관들의 책임하에 모집 또는 매출하는 방식. 발행조건과 모집 또는 매출 시의 가격차이에 의하여 발생하는 손익은 인수발행기관에 귀속. 2012년 도입된 수요예측제도로 공모회사채 발행 시에 발행기관이 실질적으로 부담해야 할 인수물량은 수요예측 미달분에 국한

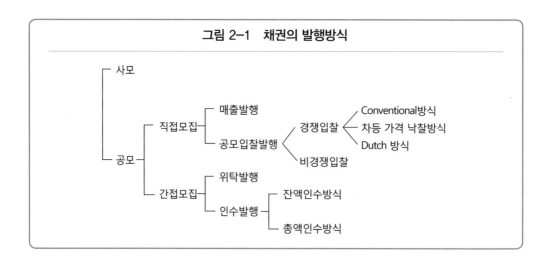

그림 2-1   채권의 발행방식

1　채권 유통시장의 개요

채권은 일반적으로 은행예금과는 달리 만기 전까지 채권 발행자에게 원금의 상환을 요구할 수 없다. 따라서 채권 투자자는 투자한 채권을 현금화할 수 있는 기능이 필요하다. 채권의 유통시장은 채권의 만기 전에 투자채권을 현금화하려는 기존 투자자들과 이들에 의해 공급되는 채권에 투자하려는 새로운 투자자들 간의 수요에 의해 채권의 거래가 이루어지는 메커니즘을 의미한다. 발행시장을 제1차 시장이라고 한다면 유통시장은 제2차 시장이라고 할 수 있다.

2　유통시장의 기능

일반적으로 채권유통시장은 첫째, 채권의 유동성을 부여해 주고 둘째, 채권의 공정한 가격 형성을 가능하게 하며 셋째, 발행시장에서 신규로 창출되는 채권의 가격결정에 지표를 제공하는 등의 기능을 수행한다.

3　채권의 매매방법

채권을 거래하기 위해서는 증권회사에서 계좌 개설 후 장내거래 혹은 장외거래를 통하여 매매할 수 있다. 채권거래는 주식거래와는 달리 장외거래의 비중이 현저하게 높은 것이 특징이다.

(1) 장내거래

장내거래는 한국거래소(이하 '거래소'라 한다)에서 경쟁매매를 통하여 이루어지는 매매를 의미한다. 따라서 거래 가능 채권은 상장채권으로 제한되어 있으며, 거래시간 및 거래조건 등이 규격화되어 있다. 장내거래는 국고채전문딜러(PD)를 중심으로 형성된 국채전문유통시장과 불특정 다수의 투자자들로 이루어지는 일반채권시장 거래로 구분할 수 있다.

❶ 국채전문유통시장 : 국고채전문딜러란 국채시장조성을 위해 국채를 대량으로 매매할 수 있는 금융투자회사 및 은행들로 구성된 국채의 자기매매인가 기관투자자들을 의미. 이 국고채전문딜러들 중심으로 거래소시장을 통하여 이루어지는 경쟁매매 메커니즘이 국채전문유통시장임

ㄱ. 시장참가자 : 국채전문유통시장의 참가자는 거래소의 채무증권회원 인가를 취득한 은행과 금융투자회사이고, 연금, 보험,기금 등의 기타 금융기관 및 일반투자자도 위탁 참여가 가능

ㄴ. 거래대상채권 : 국채전문유통시장에서 거래되는 채권은 국고채권(외평채 포함)뿐만 아니라 통화안정증권, 예금보험기금채권인데, 국고채권은 시장조성을 위해 특별하게 취급되는 지표종목과 비지표종목으로 구분. 지표채권은 유동성이 풍부하여 유통시장을 통한 지표금리의 형성에 가장 적합하다고 판단되는 채권으로, 경쟁입찰을 통하여 발행된 명목 국고채권 중 만기별로 가장 최근에 발행된 종목과 물가연동국고채권 중 가장 최근에 발행된 종목을 말함

ㄷ. 호가 및 매매수량단위 : 국채전문유통시장은 지정가호가방식을 채택하고 있음. 호가 가격 단위는 잔존만기별로 다르며, 잔존만기가 10년 이상일 경우 1원, 2년 이상 10년 미만일 경우는 0.5원, 2년 미만일 경우 0.1원임. 호가수량단위는 액면 1만 원이며 매매수량단위는 10억 원의 정수배. 호가는 국채지표종목에 한해 조성호가와 매매호가로 구분. 이 중에서 조성호가는 전문딜러 또는 예비전문딜러가 매도 및 매수호가를 동시에 하는 양방의 조성호가와 국고채전문딜러가 하는 매도 또는 매수호가인 일방의 조성호가로 구분. 그리고 매매호가는 시장참가자가 조성호가와의 매매체결을 위해 모든 국고채전문딜러가 할 수 있는 일방의 호가를 말함. 조성호가와 매매호가는 국고채 지표종목에 한해 적용되는 구분으로, 비지표종목과 통화안정증권, 예금보험기금채권의 경우에는 별도의 호가구분을 적용하지 않음

ㄹ. 매매체결 : 인터넷 주문환경의 KTS(KRX Trading System for government securities)에 의한 완전자동매매체결방식을 이용한 복수 가격에 의한 개별 경쟁매매원칙(동시호가제도 없음)에 따라 체결이 이루어짐

ㅁ. 매매확인 및 결제 : 다자간 차감결제 및 집중결제방식에 의한 익일결제방식을 채택. 다만, 결제일이 지준일 마감일일 경우에는 결제일의 다음 영업일을 결제일로 함

    a. 대금결제 : 한국은행 BOK-Wire 자금이체방식

    b. 국채결제 : 예탁결제원 예탁자 계좌간 대체방식

❷ 일반채권시장 : 거래소에 상장된 국채, 지방채, 특수채, 전환사채, 신주인수권부사채, 교환사채, 일반 사채권 등 모든 채권이 거래되는 시장으로 시장참가에 자격 제한이 없어 모든 투자자가 참여할 수 있는 시장. 2007년 8월 소규모 금액으로도 거래가 가능한 소매채권시장을 개설하였으나, 소매채권과 일반채권시장에서 동일 채권이 동시에 거래됨에 따른 유동성 분산, 가격발견 기능 저하 등을 해소하기 위하여 2014년 3월부터 양 시장을 통합·운영

ㄱ. 매매시간 : 주식의 장내거래와 마찬가지로 토요일과 공휴일이 제외된 거래일의 오전 9시에서 오후 3시 30분까지 개장

ㄴ. 호가 및 가격폭 제한 : 채권에 대한 매매거래를 하기 위하여 매도 또는 매수의 의사표시를 하는 행위를 호가라고 하는데, 장외시장에서는 호가가 수익률로 이루어지는 것이 일반적. 이에 비해 거래소시장에서는 채권에 대한 매매호가가 액면 10,000원 기준으로 가격 호가로 이루어짐. 한편 채권시장은 주식시장과는 달리 가격제한폭 제도가 없는 것이 특징. 그러나 주문자의 입력오류를 방지하기 위하여 호가 입력제한을 두고 있음

ㄷ. 매매수량단위 : 매매수량단위란 거래소 채권시장에서 거래될 수 있는 최저 액면금액인 동시에 그의 정수배를 의미. 현재 거래소에서는 1,000원 단위로 매매를 체결

ㄹ. 매매체결방법 및 거래의 결제 : 개별 경쟁매매방식으로 매매가 이루어지고 있으며 가격우선의 원칙, 시간우선의 원칙에 의해 매매가 이루어짐. 개별 경쟁매매방식은 다시 단일 가격에 의한 개별 경쟁매매와 복수 가격에 의한 개별 경쟁매매로 구분

ㅁ. 시장조성제도 : 일반채권시장에는 일반투자자의 채권매매가 원활하게 이루어질 수 있도록 유동성을 공급하는 시장조성자가 있음

❸ 장내 채권거래 동향 : 채권시장의 주 참여자들은 기관투자자들이고 이들 간의 채권매매는 대규모 자금거래의 성격을 가짐. 대부분의 해외 채권시장에서는 채권

거래가 장외거래를 중심으로 이루어지고 국내 채권시장도 장외거래의 비중이 높을 편임. 하지만 우리나라의 경우는 채권의 장내유통도 매우 활발한 편임. 다만 대부분의 거래는 국채전문유통시장에서 이루어지는 국고채 거래에 집중되어 있음.

(2) 장외거래

거래소가 개설한 시장 이외에서 상대매매를 통해 이루어지는 채권거래를 채권의 장외거래라고 한다. 장외거래에는 일반적으로 증권회사를 통해 이루어지는 대 고객 상대매매와 IDB(Inter-Dealer Broker)들을 통해 이루어지는 국채딜러 간 장외거래로 구분할 수 있다.

❶ 대 고객 상대매매

ㄱ. 거래대상채권 : 장외매매의 대상은 상장 및 비상장채권을 모두 포함. 단, 관계법령에 의한 첨가소화채권(매매일 기준으로 당월 및 전월에 발행된 제1종 국민주택채권, 서울도시철도채권, 지역개발공채 및 지방도시철도채권)은 소액 국공채의 한국거래소 거래제도에 따라 액면 5천만 원 이하의 경우 원칙적으로 장내거래를 통해 매매하도록 되어 있음. 또한 전환사채도 장내거래를 하도록 되어 있음

ㄴ. 매매장소 및 매매시간 : 일반적으로 증권회사의 영업점 내에서 영업시간 중에 매매

ㄷ. 호가 및 가격제한폭 : 일단 수익률로 호가한 후, 액면 10,000원당 수익률로 환산한 가격을 기준으로 원단위로 더하거나 빼는 방식으로 형성. 가격제한폭은 없음

ㄹ. 매매수량단위 : 제한이 없음. 주로 100억 원 단위로 거래됨

ㅁ. 결제방법 : 채권 장외거래에 따른 결제는 매도자와 매수자가 협의하여 매매계약을 체결한 날 익일부터 30영업일 이내에 할 수 있으나 익일 결제가 보편적으로 이루어지고 있음. 다만, 환매조건부채권매매, 개인 및 일반법인을 상대로 한 소매채권매매 및 단기금융집합기구(MMF) 편입채권 등의 경우는 매매계약을 체결한 날에 결제(당일 결제)를 행할 수 있음

　　수도결제방법은 채권의 계좌대체와 결제대금의 수취를 분리하여 처리하는 결제방식과 증권과 대금의 결제를 동시에 하는 채권동시결제제도(Delivery Versus Payment : DVP)가 있음. 현재는 채권은 예탁원의 예탁자 계좌부상의 계

좌 간에 대체하고, 대금은 한국은행이나 은행을 통한 자금이체를 함으로써 결제불이행의 위험을 제거할 수 있는 후자의 방식이 원칙

ㅂ. 장외거래 수수료율 : 위탁자 간의 매도 및 매수를 직접 연결시키는 중개매매 시에는 수수료가 부과되기도 하나, 대부분의 장외거래는 증권회사의 상품거래를 통한 자기매매형식을 띠고 있음. 이러한 형식을 가진 장외거래는 일반적으로 수수료가 부과되지 않음

❷ 채권딜러 간 장외거래 : 장외거래는 투자자 구분이나 거래대상채권의 제한이 없기 때문에 모든 채권거래가 대 고객 상대매매를 통해 이루어질 수 있음. 그런데 증권사는 자기매매가 가능하기 때문에 대 고객을 상대로 한 상대매매가 순수한 중개목적 이외에 자기매매의 목적으로 사용될 가능성이 존재. 이에 자신의 채권포지션 없이 중립적인 위치에서 채권딜러들 간의 중개업무를 수행하기 위한 채권자기매매업자 간 채권중개전문회사(Inter-Dealer Broker)가 2000년 중반에 설립되었음

IDB의 중개대상이 되는 채권은 장외거래대상채권들이며, 컴퓨터 스크린이나 유선을 통한 매매중개 과정의 시장호가는 공표

이 같은 과정을 통해 종목별로 매수호가와 매도호가가 일치하는 매매에 한하여 체결되는 단순중개 외에도 필요할 경우 IDB 자기계정을 통한 매수 및 매도에 의한 매매중개에 의해서도 매매가 이루어질 수 있음

❸ 채권전문자기매매업자 : 채권전문자기매매업자란 매도 및 매수수익률 호가를 동시에 제시하는 방법으로 해당 채권의 거래를 원활하게 하는 역할을 수행하는 채권 투자매매업을 영위하는 금융기관. 일정한 재무건전성과 채권거래 실적을 가진 금융기관들 중에서 금융감독원장이 지정

채권전문자기매매업자는 회사채 5종목 및 금융채 2종목 이상을 포함한 9종목 이상의 채권에 대하여 거래 가능한 날의 3분의 2 이상 기간 동안 지속적으로 시장조성을 하여야 함

채권전문자기매매업자는 호가를 제시한 채권에 대하여는 투자자의 매매주문에 응하여야 하되, 체결되는 수익률은 매도수익률호가와 매수수익률호가의 범위 (국채 20bp, 기타 40bp) 이내여야 함

❹ 채권거래 전용시스템(K-Bond)

ㄱ. K-Bond 도입 연혁 : 장외매매는 투자자와 증권회사 혹은 증권회사와 증권

회사 간의 상대매매를 통해 이루어지며 이와 같은 거래과정에는 유선 및 인터넷 메신저 등이 사용되어 왔음. 하지만 사설 메신저 등으로 이루어지는 정보교환은 이해관계를 달리하는 시장참여자들별로 구성된 메신저 그룹 간에 발생하는 폐쇄성에 가로 막혀 시장분할 및 거래 정보에 대한 투명성 문제를 발생시켰음. 따라서 장외 채권시장의 거래정보 투명성 제고를 위해 채권 장외거래 리포팅 시스템이 가동되게 되었음. 이 시스템은 사후적 투명성 확보를 위해 2000년 7월에 도입된 채권 장외거래내역 통보 및 공시('15분 룰')와 사전적 투명성 확보를 위해 2007년 12월에 도입된 채권 장외호가집중 시스템(Bond Quotation System : BQS)을 근간으로 운용되었음. 한편 2010년 4월에는 기존의 장외거래 관련 시스템을 발전시켜 국내 채권시장에 적합한 채권거래 전용시스템인 프리본드를 도입

2017년 3월에는 채권 장외시장에서 가격발견 기능과 거래 효율성을 향상시켜 장외 채권거래의 규모와 유동성을 높이기 위해 기존 프리본드를 대체하는 채권거래지원시스템인 K-Bond를 도입. K-Bond에서 시장참여자들이 제시하는 실시간 호가정보 및 거래내역 등은 K-Bond 및 채권정보센터(www.kofiabond.or.kr)를 통해 공시

a. 채권 장외거래내역 통보 및 공시('15분 룰') : 증권회사가 장외시장에서 투자자와 채권을 거래한 경우, 매매계약 체결 시점부터 일정 시간(15분) 이내에 거래 관련 사항(종목명, 수익률, 단가, 거래량, 거래 성격 등)을 협회에 통보

　　또한 협회는 보고받은 채권 장외거래 관련 정보를 기초로 다음 정보를 공시
- 장외거래 대표수익률(거래대금 가중평균수익률)
- 종류별·잔존기간별 가중평균수익률, 거래량, 거래대금
- 종목별 수익률, 거래량, 거래대금
- 기타 채권 장외거래 관련 정보

b. 채권 장외호가집중 시스템(Bond Quotation System : BQS) : 사설메신저를 통해 장외시장에서 거래되는 거래액 50억 원 이상의 모든 채권에 대한 매도 및 매수 호가 정보를 협회에 실시간 통보하고 협회는 이를 실시간으로 시장에 공시함으로써 가격발견 기능을 제고하고 시장 유동성 제고에 기여하기 위한 제도

호가 통보는 금융투자회사, 은행, 채권매매전문중개회사(IDB)로부터 이루어지며 협회는 이를 채권정보센터(Bond Information Service)와 Check, Informax 등 국내 정보 밴더사들뿐만 아니라 블룸버그, 로이터 등을 통해 실시간으로 공시

ㄴ. K-Bond 주요 내용

　a. 개요 : K-Bond란 채권 장외시장에서 금융투자회사 또는 주요 시장참여자 간의 매매·중개를 위한 호가 탐색과 거래상대방과의 협상을 지원하기 위하여 가격발견 기능과 거래의 효율성을 향상시켜 장외 채권거래의 규모와 유동성을 높이기 위해 협회에 의해 운용되는 채권거래 지원시스템

　　여기서 참여자란 '금융투자회사의 영업 및 업무에 관한 규정'의 사전 신고·등록제에 의거, 채권거래 브로커, 딜러, 매니저, 트레이더 등 채권거래에 특화된 시장 관계자들로서 협회에 시스템 사용을 신청하고 협회가 이를 승인한 자를 의미

　b. 기능 : K-Bond는 시장참여자들이 호가를 제시할 수 있는 메신저 기능(대화방 포함), 제시되는 호가와 체결정보의 공시 기능, 채권의 발행정보 탐색 기능, 회사채 발행 가격결정을 위한 수요예측 기능을 제공

　　• 메신저 기능 : 다수의 참여자들이 거래의 호가를 제시하는 대화방 기능, 당사자 간의 호가 형성을 위한 1 : N 및 1 : 1 메신저 기능, 주요 거래자의 호가 정보를 볼 수 있는 M보드 기능 등[1]

　　• 공시기능 : 장외 채권시장에서 실시간으로 제시되는 호가 및 체결정보 등 공시화면 제공

　　• 수요예측 기능 : 공모 무보증회사채 발행 시 K-Bond의 수요예측 기능을 활용하여 발행금리와 금액을 결정(수요예측 등록 → 수요예측 참여 → 배정 → 통지 단계별로 관련 화면기능 제공)

　c. 특징 : K-Bond는 채권거래자가 속한 회사가 제출한 K-Bond 사용 신고서에 근거해 협회가 승인한 시장참여자만이 K-Bond에 참여하여 호가정보의 교환, 협상 등을 할 수 있음. 또한 교신상대방만의 정보를 파악할 수 있는 개별 사설 메신저와는 달리 K-Bond는 시스템상에서 거래하는 시장 전체 참여자들의 정보를 파악할 수 있음

1　다수의 시장참여자와 교환한 호가를 본인의 대화창 한 화면에서 확인할 수 있는 편리한 기능

(3) 거래절차

채권투자를 위한 계좌 개설 및 거래를 위한 기본 절차는 기본적으로 주식과 같은 여타 유가증권거래의 경우와 크게 다르지 않다. 일반투자자는 계좌를 개설한 증권회사를 통해 거래를 수행한다(HTS).

거래소의 일반채권시장을 이용하여 매매할 경우 당일 결제가 이루어진다. 또한 장외거래의 경우도 일반법인이나 개인투자자가 50억 미만의 소액거래를 할 경우에는 당일 결제를 할 수 있다.

chapter 03

채권시장의 분류와 특성

채권의 구분 및 채권시장의 변화

채권의 구분

    자본시장법에서는 국채증권(이하 국채라 한다), 지방채증권(이하 지방채라 한다), 특수채증권(이하 특수채라 한다), 사채권(이하 회사채라 한다)과 기업어음증권 등을 채무증권으로 정하고 있다. 국채는 국가가 공공목적을 달성하기 위해 차입함으로써 생기는 금전적 채무증권을 말한다.

    지방채는 지방자치단체가 재정수입의 부족을 보충하거나 특수목적을 달성하기 위해 자금을 차입함으로써 생기는 금전적 채무증권을 말한다.

특수채는 특별한 법률에 의하여 설립된 법인이 발행한 채권을 의미한다. 특수채는 한국은행이 발행하는 통화안정증권(통안채), 특별법에 의해 설립된 특수은행(한국산업은행, 한국수출입은행 등)이 발행한 금융특수채, 나머지 특별법에 의해 설립된 기관이 발행하는 비금융특수채가 있다. 비금융특수채에는 지방공기업법에 의해 설립된 지방공기업이 발행한 지방공사채가 포함된다.

회사채는 민간기업이 신규투자, 기업운영 또는 기 발행 회사채의 차환 등에 필요한 자금을 조달하기 위해 발행한 채권을 의미한다. 민간기업의 분류에 따라 일반회사채와 금융회사채로 구분되며, 금융회사채는 다시 은행채와 기타 금융회사채로 구분된다. 기타 금융회사채의 발행주체는 대부분 여신전문금융회사이며 이는 카드사와 캐피탈사로 나누어진다. 금융특수채와 금융회사채를 총체적으로 포괄하여 금융채라고 부르기도 한다.

2 채권시장의 변화

2022년 말 기준 우리나라 채권의 발행잔액은 2,593조 원이다. 1997년 말 외환위기 당시 채권잔액이 238조 원임을 감안하면 10.9배 성장하였다. 채권시장이 성장하면서 시장의 특징을 구분짓는 것은 외환위기와 글로벌 금융위기 등 두 번의 위기와 공기업의 부채 감축을 시작한 2013년이다.

1기 : 1998년 외환위기가 발생하기 전으로 채권시장의 태동기를 의미한다. 회사채와 금융채 발행량이 전체 발행잔액의 36%와 28%를 차지하는 등 국채와 공사채의 발행 비중이 높지 않은 시기였다.

2기 : 1998년 외환위기 이후 2008년 금융위기 발생 전까지의 기간으로 국가의 재정 확보를 위해 국채와 통안증권의 발행이 증가되었던 시기다. 이 기간 잔액의 평균 증가율은 국채와 통안채 각각 26.2%와 22.1%로 빠른 증가세를 보였다.

3기 : 금융위기 이후 경기부양을 위한 공사채 발행이 증가하던 2008년부터 기업부채 감축계획이 시작된 2013년까지의 시기다. 이 시기에 정부는 공기업을 통한 경기부양을 시도하였고, 일반기업들은 경기회복을 예상하고 설비투자를 위한 자금조달을 늘렸다. 공사채와 회사채의 잔액 증가가 빨랐던 시기이며, 각각의 잔액의 평균 증가율은 18.4%와 6.6%였다. 이 시기는 경기회복이 더디면서 부동산 경기가 위축되어 금융사의 대출 수요가 줄어 금융채 발행이 정체를 보였다.

4기 : 2013년 이후부터 최근까지의 시기이며, 공기업 부채감축계획으로 공사채 잔액 및 비중은 축소되며 코로나19로 인해 국채발행이 급증한 구간이다.

3 섹터별 투자주체

채권시장의 주요 투자자는 주로 기관투자자라고 할 수 있다. 최근 개인투자자의 비중은 늘고는 있으나 대규모 자금운용의 대상인 채권시장은 기관투자자 중심으로 편성되는 경향이 강하다. 기관투자자의 중심을 이루고 있는 것은 금융기관과 연기금 등이라고 할 수 있다. 최근에는 해외투자자의 비중도 높아지고 있다. 2022년 말 기준 외국인 투자 잔고는 228.5조원을 기록하고 있다.

금융기관은 물론 연기금들도 궁극적인 채권투자 자금조달은 해당 기관들의 부채를 통해 이루어지고 있기 때문에, 이들 기관들의 채권투자는 부채의 성격, 특히 만기에 좌우되는 경향이 크다. 즉 자산부채관리(ALM) 차원의 투자가 이루진다고 할 수 있다.

이들 기관 중 비교적 부채의 만기가 장기인 투자기관들은 장기채 선호현상을 보이게 되고, 단기 부채구성이 높은 기관들은 단기채 선호현상을 보이게 된다. 전자는 주로 보험사나 연기금이 이에 해당되고, 후자는 자산운용사, 은행 등을 들 수 있다.

하지만 해당 기관의 부채 듀레이션이 단기적이라고 하더라도 수익률 확보를 목적으로 하는 경우라면 적극적인 운용을 위해서 장기채와 신용물들을 운용한다. 채권펀드들을 운용하는 자산운용사들이 이에 해당된다고 할 수 있다.

section 02 국채

1 국채의 종류와 발행시장

(1) 국채의 종류

현재 발행되고 있는 국채는 국고채권, 재정증권, 외국환평형기금채권, 국민주택채권이 있다. 국고채권은 공공자금관리기금을 근거로 발행되는 국채이며 공공목적에 필요

표 3-1	국채 종류별 발행목적 및 방법			
구 분	발행 목적	발행 방법	만기
국고채	재원 조달	경쟁입찰	2, 3, 5, 10, 20, 30, 50년
재정증권	일시 부족 자금 조달	경쟁입찰	1년 이내
외국환평형 기금채권	민간의 원활한 외화채권 발행여건 조성	경쟁입찰	발행시 결정
국민주택채권	국민주택사업 재원조달	첨가소화	5년

한 자금을 확보 공급하기 위해 발행된다. 재정증권은 「국고금관리법」에 근거해 국고금 출납상의 일시 자금 부족을 해소하기 위해 발행하는 국채다. 외국환평형기금채권은 외국환거래법에 근거하며 외환수급을 조절하여 외환거래의 원활화를 위해 발행되는 국채다. 국민주택채권은 국민주택건설의 재원 마련을 위해 발행되는 채권이다. 국채의 대부분을 차지하고 있는 것은 국고채이지만 국민주택채권도 첨가소화방식으로 발행되고 있다.

(2) 국고채 발행방법 및 절차

우리나라 국고채는 기획재정부장관이 발행하고 발행사무는 한국은행이 대행한다. 발행은 국고채권의 발행 및 국고채전문딜러 운영에 관한 규정에 따른 국고채전문딜러제도를 활용한다. 국고채전문딜러는 국고채에 대한 투자매매업을 허가 받은 기관(국채딜러) 중 자금력과 시장운영의 전문성을 갖춘 전문기관으로 국고채에 대한 시장조성기능을 담당한다. 기획재정부장관이 지정 운영하고 있으며 국고채 인수 등에 관하여 우선적인 권리를 부여 받는 대신 국고채 전문유통시장에서 시장조성자로 호가제시, 거래 등의 의무를 수행한다.

국채는 유동성 제고, 안정적이고 장기적인 지표금리의 형성 및 국채발행 비용 절감 등을 위해 만기가 2년 국채는 3개월, 만기가 3년, 5년, 10년 국채는 6개월 단위로, 만기가 20년, 30년 국채는 1년 단위로, 만기가 50년과 물가연동국채는 2년 단위로 만기일과 표면금리를 단일화하여 통합해, 종목당 발행규모를 대형화했다(국채통합발행제도). 통합발행이란 일정기간 내에 발행하는 채권의 만기와 표면금리 등 발행조건을 동일하게 하여 이 기간 동안 발행된 채권을 단일한 종목의 채권으로 취급하는 제도를 말한다. 예를 들어 2015년 6월 10일에 발행된 신규로 3년 만기 국고채는 2015년 6월 2일, 7월 7일, 8월 4일, 9월 1일, 10월 6일, 11월 3일에 동일한 조건으로 통합발행되어 발행시기는 다르지

표 3-2	국고채전문딜러 현황
구분	**기관명**
증권사(11개)	교보증권, 대신증권, DB금융투자, 미래에셋증권, 삼성증권, 신한투자증권, 한국투자증권, KB증권, NH투자증권, 메리츠증권, 키움증권
은행(7개)	KB국민은행, IBK기업은행, 농협은행, 산업은행, 하나은행, 스탠다드차타드은행, 크레디 아그리콜(서울지점)

만 유통시장에서는 동일 종목으로 거래되는 것이다. 2016년 처음 발행된 만기 50년 국채는 2020년 2월부터 격월로 정례 발행하였다.

이처럼 정례발행되는 국고채는 원금과 이자가 분리되어 각각의 무이표채권으로 유통시장에서 거래될 수 있는데 이를 국고채 원금이자 분리제도 또는 STRIPS(Separate Trading of Registered Interest and Principal of Securities, STRIPS)라고 한다. 이 제도는 2006년 3월에 도입되었다.

2 국채의 규모와 유통

국채는 2022년 말 기준 발행잔액이 10,199.6조 원으로 유동성이 가장 좋은 시장을 이루고 있다. 이러한 유동성과 더불어 다양한 만기의 풍부한 상장잔액은 각기 다른 목적의 투자자들의 수요를 충족시켜주고 있다. 은행 등의 기관투자자들이 안정적 캐리 수익을 이끌어낼 수 있는 한편, 최장 50년에 이르는 국채 만기는 듀레이션 측면에서 확장적인 자산 포트폴리오 구성을 가능케 한다. 따라서, 국채 시장은 보험사 및 연기금 등이 선호하는 장기자산의 주요 공급처이기도 하다.

특히, 국채 시장에서는 신용시장과 달리 외국인 투자자들의 영향력이 크게 작용한다. 외국인 투자자들의 국채 보유 잔액은 2022년 말 기준 약 193조 원으로 전체 국채 상장 잔액에서 약 18.9% 정도를 차지하고 있다. 각 만기의 국채 수익률은 국내 모든 금융상품의 지표로 사용되어 현물 시장뿐만 아니라, 국채선물 시장에서도 외국인 투자자들의 거래가 활발히 이루어지면서 시시각각 모든 채권 금리의 방향성에 지대한 영향을 미친다.

1 지방채의 종류와 발행시장

(1) 지방채의 종류

지방채는 발행방법에 따라 증권발행채와 증서차입채로, 채권을 인수하는 자금원에 따라 정부자금채, 지방공공자금채, 민간자금채 등으로 나뉜다. 구체적인 지방채로는 도시철도채권과 지역개발채권이 있다.

도시철도채권은 「도시철도법」에 따라 지하철건설자금을 조달하기 위하여 지방자치단체가 발행하는 채권이다. 현재, 서울 부산 대구 광주 대전에서 발행된 채권이 있다. 채권의 발행주체는 지하철공사가 아닌 지방자치단체가 된다.

지역개발채권은 「지방자치법」, 「지방공기업법」, 「지역개발기금설치조례」 등에 의거하여 지역개발기금의 재원조달용으로 발행되는 채권이다. 현재 18개 지방자치단체에서 만기 5년 일시상환의 조건으로 발행되고 있다.

(2) 발행 방법 및 절차

매년도 지방채를 발행하고자 하는 지방자치단체의 장 및 지방자치단체조합의 장은 발행예정 연도의 전년도에 '지방채발행 종합계획'을 수립하고 지방채발행계획(정기분)을 9월 말까지 행정자치부장관에게 제출한다. 또한 행정자치부장관은 지방채발행계획(정기분) 중 승인대상사업과 지방채인수사업에 대하여는 해당 중앙행정기관의 장과 협의하여 10월 31일까지 승인 및 결과를 통보한다.

2 지방채의 규모와 유통

지방채는 2022년 말 기준 상장잔액이 29.2조 원 수준으로 발행량이 적고 투자자 간의 거래가 활발하지 않다. 국내 지방재정 자립도가 50%를 하회하는 등 지방정부의 중앙정부에 대한 높은 의존도를 고려하면, 지역개발기금 조달 등의 특수한 목적을 제외

하고는 지방채의 발행 유인은 크지 않다. 따라서, 전체 채권시장에서 지방채의 중요도
는 제한적인 수준에 머물고 있다.

1   특수채의 종류와 발행시장

특수채는 특별한 법률에 의하여 설립된 법인이 발행한 채권을 의미한다. 특수채로는
한국은행이 발행하는 통화안정증권, 특별법에 의해 설립된 특수은행(한국산업은행, 한국수
출입은행 등)이 발행한 금융특수채와 특수은행을 제외한 특별법에 의해 설립된 기관이 발
행하는 비금융특수채로 구분된다.

(1) 통화안정증권

한국은행이 통화량을 조절하기 위해 금융기관과 일반인을 대상으로 발행하는 특수
채다. 매 3개월마다 금융시장 여건과 시중 유동성 사정을 감안하여 금융통화위원회에
서 발행한도를 결정하는 것을 원칙으로 한다. 한국은행은 경상수지 흑자(적자) 또는 외
국인투자자금 유입(유출) 등으로 시중의 유동성이 증가(감소)할 경우 통화안정증권을 순
발행(순상환)하여 유동성을 흡수(공급)한다. 공모 또는 상대매출방식으로 발행된다.

(2) 금융특수채

한국산업은행, 한국수출입은행, 중소기업은행, 수산업협동조합중앙회, 농협은행 등
이 있다. 법률적 분류는 금융특수채지만, 실무적인 분류는 은행채로 분류해 발행량과
만기액을 분석하는 것이 일반적이다. 발행방법은 매출발행형식의 직접발행과 인수발행
방식의 간접발행이 있다. 발행한도는 각각 설립법에 명시되어 있다.

(3) 비금융특수채

「공사 공단의 설립에 관한 법률」에 의해 발행되는 채권을 말하며, 일반적으로 공사채라는 용어로 불리기도 한다. LH공사, 한국도로공사, 수자원공사 및 철도시설관리공단 등이 대표적인 발행기관이다. 용지보상채권이나 한국토지주택공사가 발행하는 토지주택채권은 매출형식으로 발행되고, 일반적인 비금융특수채는 공사 공단에서 간접발행방식을 택한다. 발행한도는 설립근거법에 명시되어 있다.

(4) 지방공사채

지방공기업은 「지방공기업법」(제49조)에 의해, 지방자치의 발전과 주민의 복리증진에 기여하기 위한 목적으로 설립된다. 이 지방공기업이 발행한 채권이 지방공사채이며 특수채로 분류된다.

---

2 특수채 유통

공사채들은 정부보증채도 있지만 신용등급을 가지고 있는 것들도 있다. 이들 중 비금융특수채로 분류되는 공사채들은 대부분이 매우 높은 등급을 가지고 있거나 정부 출자혹은 투자기관이기 때문에 국채에 근접하는 수익률이 형성된다. 거래는 활발하지 않다.

---

section 05 회사채

---

1 회사채의 종류와 발행시장

회사채는 민간기업이 경영을 위한 신규 또는 차환 등에 필요한 자금을 조달하기 위해 발생한 채권을 의미한다. 비금융회사가 발행하는 일반회사채와 금융회사가 발행하는 금융회사채가 있다. 금융회사채는 발행주체에 따라 은행채와 기타 금융회사채로 나뉜다. 기타 금융회사채는 주로 여전채이며 여전채는 카드채와 캐피탈채로 나뉜다.

2 회사채의 발행 방법

(1) 사모와 공모

50인 이상의 투자자가 채권 취득의 청약을 권유받은 경우를 공모발행이라고 하고, 50인 미만인 경우 사모발행이라 한다. 회사채를 공모발행하는 경우 대부분 금융투자회사를 통한 총액인수방식(간접발행)을 이용한다. 공모가액이 10억 원 이상인 경우 투자자 보호를 위해 금융위원회에 증권신고서를 제출해야 한다.

(2) 직접발행과 간접발행

직접발행은 발행기업이 금융투자회사를 통하지 않고 직접 발행사무를 처리해 스스로 발행위험을 부담하는 것이다. 간접발행은 위험부담을 금융투자회사로 이전하면서 모든 발행사무를 위임하는 것이다. 간접발행은 인수회사의 위험부담 정도에 따라 총액인수, 잔액인수 및 위탁모집으로 구분한다.

3 회사채 발행절차

회사채는 대부분 무보증 형태로 발행되며, 공모발행하는 경우 대부분 금융투자회사의 총액인수를 통해 액면발행되며 다음 과정을 거쳐 발행된다.

(1) 신용평가

2개 이상의 신용평가회사로부터 해당 무보증사채에 대해 신용등급을 평가 받아야 한다. 자산유동화법에 따른 유동화사채의 경우에는 1개 이상의 신용평가가 의무이다. 신용등급은 발행사의 발행이율(표면이자율) 결정에 영향을 미친다. 신용평가회사들은 회사채 발행 시점에서 발행내용이 확정된 경우 신용등급을 공시한다.

표 3-3 회사채 발행 절차

절차	대상처	일정
주관회사 선정 및 발행조건 협의	주간사	D-40
이사회 결의	–	D-30
대표주관계약 체결 및 협회 신고	주간사, 금융투자협회	D-29
기업실사	–	D-25
신용평가회사의 신용등급 평가	신용평가회사	D-7
수요예측	주간사	D-5
사채모집위탁계약 및 원리금지급대행 계약	수탁회사, 은행	D-3
최종 총액인수(매출) 계약	인수단	D-1
증권신고서 제출	금융위원회(금융감독원)	D
사채청약안내 공고	신문	D
거래소 상장 신청 및 예탁결제원 등록 청구	한국거래소, 예탁결제원	D+2
증권신고서의 효력 발생	–	D+8
투자설명서의 작성 및 공시	–	D+8
사채청약 및 납입	납입 은행	D+9
채권상장	한국거래소	D+9
증권발행실적보고서의 제출	금융위원회(금융감독원)	D+12

(2) 수요예측

발행조건(주로 금리) 결정을 위해 주관회사가 기관투자자들을 대상으로 공모 희망금리 밴드를 제시하고, 기관투자자들의 매입 희망금리 및 희망물량을 토대로 투자수요를 파악하는 절차다. 2012년 4월 시행되었으며, 만기별 투자수요가 파악되면 실제 금리가 결정된다. 수요예측 수준에 따라 실제 발행될 채권의 인기 정도를 파악할 수 있고, 채권투자에 대한 투자자의 투자심리가 반영되기 때문에 채권시장의 현황을 파악하는 수단으로 활용된다.

4 회사채 잔액 현황

2022년 말 일반회사채의 발행잔액은 약 360.5조 원 수준으로 전체 채권 발행규모의 약 14%를 차지하고 있다. 회사채의 발행은 기업의 투자확대, 운전자금 확대, 차환발행, M&A등 대규모 자금이 소요될 때 발행이 증가된다. 경제규모와 조달시장의 채권이용 비중이 커질 경우에도 발행이 증가한다.

IMF 금융위기 이전 대부분을 차지하던 보증사채 시장에서는 보증기관을 투자의 기준으로 삼았으나 금융위기 이후 급속도로 무보증사채로 전환되면서 기업의 신용 수준에 따른 평가에 의한 투자가 보편화되었다. 2000년대 초반까지는 BBB등급의 무보증사채도 비교적 원활하게 발행되었으나, 서브프라임 금융위기 이후로는 A등급 회사채조차도 원활한 발행이 이루어지고 있지 않다.

이에 따라 2022년 말 기준 일반회사채 발행잔액 중 AA등급 이상의 채권은 전체 발행일반회사채의 62% 수준을 보이고 있다. 투기등급 회사채의 발행비중은 매우 미미하여중소기업들의 회사채 발행을 통한 자금조달이 원활하지 않음을 보여주고 있다.

chapter 04

채권투자분석

채권의 수익과 위험

1 채권의 투자수익

채권 역시 유가증권의 일종이므로, 채권의 투자수익은 채권의 매입(인수)금액과 채권의 매도(상환)금액과의 차이에 의해 좌우된다. 이러한 차이를 발생시키는 원인은 투자기간과 만기수익률의 변화라고 할 수 있다. 다만, 채권 중에서 일정기간마다 이자를 지급받는 채권에 투자했을 경우는 발생이자금액 및 이 이자를 재투자하여 추가로 발생하는 이자부분도 투자수익의 결정요소로 간주한다.

2　채권투자의 위험

(1) 채무불이행 위험과 신용변동위험

채권 발행자가 약속된 이자와 원금을 상환하지 않는 채무불이행 위험 혹은 신용위험이 클수록 채권 발행 시에 위험프리미엄이 반영되어 발행수익률이 높아진다. 또한 발행 이후에 신용등급의 변화 등으로 발생하는 채무불이행 위험의 변화도 유통시장의 만기수익률에 반영되어 수익률 변화의 주요 원인이 된다.

(2) 가격 변동 위험

채권의 시장 가격은 만기 시까지 약속된 이자와 원금의 흐름을 채권시장의 수요와 공급에 의해 결정되는 만기수익률로 할인한 것이라고 할 수 있다. 따라서 채권투자 후 만기수익률이 상승하면 채권 가격은 하락하고, 만기수익률이 하락하면 채권 가격이 상승하게 된다.

이는 채권투자 후 시장 만기수익률이 투자 시의 예측과 다르게 나타날 경우 가격 변동의 위험이 발생하고 예측에 대한 오차가 커질수록 이 위험은 더욱 증가함을 의미한다.

(3) 재투자위험

채권은 비교적 만기가 긴 금융청구권이며, 이자지급방식도 다양하다. 원리금 일시상환채권과는 달리 만기까지 여러 번에 걸쳐 단위기간별로 이자지급이 이루어지는 채권은 중도에 지급받는 이자를 어떠한 수익률로 재투자하느냐에 따라 채권투자에 의한 최종 투자수익률에 차이가 발생한다. 수익률 변동 위험이라 함은 가격 변동 위험과 재투자 위험을 포함하는 개념이다.

(4) 유동성 위험

유통시장의 시장참여자 수가 많지 않아 거래량이 크지 않고 거래 가격이 불연속적으로 형성되는 유가증권의 경우 투자유가증권을 현금화하는 데 어려움을 겪게 될 뿐만 아니라 거래 시 가격상의 불이익을 겪을 가능성이 커진다. 또한 시장 만기수익률의 기준이 되는 거래의 기본단위가 매우 큰 채권시장에서는 소액투자는 상대적으로 유동성

위험에 노출되는 경향이 있다.

(5) 인플레이션 위험

만기까지의 수익률이 확정된 채권의 경우 인플레이션은 채권으로부터 얻어지는 이자수입의 실질가치, 즉 구매력을 감소시킨다. 이와 같은 위험은 채권의 만기가 길수록 커지는 경향이 있으며, 이 위험을 피하기 위해서는 확정금리 지급채권보다는 금리연동부 이자지급채권에 대한 투자가 유리하다. 우리나라에서도 다양한 변동금리부채권(FRN)들이 발행되어 왔으며 2007년 3월부터 물가연동국고채권도 발행되고 있다. 한편 변동금리국고채의 경우 발행 근거규정은 마련되었으나, 아직까지 발행된 사례는 없다.

(6) 환율 변동 위험

투자한 채권의 가치가 외화로 표시된 경우 해당 외화의 가치가 변동하면 채권의 실질가치도 변동하게 된다. 예컨대 달러표시 채권에 투자한 후 달러의 가치가 상승하면 달러 가격에 의한 채권 가격에는 변화가 없더라도 원화에 의한 채권 가치는 증가하게 되고, 반대로 달러 가치의 하락은 원화에 의한 채권 가치를 감소시키게 된다.

(7) 수의상환 위험

일부 채권의 경우는 만기 전이라도 채권의 발행자가 원금을 상환할 수 있는 권리인 수의상환권(call option)이 부여되기도 한다. 이러한 수의상환권은 채권 발행 시 지급하기로 한 이자율보다 시장금리가 낮아질 경우 행사된다. 이 경우 투자자는 상환된 원금을 과거보다 낮은 금리로 운용해야 하며, 이는 투자수익에 대한 불확실성이 증대됨을 의미한다. 따라서 발행 시 결정되는 표면이율은 일반적으로 수의상환권이 없는 같은 조건의 일반채권보다 수의상환채권의 경우가 더 높게 형성된다. 이 금리차이는 수의상환권을 보유하게 된 채권 발행자가 채권투자자에게 지불하는 일종의 프리미엄(option premium)이라고 할 수 있다.

3 채권시장의 수익률 변동요인

(1) 채권시장 내적요인

❶ 신규 발행 채권 공급량(국공채, 사채, 해외기채)

❷ 신규 발행 채권의 소화환경(금융기관 및 개인투자자의 자금사정)

❸ 발행조건과 유통수익률과의 괴리

❹ 금융기관의 수신고 및 자금포지션 현황

❺ 연기금, 공제회, 사업법인의 채권운용

❻ 외환동향과 외국인의 채권운용

❼ 콜, 어음 및 장단기 채권수익률

❽ 신금융상품과 대상채권

❾ 국채선물, 옵션 및 스왑과 같은 금리파생상품시장 동향

❿ 기관투자자의 회계 및 결산방법

⓫ 국채 차환 문제

(2) 채권시장 외적요인

❶ 국내요인

ㄱ. 총수요동향(소비지출, 설비투자, 수출 등)

ㄴ. 기업의 생산활동(생산, 출하, 재고동향 등)

ㄷ. 물가

ㄹ. 국제수지와 환율

ㅁ. 금융정책(재할인율, 지급준비율, 공개시장조작 등)

ㅂ. 재정정책(중앙정부 및 지방자치단체 등)

ㅅ. 정기예금 및 대출금리

ㅇ. 제2금융권 금리 동향

ㅈ. 자금수급(통화공급, 금융기관 예대동향 등)

ㅊ. 기업금융환경(기업의 단기유동성, 설비투자자금 수요 등)

❷ 해외요인

ㄱ. 해외경제동향(미국·일본·유럽 등)

ㄴ. 해외 주요 원자재 가격 동향

ㄷ. 주요국의 금융정책, 재정정책

ㄹ. 주요국 금리동향

ㅁ. 국제투기자금 및 연기금 등의 자금운용방향

ㅂ. 주요 연구기관들의 경제동향예측 등

section 02 | 채권 가격 결정과정

일반 채권은 발행조건에 의해 결정된 확정된 현금흐름을 발생시키는 유가증권이다. 만기 이전에 채권을 거래하게 되면 이와 같은 현금흐름 수취권에 대한 가치 평가의 필요성이 생긴다. 현재 우리나라의 채권 실무에서는 채권의 가치를 채권 가격보다는 만기수익률(YTM : Yield to Maturity)에 의해 호가할 뿐만 아니라 실제 거래를 한다. 따라서 채권 유통을 이해하기 위해서는 시장 만기수익률과 채권 가격의 관계를 명확히 이해할 필요가 있다.

1 채권 가격과 만기수익률

채권의 매입(매도)은 현재 일정한 원금을 조달해 주는(조달하는) 대가로 미래에 약속된 이자와 원금을 받는(주는) 대신 이를 대신할 금융청구권을 양도받는(하는) 것이라고 할 수 있다.

즉 채권매매는 금융거래적 성격을 동반하고 있으며, 금융거래란 융통된 자금에 대한 이자지급과 원금상환의 과정을 포함하게 된다. 이 경우 채권거래는 만기에 상환될 원리금(현금흐름 S)이 먼저 결정된 상태에서 이자율(r) 및 기간(n)이 정해진 다음 차입할 원금(P)이 산출되는 과정을 밟게 된다.

$$P = \frac{S}{(1 + r)^n}$$

여기서 P는 n년 후에 원리금으로 현금 S를 지급하는 대신에, n년 후에 S를 지급받을 수 있는 권리를 표시한 채권을 양도하고 현재 조달하는 원금이다.

그런데 이와 같은 과정을 통해 도출된 P는 결국 n년 후의 만기상환금액 S를 일정한 할인율로 할인한 현재가치이자 이 채권의 가격(단가)이라고 할 수 있다. 이때 채권의 현금흐름을 현재가치화하는 할인율을 만기수익률이라고 한다.

이표이자 등에 의해 만기상환 전에도 현금흐름이 발생하는 경우까지 고려된 만기수익률의 개념은 '채권의 각 만기별 이자들 및 원금으로 이루어진 현금흐름의 현재가치의 합을 채권의 가격과 일치시키는 할인율'로 파악되기도 한다. 이때 할인의 대상이 되는 현금흐름은 채권 발행 시 이미 확정된 원리금의 지급방법과 만기까지의 잔존기간에 의하여 주어지게 된다.

따라서 궁극적으로 채권 가격은 일정한 할인율, 즉 만기수익률에 의해 결정된다고 할 수 있다. 이 경우 만기수익률은 이자율의 한 종류이기 때문에 거시적으로는 경제 전체의 이자율 결정과정에 의하여 영향을 받으나, 보다 직접적으로는 채권시장의 수요와 공급에 영향을 미치는 여러 가지 요인들에 의해 결정된다.

2 채권 가격의 계산

채권 가격의 산출이란 채권의 발행조건에 의해 만기까지 발생되는 현금흐름을 만기수익률로 할인하여 현재가치화시키는 과정으로 요약할 수 있다. 그런데 채권의 발행조건에서 살펴보았듯이 현재 우리나라에서 발행되는 채권들은 채권 발행 후 현금흐름이 만기에 한 번 발생하는 채권과 여러 번에 걸쳐 발생하는 채권으로 나뉜다.

연단위 복리채, 3개월 단위 복리채, 단리채, 할인채는 이자지급방식의 차이에도 불구하고 일단 채권이 발행되면 추후 발생되는 현금흐름이 오로지 만기에 한 번뿐인 만기 일시상환채권이다. 이에 비해 이표채 및 거치채는 만기까지 여러 번 원리금의 현금흐름이 발생하는 복수 현금흐름 채권이다. 현재 우리나라에서 거래되고 있는 채권들은 위의 두 가지 분류에 의해 채권 가격 산정방법에 있어 차이를 보이고 있다.

또한 채권의 가격은 결제일을 기준으로 산정된다. 최근에 기관 투자자들 간에 일반적으로 이루어지는 익일 결제를 기준으로 할 경우, 매매에 대한 결정이 당일 이루어지더라도 매매 단가의 산정은 실제로 결제가 이루어지는 다음날을 기준으로 산출된다. 물론 당일 결제 매매의 경우는 당일을 기준으로 단가가 산정된다.

(1) 만기 일시상환채권(복리채, 단리채, 할인채)

복리채, 단리채, 할인채는 만기까지 남은 잔존기간에 따라 연단위 기간은 연단위 복리로, 나머지 연단위 미만 기간은 단리로 할인하여 채권 가격을 계산한다.

$$P = \frac{S}{(1+r)^n \left(1 + r \times \dfrac{d}{365}\right)}$$

즉, 현재 시점에서 만기까지의 기간이 n년 d일 남은 만기상환금액 S인 채권을 만기수익률 r로 할인한 채권 가격(P)을 나타낸 것이다. 그리고 d는 연간 실제일수를 나타낸다. 따라서 평년의 경우는 365일이지만 윤년의 경우는 366일이 된다. 실무에서는 채권 액면 10,000원당 산출된 값을 원미만 절사하여 단가로 사용한다.

이와 같은 방식은 채권시장에서 관행적으로 사용되고 있는 계산방법으로 차입원금(P)에 대한 원리금(S)의 지급을 주어진 이자율(r)로 하되, 총 차입기간 중 연으로 정제되는 기간(n)은 복리로, 그 나머지 잔여일수(d)는 단리로 이자지급을 약속한 금융과정과 동일한 의미를 지니고 있다. 만약 $d = 365$, 즉 평년을 가정한다면

$$S = P \times (1+r)^n \left(1 + r \times \frac{d}{365}\right)$$

이와는 달리 이론적 방식으로 불리는 채권 계산방법은 연단위 이하의 기간도 복리로 계산함으로써 할인방식의 일관성을 꾀하고 있다.

$$P = \frac{S}{(1+r)^n (1+r)^{\frac{d}{365}}} = \frac{S}{(1+r)^{n + \frac{d}{365}}}$$

이 방식은 할인방식에 대한 논리적 일관성에도 불구하고 그 계산과정의 복잡성으로 일반 유통시장의 채권거래에서는 사용되지 않고 있다.

❶ 제1종 국민주택채권 2017-10을 2017년 10월 31일에 만기수익률 2.492%에 매입하여 2019년 7월 29일에 만기수익률 2.010%에 매도할 경우 매입 가격 및 매도 가격을 산출하시오.

- 발행일 : 2017년 10월 31일
- 표면이율 : 1.75%
- 만기일 : 2022년 10월 31일
- 원리금지급방법 : 연단위 복리, 만기 일시상환

ㄱ. 만기상환금액 : $10,906(원) = 10,000 \times (1 + 0.0175)^5$

ㄴ. 매입 가격 : 잔존기간이 5년 0일이므로

$$P = \frac{10,906}{(1 + 0.02492)^5} = 9,643\,(원\ 미만\ 절사)$$

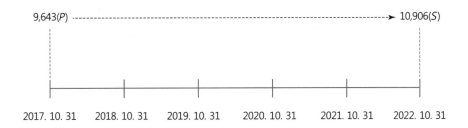

ㄷ. 매도 가격 : 만기일까지의 잔존기간이 3년 94일이므로

$$P = \frac{10,906}{(1 + 0.02010)^3 \left(1 + 0.02010 \times \frac{94}{365}\right)} = 10,221\,(원\ 미만\ 절사)$$

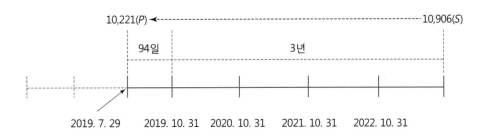

❷ 단리채 : 다음 조건의 채권을 2019년 10월 21일에 시장 만기수익률 1.500%에 매매 시 매매 단가는?

- 발행일 : 2019년 9월 30일   - 만기일 : 2020년 9월 30일
- 표면이율 : 2.0%   - 원리금지급방법 : 단리식, 만기 일시상환

ㄱ. 만기상환금액 : $10,200(원) = 10,000 \times (1 + 0.02 \times 1)$

ㄴ. 매입 가격 : 잔존기간이 345일, 연간 일수는 366일(2019년 9월 30일~2020년 9월 31일)이므로

$$P = \frac{10,200}{\left(1 + 0.0150 \times \dfrac{345}{366}\right)} = 10,057 \,(\text{원 미만 절사})$$

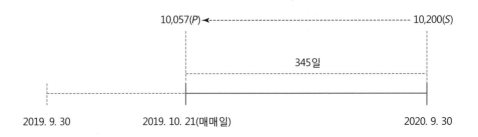

❸ 할인채 : 통화안정증권 DC019 − 1231 − 1820(182일물)을 2019년 8월 20일에 시장 만기수익률 1.310%에 매매 시 매매 가격은?

- 발행일 : 2019년 7월 2일   - 만기일 : 2019년 12월 31일
- 표면이율 : 1.528%   - 원리금지급방법 : 이자선지급, 원금 만기상환

ㄱ. 만기상환금액 : 10,000(원)

ㄴ. 매입 가격 : 발행일 이후 49일 경과하여 잔존기간이 133일이고, 연간 일수가 365일이므로

$$P = \frac{10,000}{\left(1 + 0.01310 \times \dfrac{133}{365}\right)} = 9,952 \,(\text{원 미만 절사})$$

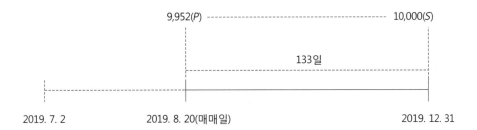

9,952(P) - 10,000(S)

133일

2019. 7. 2   2019. 8. 20(매매일)   2019. 12. 31

(2) 복수 현금흐름 채권(이표채, 거치채 등)

원리금 지급에 의해 만기까지 여러 번 현금흐름이 발생하는 이표채와 거치채같은 복수 현금흐름 채권의 가격계산은 기본적으로 만기 일시상환채권의 계산방법을 현금흐름의 횟수만큼 반복적으로 시행하여 합산하는 방법을 사용한다. 다만, 이자지급 단위기간이 1년 이하인 경우는 각 현금흐름별로 이자지급 단위기간으로 정제되는 잔존기간에 대해서는 이자지급 단위기간의 복리로 현재가치화하고, 이자지급 단위기간 이하의 나머지 잔존기간에 대해서는 이자지급 단위기간에 대한 단리로 할인한다.

❶ 연단위 이자지급 이표채

- 표면이율 : 10%   • 만기기간 : 3년 만기
- 이자지급 단위기간 : 매 1년 후급

위와 같은 조건의 이표채가 잔존기간 2년 100일 남았을 때 시장 만기수익률 11.5%로 거래하는 매매 가격을 산출해 보자.

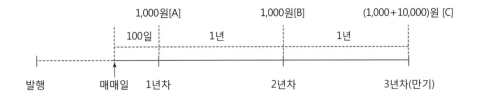

1,000원[A]   1,000원[B]   (1,000+10,000)원 [C]

100일   1년   1년

발행   매매일 1년차   2년차   3년차(만기)

매매일을 기준으로 볼 때 첫 번째 현금흐름 1,000원[A]은 100일 후에, 현금흐름 1,000원[B]은 1년 100일 후, 현금흐름 11,000원[C]은 2년 100일 후에 발생
이자지급 단위기간이 1년이므로 이들 현금흐름을 연단위 잔존기간에 대하여서는 복리방식으로, 연단위 이하의 잔존기간에 대하여서는 단리방식으로, 각각

을 만기수익률로 현재가치화하여 합하면 다음과 같음

$$P_A = \frac{1,000}{\left(1 + 0.115 \times \frac{100}{365}\right)} = 969.455원$$

$$P_B = \frac{1,000}{(1 + 0.115)^1 \left(1 + 0.115 \times \frac{100}{365}\right)} = 869.467원$$

$$P_C = \frac{11,000}{(1 + 0.115)^2 \left(1 + 0.115 \times \frac{100}{365}\right)} = 8,577.699원$$

$$P(채권가격) = P_A + P_B + P_C = 10,416.6원$$

결국 이 채권의 가격(P)은 각기의 현금흐름을 현재가치화하여 이들을 모두 합한 값인 10,416.6원($= P_A + P_B + P_C$)이라고 할 수 있음

❷ 6개월 단위 이자지급 이표채

▶ 국고채권 01875－2906(19－4) KR103502G966

다음 채권을 2019년 8월 20일 시장 만기수익률 1.250%로 거래하는 세전 매매가격을 산출해 보자.

- 발행일 : 2019. 6. 10 　　· 만기일 : 2029. 6. 10
- 표면이율 : 1.875% 　　· 이자지급 단위기간 : 매 6개월 후급
- 매기 이자지급금액 : 93.75원

만기일까지 총 20번의 현금흐름이 발생하고, 매매일에서 첫 번째 이자락(2019년 12월 10일)까지의 잔여일수가 112일, 매매일이 포함되는 이자지급 단위기간의 총 일수가 183일이므로, 이 채권의 세전 단가는

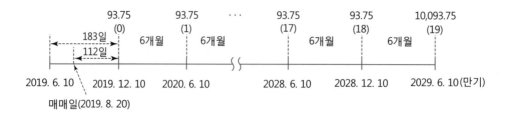

매매일을 기준으로 볼 때 첫 번째 현금흐름 93.75원이 112일 이후 발생하고 이후 만기까지 매 6개월마다 93.75원의 이자와 만기 시 원금 10,000원이 발생. 이자지급 단위기간이 6개월(연 2회 지급)이므로, 각기의 현금흐름을 6개월 단위기간으로 남은 잔존기간에 대하여서는 복리방식으로, 6개월 이하인 112일에 대하여서는 단리방식으로 $\dfrac{만기수익률}{이자지급\ 횟수}$의 할인율로 현재가치화하여 이들을 모두 합하면

$$P=\frac{93.75+\dfrac{93.75}{\left(1+\dfrac{0.01250}{2}\right)^{1}}+\dfrac{93.75}{\left(1+\dfrac{0.01250}{2}\right)^{2}}+\cdots+\dfrac{93.75}{\left(1+\dfrac{0.01250}{2}\right)^{18}}+\dfrac{10,093.75}{\left(1+\dfrac{0.01250}{2}\right)^{19}}}{\left(1+\dfrac{0.01250}{2}\times\dfrac{112}{183}\right)}$$

$= 10,611$(원 미만 절사)

❸ 3개월 단위 이자지급 이표채

• 표면이율 : 9%   • 만기기간 : 3년 만기
• 이자지급 단위기간 : 매 3개월 후급
• 매기 이자지급금액 : 225원$\left(=10,000\times\dfrac{0.09}{4}\right)$

위와 같은 조건의 이표채가 잔존기간 2년 9개월 60일 남았을 때 시장 만기수익률 10.0%로 거래하는 매매 가격을 산출해 보자.

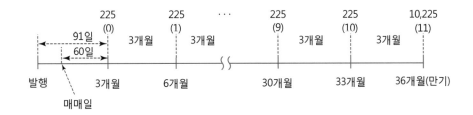

매매일을 기준으로 볼 때 첫 번째 현금흐름 225원이 60일 이후 발생하고 이후 만기까지 매 3개월마다 225원의 이자와 만기 시 원금 10,000원이 발생. 이자지급 단위기간이 3개월(연 4회 지급)이므로, 각기의 현금흐름을 3개월 단위기간으로 남은 잔존기간에 대하여서는 복리방식으로, 3개월 이하인 60일에 대하여서는 단리

방식으로 만기수익률/이자지급회수$\left(=\dfrac{0.1}{4}\right)$의 할인율로 현재가치화하여 이들을 모두 합하면

$$P = \frac{225}{\left(1+\dfrac{0.1}{4}\right)^0\left(1+\dfrac{0.1}{4}\times\dfrac{60}{91}\right)} + \frac{225}{\left(1+\dfrac{0.1}{4}\right)^1\left(1+\dfrac{0.1}{4}\times\dfrac{60}{91}\right)} +$$

$$\cdots + \frac{225}{\left(1+\dfrac{0.1}{4}\right)^{10}\left(1+\dfrac{0.1}{4}\times\dfrac{60}{91}\right)} + \frac{10,225}{\left(1+\dfrac{0.1}{4}\right)^{11}\left(1+\dfrac{0.1}{4}\times\dfrac{60}{91}\right)}$$

이 됨. 그러므로

$$P = \frac{225 + \dfrac{225}{\left(1+\dfrac{0.1}{4}\right)^1} + \dfrac{225}{\left(1+\dfrac{0.1}{4}\right)^2} + \cdots + \dfrac{225}{\left(1+\dfrac{0.1}{4}\right)^{10}} + \dfrac{10,225}{\left(1+\dfrac{0.1}{4}\right)^{11}}}{\left(1+\dfrac{0.1}{4}\times\dfrac{60}{91}\right)}$$

$$= 9,825\text{(원)} \quad [\text{원 미만 절사}]$$

> **예시**

▶ SK텔레콤76-1(KR6017671977)

- 발행일 : 2019년 7월 29일　　・만기일 : 2022년 7월 29일
- 표면이율 : 1.404%　　・이자지급 단위기간 : 매 3개월 후급
- 신용등급 : AAA
- 매기 이자지급금액 : $3.51\left(=-10,000\times\dfrac{0.01404}{4}\right)$

위 채권을 2019년 8월 20일 만기수익률 1.374%로 매매할 경우 세전 단가를 구하면 매매일로 부터 이자지급일까지의 잔존일수가 70일, 매매일이 속한 이자지급 단위기간의 총 일수가 92일이므로

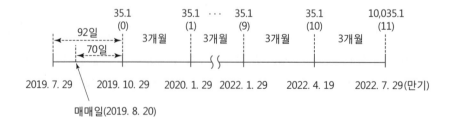

$$P = \frac{35.1 + \dfrac{35.1}{\left(1 + \dfrac{0.01374}{4}\right)^1} + \dfrac{35.1}{\left(1 + \dfrac{0.01374}{4}\right)^2} + \cdots + \dfrac{35.1}{\left(1 + \dfrac{0.01374}{4}\right)^{10}} + \dfrac{35.1}{\left(1 + \dfrac{0.01374}{4}\right)^{11}}}{\left(1 + \dfrac{0.01374}{4} \times \dfrac{70}{92}\right)}$$

$= 10,017$(원 미만 절사)

이 된다.

3 채권 가격과 수익률의 관계(말킬의 채권 가격 정리)

채권 가격은 채권의 현금흐름, 잔존만기, 수익률 등에 의해 영향 받는다. 현금흐름을 결정짓는 요인은 표면이자율, 액면가액, 이자지급방법이 있다. 채권 가격에 영향을 미치는 변수를 차례대로 살펴본다.

(1) 채권 가격과 채권수익률은 역의 관계이다

채권수익률(금리가)이 상승하면 채권 가격은 하락하고 채권수익률이 하락하면 채권 가격은 상승한다. 이는 채권의 가격이 미래 현금흐름에 대한 할인가치를 반영하기 때문이다.

(2) 채권만기가 길수록 채권수익률 변동에 대한 채권 가격 변동폭이 커진다

채권수익률이 낮아지면 만기가 긴 채권의 가격이 만기가 짧은 채권보다 더 상승하고, 채권수익률이 높아지면 만기가 긴 채권의 가격이 만기가 짧은 채권보다 더 하락한다. 만기가 길수록 수익률 변동폭에 대한 가격 변동폭이 확대되므로, 만기가 길수록 위

표 4-1 수익률별 채권 가격

수익률(%)	채권 가격(원)
7	11,256
8	10,817
9	10,399
10	10,000
11	9,619
12	9,256
13	8,909

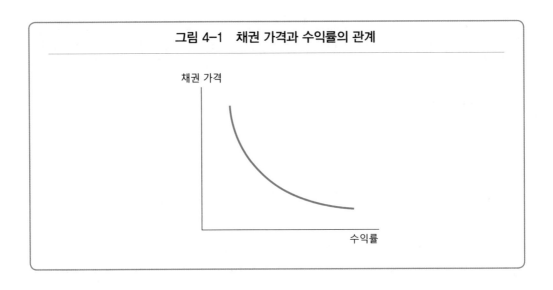

그림 4-1 채권 가격과 수익률의 관계

험에 대한 보상치로 더 높은 이자율이 요구되는 것이다.

(3) 채권수익률 변동으로 인한 채권 가격 변동은 만기가 길수록 커지나, 그 증감률은 체감한다

아래 사례에서 보듯이 채권만기가 길수록 가격 변동율이 커지지만, 만기 증가폭(2배, 3배)에 비해 가격 변동율의 증가폭이 떨어진다. 금리가 8%에서 6%로 하락할 경우 채권 가격은 높아지지만 3년물과 6년물의 변동폭 차이는 4.48%pt(9.83% − 5.35%)이지만 6년물 과 9년물의 차이는 3.77%pt(13.6% − 9.83%)로 만기가 길어질수록 변동 폭은 축소된다. 따라서 증감률이 만기에 정확히 비례하는 것이 아니라 체감적으로 반응함을 알 수 있다.

표 4-2 **수익률 변동에 따른 채권 가격 변동**

	수익률	3년물 가격	6년물 가격	9년물 가격
변동 전 수익률	8%	10,000원	10,000원	10,000원
변동 후 수익률	6%	10,535원	10,983원	11,360원
가격 변동률		5.35%	9.83%	13.60%

참고 : 액면이자 8%, 이자지급주기 12개월 이표채 가정

(4) 만기가 일정할 때 채권수익률 하락으로 인한 가격 상승폭은 같은 폭의 채권수익률 상승으로 인한 가격 하락폭보다 크다

채권 가격은 채권수익률에 대해 우하향의 함수관계를 갖고 있어 수익률 상승 시 채권 가격은 하락한다. 그러나 하락 정도는 수익률 변동폭에 비례적으로 발생하는 것이 아니라 체감적이다. 이를 채권의 볼록성(Convexity)이라고 하며 이로 인해 동일한 수익률 변동폭에 대해 채권 가격 상승폭은 하락폭보다 크게 된다. 앞선 사례에서 3년물 기준으로 수익률이 8%에서 2% 하락한 6%가 되는 경우에는 가격 상승폭이 5.35%이나, 2% 상승한 10%가 되는 경우를 계산해 보면 9,503원으로 가격 하락폭은 4.97%가 된다. 금리 변동 위험이 상하방으로 동일한 수준이라면 채권 가격의 예상 상승폭이 예상 하락폭을 상회하므로 일반적인 경제상황에서 채권투자유인이 존재한다.

(5) 표면이자율이 낮은 채권이 높은 채권보다 일정한 수익률 변동에 따른 가격변동률이 크다

이자를 포함한 현금흐름 분포 중 장기에 비중이 클수록, 이표이자가 낮을수록 할인의 승수효과 때문에 가격 변동 폭이 커진다. 이는 여타 조건이 동일한 경우 표면이자율이 낮은 채권이 보다 높은 매매 차익을 얻기에 유리함을 의미한다. 〈표 4-3〉은 표면이율이 각각 8%, 10%, 그리고 12%인 3개월 후급 이표채권들이 잔존기간이 5년인 상태에서 수익률이 12%에서 8%로 동일하게 하락한 경우를 나타낸 것이다. 수익률의 변동이 동일하더라도 표면이율이 높은 채권(12%)의 가격 변동률이 가장 작음을 알 수 있다. 수익률의 변동이 동일하더라도 표면이율이 높은 채권(12%)의 가격 변동률(16.35%)이 표면이율이 10%, 8%인 경우의 가격 변동률(16.86%, 17.48%)보다 작게 나타남을 볼 수 있다.

표 4-3 표면이율별 수익률 변동에 대한 채권 가격 변동

표면이율(%)	수익률(%)	가격(원)	가격 변동폭(원)	가격 변동률(%)
8	12	8,512	1,488	17.48
	8	10,000		
10	12	9,256	1,561	16.86
	8	10,817		
12	12	10,000	1,635	16.35
	8	11,635		

chapter 05

채권투자의 위험도와
수익성 측정

section 01 채권의 투자위험도 측정

채권투자에 수반되는 각종 위험요인들은 수익률 변화를 통해 채권의 가격 변동을 야기시킨다. 따라서 채권투자의 위험도는 채권 가격의 결정요인에 미치는 영향이 변화하였을 때 채권 가격이 변동하는 정도를 통하여 측정할 수 있다.

이와 같이 채권 가격의 변화 정도를 측정할 수 있는 척도로는 투자한 채권의 잔존기간이나 혹은 채권에서 발생하는 원리금의 기간별 가중평균치를 원리금의 합계로 나눈 가중평균 현금흐름 등이 사용되기도 한다. 그러나 이들은 화폐의 시간가치를 무시하여, 채권 가격의 변동성을 측정하는 데 한계를 지닌다.

(1) 듀레이션의 필요성

현실적으로 채권투자 시에는 채권 가격 변동요인의 크기가 서로 다른 채권들을 비교하여 투자결정을 내려야 하는 경우가 일반적이다. 이 경우 '다른 조건이 일정하다고 가정할 경우' 잔존기간의 크기가 채권 가격의 변동에 미치는 영향 혹은 '다른 조건이 일정하다고 가정할 경우' 표면이율의 크기가 채권 가격의 변동에 미치는 영향 등을 제시한 말킬의 정리는 잔존기간과 표면이율의 크기를 동시에 고려하여 채권을 선택해야 하는 현실적 투자선택의 상황에서는 한계를 지니게 된다.

예컨대 잔존기간은 길고 표면이율이 높은 채권과 잔존기간은 짧으나 표면이율이 낮은 채권을 놓고 선택해야 한다면, 이들 중 어느 채권의 가격 변동성이 더 큰가를 결정해야 하는 딜레마에 부딪히게 된다. 따라서 채권의 가격 변동에 미치는 여러 요인을 동시에 고려하여 채권수익률의 변화가 채권 가격의 변동에 미치는 영향을 측정할 수 있는 개념이 필요하며, 이는 1938년 매콜리(F. R. Macaulay)에 의해 듀레이션(Duration)의 개념으로 체계화되었다.

(2) 듀레이션의 정의와 특성

듀레이션(또는 매콜리 듀레이션)이란 채권에서 발생하는 현금흐름을 이들이 각기 발생하는 기간으로 가중하여 현재가치한 합을 채권의 가격으로 나눈 것이며, 이는 채권에 투자된 원금의 가중평균회수기간이라고 할 수 있다.

$$Duration = \frac{\displaystyle\sum_{t=1}^{n} \frac{t \cdot CF_t}{(1+r)^t}}{\displaystyle\sum_{t=1}^{n} \frac{CF_t}{(1+r)^t}} = \frac{\displaystyle\sum_{t=1}^{n} \frac{t \cdot CF_t}{(1+r)^t}}{P} \qquad \cdots\cdots (1)$$

또한 듀레이션은 이 정의를 도출하는 수학적 관계를 통하여 다음과 같이 수익률 변동에 대한 채권 가격 민감도의 개념으로도 표현할 수 있다.

$$Duration = -\frac{\dfrac{dP}{P}}{\dfrac{dr}{(1+r)}} = -\frac{\dfrac{dP}{dr}}{\dfrac{P}{(1+r)}} = -\frac{dP}{dr} \times \frac{(1+r)}{P} \qquad \cdots\cdots (2)$$

여기에서 n : 만기까지의 이자지급횟수

t : 현금흐름 발생기간 (t=1, 2, 3, $\cdots$, n)

CF_t : 채권에서 발생하는 각 기의 현금흐름

r : 채권의 만기수익률

P : 채권의 가격

듀레이션의 정의에서 볼 수 있는 바와 같이 듀레이션은 만기 및 표면이율에 의해 결정되는 현금흐름의 크기, 그리고 만기수익률의 수준 등이 동시에 고려된 개념이라고 할 수 있다.

!) 예시 1

잔존기간이 3년, 표면이율 8%인 연단위 후급 이자지급 이표채의 만기수익률이 10%일 경우 이 채권의 듀레이션은?

$$듀레이션 = \frac{26,392.19}{9502.63} = 2.78(년)$$

t	CF_t	$CF_t/(1+r)^t$	$t \times CF_t/(1+r)^t$
1	800	$727.27 = 800/(1+0.1)^1$	$727.27 = 727.27 \times 1$
2	800	$661.16 = 800/(1+0.1)^2$	$1,322.32 = 661.16 \times 2$
3	10,800	$8114.20 = 10,800/(1+0.1)^3$	$24,342.60 = 8114.20 \times 3$
합계		9,502.63	26,392.19

듀레이션에 영향을 주는 요인들과 듀레이션과의 관계는 다음과 같다.

❶ 만기 일시상환채권의 듀레이션은 이 채권의 잔존기간과 동일하다 : 만기 일시상환채권은 만기 이전에는 현금흐름이 발생하지 않기 때문에 만기 시 발생하는 현금흐름을 S라고 할 때 만기 일시상환채권의 듀레이션은 다음과 같음

$$Duration = \frac{\dfrac{S}{(1+r)^t} \cdot t}{\dfrac{S}{(1+r)^t}} = t$$

여기에서 t는 채권의 잔존기간이기 때문에 만기 일시상환채권의 잔존기간이 곧 듀레이션이 되는 것임

❷ 이표채는 표면이율이 낮을수록 듀레이션이 커진다. 그러나 듀레이션이 커지더라도 채권의 잔존기간보다는 작다 : 이표채는 현금흐름이 각각의 이자지급시점으로 분산되어 있기 때문에 상대적으로 만기 시 발생 현금흐름의 비중이 축소될 수밖에 없음

그러나 표면이율이 작을수록 만기 시의 현금흐름 비중이 높아지게 되며, 따라서 듀레이션도 증가. 그러나 표면이율이 0%가 아닌 이상 현금흐름의 비중이 만기 시에 완전히 몰려 있을 수 없기 때문에 이표채의 듀레이션은 해당 이표채의 잔존기간보다 클 수는 없음. 만기 일시상환채의 듀레이션이 잔존기간과 동일한 것은 현금흐름의 비중이 만기에 100% 몰려 있기 때문임

앞에서 예시된 연단위 이자지급 이표채의 표면이율은 8%이며 이때의 듀레이션은 2.78(년)이었음. 다른 조건은 동일하되 표면이율이 4% 및 12%인 채권의 듀레이션은 다음과 같이 산출

ㄱ. 표면이율 4% 경우 : $\dfrac{\displaystyle\sum_{t=1}^{3}\dfrac{400 \cdot t}{(1+0.1)^t} + \dfrac{10,000 \cdot 3}{(1+0.1)^3}}{\displaystyle\sum_{t=1}^{3}\dfrac{400}{(1+0.1)^t} + \dfrac{10,000}{(1+0.1)^3}} = 2.88$(년)

ㄴ. 표면이율 12% 경우 : $\dfrac{\displaystyle\sum_{t=1}^{3}\dfrac{1,200 \cdot t}{(1+0.1)^t} + \dfrac{10,000 \cdot 3}{(1+0.1)^3}}{\displaystyle\sum_{t=1}^{3}\dfrac{1,200}{(1+0.1)^t} + \dfrac{10,000}{(1+0.1)^3}} = 2.70$(년)

❸ 이표채는 만기수익률이 높을수록 듀레이션은 작아진다 : 동일조건의 이표채라도 낮은 수익률 수준에서 일정 크기의 수익률이 변동할 때에 나타나는 가격 변동성이 높은 수익률 수준에서 동일한 크기의 수익률 변동에 의한 가격 변동성보다 크게 나타남

예시된 바와 같이 2.78(년)이 산출되었던 연단위 이표채의 듀레이션 산출수익률은 10%였음. 이 채권과 다른 조건은 일정하나 수익률이 5%일 경우와 15%일

경우의 듀레이션은 다음과 같이 산출

ㄱ. 수익률 5% 경우 : $\dfrac{\displaystyle\sum_{t=1}^{3}\dfrac{800\cdot t}{(1+0.05)^t}+\dfrac{10,000\cdot 3}{(1+0.05)^3}}{\displaystyle\sum_{t=1}^{3}\dfrac{800}{(1+0.05)^t}+\dfrac{10,000}{(1+0.05)^3}}=2.79^{(년)}$

ㄴ. 수익률 15% 경우 : $\dfrac{\displaystyle\sum_{t=1}^{3}\dfrac{800\cdot t}{(1+0.15)^t}+\dfrac{10,000\cdot 3}{(1+0.15)^3}}{\displaystyle\sum_{t=1}^{3}\dfrac{800}{(1+0.15)^t}+\dfrac{10,000}{(1+0.15)^3}}=2.76^{(년)}$

❹ 일반적으로 잔존기간이 길수록 듀레이션은 커진다 : 예시에서와 같이 잔존기간이 3년인 경우 듀레이션이 2.78년인 연단위 이표채가 다른 조건은 일정하되 잔존기간이 2년인 경우는 듀레이션은 1.92년, 잔존기간이 4년인 경우는 듀레이션이 3.56년이 되어 잔존기간과 듀레이션은 일반적으로 정의 관계를 보임을 알 수 있음

그러나 표면이율이 매우 낮은 반면 수익률이 매우 높은 이표채의 경우에는 이와 같은 관계가 성립하지 않기도 함

이와 같은 특성들은 듀레이션에는 채권 가격 변동요인들이 채권 가격 변화에 미치는 영향에 관한 총체적 정보가 반영되어 있음을 보여주고 있음

(3) 듀레이션과 채권 가격의 관계

(2)에 제시된 듀레이션의 개념은 듀레이션이 채권 가격 및 그 변동성과 어떠한 관계를 지니고 있는가를 보여준다. 먼저 듀레이션이 주어질 때 수익률의 변동에 따른 채권 가격의 변동율은

$$\frac{\Delta P}{P}\text{(채권 가격 변동율)} = -\frac{Duration}{(1+r)}\times \Delta r$$

Δr : 시장 만기수익률의 변동폭

이다. 이 관계에서 우항의 $\dfrac{Duration}{(1+r)}$ 은 수정 듀레이션으로 표현된다.

$$\text{수정 듀레이션(Modified Duration)} = D_M = \frac{Duration}{(1+r)}$$

따라서 수익률 변동에 의한 채권 가격 변동폭과 변동률은

$$\Delta P(\text{채권 가격 변동폭}) = -D_M \times \Delta r \times P$$

$$\frac{\Delta P}{P}(\text{채권 가격 변동률}) = -D_M \times \Delta r$$

로 표현된다.

이 식들은 수정 듀레이션(DM)을 알면 수익률 변화에 대한 채권 가격 변동성을 용이하게 알 수 있음을 보여준다. 예컨대 수정 듀레이션이 2.53이라면 수익률이 1%포인트 변할 때의 채권 가격 변동률이 $0.0253(=2.53 \times 0.01)$이기 때문에 백분율로 계산된 채권 가격 변동률은 $2.53\%(0.0253 \times 100)$가 된다. 따라서

$$\frac{\Delta P}{P} = -D_M \times (0.01) = -D_M(\%)$$

로 나타낼 수 있다. 이는 수정 듀레이션이 수익률 1%포인트(100 basis points)가 변화할 때의 백분율로 표현된 가격 변동률의 추정치임을 나타내는 것이다.

결과적으로 채권 가격 변동요인들이 채권 가격 변화에 미치는 영향에 관한 총체적 정보를 반영하고 있는 듀레이션의 크기는 채권의 가격 변동률 및 가격 변동폭과 정의 관계를 가지고 있음을 볼 수 있다.

! 예시 2

잔존기간이 3년, 표면이율 8%인 연단위 후급 이표채의 만기수익률이 10%일 경우 이 채권의 가격은 9,502.63원이며 듀레이션은 2.78년이다. 이 채권의 만기수익률이 8%로 하락 시 듀레이션을 이용하여 추정된 채권 가격의 변동률 및 채권 가격 변동폭은?

- 채권 가격 변동률 : $\frac{\Delta P}{P} = -\frac{2.78}{(1+0.10)} \times (-0.02) = 0.0505$, 즉 5.05%
- $D_M = \frac{2.78}{(1+0.10)} = 2.528$이므로

  채권 가격 상승폭 : $\Delta P = -2.528 \times (-0.02) \times 9,502.63 = 480.45(원)$
- 수익률 8% 시 채권 가격 : $9,983.08(원) = 9502.63(원) + 480.45(원)$

(4) 듀레이션의 한계와 볼록성

수익률 변동에 의한 채권 가격 변동을 추정하는 데 사용되는 듀레이션은 채권 가격 결정요인들에 대한 포괄적 정보를 포함하는 유용한 개념이다. 그러나 듀레이션을 이용하여 추정된 채권 가격의 변동은 수익률 변동폭이 작은 경우에는 실제 가격 변동과 큰

차이가 없으나, 수익률 변동폭이 커질수록 실제 가격 변동치와 비교해 오차가 증가하는 경향이 있다.

이와 같은 결과가 나오는 것은 일반적으로 실제 채권 가격과 만기수익률은 원점에 대하여 볼록한 곡선모양의 관계를 갖는 데 비해, 듀레이션을 이용하여 추정된 채권 가격과 만기수익률의 관계는 듀레이션 산출의 기준이 되는 만기수익률을 접점으로 선형 관계를 보이기 때문이다.

앞의 〈예시 2〉에서 제시된 채권의 경우, 만기수익률이 10%에서 9%로 1% 하락하면 채권의 실제 가격은 9,502.63원에서 9,746.87원이 되어 실제 가격 상승폭은 244.24원이 된다. 그러나 듀레이션을 이용한 추정 채권 가격은 9,742.79원이고 추정된 가격 상승폭은 240.15원으로써 실제 가격 상승폭보다 약 4원이 과소평가되는 오차가 발생한다.

또한 만기수익률이 10%에서 8%로 2% 하락하면 채권 가격은 10,000원이 되고, 채권 가격의 실제 상승폭은 497.37원이 된다. 그러나 듀레이션을 이용하여 추정된 채권 가격 상승폭은 480.45원으로 약 17원이 실제 채권 가격 상승폭보다 과소평가되는 오차가 발생한다.

결과적으로 듀레이션을 이용하여 추정된 채권 가격 변동폭은 만기수익률이 하락하는 경우에는 실제 채권 가격 상승폭보다 과소평가되는 반면, 만기수익률이 상승하는 경우에는 실제 채권 가격 하락폭보다 과대평가되며, 이러한 경향은 수익률 변동폭이 확대될수록 증가한다. 따라서 듀레이션에 의한 가격 변동 산출에서 발생하는 추정오차

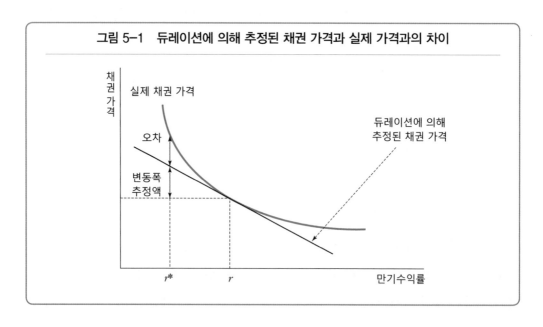

그림 5-1　듀레이션에 의해 추정된 채권 가격과 실제 가격과의 차이

를 감소시킬 필요성이 야기되며, 이는 볼록성(Convexity)의 개념을 통해 이루어진다.

2 볼록성

(1) 볼록성의 정의와 특징

채권 가격 변동에 대한 추정오차는 궁극적으로 실제 채권 가격과 만기수익률의 관계가 원점에 대해 볼록한 비선형적 관계를 갖기 때문이다. 이러한 볼록한 비선형성의 크기는 각 채권마다 다르기 때문에 이를 측정할 필요가 있으며, 다음과 같이 정의되는 볼록성(Convexity)에 의해 측정된다.

$$볼록성(Convexity) = \frac{\frac{d^2P}{dr^2}}{P}$$

$$여기에서 \quad \frac{d^2P}{dr^2} = \sum_{t=1}^{n} \frac{t(t+1)CF_t}{(1+r)^{t+2}}$$

볼록성은 만기수익률에 대한 채권 가격 함수의 2차 도함수를 채권 가격으로 나누어준 것이다. 이는 듀레이션이 (채권 가격-수익률 곡선의 기울기)를 나타내는 데 비해, 볼록성이란 (채권 가격-수익률 곡선 기울기의 변화)를 나타냄을 의미한다.

이와 같은 볼록성은 채권 가격의 결정요인들과 다음과 같은 관계를 가진다.

❶ (만기수익률과 잔존기간이 일정할 경우) 표면이율이 낮아질수록 볼록성은 커짐
❷ (만기수익률과 표면이율이 일정할 경우) 잔존기간이 길어질수록 볼록성은 커짐
❸ (표면이율과 잔존기간이 일정할 경우) 만기수익률의 수준이 낮을수록 볼록성은 커짐

> **예시 3**

잔존기간이 3년, 표면이율 8%인 연단위 후급 이자지급 이표채의 만기수익률이 10%일 때 가격은 9,502.63원이다. 이 채권의 볼록성은?

t	CF_t	$t(t+1)CF_t$	$t(t+1) \times CF_t/(1+r)^{t+2}$
1	800	$1,600 = 1 \times 2 \times 800$	$1202.10 = 1600/(1+0.1)(1+2)$
2	800	$4,800 = 2 \times 3 \times 800$	$3278.46 = 4800/(1+0.1)(2+2)$
3	10,800	$129,600 = 3 \times 4 \times 10,800$	$80,471.40 = 129,600/(1+0.1)(3+2)$
합계			84,951.96

$$볼록성(Convexity) = \frac{84,951.96}{9,502.63} = 8.94$$

(2) 볼록성에 기인한 채권 가격 변동

볼록성 효과로 인한 채권 가격의 변동폭은 다음과 같이 산출된다.

$$\Delta P = \frac{1}{2} \times P \times Convexity \times (\Delta r)^2$$

따라서 볼록성에 기인한 채권 가격 변동률은 다음과 같다.

$$\frac{\Delta P}{P} = \frac{1}{2} \times Convexity \times (\Delta r)^2$$

앞의 〈예시 3〉에서 산출된 볼록성(8.94)을 지닌 채권의 만기수익률이 10%에서 9%로 1%포인트 하락할 때 볼록성에 기인한 가격 변동폭과 가격 변동률은 다음과 같이 산출된다.

$$\Delta P = \frac{1}{2} \times 9,502.63(원) \times 8.94 \times (0.01)^2 \approx 4(원)$$

$$\frac{\Delta P}{P} = \frac{1}{2} \times 8.94 \times (0.01)^2 = 0.000447 \text{ 따라서 약 } 0.045\%$$

따라서 앞의 듀레이션에 관련된 〈예시 2〉에서 제시된 채권의 만기수익률이 1%(10% → 9%) 하락할 때 발생하는 실제 전체 채권 가격 변동폭 244원 중 240원은 듀레이션의 개념을 통해 설명되고, 과소평가되었던 나머지 부분 4원은 볼록성의 개념을 통해 설명됨을 알 수 있다.

결과적으로 볼 때 전체 채권 가격 변동폭과 변동률은 듀레이션과 볼록성의 개념을 동시에 감안하여 다음과 같이 추정함으로써 실제치에 가까운 근사치를 얻을 수 있음을 알 수 있다.

$$\Delta P(\text{채권 가격 변동폭}) \approx [-D_M \times \Delta r \times P] + \left[\frac{1}{2} \times P \times Convexity \times (\Delta r)^2\right]$$

$$\frac{\Delta P}{P}(\text{채권 가격 변동률}) \approx [-D_M \times \Delta r] + \left[\frac{1}{2} \times Convexity \times (\Delta r)^2\right]$$

section 02 채권의 투자 수익성 측정

채권투자의 목적은 수익을 얻고자 하는 것이라고 할 수 있다. 채권에서 얻어지는 수익은 채권의 종류에 따라 다양한 구성요인에 의하여 결정된다. 이 요인들로는 가격 손익, 표면이자수익 그리고 재투자수익을 들 수 있다.

채권의 투자수익은 투자기간이 고려된 수익률의 개념으로 측정됨으로써 여러 투자 대안들 간의 비교를 가능하게 해준다. 그런데 이러한 채권의 투자수익률은 그 이용목적과 산출방법의 차이에 따라 여러 방식으로 나눌 수 있다.

1 채권의 수익 구성요인

(1) 가격 손익

투자채권에 대한 매도(만기)금액과 매입(인수)금액과의 차이를 의미한다.

> 가격 손익=채권 매도(만기)금액－채권 매수(인수)금액

가격 손익은 매입한 시점의 만기수익률보다 매도한 시점의 만기수익률이 높을 경우 음의 값을 가지기도 한다. 특히 할인채, 단리채 그리고 복리채와 같이 발행 이후 현금흐름이 만기 시 한 번만 발생하는 채권들의 경우는 가격 손익만으로 투자수익이 결정된다.

(2) 표면이자수익

발행 후 만기 시까지 복수의 현금흐름이 발생하는 이표채 등에 투자하는 경우 채권

취득 후 매도(만기)기간 사이, 즉 투자기간 동안 표면이율에 의해 일정기간마다 발생되는 이자도 투자의 수익요인이다.

(3) 재투자수익

투자기간 동안 발생된 표면이자수익을 또다시 투자함으로써 발생되는 수익이다. 재투자수익은 표면이자수익과 합해져 채권의 매도(만기)금액과 함께 투자채권의 최종 총수입을 결정짓는다.

```
┌─ 만기 일시상환채권(복리채, 단리채, 할인채)
│      : 가격 손익 = 매도(만기)금액 - 매입(인수)금액
│
│         ┌─ 가격 손익 = 매도(만기)금액 - 매입(인수)금액
└─ 이표채 ─┼─ 표면이자수익
          └─ 재투자이자
```

! 예시 4

▶ 만기 일시상환채권의 투자수익

다음 표는 만기상환금액 12,762원인 만기 시 원리금 일시상환채권을 만기수익률 10%, 15% 그리고 20%일 경우 잔존기간별 가격을 산출한 것이다.

잔존 기간(년)	수익률 10%(A)	수익률 15%(B)	수익률 20%(C)
5	7,924	6,344	5,128
4	8,716	7,296	6,154
3	9,588	8,391	7,385
2	10,547	9,649	8,862
1	11,601	11,097	10,635
0	12,762	12,762	12,762

① 잔존기간이 4년 남은 채권을 수익률 15%에 매입하여 2년 경과(잔존기간 2년) 후 수익률 10%에 매도하면 투자의 최종 총수입은 10,547원이므로,

　　투자수익 : 3,251(원) = 10,547(원) − 7,296(원)이다.

② 잔존기간이 5년 남은 채권을 수익률 10%에 매입하여 2년 경과(잔존기간 3년) 후 수익률

20%에 매도하면 투자의 최종 총수입은 7,385원이므로,

투자수익 : $-539(원) = 7,385(원) - 7,924(원)$이다.

예시 5

▶ 이표채의 투자수익

잔존기간이 3년 남은 표면이율 8%인 연단위 이표채를 만기수익률 10%, 단가 9,502원에 매입하여 만기상환을 받는다면 이때 투자수익은?

① 가격 손익 : $498(원) = 10,000(원) - 9,502(원)$

② 표면이자수익 : $2,400(원) = 800 \times 3$

③ 재투자수익(재투자수익률 10% 가정) :

$$248(원) = 800 \times (1+0.1)^2 + 800 \times (1+0.1) + 800 - 2,400$$

따라서 총투자수익 : $3,146(원) = 498(원) + 2,400(원) + 248(원)$이고

또한 투자의 최종 총수입 :

$$12,648(원) = 9,502(투자원금) + 3,146원(총투자수익)$$이다.

---

2 투자수익률의 종류

(1) 실효수익률

실효수익률(r_e)이란 전체 투자기간(n년) 동안 모든 투자수익요인들에 의해 발생된 최종 총수입(ending-wealth value)의 투자원금(principal : P)대비 수익성을 일정기간단위 복리 방식으로 측정한 투자수익률이다. 일반적으로 채권투자에서 발생된 최종 총수입에 의한 채권의 최종 가치(FV)에 대한 수익성은 연단위를 기준으로 측정되므로 실효수익률은

$$r_e = \sqrt[n]{\frac{FV}{P}} - 1$$

로 정의된다. 따라서 앞에서 제시된 〈예시 4〉의

①의 실효수익률 : $r_e = \sqrt[2]{\dfrac{10,547}{7,296}} - 1 = 0.2023$, 즉 20.23%

②의 실효수익률 : $r_e = \sqrt[2]{\dfrac{7,385}{7,924}} - 1 = -0.0346$, 즉 -3.46%

〈예시 5〉의 실효수익률 : $r_e = \sqrt[3]{\dfrac{12,648}{9,502}} - 1 = 0.10$, 즉 10.00%

(2) 만기수익률

만기수익률은 '채권의 만기까지 단위기간별 원리금액에 의한 현금흐름의 현재가치 합을 채권의 가격과 일치시키는 할인율'로 정의된다. 만기수익률은 채권시장에서 거래 호가 및 가격 계산을 위해 사용되는 가장 일반적인 개념이기는 하나, 만기수익률에 의해 투자된 채권의 투자수익률이 만기수익률과 동일하다는 것을 의미하는 것은 아니다. 만기수익률이 실현되기 위해서는 다음과 같은 두 가지 조건을 충족해야 한다.

첫째, 투자채권을 만기까지 보유하여야 한다.

둘째, 표면이자 등 만기 전까지 발생되는 현금흐름을 최초 투자 시의 만기수익률로 재투자하여야 한다.

만기 일시상환채권의 경우는 채권투자 후 만기까지 보유하면 실효수익률이 만기수익률과 일치한다. 또한 〈예시 5〉처럼 이표채의 경우도 재투자수익률이 최초 만기수익률과 같고 만기 시까지 채권을 보유할 경우에는 실효수익률이 만기수익률과 같아진다. 즉,

$$\frac{800}{(1+0.1)^1} + \frac{800}{(1+0.1)^2} + \frac{10,800}{(1+0.1)^3} = 9,502$$

의 양변에 $(1+0.1)^3$을 곱하면

$$800 \times (1+0.1) + 800 \times (1+0.1)^1 + 10,800 = 9,502 \times (1+0.1)^3$$

이 된다. 이는 각 기의 현금흐름을 만기수익률로 만기까지 재투자한 실효수익률이 곧 만기수익률과 일치함을 보여준다.

그러나 만기 일시상환채권이라도 만기 전에 매도하거나, 이표채의 경우 만기까지 보유하더라도 재투자수익률이 만기수익률과 다를 경우에는 만기수익률과 실효수익률은 차이가 난다. 이표채의 경우 수익률 간의 관계는 다음과 같이 나타난다.

❶ 재투자수익률 > 만기수익률이면
　　만기수익률 < 실효수익률 < 재투자수익률
❷ 재투자수익률 < 만기수익률이면
　　만기수익률 > 실효수익률 > 재투자수익률

❸ 재투자수익률＝만기수익률이면

　　만기수익률＝실효수익률＝재투자수익률

(3) 연평균수익률

연평균수익률(r_s)이란 전체 투자기간(n년) 동안 발생된 총수입(ending-wealth value)인 채권의 최종 가치(FV)를 투자원금(principal : P)인 채권의 현재 가격으로 나눈 후 이를 투자연수로 나눈 단리수익률을 의미한다.

$$r_s = \frac{1}{n}\left(\frac{FV}{P} - 1\right)$$

연평균수익률은 단순하고 쉽게 이해될 수 있는 개념이어서 널리 사용되고 있다. 그러나 연평균수익률은 연단위기간 이상의 투자 시에는 연단위 복리개념에 근거한 투자수익률에 비해 투자수익성을 과대계상하는 문제점을 지니고 있다. 이는 복리의 개념에 근거한 실효수익률(r_e)과 단리의 개념에 근거한 연평균수익률의 관계에서 비롯된다. 즉,

$$r_s = \frac{[(1 + r_e)^n - 1]}{n}$$

에서 볼 수 있듯이 r_e가 일정하더라도 $n(>1)$이 커지면 분모는 산술급수적으로 증가하는 데 비해 분자는 기하급수적으로 커지는 경향이 있기 때문이다. 따라서 앞에서 제시된 예시에서 연평균수익률을 산출하면

〈예시 4〉의 ① : $r_s = \frac{1}{2}\left(\frac{10,547}{7,296} - 1\right) = 0.2228$, 즉 22.28%

〈예시 5〉 : $r_s = \frac{1}{3}\left(\frac{12,648}{9,502} - 1\right) = 0.1104$, 즉 11.04%

따라서 실효수익률(r_e)에 비해 연평균수익률이 높게 나타남을 볼 수 있다.

(4) 세전 수익률과 세후 수익률

세전 수익률이란 채권에서 발생하는 소득에 대한 세금을 고려치 않은 상태에서 채권에서 발생하는 최종 총수입과 투자원금 간의 비율을 수익률로 표시한 것인 데 반해, 세후 수익률이란 채권에서 발생하는 소득에서 세율에 따른 세금을 공제한 최종 총수입과 투자원금 간의 비율을 수익률로 표시한 것이다.

채권에서 발생하는 소득 역시 다른 금융상품의 소득과 마찬가지로 과세의 대상이 된다. 채권에서 발생한 소득에 대한 세금은 채권투자수익에 직접적으로 영향을 미칠 뿐만 아니라 다른 금융상품에 대한 과세방법과 차이가 있다.

채권투자수익에 대한 세금은 2005년 7월 이전에는 세후단가 매매방식에 의해 과세하였으나 2005년 7월부터는 보유기간에 대한 원천징수를 통하여 과세한다.

일반적으로 금융기관들은 보유채권에 대한 소득을 자체 징수하지만 일반법인이나 개인들은 계좌가 소속된 증권회사가 원천징수한다.

❶ 대상소득 : 채권에서 발생하는 과세대상 소득은 표면이자와 할인액에 한정되고 이는 채권 발행조건상의 표면이율과 할인율에 따라 결정

　따라서 발행수익률과 다른 만기수익률에 의해 유통시장에서 이루어진 매매로 발생된 자본손익은 과세대상 소득에 포함되지 않음

　이와 같은 자본손익으로는 매매손익(채권을 만기 전에 매각함으로써 발생하는 손익)과 상환손익(채권을 만기상환 받을 때 발생하는 손익)이 있음

❷ 원천징수방법 : 매입 후부터 이자락 혹은 매도 시까지의 보유기간 이자상당액(이자와 할인액)을 과표로 삼아 채권의 이자발생 시점 혹은 매도 시에 세금을 원천징수

chapter 06

채권의 투자환경
(수익률의 기간구조와 위험구조)

1   수익률 곡선의 의의

동일한 발행주체에 의해 발행된 채권의 잔존기간과 수익률과의 관계를 나타내는 개념을 수익률의 기간구조(term structure of interest rate)라고 한다. 그리고 이를 그래프로 나타낸 것을 수익률 곡선(yield curve)이라고 한다.

많은 경우 수익률 곡선은 대표적인 채권(예컨대 국고채)의 잔존기간과 이 잔존기간을 지닌 채권의 수익률과의 궤적으로 표현된다. 이러한 수익률 곡선을 만기수익률 곡선 (YTM curve 혹은 Par yield curve)이라고 부른다(Par yield curve는 채권단가를 액면금액과 동일하게 하는 YTM curve이다). 그러나 이런 채권들은 이표채인 경우가 많으며 이 경우 만기기간이 서로 다르게 발행된 채권들은 잔존기간이 동일하더라도 표면이율이 달라 현금흐름이 다를 수도 있다.

따라서 현금흐름에서 나타나는 차이(이표효과)를 배제시켜 잔존기간과 수익률 간의 관계를 나타낼 필요가 있는데 이와 같은 것을 현물수익률 곡선(spot rate curve)이라고 부른다. 이자율의 기간구조란 만기수익률, 현물수익률 그리고 추후에 설명될 선도수익률과 잔존기간과의 관계를 표현하는 포괄적 개념으로 생각할 수 있다.

시장을 통해서 얻을 수 있는 수익률 곡선은 전체적인 수익률의 기간구조를 추정 가능하게 하여 줌으로써, 채권의 장·단기 수익률을 상대적으로 비교 가능케 해주고 미래 단기수익률의 기대에 대한 정보를 제공해 주기도 한다.

따라서 수익률 곡선은 현시점에서 투자할 채권을 선택하는 데 있어서 뿐만 아니라, 투자된 채권의 향후 운용전략을 결정하는 데 중요한 기준이 되고 있다.

2 수익률 곡선의 종류

우리나라 채권시장, 특히 채권거래의 주류를 이루고 있는 장외시장에서는 채권에 대한 매매호가를 수익률로 하기 때문에 채권의 잔존기간별 호가 및 매매 수익률이 발표되고 있으며, 이 중 채무불이행 가능성이 가장 낮은 국채의 잔존기간과 수익률 간의 관계는 그 밖의 채권들의 수익률 산정에 기준을 제공한다.

이 경우에 사용되는 호가는 만기수익률이며, 이와 같은 만기수익률과 잔존기간과의 관계를 그래프로 나타낸 것을 만기수익률 곡선 혹은 수익률 곡선이라 부른다.

채권시장에서 차지하는 비중이 높은 증권회사들에 의해 작성되어 금융투자협회를 통해 발표되는 대표적 채권들의 '시가평가기준수익률(Matrix Pricing Table)'은 수익률 곡선의 한 예이다.

그런데 국채 중에서 발행비중이 가장 높은 국고채는 대부분이 이표채로 발행되고 있으며, 일반적으로 이들 간의 표면이율은 동일하지 않다. 뿐만 아니라 다른 종류의 국채인 제1종 국민주택채권은 만기 원리금 일시지급 형태로 발행되고 있다. 이는 국채들이 동일한 잔존기간을 가지고 있더라도 만기까지 동일한 현금흐름을 가지고 있다고 볼 수 없음을 의미한다.

국채와 같이 동일 주체에 의해 발행되어 채무불이행 위험의 수준이 동일한 채권들이더라도 채권들 간에 현금흐름의 차이가 있으면 일정기간 동안의 투자수익률을 동일한 기준으로 측정, 비교하는 것이 어려워진다.

이와 같은 문제를 해결하기 위해서는 시장에 존재하는 채권들 중에서 동일한 복수의 현금흐름을 지닌 채권들만을 분류하여 이들 채권들로만 잔존기간과 수익률 간의 관계를 비교할 수 있겠으나, 이와 같은 조건을 가진 충분한 숫자의 채권들을 시장에서 발견하기란 현실적으로 거의 불가능하다.

이에 비해 만기에 현금흐름이 한 번만 발생하는 만기 일시상환채권들 간의 잔존기간과 수익률 간의 관계를 도출하는 것은 상대적으로 용이하다.

이처럼 만기 일시상환채권들의 잔존기간과 수익률 간의 특정 시점에 있어서의 관계를 그림으로 나타낸 것이 현물 수익률 곡선(spot rate curve)이다. 따라서 이표채와는 달리 만기 일시상환채권의 경우는 현물 수익률 곡선과 만기수익률 곡선이 동일하다.

3 수익률 곡선의 유형

(1) 상승형

단기채권의 수익률보다 장기채권의 수익률이 높은 형태로, 일반적으로 금리가 낮은 수준의 안정된 금융시장에서 나타나는 수익률 곡선의 유형이다.

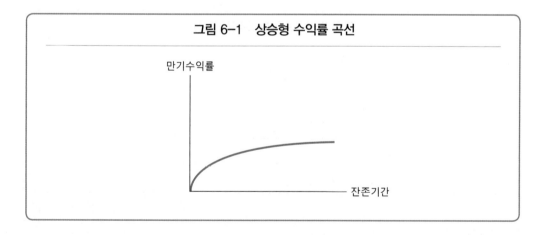

그림 6-1 상승형 수익률 곡선

(2) 하강형

단기채권의 수익률이 장기채권의 수익률보다 더 높은 형태로, 전반적으로 고금리상태에 있는 금융시장에서 나타나는 경향이 있다.

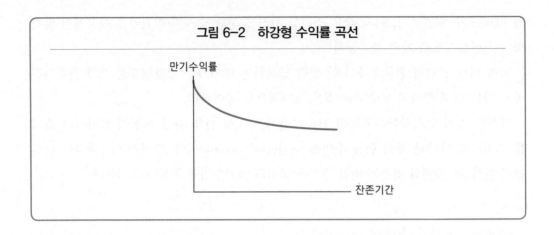

그림 6-2 　하강형 수익률 곡선

만기수익률

잔존기간

(3) 수평형

단기채권의 수익률과 장기채권의 수익률의 차이가 없는 형태로 향후의 수익률 수준
이 현재 수준과 다르지 않을 것으로 기대되거나, 하강형에서 상승형 또는 상승형에서
하강형으로 변화될 때 일시적으로 나타나는 경향이 있다.

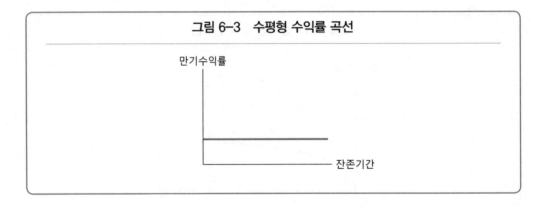

그림 6-3 　수평형 수익률 곡선

만기수익률

잔존기간

(4) 낙타형

중기채의 수익률이 단기채나 장기채의 수익률보다 높게 나타나는 형태로 자금사정
의 일시적인 악화로 단기적으로는 금리가 높아지지만 장기적으로는 금리가 안정된다
고 기대되는 상황에서 나타나는 경향이 있다.

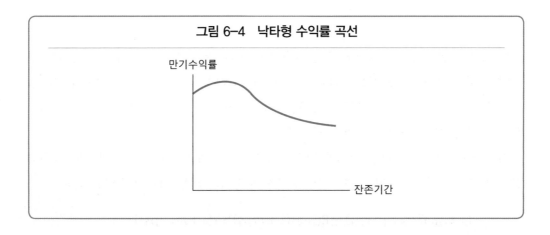

그림 6-4 낙타형 수익률 곡선

만기수익률

잔존기간

수익률 곡선의 구조를 이해하기 위해서는 먼저 선도이자율(수익률)의 개념을 이해할
필요가 있다. 선도이자율이란 미래 일정 시점에서의 단위기간 동안의 이자율을 의미한
다. 예컨대 앞으로 1년 후의 시점에서 향후 1년간의 이자율이 선도이자율이며, $_1f_1$이라
고 표시할 수 있다. 따라서 n년 후의 1년 동안의 이자율은 $_nf_1$으로 표시된다. 이와 같은
선도이자율은 미래의 이자율이기 때문에 현재 시점에서는 명시적으로 알 수가 없다.
그러나 현물 수익률 곡선을 통해 미래 각 시점에 대한 현물이자율을 알 수 있다면 선도
이자율을 도출해 낼 수가 있다.

예컨대 현시점에서 만기가 1년인 이자율을 $_0R_1$, 만기가 2년인 이자율을 $_0R_2$라고 하
자. 이때 선도이자율인 $_1f_1$은 $_0R_1$과 $_0R_2$의 관계에서 다음과 같이 도출된다.

$$(1 + {_1f_1}) = \frac{(1 + {_0R_2})^2}{(1 + {_0R_1})^1}$$

따라서 현시점에서 n년 후 시점의 1년 동안의 선도이자율은

$$(1 + {_nf_1}) = \frac{(1 + {_0R_{n+1}})^{n+1}}{(1 + {_0R_n})^n}$$

으로 표시될 수 있다. 이와 같은 선도이자율을 현물 수익률 곡선의 관계에서 도출되었
기 때문에 내재 선도이자율(implied forward rate)이라고도 한다.

(1) 불편기대가설

이 가설은 현재의 수익률 곡선에는 미래의 단기수익률들에 대한 기대가 반영되어 있으며, 이는 각기의 내재 선도수익률이 미래 각 시점의 단기수익률들의 기대값이라는 것이다. 즉, 현재로부터 t시점의 1기간 동안의 임의의 단기 현물 수익률(random spot rate)을 $_t r_1$라고 할 때 $_t f_1 = E(_t r_1)$이라는 것이다.

따라서 이 이론에 의하면 장기채권의 수익률은 미래의 단기채권들에 예상되는 수익률들의 기하평균과 같아진다. 즉, 향후 n년 후에 만기가 되는 채권의 수익률($_0 R_n$)은

$$(1 + _0 R_n)^n = (1 + _0 R_1)(1 + E(_1 r_1))(1 + E(_2 r_1)) \cdots (1 + E(_{n-1} r_1))$$

로 나타낼 수 있으며, 따라서

$$_0 R_n = \sqrt[n]{(1 + _0 R_1)(1 + E(_1 r_1))(1 + E(_2 r_1)) \cdots (1 + E(_{n-1} r_1))} - 1$$

이 된다.

이 불편기대가설은 다양한 형태의 수익률 곡선을 설명 가능하게 해준다. 만약 현재의 1년 만기 현물 수익률이 6%인데 2년, 3년 및 4년 만기 현물 수익률이 7%, 8% 그리고 9%를 나타내는 우상향하는 형태의 수익률 곡선이 있다면

$$_0 R_2 = 0.07 = \sqrt[2]{(1 + 0.06)(1 + E(_1 r_1))} - 1$$

$$_0 R_3 = 0.08 = \sqrt[3]{(1 + 0.06)(1 + E(_1 r_1))(1 + E(_2 r_1))} - 1$$

$$_0 R_4 = 0.09 = \sqrt[4]{(1 + 0.06)(1 + E(_1 r_1))(1 + E(_2 r_1))(1 + E(_3 r_1))} - 1$$

의 관계가 성립함을 의미하므로, 위 식을 풀면

$$_1 f_1 = E(_1 r_1) = 0.08$$
$$_2 f_1 = E(_2 r_1) = 0.10$$
$$_3 f_1 = E(_3 r_1) = 0.12$$

가 된다. 이는 언급된 수익률 곡선의 형태가 나타나는 것은 시장의 참여자들이 1년 후, 2년 후 및 3년 후의 각 1년간의 단기이자율을 각각 8%, 10% 및 12%로 기대하고 있다는 의미로 해석할 수 있다.

결과적으로 불편기대가설은 시장참여자들의 미래의 단기이자율에 대한 기대를 안다면 수익률 곡선의 형태를 알 수 있음을 의미한다. 앞의 예에서 나타난 것처럼 매년의

단기수익률이 8%, 10%, 12%로 상승하리라 기대한다면 $_0R_1$, $_0R_2$, $_0R_3$, $_0R_4$로 나타나는 수익률 곡선은 상승형을 띠게 되는 것이다.

이에 비해 만약 시장참여자들이 단기수익률이 현재 12%에서 12%, 10%, 8% 그리고 6%로 하락하리라 예상한다면 수익률 곡선은 하강형을 보이게 된다. 한편, 미래의 단기수익률들이 현재의 단기수익률과 변화를 보이지 않을 것으로 기대한다면 수익률 곡선은 현재 1년 만기채권의 수익률($_0R_1$)과 수평으로 나타날 것이다. 또한 현재 12%인 1년 단기수익률($_0R_1$)이 14%로 상승했다가 다시 10%, 8% 그리고 6%로 하락하리라 예상된다면 수익률 곡선은 낙타형을 띠게 된다.

이처럼 불편기대가설은 다양한 형태의 수익률 곡선을 설명할 수 있는 장점을 지니고 있으나, 한편으로는 선도수익률에는 시장참여자들의 미래의 단기이자율에 대한 기대만이 반영되어 있다는 제한된 가정에 의존하는 한계를 지니고 있다.

또한 이러한 가정은 궁극적으로 위험중립형의 시장참여자들을 전제로 함을 의미하는데, 이와 같은 가정과 전제는 미래의 단기수익률들의 실현치와 이들에 대한 기대값과의 오차를 설명하기 힘든 한계를 지니게 된다.

(2) 유동성선호가설

불편기대가설에 따르면 선도수익률에는 미래의 수익률에 대한 시장참여자들의 기대가 반영되어 있다. 그런데 장기채에 투자하기 위해서는 유동성을 포기해야 하므로 이에 대한 보상을 제공받고자 한다. 또한 채권의 만기가 길어질수록 유동성을 포기해야 하는 기간도 길어지므로 이에 대한 프리미엄도 증가되어야 한다.

따라서 Hicks(1939)는 시장에 나타난 수익률 곡선에는 시장참여자들의 수익률에 대한 기대뿐만 아니라 유동성 상실에 대한 보상도 반영되어 있다는 유동성선호이론을 제시하였다. 이는 t기의 유동성 프리미엄을 $_tL_1$이라고 할 때

$$_tf_1 = E(_tr_1) + _tL_1, \text{ 단 } _tL_1 > 0$$

임을 의미한다. 따라서 현재 시점으로부터 n기의 수익률은

$$_0R_n = \sqrt[n]{(1 + _0R_1)(1 + E(_1r_1) + _1L_1)(1 + E(_2r_1) + _2L_1) \cdots (1 + E(_{n-1}r_1) + _{n-1}L_1)} - 1$$

이고 수익률 곡선은 각 시점의 수익률들의 궤적을 연결한 것으로 볼 수 있다. 따라서 수익률 곡선은 미래의 현물 수익률에 대한 불편기대부분과 유동성 프리미엄이 동시에

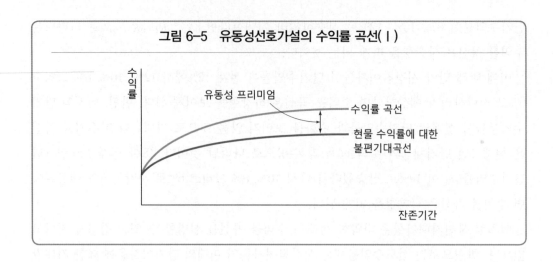

그림 6-5 유동성선호가설의 수익률 곡선(Ⅰ)

반영되어 나타난 결과라고 할 수 있기 때문에 이 이론에 근거한 수익률 곡선의 형태는
〈그림 6-5〉와 같이 나타낼 수 있다.

그런데 불편기대가설의 한계를 보완한 것으로 볼 수 있는 유동성선호가설에 따르
면 선도수익률에는 유동성 프리미엄이 포함되어 있기 때문에 내재 선도수익률을 단순
히 미래 단기수익률에 대한 불편기대치로 볼 수는 없게 된다. 예컨대 수익률 곡선이 우
상향하는 형태로 나타나더라도 시장참여자들이 단기 수익률이 향후에 상승한다고 기
대한다고는 단언할 수 없다는 것이다. 설령 시장참여자들이 미래에 단기 수익률이 하
락하리라 기대하더라도 만기기간에 비례하여 증가하는 유동성 프리미엄이 반영된다면
수익률 곡선이 우상향하는 상태로 나타날 수도 있기 때문이다.

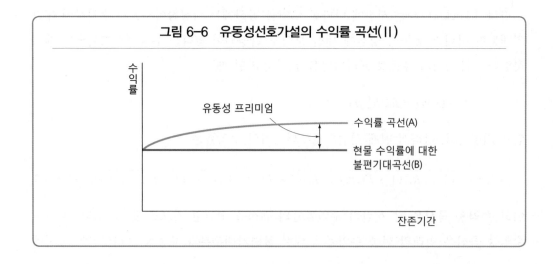

그림 6-6 유동성선호가설의 수익률 곡선(Ⅱ)

〈그림 6-6〉에서 볼 수 있듯이 비록 수익률 곡선(A) 자체는 우상향하는 형태를 보이고 있더라도 유동성 프리미엄이 배제되어 미래의 단기 수익률에 대한 불편기대만으로 형성된 곡선(B)부분은 우하향하는 형태를 나타낼 수도 있다.

(3) 시장분할가설

법적, 제도적 요인 등에 의한 구조적 경직성이 존재함으로써 채권시장이 몇 개의 하위시장으로 분할되어 채권수익률과 잔존기간 간에 어떤 체계적 관계가 존재하지 않는다는 가설이 시장분할이론(market segmentation theory)이다. 이런 현상은 채권시장이 기관투자자들 중심으로 구성되어 있는 경우에 강하게 나타난다.

기관투자자들의 경우 영업의 성격, 운용대상 자산에 대한 법적 제약, 그리고 자산과 부채구조 등의 요인에 따라 그들이 선호하는 만기의 채권이 결정되어 있다. 이 경우 특정 만기채권의 수익률은 이들 만기를 선호하는 투자자들 간의 수급에 의하여 결정되며, 그 밖의 만기의 채권들에 대해서는 비록 비정상수익이 주어진다고 하더라도 투자에 참여하지 않는다는 것이다. 예컨대 비교적 단기예금을 재원으로 자산운용을 해야 하는 은행들은 그 운용기간이 단기화되어야 되기 때문에 그들이 거래하고자 하는 채권의 종류는 단기채에 국한될 수밖에 없다.

이에 비해 연기금이나 장기 저축성 보험상품을 다루는 보험회사들의 재원은 장기간에 유입되는 보험료들이고, 보험금의 지급도 비교적 먼 미래에 이루어질 것이다. 이 경우 이들이 참여하는 채권시장은 장기채시장일 수밖에 없는 것이다. 이처럼 시장분할

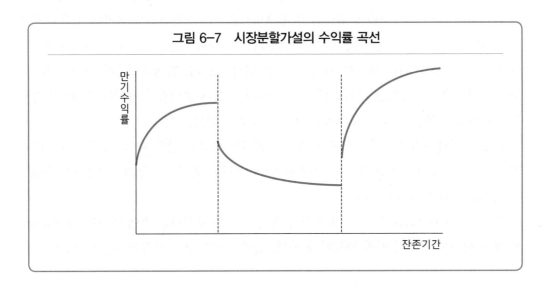

그림 6-7 시장분할가설의 수익률 곡선

가설하에서는 단기채, 중기채, 장기채시장 등이 별도로 형성되고 채권의 수익률은 각 하위시장 내에서 수요와 공급에 의하여 결정되는 것이다.

(4) 선호영역가설

시장분할가설은 특정한 만기의 채권별로 이를 선호하는 투자자 집단들이 존재하고 이들 투자자 집단은 선호하는 만기 이외의 채권에는 투자하지 않는다고 본다.

그러나 현실적으로는 투자자들이 비록 특정 만기의 채권을 선호한다고 하더라도 다른 만기채권의 수익률이 충분히 높다면 이들 채권에 투자하기도 한다. 이처럼 투자자들 특히 기관투자자들은 특정한 만기를 지닌 채권을 선호하나, 충분한 대가가 주어진다면 그 외 만기의 채권에도 투자한다는 것이 Modigliani와 Sutch(1966)에 의해 제시된 선호영역가설(preferred habitat theory)이다.

---

5 수익률의 위험구조

수익률의 기간구조는 채권의 잔존기간과 수익률 간의 관계를 나타낸다. 그런데 채권들 간에 동일한 잔존기간을 가지고 있다고 하더라도 채권의 발행주체가 다르면 채권수익률 간에 차이를 보인다. 이와 같은 수익률의 차이는 주로 채권 발행자의 원리금상환능력의 격차에 기인한 신용위험의 차이에 기인한다.

국공채는 일반적으로 국가 그 자체 혹은 국가의 출자에 의해 설립된 발행주체에 의해 발행되므로 이들 채권들의 원리금의 상환위험은 직·간접적으로 국가의 신용과 관련이 있다. 이에 비해 일반 기업에 의해 발행되는 회사채는 발행기업의 재무상태에 따라 원리금의 상환능력의 현격한 차이가 날 수 있다. 이처럼 발행주체들의 원리금 상환능력의 차이에서 발생하는 투자위험(default risk)의 차이가 수익률의 차이에 반영되는 현상을 수익률의 위험구조(risk structure of interest rate)라고 한다.

이 경우 발행자의 신용등급의 차이에서 기인하는 수익률 간의 차이, 즉 수익률 스프레드를 원리금상환위험 프리미엄(default premium)이라고 한다. 이 프리미엄은 신용위험이 커질수록 더욱 커지게 된다.

그런데 수익률 스프레드의 크기는 항상 동일 수준을 유지하는 것이 아니라 경제상황 등 제반 여건의 변화에 따라 변동하게 된다. 일반적으로 경기 불황기에는 이 스프레드가 커지는 경향이 있는 반면 경기 활황기에는 축소되는 경향이 있다.

| 6 | 신용평가 |

투자대상 채권의 수익률 곡선은 국고채와 같은 지표채권의 수익률 수준뿐만 아니라 해당 채권의 위험이 반영되어 형성된다. 채권, 기업어음과 같은 채무증권 특성상 이들에 대한 투자위험은 본질적으로 신용에 대한 판단을 기초로 이루어지며, 분석된 위험의 수준이 수익률 형성에 반영된다.

투자대상 채권에 대한 신용판단은 원칙적으로 투자자가 해야 한다. 하지만 이를 위해서 다양한 신용정보가 필요하며, 현실적으로 신용평가기관의 신용평가정보가 사용된다. 특히 IMF 금융위기 이후 무보증사채의 발행이 일반화되면서 신용평가기관의 역할은 매우 광범위해졌으며, 이들의 신용평가는 회사채 투자에 있어 기초적인 지표가 되는 경향이 있다.

신용평가제도는 자금공급자(투자자)와 자금조달자(발행자) 간 정보 비대칭성을 완화시켜, 발행자 자금조달 비용을 줄여주고 자본시장을 통한 효율적 자원배분을 추구하는 금융인프라라고 할 수 있다. 현재 무보증사채 공모발행 시에도 신용평가등급은 필수적일 뿐만 아니라, 주요 기관투자자들은 신용평가기관이 부과한 일정 수준 이상의 신용등급을 투자 여부의 기본 조건으로 삼는 경우가 일반적이다.

채무증권에 대한 신용평가는 무보증 공모사채 발행에만 국한되는 것이 아닐 뿐만 아니라, 발행 이후에도 지속적으로 이루어진다. 따라서 수익률 곡선을 포함한 채권투자 분석을 위해서는 신용평가 제도 및 과정에 대한 이해를 필요로 한다.

(1) 신용평가의 의의

신용평가란 자금조달목적으로 발행하는 채무증권의 발행자가 채권 등에 대하여 원리금이나 이자를 약정 기일에 제대로 상환할 수 있는가를 분석하여 이를 일정한 기호를 이용하여 등급화하는 것을 의미하며, 신용평가를 업으로 하는 기관을 신용평가회사라고 한다.

자본시장법 제9조 26항은 신용평가업을 금융투자상품 혹은 기업, 집합투자기구 혹은 대통령령이 정하는 자에 대하여 신용상태를 평가하여 그 결과를 기호, 숫자 등으로 표시한 신용등급을 부여하여 이를 인수자, 투자자 등 이해관계인에게 제공하는 것을 영업으로 하는 것으로 정의하고 있다.

이때 대통령령이 정하는 자(자본시장법 시행령 제14조의 3, 신용평가의 대상)는 다음과 같다.

❶ 국가

❷ 지방자치단체

❸ 법률에 따라 직접 설립된 법인

❹ 민법, 그 밖의 관련 법령에 따라 허가, 인가, 등록 등을 받아 설립된 비영리법인

이처럼 규정상으로는 신용평의 대상이 광범위하나, 실제로는 지방자치단체, 사단법인 그리고 재단법인 등에 대한 신용평가 수요가 많지 않기 때문에, 신용평가대상은 주로 자금조달이 활발한 기업체들 및 금융기관들이다. 특히 무보증사채가 증권사에 인수될 수 있기 위해서는 둘 이상의 신용평가를 받아야 하기 때문에 현실적으로 무보증사채 발행에 있어 신용평가는 필수적이다.

(2) 신용평가의 유형

❶ 신용평가 대상별

ㄱ. 발행자 평가(Issuer Rating) : 채무증권 발행자의 모든 금융상 채무에 대한 전반적인 신용도를 평가하는 것. 보증, 담보설정, 변제순위 등 채무들의 특성과 이에 따른 회수 가능성의 개별적 차이를 고려하지 않고, 채무자의 모든 금융상 채무에 대한 전반적인 채무상환 가능성을 평가. 발행자 신용등급은 개별 채무에 대한 신용등급 부과 시 기준이 되기 때문에 신용평가 전반의 시작점이라고 할 수 있음

ㄴ. 발행물 평가(Issue Rating) : 발행자 평가등급을 기초로 개별 금융투자상품의 약정내용(Covenants)과 파산 혹은 청산 시의 지급 우선순위, 보증 혹은 신용보강 등과 같은 채무특성을 고려하여 채무불이행 위험(default risk)과 궁극적 손실위험(risk of loss)을 동시에 감안하여 행하는 개별 발행물에 대한 신용등급 평가이다. 일반적인 평가대상으로는 회사채, 기업어음, 전자단기사채, 구조화금융증권(유동화증권, 신용연계채권 등) 등이 포함

❷ 신규 등급부여 평가

ㄱ. 본평가 : 신용평가대상 또는 그 대리인과의 계약에 의거해 발행자 또는 특정

발행 채무에 대해 신용등급을 신규로 부여하는 것을 말함

ㄴ. 예비평가 : 채권 등의 채무에 대한 구체적 발행계획 또는 조건이 확정되지 않은 상황에서 일정조건으로 발행하는 경우를 전제로 하여 평가대상의 등급을 예비적으로 평가하는 것을 말함. 다만, 예비평가 등급은 미공시 등급이기 때문에 법적으로 의무화되어 있는 신용등급으로 사용할 수 없음

❸ 사후관리 평가

ㄱ. 정기평가 : 기 공시된 회사채의 신용등급을 1년 단위로 결산 재무자료 등을 기준으로 재검토하는 평가

ㄴ. 수시평가 : 기 공시된 등급에 영향을 줄 수 있는 중대한 상황 변화가 발생할 경우, 투자자들에게 변화된 신용평가정보를 보다 빠르게 전달하기 위해 실시하는 평가

ㄷ. 등급감시대상(Watch List) 등록 : 수시평가의 일환으로 기업환경 변화의 신속한 반영을 위하여 평가사가 부여한 등급에 신용상태 변화요인이 발생할 경우 등급변경 검토에 착수하였음과 등급조정의 검토방향(상향검토, 하향검토, 미확정검토)을 외부에 공시하는 제도. 합병, 유상감자, 제도 변화, 채무내용의 급격한 변화 등이 등급감시대상 등재사유가 될 수 있음

❹ 의뢰인 여부

ㄱ. 외뢰평가(solicited rating)

ㄴ. 무의뢰평가(unsolicited rating)

❺ 등급전망(Rating Outlook)제도 : 발행자 또는 특정 채무의 신용등급에 대하여 향후 6개월(혹은 1년)에서 2년 이내의 등급 방향성을 평가 시점에서 전망하는 것을 말함(등급변경 검토에 착수하였음을 알리는 Watch List 등록과는 달리). 등급진망은 신용등

표 6-1   등급전망

기호	의미
Positive(긍정적)	중기적으로 등급의 상향 가능성이 있음
Negative(부정적)	중기적으로 등급의 하향 가능성이 있음
Stable(안정적)	중기적인 등급의 변동 가능성이 낮음. 그러나 사업의 안정성을 의미하는 것은 아님
Developing(유동적)	불확실성이 높아 중기적인 등급의 변동방향을 단정하기 어려움

급에 대한 보조지표일 뿐 신용등급 변경을 위한 절차상의 예고가 아님. 따라서 Rating Outlook에 따라 신용등급 변동이 꼭 일어나는 것은 아님

　　Outlook(등급전망)은 회사채 등 장기 채권에만 적용되며 기업어음, ABS, 부도·워크아웃·구조조정촉진법 대상 채권 등은 제외. 또한 Watch List에 등록된 경우에도 Outlook이 부여되지 않는다. 등급전망은 다음과 같이 4가지로 나뉨

(3) 신용평가 등급

　　신용등급은 발행 채무증권의 만기기간을 기준으로 장기신용등급과 단기신용등급으로 나뉜다. 일반적으로 만기 1년 초과는 장기신용등급, 1년 이하는 단기신용등급으로 구분한다. 이에 따라 채권신용등급의 기초가 되는 채무자 신용등급도 장기와 단기로 나뉜다.

❶ 장기신용등급 : 1년을 초과하는 만기기간을 가진 채무증권의 상대적 신용위험에 대한 의견, 혹은 1년 초과기간에 대한 채무자의 상대적 신용위험을 나타냄

　　채무불이행 위험과 손실위험의 정도에 따라 신용도를 차등화 하는 장기신용등급비계는 일반적으로 AAA, AA, A, BBB, BB, B, CCC, CC, C, D(AA등급에서 CCC등

표 6-2 　**장기신용등급표**

등급	내용
AAA	원리금 지급능력이 최상급임.
AA	원리금 지급능력이 매우 우수하지만 AAA의 채권보다는 다소 열위임.
A	원리금 지급능력은 우수하지만 상위등급보다 경제여건 및 환경악화에 따른 영향을 받기 쉬운 면이 있음.
BBB	원리금 지급능력이 양호하지만 상위등급에 비해서 경제여건 및 환경악화에 따라 장래 원리금의 지급능력이 저하될 가능성을 내포하고 있음.
BB	원리금 지급능력이 당장은 문제가 되지 않으나 장래 안전에 대해서는 단언할 수 없는 투기적인 요소를 내포하고 있음.
B	원리금 지급능력이 결핍되어 투기적이며 불황 시에 이자지급이 확실하지 않음.
CCC	원리금 지급에 관하여 현재에도 불안요소가 있으며 채무불이행의 위험이 커 매우 투기적임.
CC	상위등급에 비하여 불안요소가 더욱 큼.
C	채무불이행의 위험성이 높고 원리금 상환능력이 없음.
D	상환 불능상태임.

급까지는 +, -를 첨부하여 동일 등급 범주 내에서 차등화)로 10개의 범주로 구분

　　2000년 초반 무보증채 발행시장에서 BB이상 등급 중 전체의 50%를 넘기도 했던 BBB이하 등급의 발행잔액 비중은 점진적으로 그 규모가 축소되다, 글로벌 금융위기를 거치면서 비중축소가 가속화되면서 회사채 시장의 양극화가 매우 심한 상태임

❷ 단기신용등급 : 1년 이내의 만기기간을 가진 채무증권의 상대적 신용위험에 대한 의견, 혹은 1년 이내 기간에 대한 채무자의 상대적 신용위험을 나타냄

　　기본적으로 A1, A2, A3, B, C, D의 6개 등급으로 구성되나 'A2' 등급에서 'B' 등급까지의 3개 등급에는 그 상대적 우열 정도에 따라 +, - 기호가 첨부되어 총 12개의 단계로 구분. 단기신용등급은 기업어음(Commercial Paper), 전자단기사채(Short Term Bond) 및 자산유동화기업어음(ABCP; Asset-backed Commercial Paper)등의 평가에 사용

표 6-3　단기신용등급

구분	평가 등급	등급 정의
투자등급 (investment grade)	A1	적기상환능력이 최고 수준이며, 현 단계에서 합리적으로 예측 가능한 장래의 어떠한 환경 변화에도 영향을 받지 않을 만큼 안정적임.
	A2	적기상환능력이 우수하지만 A1등급에 비해 다소 열등한 요소가 있음.
	A3	적기상환능력이 양호하지만 장래 급격한 환경 변화에 따라 다소 영향을 받을 가능성이 있음.
투기적 등급 (speculative grade)	B	적기상환능력은 인정되지만 투기적 요소가 내재되어 있음.
	C	적기상환능력이 의문시 됨.
	D	지급불능 상태에 있음.

chapter 07

채권투자전략

section 01 적극적 투자전략

1 수익률 예측전략

수익률 하락 예측 시 채권의 매입, 수익률 상승 예측 시 보유채권을 매각하는 방법으로 기대수익률도 높지만 수반되는 위험도 큰 운용전략이다. 이 전략은 듀레이션이 큰 채권을 이용한다. 예컨대 향후 수익률 곡선의 전반적인 하향이동이 예상된다면 만기기간이 길고 표면이율이 낮은 채권을 매입하고, 반대로 수익률 곡선의 상향이동이 예상된다면 보유하고 있던 만기기간이 긴 저표면이율 채권을 매각하고 유동자산의 보유를 늘린다.

2 채권교체전략

(1) 시장 불균형을 이용한 동종 채권 간 교체전략

발행조건, 시장성, 질적 등급 등 거의 모든 조건이 상호 대체될 수 있는 동질적인 채권들이면서도 그 중 한 채권이 일시적인 발행물량 증대와 같은 단기적인 시장의 불균형으로 다른 채권들과 가격이 서로 다르게 형성되었을 때 가격이 낮게 형성된 채권으로 교체하는 전략으로 일종의 재정거래라고 할 수 있다.

(2) 스프레드를 이용한 이종 채권 간 교체전략

채권들의 질적 등급 등에 따른 만기수익률 간의 스프레드가 일시적으로 확대되거나 축소될 경우 이 시점을 이용하여 교체매매를 하는 전략이다. 만약 수익률 스프레드가 확대되면 상대적으로 만기수익률이 낮아진(채권 가격이 높아진) 채권을 매도하고, 상대적으로 만기수익률이 높아진(채권 가격이 낮아진) 채권을 매입하였다가 스프레드가 다시 줄어들면 매도한 채권은 매입하고 매입했던 채권은 매도한다. 반대로 수익률 스프레드가 축소되면 앞의 경우와 반대의 포지션을 취하는 교체매매를 함으로써 투자수익을 극대화할 수 있다.

3 수익률 곡선의 형태를 이용한 전략

수익률의 전반적인 상승이나 하락과 같은 비교적 단순한 예측에 기초를 두는 수익률 예측전략에 비해, 이 전략들은 수익률 곡선 자체의 이동이나 형태의 변화에 대한 예측을 기초로 채권의 포트폴리오를 교체하여 투자수익을 확보하려는 전략들이다.

(1) 수익률 곡선 타기 전략

만기(잔존기간)가 커질수록 우상향하되 증가율은 체감하는 수익률 곡선의 형태가 투자기간 동안 변동없이 유지된다고 예상될 때 사용하는 전략이다.

이 경우 투자기간과 만기가 일치하는 장기채를 매입하여 만기상환받는 것보다 매입한 채권을 일정기간 후에 매도한 후 다시 장기채를 재매입하는 투자를 반복하면 투자

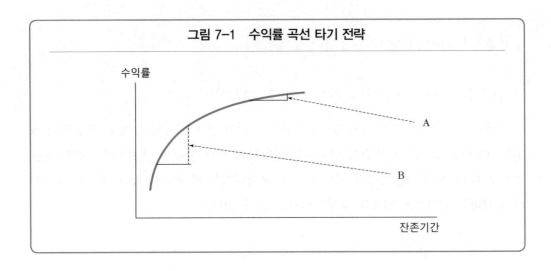

그림 7-1　수익률 곡선 타기 전략

수익률을 증대시킬 수 있다.

예컨대 10년 투자 시, 10년 만기 채권에 투자하여 만기상환받을 경우는 매입 시의 만기수익률만이 실현되나, 이 채권을 1년 경과 후 매도하여 다시 10년 만기채권에 재투자하여 다시 1년 보유 후 매도하는 방법을 반복하면 채권의 보유에 의한 이자소득 외에 10년 만기채가 1년 경과 후 나타나는 만기수익률 하락에 의한 가격 차익도 반복적으로 획득할 수 있다. 이러한 투자효과를 롤링효과(rolling effect)라고 한다.

(2) 나비형 투자전략

현재 평평한 형태를 띠고 있는 수익률 곡선이 향후 중기물의 수익률은 상승하고 단기물과 장기물의 수익률은 상대적으로 하락함으로써 수익률 곡선의 형태가 나비형 모양을 나타낼 것으로 예측할 때 취하는 전략이다.

포트폴리오에서 장·단기물의 비중을 늘리고 중기물을 매도함으로써 중기물의 비중을 축소시키는 방식을 취한다. 이처럼 단기물과 장기물의 비중이 매우 높고 중기물의 비중이 매우 낮은 포트폴리오를 바벨형 포트폴리오(barbell portfolio)라고 한다.

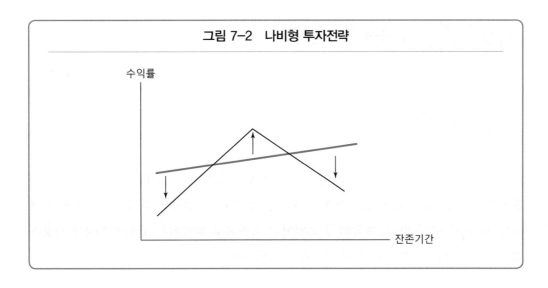

그림 7-2   나비형 투자전략

수익률

잔존기간

(3) 역나비형 투자전략

현재 평평한 형태를 띠고 있는 수익률 곡선이 향후 중기물의 수익률은 하락하고 단기물과 장기물의 수익률은 상대적으로 상승함으로써 수익률 곡선의 형태가 역나비형 형태를 띨 것으로 예측할 때 취하는 전략이다.

포트폴리오에서 장·단기물의 비중을 줄이고 중기물을 매입함으로써 중기물의 비중을 확대시키는 방식을 취한다.

다른 잔존기간을 지닌 채권의 보유 없이 중기물과 같이 일정 잔존기간을 지닌 채권들로만 포트폴리오를 구성한 경우를 불릿형 포트폴리오(bullet portfolio)라고 한다.

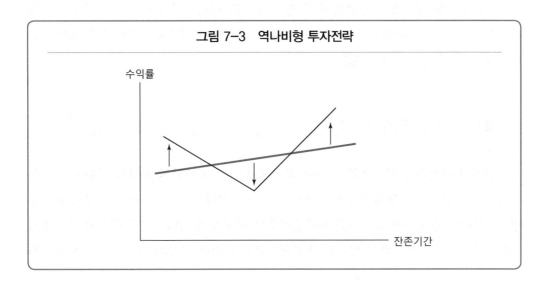

그림 7-3   역나비형 투자전략

수익률

잔존기간

소극적 투자전략

1   만기보유전략

채권을 매입 후 만기까지 보유하는 매우 단순한 전략이다. 수익률 예측이 특별히 필요치 않고, 특정 포트폴리오를 전제로 하지도 않는다. 이 전략은 수익률이 비교적 안정적인 시장구조하에 있고, 현금의 순유입이 지속적으로 발생하는 금융기관에서 시장의 평균적인 수익률을 얻고자 할 때 선호되는 전략이다.

2   인덱스전략

채권의 인덱스전략(indexing)이란 채권투자의 성과가 일정한 채권지수를 따를 수 있도록 채권 포트폴리오를 구성하는 것이다. 운용대상 채권 포트폴리오가 추구하는 채권지수는 시장 전체 채권들을 대상으로 하는 지수들(Broad-Based Market Indexes), 일정 분야별(발행주체별, 발행지역별, 고수익 고위험별 등) 채권들을 대상으로 하는 지수(Specialized Market Indexes)나 투자자들이 원하는 투자목적에 맞추어진 채권들로 이루어진 지수들(Customized Benchmarks) 중에서 선택할 수 있다.

포트폴리오를 구성하는 채권의 수가 일정 수준을 넘어서면 채권 인덱스펀드는 복제하고자 하는 지수의 수익률을 따라가는 경향이 있지만, 주가지수 인덱스펀드에서와 같이 추적 오차가 발생할 수도 있다.

3   현금흐름 일치전략

채권에서 발생하는 현금흐름 수입이 채권투자를 위해 조달된 부채의 상환흐름과 일치하거나 상회하도록 채권 포트폴리오를 구성하는 전략이다. 이 전략은 일치시켜야 할 현금흐름이 단순할수록 효과적인 포트폴리오를 구성할 수 있고, 일단 구성된 포트폴리오는 이를 변경시킬 필요가 없다는 장점이 있다. 그러나 현금흐름이 일치되는 채권을 구하기 어려울 수가 있고, 부채의 현금흐름이 복잡할 경우 채권 선택의 어려움뿐만 아니라 해당 채권의 취득비용도 높을 수 있다는 단점이 있다.

4 사다리형 및 바벨(아령)형 만기운용전략

전통적으로 간편하게 사용되어 온 전략들로 수익률 예측에 대한 부담없이 포트폴리오의 잔존기간별 비중만을 관리하는 방식이다.

(1) 사다리형 만기운용전략

포트폴리오의 채권별 비중을 각 잔존기간별로 동일하게 유지하는 방법이다. 매 기마다 포트폴리오 내의 일정 비중의 채권이 만기상환되므로 일정한 유동성을 확보할 수 있고, 만기상환된 금액은 다시 장기채권에 투자됨으로써 투자기간 동안 평준화된 투자수익률의 확보가 가능해진다. 예컨대 5년이라는 투자기한이 설정되었을 경우 잔존기간이 1년, 2년, 3년, 4년, 5년인 채권이 각각 20%씩인 포트폴리오를 구성한다.

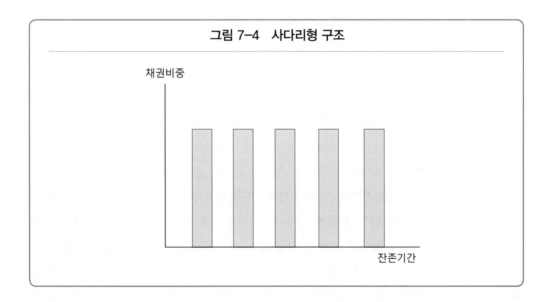

그림 7-4   사다리형 구조

(2) 바벨(아령)형 만기운용전략

일반적으로 사다리형 운용전략을 구사하기 위해서는 다양한 만기의 채권들이 필요

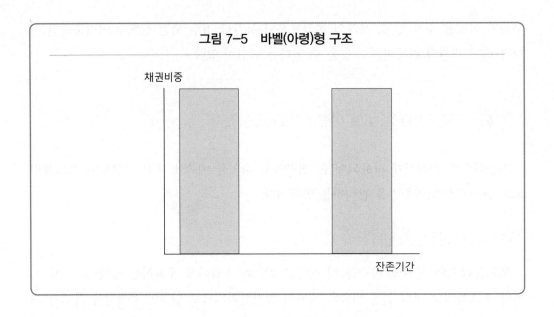

그림 7-5　바벨(아령)형 구조

채권비중

잔존기간

하다. 그러나 이와 같은 채권 포트폴리오 구성을 위한 채권취득이 용이하지 않거나, 가능하더라도 높은 비용이 수반될 수 있다. 이 경우 보유채권만기의 단순화를 통해 포트폴리오 구성비용을 최소화함과 동시에 사다리형 전략에서와 같이 미래 수익률의 예측 없이도 투자기간 동안의 평균적인 수익률을 달성하려고 할 때 사용할 수 있는 전략이 바벨(아령)형 운용전략이다.

　바벨형 운용전략은 채권 포트폴리오에서 중기채를 제외시키고 단기채와 장기채 두 가지로만 만기를 구성하는 전략이다. 이는 기대수익률과 위험은 낮은 대신 유동성이 큰 단기채와 위험은 크나 높은 수익률의 확보가 가능한 장기채의 장점을 동시에 이용하여 투자기간 동안의 평균적인 수익을 얻기 위해서이다.

　이와 같이 만기구조를 단순화시킴에도 불구하고, 이 운용전략이 궁극적으로 사다리형 운용전략과 마찬가지로 미래수익률에 대한 예측 필요성 없이 투자기간 동안의 평균적인 수익률을 달성하기 위한 목적일 경우에는 소극적 혹은 방어적인 투자전략으로 간주된다. 그러나 적극적·소극적 전략의 분류가 미래수익률의 예측 여부라는 점을 감안하면, 비록 포트폴리오가 바벨(아령)형으로 나타나더라도 나비형 투자전략의 경우와 같이 장·단기물의 수익률 하락, 중기물의 수익률 상승의 예측을 전제로 한 것이라면 이는 소극적 혹은 방어적인 투자전략으로 간주할 수 없다.

5 　면역전략

　매입 후 만기까지 보유하면 매입 시의 만기수익률이 실현되는 만기 일시상환채권은 채권의 잔존기간과 투자기간을 일치시킴으로써 투자목표를 달성할수 있을 뿐만 아니라 투자기간 동안 발생할 수 있는 수익률 변동에 의한 가격 변동 위험도 피할 수 있다.

　그러나 이표채와 같이 투자기간 동안 현금흐름이 여러 번 발생하는 채권에 투자해야만 하는 경우는 채권의 잔존기간과 투자기간을 일치시키더라도 수익률 변동의 위험을 완전히 제거할 수 없다.

　이와 같은 수익률 변동 위험을 제거하고 투자목표를 달성하기 위한 방법이 면역전략이다. 이는 투자기간과 채권 포트폴리오의 듀레이션을 일치시킴으로써 수익률 상승(가격하락) 시 채권 가격 하락(수익률상승)분과 표면이자에 대한 재투자수익 증대(감소)분을 상호 상쇄시켜 채권투자 종료 시 실현수익률을 목표수익률과 일치시키는 전략이다.

chapter 08

새로운 형태의 채무 증권

section 01 자산유동화 증권(ABS)

1 자산유동화란

자산유동화란 금융기관 또는 일반기업이 보유한 자산으로부터 발생하는 현금흐름만을 담보로 자금을 조달(Financing)하는 기법을 말한다. 협의의 의미로는 ① 금융기관 및 일반기업 등이 보유하고 있는 ② 특정 자산 일부 또는 전부(기초자산)를 단독으로 또는 비슷한 속성의 다른 자산과 집합(Pooling)하여 ③ 이를 원 자산보유자와 분리된 특수목적회사(SPV)에 양도하고, ④ SPV는 양수한 자산의 현금흐름 및 신용도를 바탕으로 증권(Asset Backed Securities, 유동화증권)을 발행하는 일련의 행위를 말한다.

2 자산유동화증권(Asset Backed Securities)

자산유동화증권이란 기초자산에서 발생하는 현금흐름으로 원리금의 상환을 표시한 증권을 의미한다. 일반적인 채권이 발행기관(무보증채) 또는 보증기관(보증채)의 원리금 상환능력을 기초로 발행되는데, 유동화증권은 자산보유자로부터 완전 매각(true sale)된 유동화자산(기초자산)의 현금흐름을 기초로 발행된다.

3 자산유동화증권 발행의 장단점

(1) 장점

❶ 유동성 확보 및 자금조달수단의 다변화 : 은행차입, 회사채 발행 그리고 유상증자 이외의 추가적인 자금조달 수단이 될 수 있음. 자금의 시장조달이 어려워진 경우 보유하고 있는 자산을 기초로 자금을 조달할 수 있는 것임

❷ 비유동성 자산의 처분 : 부동산 등 처분하기 어려운 자산의 경우 증권화하여 보다 원활하게 매각할 수 있음

❸ 낮은 조달비용 : 유동화의 대상이 되는 자산이 우량하거나, 신용보강을 통해 신용도가 높아진 경우 이를 기초로 발행되는 ABS가 발행 주체보다 높은 신용등급을 부여 받을 수 있음

❹ 규제 차익 : 은행 등 금융기관의 경우 보유자산의 위험도를 반영하여 일정 수준의 자본규모(BIS비율 등)를 유지해야 함. 이때 자산을 일부 이전(양도)하는 등 위험자산 규모를 줄여 자본에 대한 부담을 줄일 수 있음. 또한 은행 등 금융기관은 특정 기업(또는 기업집단)에 대한 신용제공 한도가 있는데, 해당 자산을 양도함으로써 신용공여 규모를 축소시켜 위험을 제한할 수 있음

(2) 단점

❶ 높은 부대비용 : 복잡한 금융구조가 필요하기 때문에 법률 회계 자문비용이 발생하고, 조달주체는 실행 및 유지관리를 위한 비용 부담이 상대적으로 큼. 따라서 ABS의 신용도가 자산보유자의 신용도보다 높지 않을 경우 조달비용이 오히려

높아질 가능성이 있음. 또한, 고정 부대비용이 높아 소규모의 ABS발행의 어렵고, 대규모 자금조달에 더 유리

❷ 위험의 일부는 자산보유자에게 잔존 : 일부 유동화 구조의 경우 자산보유자가 최후순위/Equity Tranche 일부를 보유하는 방식으로 이루어짐. 이때 자산보유자는 후순위증권에 대한 위험의 일부/전부를 부담. 그리고 IFRS에서는 위험의 일부가 자산보유자에게 잔존하는 경우 경제적으로 양도가 아닌 것으로 간주될 위험도 있음

❸ 규모가 커질 경우 자금조달 주체에 부담 : 우량자산의 유동화에 지나치게 의존할 경우 자금조달 주체는 상대적으로 질이 낮은 자산만을 보유하게 되어 큰 부담이 될 수 있음. 더불어, 기존 선순위 채권 보유자의 채권 상환순위가 우량자산이 빠져나감으로써 상대적으로 후위로 밀려날 수 있어 기존 채권자의 권리를 침해할 수 있음

❹ 자금조달 시점의 경직성 : 자산유동화의 경우 그 구조의 복잡성으로 인하여 은행차입에 비해 유연성이 떨어질 수 있음

4 자산유동화증권 발행 구조

자산유동화증권 발행을 위해 자산보유자(originator)는 기초자산을 모아서 이를 자산유동화회사(SPV)에 양도한다. 자산유동화회사는 양도받은 기초자산을 담보로 발행한 자산유동화증권을 일반투자자에게 매각하고. 매각대금을 자산보유자에게 자산양도의 대가로 지급한다.

5 유동화 구조도

자산유동화증권 발행에는 자산보유자, 자산유동화회사, 자산관리자 및 신용평가기관 등이 참가한다. 자산보유자는 보유하고 있는 기초자산을 자산유동화회사에 양도하여 자산유동화회사로 하여금 자산유동화증권을 발행하게 하고 자산유동화증권의 매각대금을 양도한 기초자산에 대한 대가로 받음으로써 자금을 조달한다. 대출채권을 가진 금융기관이나 외상매출채권을 가진 기업이 자산보유자의 전형적인 예이며「자산유동

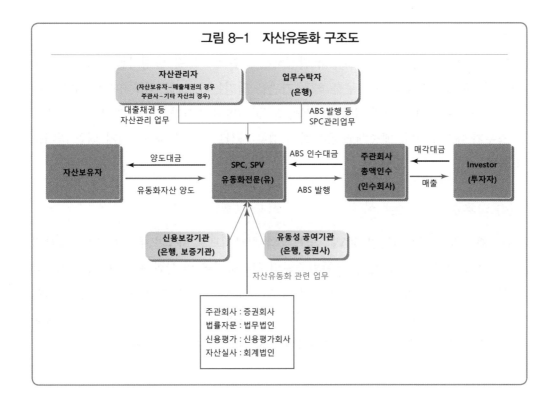

그림 8-1 자산유동화 구조도

화에관한법률」 및 「한국주택금융공사법」에서는 자산보유자를 금융기관 등 일정한 기관으로 제한하여 자산유동화를 악용할 소지를 사전에 예방하고 있다.

(1) 자산보유자(Originator)

자금조달의 필요가 있는 주체로서 자산유동화의 대상이 되는 자산을 보유하고 있는 주체이다. 자산보유자는 사산유동화를 통하여 사금조달원을 다양화하거나 보다 좋은 조건으로 자금을 조달하고자 한다.

(2) 발행기관(Issuer)

유동화증권을 발행하기 위하여 특별히 설립된 회사(Special Purpose Vehicle)를 말한다. 자산보유자로부터 유동화자산을 양수하고 이를 기초로 유동화증권을 발행하는 업무만을 영위하는 회사로 임직원이 없는(paper company) 형태다. 자산유동화가 이루어지기 위해서는 이 SPV는 자산보유자의 자산으로부터 파산절연(Bankruptcy Remote)된 상태여야 한다.

(3) 자산관리자(Servicer)

자산관리자는 유동화자산으로부터 발생하는 수입(현금 등)을 발행기관인 SPV를 대신하여 회수하거나 추심하는 업무를 하는 기관을 일컫는다. 보통 외부기관에 위탁을 하며 매출채권 유동화 이외의 유동화에서는 보통 ABS 주관사가 자산관리자역할을 겸하는 경우가 대부분이다. 매출채권 유동화의 경우 자산보유자가 자산관리자 역할 겸하도록 한다.

(4) 업무수탁자(Trustee)

유동화증권의 발행기관인 SPV는 명목상의 회사이므로 SPV가 유동화자산으로부터 회수되는 현금의 보관 및 관리, 유동화증권의 원리금지급 및 상환 등 제반 업무 처리를 위탁받아 수행하는 기관이 필요하다. 이 업무를 업무수탁자가 수행하는데 보통 은행이 이 역할을 한다. 시중 은행들의 신용도가 최상위권이 대부분이며 업무수탁자의 신용등급이 유동화증권의 신용등급에 일종의 상한선(Ceiling) 역할을 하기 때문이다.

(5) 신용평가회사

SPV가 발행하는 자산유동화증권에 대한 신용등급을 부여하는 역할을 하며 자산보유자/주관기관이 목표로 하는 신용등급이 있는 경우 목표로 하는 신용도에 적합한 구조를 만들기 위하여 구조화 단계에서 자산보유자 및 주관사와 함께 구조화에 참여한다.

(6) 신용보강기관

유동화 자산 자체의 신용도가 목표 신용등급에 미달할 경우 우량한 외부 기관(은행, 캐피탈사, 증권사, 보증보험사)이 ABS 상환을 위한 자금을 지원하거나 이를 보증하는 역할을 제공함으로써 SPV발행 ABS의 목표 등급을 부여 받도록 한다. 유동화 대상 자산의 신용도에 따라 신용보강 규모가 달라질 수 있다.

(7) 유동성기관(Liquidity Provider)

유동화 자산 자체의 신용도를 높이는 용도보다는 자산으로부터 발생하는 일시적인 Cash-flow의 불일치, ABCP 차환발행 구조의 경우 시장 상황에 의하여 ABCP의 시장 소화가 원활하지 않을 경우에 대비하여 일시적인 자금을 지원하거나 ABCP를 대신 매입해주는 역할을 하는 기관이며 주로 금융기관이 수행한다. 금융기관의 신용공여약정 (C/L : Credit Line), ABCP 매입보장 약정 등이 이에 해당된다.

6   신용보강(Credit Enhancement)

신용보강이란 자산유동화증권의 만기 시까지 기초자산의 가치에 부정적인 영향을 미칠 수 있는 여러 가지 상황을 분석하여 기대손실 규모를 파악한 다음 이러한 손실에도 불구하고 원리금의 가치가 보전될 수 있도록 안전망을 갖추는 것을 말한다. 자산유동화증권은 이러한 신용보강에 힘입어 상대적으로 높은 신용등급으로 발행되는 것이 일반적이다.

신용보강장치는 크게 외부신용보강장치와 내부신용보강장치로 분류된다. 외부신용보강장치는 은행 또는 신용보증기관의 지급보증이나 은행의 신용공급 등과 같이 제3자의 지급능력에 의존하여 해당 자산유동화증권의 신용등급을 높이는 것이다. 지급을 보증한 기관의 신용도가 신용보강 장치의 신뢰성에 직접적으로 영향을 미친다.

한편, 내부신용보강장치는 자산유동화증권을 설계할 때부터 위험요소가 경감될 수 있도록 원리금의 지급조건을 조정하거나 자산보유자가 스스로 보증하는 방법이다. 가장 전형적인 방법은 자산유동화증권을 선·후순위로 구조화(subordination 또는 credit tranching)하는 것이다. 동일한 자산을 기초로 발행되는 ABS를 상환 우선순위와 해당 Cash-flow에 대한 우선 변제권을 차등한 수종의 ABS Tranche를 발행한다. 선순위/후순위로 나누거나 복잡한 구조의 경우 선/중/후순위로 차등이 되는 Tranche의 ABS를 발행한다. 상환 우선권은 선>중>후순위의 순서로 이루어지며 손실은 후>중>선순위 순서로 흡수된다. 발행금리는 선순위<중순위<후순위로 결정된다.

선·후순위 구조화 이외에도 현금흐름 차액적립, 초과담보 등이 내부신용보강장치의 예가 된다.

7   자산유동화증권의 종류

자산유동화증권은 주로 기초자산의 성격에 따라 여러 가지로 분류된다.

(1) CBO(Collateralized Bond Obligation)

신규 발행 채권에 기초한 발행시장 CBO(Primary CBO)와 이미 발행된 채권에 기초한 유통시장 CBO(Secondary CBO)로 나뉜다. P−BCO(primary CBO)는 신용도가 낮아 채권시장에서 회사채를 직접 발행하기 어려운 기업의 회사채 차환발행을 지원하기 위해 도입된 것이다. 다수의 기업이 신규로 발행하는 회사채를 증권회사가 먼저 총액/사모방식으로 인수하여 이를 SPC에 양도하면 SPC가 신용보강 후 발행시장 CBO를 발행하여 투자자에게 매각함으로써 인수자금을 조달하는 구조다. 정부의 회사채 신속인수제 시행 중 회사채 차환을 원활하게 하기 위해 신용보증기금이 보증 지원하는 방법은 P−CBO의 형태이다.

유통시장 CBO는 금융기관이 투기등급 채권을 SPC에 매각하고 SPC는 신용을 보강한 다음 CBO를 발행하여 투자자에게 매각함으로써 자금을 조달하는 구조다. 주로 투자신탁회사가 부실채권을 기초로 자금을 조달하기 위하여 유통시장 CBO를 발행한다.

(2) CLO(Collateralized Loan Obligation)

CLO는 금융기관의 대출채권을 기초자산으로 발행하는 자산유동화증권을 의미하는데 무수익 대출채권 등을 포함하는 기존 대출채권을 유동화하는 CLO와 신규 대출채권을 기초로 하는 발행시장 CLO(primary CLO)가 있다.

우리나라의 경우 일반 CLO가 대부분 무수익채권을 기초자산으로 하여 발행되고 있는데 무수익대출채권(NPL : non−performing loan)을 기초로 하는 CLO를 NPL 자산유동화증권이라고도 한다. NPL 자산유동화증권은 외환위기 이후 급증한 부실채권을 처분하여 금융기관의 재무건전성을 높이기 위해 발행되고 있는데, 금융기관은 부실채권을 SPC에 양도함으로써 직접 유동화하거나 한국자산관리공사에 매각한다. NPL 자산유동화증권은 자산자체의 현금흐름이 없으므로 담보의 처분, 채권추심 등을 통해 얻어질 수 있는 현금흐름을 기초로 상품구조를 설계하며 신용보강은 수탁은행의 신용공급과 선·후순위 구조로 이루어진다. 한국자산관리공사가 발행하는 NPL 자산유동화증권은 채권은행에 대한 환매요구권이 신용보강에 이용된다.

한편 발행시장 CLO는 은행이 다수의 기업에 대한 신규 대출채권을 SPC에 매각하고, SPC가 이를 기초로 CLO를 발행하여 자금을 조달하는 구조다. 발행시장 CLO의 신용보강은 주로 수탁은행의 신용공급에 의해 이루어지며 신용보증기금은 이 신용공급에 대해 지급을 보증한다.

(3) CDO(Collateralized Debt Obligation)

CDO의 기초자산은 Debt로, 앞서 설명한 CLO와 CBO를 포함한 개념이다.

(4) 합성 CDO(Synthetic CDO)

합성 CDO는 기존 CDO와는 달리 자산의 소유권이 자산 소유자의 장부에 그대로 남아 있고 자산과 관련한 신용위험만이 제3자에게 이전되는 것이다. 이 때문에 채무자와의 관계에 변화가 없으며 자산의 규모에 비해 유동화증권의 규모도 작아 발행이 쉽고 비용도 적게 들고 신용위험 외에 대출과 관련된 금리위험, 통화위험 등 여타 위험에 대해서도 효과적으로 헤징이 가능하다는 장점이 있다.

SPC는 계약담보자산(채권)에서 발생되는 원리금과 신용파생계약(기초자산의 신용등급이 하락하거나 디폴트 상황에 놓일 경우 손실을 지급한다는)에 따라 수취하는 수수료로 투자자에게 원리금을 상환하게 되며, 신용파생계약에 의한 신용사건이 발생하는 경우 합성 CDO의 원리금 지급보다 우선하여 금융회사에 손실금을 지급한다.

(5) ABCP(Asset-Backed Commercial Paper)

ABCP는 CP의 형태로 발행되는 자산유동화증권을 의미한다. 우리나라의 경우 자금

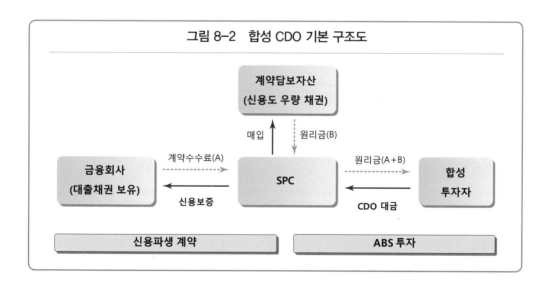

그림 8-2 합성 CDO 기본 구조도

이 필요한 기간 동안 유동화증권을 1회 발행하는 것이 아니라 단기 유동화증권을 발행해 필요 기간까지 차환하는 방법을 주로 활용한다. ABCP는 장단기금리차에 따른 자금조달비용이 절감되는 효과를 누릴 수 있다.

(6) ABSTB(Asset-Backed Short Term Bond)

자산이 담보된 전자단기사채를 의미하며, ABCP와는 달리 증권이 전자단기사채(STB)의 형대로 발행되는 것을 말한다.

(7) 주택저당대출채권유동화증권(MBS : Mortgage-Backed Securities)

MBS는 주택저당채권을 기초로 발행된 자산유동화증권을 말한다. 우리나라의 경우 한국주택금융공사법에 의해 주택저당채권을 기초로 주택저당증권(MBS) 또는 주택저당채권 담보부채권(MBB : mortgage-backed bond)을 발행할 수 있다. MBB는 추후 설명할 이중상환청구권부채권(커버드본드)의 일종이다. 주택저당채권의 유동화는 주택저당채권을 가진 금융기관으로부터 채권을 양도받아 유동화회사의 신탁계정에 신탁하고 신용을 보강한 후 주택저당증권을 발행하는 절차를 거친다.

---

section 02 신종자본증권

---

1 **신종자본증권이란**

신종자본증권은 '일정 수준 이상의 자본요건'을 충족한 경우 자본으로 인정되는 채무증권을 의미한다. 자본의 성격을 갖출 경우 부채가 자본으로 인정받는다는 것을 의미한다. 일반적으로 부채와 구분되는 자본의 성격은 크게 세 가지가 있다. 후순위성, 만기의 영구성, 이자지급의 임의성이다. 채무증권이 세 가지 가운데 일부 조건을 충족시킬 경우 회계적으로 자본으로 인정받는 신종자본증권이 되는 것이다. 하이브리드 채권(hybrid bond)이라고도 불린다.

2 자본인정요건

채무증권이 회계적 자본으로 인정받는 세 가지 요건은 다음과 같다. 세 가지 요건 중 일부만 충족시켜도 회계적으로 자본으로 인정받을 수 있다. 한편 신용평가사는 신용평가 목적상 인정요건의 충족 정도에 따라 발행 채권의 일부만을 자본으로 인정하고 있다.

(1) 후순위성

일반적으로 자본이 부채보다 상환시기가 늦다. 주주는 차입금 상환 이후의 잔여지분에 대한 권리가 발생하기 때문이다. 따라서 상환 시기가 늦어질수록 자본에 가깝다. 기업의 회사채의 상환 순서는 담보채권, 선순위채권, 후순위채권의 순서를 지니는데, 신종자본증권은 후순위채보다 더 후순위 성격을 지녀야 한다. 즉, 채권 발행 시 상환 조건에 '후순위채권보다 후순위로 상환'이라는 문구가 있으면 자본에 가까운 것이다.

(2) 만기의 영구성

일반적으로 부채는 만기가 있지만 자본은 만기가 없다. 만기가 없거나 영구성이 있다면 자본으로 인식한다. 현실적으로 채권 발행 시 만기가 30년 이상이며 만기 시 동일한 조건으로 연장 가능하다면 만기의 영구성은 충족하는 것으로 본다. 또한, 일정기간 후 금리의 상승(step-up)조건이 없거나, 발행사의 콜옵션이 없거나, 투자자의 상환 풋옵션이 없다면 자본의 성격이 강한 것으로 본다.

(3) 이자지급의 임의성

일반적으로 자본의 경우 배당의 결정은 기업의 의사결정에 따른다. 배당 여부와 규모는 정해져 있지 않다. 채무증권에도 이자의 지급이 정해져 있지 않고 발행사의 의지에 따른다면 자본으로 보는 것이다. 이자 유예조건이 있거나 이자를 비누적적으로 지급할 경우 자본의 성격이 강한 것으로 본다.

신종자본증권은 2004년 한국에 도입되어 한국외환은행이 최초로 발행하였다. 코코본드와 조건부자본증권 등도 신종자본증권의 일종이다.

3 　코코본드

코코본드(CoCoBond, Contingent Convertible Bond)는 자본잠식이 심해지는 등 유사시 자본으로 전환될 수 있는 채권을 의미한다. 유럽의 재정위기 시 은행이 자본을 확충하기 위해 2009년부터 활성화된 채권이다. 바젤III가 시행되기 전에는 후순위채권, 신종자본증권과 분류기준이 다른 별개의 증권으로 불렸다.

4 　조건부자본증권

신종자본증권 가운데 ① 은행 또는 금융지주회사가 발행하고, ② 은행업감독규정에 정의된 바젤III 기준상 자본으로 전환되거나 상각되는 채권을 의미한다. 은행이 발행한다는 점에서 일반 신종자본증권보다 협의이며 상각의 요건도 포함하고 있다는 점에서 이론적 의미의 CoCo본드와는 차이가 있다.

조건부자본증권은 발행 당시 객관적이고 합리적인 기준에 따라 미리 정하는 사유가 발생하는 경우 주식으로 전환되거나(전환형) 원금의 상환과 이자지급 의무가 감면되는(상각형) 조건이 붙은 금융회사채를 말한다. 조건부자본증권은 은행업감독업무시행세칙에 나타난 용어이며 금융지주회사나 은행이 발행하는 채무증권에 관한 것이다. 바젤III기준 자본으로 인정받을 수 있는 증권은 크게 신종자본증권(Tier1 인정)과 후순위채권(Tier2 인정)으로 나뉜다.

바젤II는 은행의 BIS비율 산출 시 자기자본을 기본자본(Tier1)과 보완자본(Tier2)으로 분류하였으나, 바젤III는 자기자본을 보통주자본(Tier1), 기타 기본자본(Tier2)과 보완자본(Tier3)으로 세분화하였다. 이와 함께 자본으로 인정하던 신종자본증권 및 후순위채에 대해 일정한 요건을 충족할 경우에만 자본으로 인정하기로 요건을 강화했다. 기존의 신종자본증권 및 후순위채에 대해 2013년 12월부터 90%까지, 2014년 1월부터 80%까지 자본으로 인정하는 등 자본인정 한도를 매년 최대 10%p씩 차감함에 따라 은행권의 인정자본이 축소되므로, 이를 상쇄하기 위해 은행의 조건부자본증권 발행 수요가 증가할 수 있다.

조건부자본증권 투자는 은행의 높은 크레딧에도 불구하고 후순위채보다 상환 순위가 낮아 상대적으로 높은 금리를 취할 수 있다는 장점이 있다. 그러나 은행의 자본력이

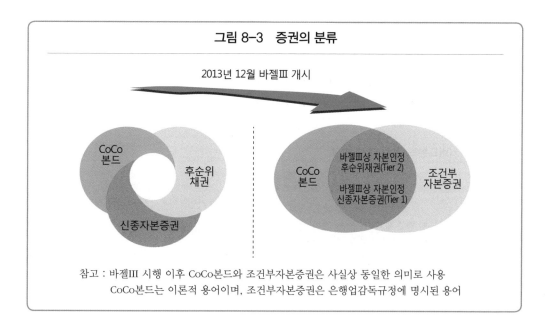

그림 8-3 증권의 분류

2013년 12월 바젤Ⅲ 개시

CoCo
본드

후순위
채권

신종자본증권

CoCo
본드

바젤Ⅲ상 자본인정
후순위채권(Tier 2)

바젤Ⅲ상 자본인정
신종자본증권(Tier 1)

조건부
자본증권

참고 : 바젤III 시행 이후 CoCo본드와 조건부자본증권은 사실상 동일한 의미로 사용
CoCo본드는 이론적 용어이며, 조건부자본증권은 은행업감독규정에 명시된 용어

약해질 경우에는 이자지급이 정지되거나 주식에 투자한 것보다 먼저 전액 손실을 인식할 수 있다는 단점이 있다.

이중상환청구권부채권(Covered Bond)

1 이중상환청구권의 정의와 성격

이중상환청구권부채권(커버드본드, Covered Bond)은 발행기관에 대한 상환청구권과 함께 발행기관이 담보로 제공하는 기초자산집합에 대하여 제3자에 우선하여 변제받을 권리를 가지는 채권이다. 발행기관 파산 시 담보자산이 발행기관의 도산절차로부터 분리되어 투자자는 담보자산에 대한 우선변제권을 보장받고, 담보자산의 상환재원이 부족하면 발행기관의 다른 자산으로부터 변제받을 수 있다. 또한 담보부사채와는 달리 정기적인 자산건전성 점검을 통해 담보자산을 교체 또는 추가하여 만기 시까지 커버풀의 담보력을 유지할 수 있게 되어 담보력이 강해진다.

우리나라는 커버드본드의 발행을 지원하고 투자자에게 이중상환청구권을 보장하기 위해 2014년 1월 「이중상환청구권부 채권 발행에 관한 법률」(이하 '이중상환채권법'이라 함)을 제정하였고, 이에 법정 담보부채권이 되었다.

표 8-1　커버드본드 유사 개념 비교

	커버드본드	담보부사채	유동화증권
발행주체	금융회사(은행)	금융회사, 일반기업	금융회사, 적격 일반기업
발행구조	'발행주체가 직접 발행하거나, 담보자산을 양도받은 SPC가 발행(보증)'	'발행주체가 직접 발행 (담보부 신탁 설정)'	'자산보유자가 SPC에 자산을 양도하여 발행'
회계처리	On-Balance	On-Balance	Off-Balance
파산절연	×	×	×
우선변제권	○	제한	○
발행기관청구권	○	○	×

참고 : * 발행기관 파산 시 변제권이 인정되나, 회생절차가 개시되는 경우 회생계획에 따라 담보권 행사 제한

2　커버드본드의 장단점

(1) 장점

❶ 장기 은행채 투자가 가능 : 은행이 발행하는 채권은 대부분 무담보은행채(SB, Straight Bond). 후순위채나 신종자본증권은 만기가 각각 5~10년, 30년으로 일반적으로 SB보다 길지만 후순위성격이 강해 투자자 입장에서는 꺼려지기 마련. 은행이 커버드본드를 발행한다면 투자자 입장에서는 우수한 신용의 장기채를 투자할 수 있는 기회가 생기는 것임

❷ 금리 상승 시 은행은 조달금리를 인하 : 금리가 상승하거나 은행의 신용도가 낮아져 조달금리가 높아질 경우 우량자산을 담보로 제공하면서 높은 신용등급을 받아 낮은 금리로 자금조달이 가능. 위기 시 상대적으로 안정적인 자금조달이 가능

❸ 은행이 커버드본드에 투자할 경우 고유동성자산으로 분류 : 은행이 투자한 타은행이 발행한 커버드본드는 고유동성자산으로 인정받음. 커버드본드는 바젤III 규정에 의해 LCR(Liquidity Coverage Ratio) 산정 시 고유동성 자산으로 분류. 은행이 발행

한 채권(SB, 후순위채, 신종자본증권)의 주요 투자자가 은행인 것을 감안하고, 고유동성을 인정받는다면 국내 은행은 유럽의 경우와 같이 커버드본드의 주요 투자자가 될 수 있음

(2) 단점

❶ 커버드본드 발행이 급격히 증가하는 경우 담보제공을 위해 적격자산에서 제외되는 가계신용대출, 중소기업대출은 실행이 위축될 수 있음

❷ 담보로 제공된 우량자산에 우선변제권이 인정됨에 따라 발행기관이 부실화되는 경우 예금자 및 일반채권자 등이 상대적으로 불리해 질 수 있음

❸ 저금리 상황에서는 커버드본드 발행이 활발하지 않을 것 : 상대적으로 우량자산을 담보로 제공하면서 조달금리를 낮추는 것이 커버드본드 발행의 목적이나, 금리가 낮을 경우에는 조달금리 축소 폭이 크지 않을 수 있음

---

3   적격 발행기관(이중상환채권법 제2조 제2호)

적격 발행기관은 커버드본드를 발행할 수 있는 자를 말하며, 기관요건으로 금융회사, 즉 은행, 산업은행, 수출입은행, 기업은행, 농협은행, 수산업중앙회, 주택금융공사 등을 발행에 적격한 기관으로 정의하고 있다(법 제2조제1호).

---

4   기초자산의 종류(이중상환채권법 제5조)

기초자산집합(커버풀, Cover pool)은 투자자의 우선변제권을 위해 커버드본드의 원리금의 상환을 담보하는 자산을 말한다. 커버풀의 담보가치 유지를 위해 커버풀 총평가액은 커버드본드 발행잔액의 105% 이상(최소 담보비율)을 유지해야 하며, 유동성자산은 총평가액의 10%를 초과할 수 없다.

표 8-2 | 기초자산의 적격요건

커버풀 구성자산		적격요건
기초자산	주택담보대출	• 주택법상 주택을 담보로 함 • LTV 70% 이하, DTI 70% 이하 • 1순위 (근)저당권의 설정 • 대출금 전액에 대한 저당권 설정 • 채무자가 파산, 법정관리, 워크아웃 상태가 아닐 것
	국가·지자체·공공법인 대출	
	국채, 지방채, 특수채	
	선박·항공기 담보대출	• LTV 70% 이하 • 일정 금액 이상의 보험가입
	안정적 현금흐름의 우량자산	• 자산유동화법에 따른 모기지 ABS • 주택금융공사의 MBS 또는 MBB • 원리금 지급순위가 1순위 • 기초자산이 주택담보대출의 요건 충족
유동성 자산	현금	
	CD(만기 100일 이내)	
	3개월 내 현금화 자산	• 금융위가 정한 국가의 국채 • 금융위가 정한 외국 금융회사의 CD • (외국)금융기관 예·적금
기타자산	기초·유동성 자산의 회수금	
	기초·유동성 자산의 관리·처분상 취득 재산	
	위험회피용 파생상품거래의 채권	

section 04 전환사채

1 전환사채의 정의

전환사채(convertible bonds : CB)란 전환사채를 보유한 투자자가 일정기간 동안 일정한 가격으로 발행기업의 주식으로 바꿀 수 있는 권리가 부여된 유가증권이다. 투자자의 입장에서 보면 투자기간 동안 전환대상이 되는 주식의 가격이 상승하면 전환권의 행사를 통하여 주가 상승의 효과를 누릴 수 있고, 반대로 주가가 낮은 상태로 있으면 확정된 표면이자 및 만기상환금액에 의한 안정적 투자수익을 획득할 수 있다. 전환사채 발행기업의 입장에서 보면 주가 상승 시 일반채권이 지니지 못한 주가 상승 차익실현의 기회를 투자자에게 제공하는 대신 일반적으로 일반채권에 비해 상대적으로 낮은 표면이자를 지급함으로써 자금조달 비용을 낮추는 장점을 지닐 수 있는 것이다.

2 전환사채 투자 여부 판단 기준

전환사채의 특징은 채권 보유자에게 발행기업의 주식을 매입할 수 있는 권리가 부여된다는 점에서 비롯된다. 따라서 전환사채에 대한 투자 여부는 궁극적으로 전환대상 주식의 미래 가격에 대한 예측에 달려있다고 볼 수 있으며, 전환사채에 대한 투자는 사실상 전환대상 주식에 대한 간접투자라고 할 수 있다. 따라서 전환사채의 투자가 지니는 의미를 파악하기 위해서는 전환대상 주식에 직접 투자하는 것과 비교 가능해야 하는데, 이를 위해서는 전환주수와 Parity에 대한 기본개념을 중심으로 한 각종 투자지표들을 이용할 수 있어야 한다.

(1) 전환 가격(Conversion price)과 전환주수(Conversion ratio)

전환 가격(혹은 전환가액)이란 전환사채를 주식으로 전환할 때 전환 대상 주식 1주당 지불하여야 할 가격을 의미하며, 전환 주수는 일정한 액면금액당 전환되는 주식의 숫자를 의미한다. 즉,

$$전환\ 주수 = \frac{액면금액}{전환\ 가격}$$

으로 표현될 수 있다. 이때의 전환 가격을 액면전환 가격(Par conversion price)이라고도 한다.

(2) 전환 가치(Conversion value)

전환 가치('패리티가치'라고도 함)는 전환된 주식들의 시장가치를 나타내며, 일반적으로 전환 주식의 시가를 전환 주수로 곱한 것으로 표시된다. 만약 액면 10,000원인 전환사

채의 전환 주수가 2주일 때 주당 시가가 4,500원이라면 전환 가치는 9,000원이 된다. 즉,

$$전환\ 가치(Conversion\ value) = 패리티가치(Parity\ value)$$
$$= 주식의\ 시장\ 가격 \times 전환\ 주수$$
$$= 4,500(원) \times 2 = 9,000(원)$$

(3) 전환 프리미엄(Conversion Premium)

실무에서 괴리라고도 하는 전환 프리미엄 혹은 시장 전환 프리미엄(Market Conversion Premium)은 전환사채의 시장 가격과 전환 가치와의 차이를 나타낸 것이다. 예컨대 앞에서 제시된 전환사채를 발행시장에서 액면금액으로 취득했다면 전환 프리미엄은 1,000원이다. 즉,

$$전환\ 프리미엄 = 시장\ 전환\ 프리미엄 = 괴리$$
$$= 전환사채의\ 시장\ 가격 - 전환\ 가치$$
$$= 10,000 - 9,000 = 1,000$$

이는 전환사채를 통해 간접매입하는 경우 전환 대상 주식을 유통시장에서 직접 매입하는 것보다 주당 500원의 프리미엄을 지불한 것이라고 할 수 있다.

그러나 만약 이 전환사채를 유통시장에서 11,000원에 매입하였으며, 이때의 주가가 5,300원이라면 전환 가치는 10,600원이어서 전환 프리미엄은 400원이다. 이 경우 전환 대상 주식을 유통시장에서 직접 매입하는 것보다 주당 200원의 프리미엄을 지불한 것이라고 할 수 있다.

전환 프리미엄을 전환 가치로 나눈 것을 전환 프리미엄률 혹은 괴리율이라고 한다. 앞에서 제시된 경우 발행시장에서 취득한 경우는 괴리율이 11.11%이고, 유통시장에서 매입한 경우의 괴리율은 3.78%이다.

괴리율이 음의 값이 나온다는 것은 전환사채에 투자한 후 곧바로 전환하여 전환차익을 볼 수 있는 재정거래가 가능함을 의미한다. 그러나 대부분의 경우는 예제에서 볼 수 있는 바와 같이 괴리(율)는 양의 값을 띠고 있는데, 이는 전환 대상 주식을 직접 사는 것보다 전환사채를 통한 투자를 할 때는 현재 주식 가격에 일정한 프리미엄을 지불함을 의미한다.

전환사채의 경우 일반적으로 양의 전환 프리미엄이 발생하며, 전환 프리미엄의 성격은 미래에 오를 수 있는 주식 가격의 가능성을 취득한 권리 비용인 옵션 프리미엄과 동

일하다.

(4) 패리티(Parity)

전환 대상 주식의 시가 대비 전환 가격을 백분율로 나타낸 것으로 전환사채를 전환할 경우에 전환 차익이 발생하는가를 판단하는 지표라고 할 수 있다.

$$패리티(\text{Parity}) = \frac{주식의\ 시장\ 가격}{전환\ 가격} \times 100(\%)$$

만약, (액면)전환 가격이 5,000원인데 주가가 5,300원이면 패리티는 106이 된다. 이는 전환에 의한 수익률이 6%임을 의미한다.

만약 어떤 전환사채의 가격이 액면 10,000원을 기준으로 표시된다면 (parity×100) =주식의 시장 가격×전환 주수=전환 가치가 된다. 따라서 전환사채의 가치에 전환권의 가치가 반영된다는 점을 감안하면 전환사채의 가격은 일반적으로 발표되고 있는 parity에 100을 곱한 값보다 커야 됨을 알 수 있다. 만약 전환사채의 가격이 (parity× 100)보다 작다면 투자 직후 전환하여 전환 차익을 볼 수 있는 재정거래가 가능하기 때문이다. 결과적으로 위에서 예시된 전환사채의 값은 액면 10,000원당 10,600원 이상은 되어야 함을 의미한다.

또한 이 지수는 투자된 전환사채를 전환할 것인가의 여부도 결정하는 지표로 작용한다. 만약 발행시장에서 전환사채를 액면 가격으로 취득했다면 (parity×100)이 10,000을 넘을 경우 전환 차익을 발생시키겠지만, 만약 유통시장에서 다른 가격으로 취득하였다면 이 가격과 (parity×100)을 비교하여야 한다. 만약 전환사채를 액면 10,000원당 12,000원에 매입하였다면 (parity×100)가 12,000 이상이 되어야 전환 차익이 발생한다.

이는 액면 10,000원당 전환 주수가 2주일 때 액면 전환 가격은 주당 5,000원이더라도 시장 전환 가격(전환사채의 시장 가격/전환 주수)은 주당 6,000원이기 때문이다. 이 경우 전환사채 투자 후 전환까지의 소요기간 동안 발생하는 금융비용을 감안하지 않더라도 전환에 의한 차익이 발생하려면 전환 대상 주식의 가격이 최소 6,000원 이상이 되어야 함을 의미하는 것이다.

지금까지 설명된 전환사채의 옵션적 성격으로 실제로 주가가 상승하게 되면 전환사채의 투자자는 전환권을 행사하여 전환 차익을 얻겠지만, 만약 주가가 (시장)전환 가격 이하로 유지되더라도 전환사채의 투자자는 채권으로써의 전환사채가 갖는 특성에 기인하는 단위기간별 이자와 만기보장상환액을 상환받는다. 만기보장상환액은 전환사채의 발행회사가 전환사채의 만기보유자에게 전환사채의 발행기간 동안 저금리의 자금을 사용한 것에 대한 보상으로 액면금액과 함께 지급하는 금액이다.

이와 같은 전환사채의 특성들을 감안할 때 전환사채의 가치는 주가가 전환 가격보다 높으면 전환 가치 이상이 되고 주가가 전환 가격 이하가 되더라도 전환사채의 가치는 최소한 채권가치 이상은 된다. 따라서 전환사채의 가치는 다음과 같이 표현된다.

전환사채의 최소가치 = Max(채권가치, 전환 가치)

이때 전환사채의 실제 가치와 전환사채의 최소가치와의 차이는 결국 전환권에 대한 가치라고 할 수 있으며, 이는 옵션 프리미엄과 동일한 성격을 지닌다고 할 수 있다.

section 05 　신주인수권부사채

신주인수권부사채(BW : Bond with Warrants)는 채권의 발행회사가 발행하는 신주식을 일정한 가격(행사 가격)으로 인수할 수 있는 권한이 부여된 회사채를 말한다. 신주인수권부사채의 소유자는 발행회사의 주식을 일정한 가격으로 취득할 수 있는 권한을 가진다는 점에서 전환사채와 동일한 권리를 가지기 때문에 신주인수권부사채의 가치평가를 위한 분석은 전환사채의 분석방법을 대부분 원용할 수 있다.

표 8-3　**전환사채와 신주인수권부사채**

구분	전환사채(CB)	신주인수권부사채(BW)
부가된 권리	전환권	신주인수권
권리행사 후 사채권	전환권 행사 후 사채 소멸	신주인수권 행사 후에도 사채 존속
추가 자금 소요 여부	전환권 행사 시 추가 자금 불필요	신주인수권 행사를 위한 별도의 자금 필요
신주 취득 가격	전환 가격	행사 가격
신주 취득의 한도	사채 금액과 동일	사채 금액 범위 내

그러나 전환권 행사 후 사채가 소멸되는 전환사채와는 달리 신주인수권부사채는 신주인수권의 행사 후에도 사채가 유지된다. 따라서 신주인수권 행사를 위해서는 별도의 주금이 필요하기도 하다.

section 06 교환사채

교환사채(Exchangeable Bond : EB)는 사채 소유자에게 사채발행 후 일정기간이 경과하면 사채의 만기 전 일정기간까지 교환 가격으로 사채를 발행한 회사가 보유하고 있는 주식으로 교환청구할 수 있는 권리가 부여된 채권이다.

교환 시에는 발행사가 보유한 자산(보유 주식)과 부채(교환사채)가 동시에 감소하는 특징을 지니고 있다. 따라서 권리행사 시 추가적인 자금이 소요되지 않는다는 점에서 신주인수권부사채와는 차이가 있다. 또한 권리가 행사되더라도 발행회사의 자본금 증대가 일어나지는 않는다는 점에서 전환사채와도 차이가 있다.

section 07 기업어음(CP)과 전자단기사채(STB)

1 기업어음

(1) 기업어음(Commercial Paper : CP)

기업들이 단기 운용자금을 조달하기 위하여 발행하는 융통어음이다. 이들 중 증권회사 및 종금사에 의해 거래되는 투자대상 어음은 일정한 등급 이상의 신용평가를 받은 기업들에 의해 발행된 것들이다.

자본시장법에서는 일정 요건을 갖춘 기업어음을 여타 채권들과 같이 하나의 채무증권으로 명시하고 있다(법 제4조 제3항). 기업어음 역시 만기 전에는 발행기업으로부터의 중도환매가 불가능하기 때문에 유통시장의 거래를 통하여 유동성을 확보하게 된다.

기업어음은 채권과 달리 표면이율이 없고, 만기는 제한이 없으나 만기가 1년 이상이면 증권신고서를 제출해야 한다.

(2) 기업어음의 등급

발행기관은 신용평가기관 중 2개 이상의 기관으로부터 복수 신용평가등급을 받는다. 등급은 원리금의 적기상환능력 우열도에 의해 결정되며, A1등급에서 D등급까지 구분된다. 등급 중 A2등급부터 B등급까지는 당해 등급 내의 우열에 따라 + 또는 −부호를 부가한다.

(3) 등급감시 및 평가 종류

등급감시(Credit Watch)는 등급에 영향을 미치는 특정 사건이나 환경의 변화가 발생하여 기존 등급을 재검토할 필요가 있다고 판단될 때 부여된다. 통상적으로 검토기간은 90일을 초과하지 않는 것이 원칙이나 부득이한 경우 검토기간을 연장할 수 있고, 등급감시 기호는 다음의 3가지 종류가 있다.

표 8-4 **등급감시 종류**

종류	내용
↑(상향)	등급상향검토
↓(하향)	등급하향검토
◆(미확정)	등급의 방향성을 판단하기 어려운 사유 발생 시

(4) 기업어음의 매매방식 및 원천징수

매매 가격은 할인율을 감안하여 다음과 같이 계산된다.

$$매매\ 가격 = 액면금액 \times \left(1 - 할인율 \times \frac{잔존일\ 수}{365}\right) \quad (원\ 미만\ 절상)$$

CP의 투자소득에 대한 세금의 원천징수는 CP 매입 시 세금을 원천징수하는 선취방식과 매입했던 CP를 매도하거나 만기 시에 원천징수하는 후취방식이 있다. 현재 CP

매매에서는 선취방식의 과세방식이 일반적으로 사용되고 있는데 이는 CP가 채권이나 CD와는 달리 명시적인 표면이율이 없기 때문이다.

- 액면금액 : 5,000,000,000원
- 만기일 : 2××5년 12월 21일
- 발행일 : 2××5년 6월 12일
- 매매할인율 : 4.70%

[매입] 일반법인이 위와 같은 조건을 지닌 CP를 발행일에 매입할 때의 매매 가격과 선취대상 세금을 산출하고 이 CP를 만기상환받을 경우의 세전 및 세후 투자수익률은?(연단위 기간은 365일로 계산)

4,876,383,562(P)　　　　　　　　　　　　　　　　5,000,000,000(S)

192일

2××5. 6. 12(매매일)　　　　　　　　　　　　　2××5. 12. 21(만기일)

① 매매 가격 : $5,000,000,000 \times \left(1 - 0.047 \times \dfrac{192}{365}\right) = 4,876,383,562$(원)

② 선취대상 세금(일반법인의 경우) : 17,306,300원 (10원 미만 절사)

　　$= (5,000,000,000 - 4,876,383,562) \times 0.14$

③ 세후 취득 가격 : 4,893,689,862(원) $= 4,876,383,562 + 17,306,300$

④ 연단위 산술평균 투자수익률(만기상환 시)

　　ㄱ. 세전 : $4.82(\%) = \dfrac{5,000,000,000 - 4,876,383,562}{4,876,383,562} \times \dfrac{365}{192} \times 100$

　　ㄴ. 세후 : $4.13(\%) = \dfrac{5,000,000,000 - 4,893,689,862}{4,893,689,862} \times \dfrac{365}{192} \times 100$

[매도] 위 기업어음을 만기보유 못한 채 2××5년 9월 12일에 4.5%에 매도했을 경우의 매매 가격 및 세후 수령액을 산출하면?

만기까지의 잔존일 수가 100일이므로

① $5,000,000,000 \times \left(1 - 0.045 \times \dfrac{100}{365}\right) = 4,938,356,164$(원)

　　중도 매도 시에는 선납했던 세금(17,306,300원)을 되돌려 받는 대신 실제 보유일 수 동안 발생한 수익에 대한 세금을 원천징수의 형태로 납입하게 된다.

이 세금계산에는 매입금리가 적용된다. 보유기간은 92일이므로

② 과표 : $59,232,876 = 5,000,000,000 \times 0.047 \times \dfrac{92}{365}$

③ 원천징수세금 : $59,232,876 \times 0.14 = 8,292,600$ (10원 미만 절사)

④ 세후 가격 : 4,930,063,564(원) = 4,938,356,164 − 8,292,600

⑤ 최종 수령금액 : 4,947,369,864(원) = 4,930,063,564 + 17,306,300

2 　전자단기사채(Short−Term Bond)

(1) 전자단기사채의 의의

전자단기사채는 사채권으로 전자단기사채법에서 정한 요건을 갖추고 전자적 방식으로 등록한 채무증권을 말한다. 전자단기사채의 요건은 발행금액 1억 원 이상, 만기 1년 이내, 발행금액 전액·일시 납입, 주권 관련 권리 부여 금지 및 「담보부사채신탁법」의 물상담보 금지를 요구한다. 기업어음과는 달리 만기 1개월 이내로 발행되는 전자단기사채 투자에서 발생하는 소득은 원천징수 대상이 되지 않는다. 지방채 및 특수채도 동일한 방식으로 발행할 수 있다. 전자단기사채는 전자적으로 등록되므로 실물증권의 발행이 금지된다(전자단기사채법 제14조).

(2) 전자단기사채법 실행 배경 및 변화

정부는 콜시장의 은행 간 시장으로 재편하고, 기업어음(CP)의 불완전판매 문제를 해결하는 등 단기금융시장의 구조개선을 위해 2011년 1월 「전자단기사채등의 발행 및 유통에 관한 법률」을 제정하고 2013년 1월부터 시행했다. 그 결과 단기자금 조달이 CP와 전자단기사채로 다양화되었고, 콜시장 참여가 제한된 금융투자업자의 전자단기사채발행물량이 크게 증가하였다. 만기 3개월 이내의 전자단기사채에 대해 증권신고서 제출의무가 없어 신속한 자금조달이 가능하기 때문에, 3개월물 이내의 초단기물(7일물 이내) 발행이 급증하였다.

전자단기사채법은 2019년 9월 폐지되고 관련 내용은 전자증권법(주식·사채 등의 전자등록에 관한 법률)에 흡수되었다.

표 8-5   기업어음과 전자단기사채 비교

구분	기업업음(CP)	전자단기사채
개념	기업이 자금조달을 목적으로 발행한 약속어음(실물)	만기 1년 이하 등 일정한 설립요건을 갖추고 전자적 방식으로 발행되는 사채(실물 없음)
근거	자본시장법	전자단기사채법(전자증권법)
발행	전량 종이어음으로 발행	등록기관(예탁결제원)의 전자단기사채시스템을 통해 전자적으로 발행
유통	금융투자회사를 통해 유통되는 경우 예탁결제원에 집중예탁되며, 그 외 별도의 규제 없음	등록기관 또는 계좌관리기관 계좌부상 대체기재 방식 • 1억 원 이상 분할유통 가능 • 질권설정, 신탁재산표시 가능
결제	예탁 CP에 한하여 CP와 대금의 동시결제(DVP) 가능	동시결제(DVP) 가능
발행정보 공개	예탁결제원 등	예탁결제원 증권정보포털에 공개

01 다음 중 채권에 대한 설명으로 옳지 않은 것을 모두 묶어 놓은 것은?

> ㉠ 잔존기간은 발행일에서 만기일까지를 의미한다.
> ㉡ 만기수익률이란 채권 발행 시에 발행자가 지급하기로 한 이자율을 의미한다.
> ㉢ 단가란 액면 10,000원당 시장에서 거래되는 가격이다.
> ㉣ 선매출이란 발행일 이전에 일정기간 동안 채권이 판매되는 것을 의미한다.

① ㉠, ㉡　　　　　　　　　　② ㉡, ㉢
③ ㉢, ㉣　　　　　　　　　　④ ㉣, ㉠

02 다음 중 이표채권에 대한 설명으로 옳지 않은 것을 모두 묶어 놓은 것은?

> ㉠ 일정기간마다 채권의 매도자가 표면이자를 지급한다.
> ㉡ 일반 회사채는 이표채 형태의 발행비중이 가장 크다.
> ㉢ 투자 시 가격 변동 위험과 재투자위험이 존재한다.
> ㉣ 지급이자는 매입 시의 만기수익률을 기준으로 산정된다.

① ㉠, ㉡　　　　　　　　　　② ㉡, ㉢
③ ㉢, ㉣　　　　　　　　　　④ ㉣, ㉠

해설

01　① ㉠ 발행일에서 만기일까지의 기간은 만기기간이다. ㉡ 채권 발행 시에 발행자가 지급하기로 한 이자율은 표면이율이다. ㉢ 단가란 액면 10,000원당 시장에서 거래되는 가격이다. ㉣ 선매출이란 발행일 이전에 일정기간 동안 채권이 판매되는 것을 의미한다.

02　④ ㉠ 이표채에 대한 표면이자는 채권의 매도자가 아닌 발행자가 지급한다. ㉡ 일반회사채는 이표채의 형태로 발행되며, 할인, 복리 등의 원리금 만기 시 일시상환방식이 사용되지 않는다. ㉢ 이표채에 투자하면 수익률 변동 시에 채권의 가격 변동 위험과 채권에서 발생된 표면이자에 대한 재투자위험이 발생한다. ㉣ 지급이자는 채권 발행 시에 결정된 표면이율에 따라 지급된다.

03 다음 중 채권 발행방식의 설명으로 옳지 않은 것들로만 묶여진 것은?

> ㉠ Dutch방식은 경쟁입찰방식 중의 한 가지이다.
> ㉡ 무보증회사채는 매출발행의 비중이 가장 높다.
> ㉢ Conventional방식은 복수의 낙찰수익률이 생긴다.
> ㉣ 총액인수방식은 직접발행방식이다.

① ㉠, ㉡
② ㉡, ㉢
③ ㉢, ㉣
④ ㉡, ㉣

04 다음 중 우리나라의 국채시장에 관한 설명으로 옳지 않은 것을 모두 묶어 놓은 것은?

> ㉠ 국고채는 발행기관들에 의한 총액인수방식으로 발행된다.
> ㉡ 국고채권, 국민주택채권은 대표적인 국채이다.
> ㉢ 국채통합발행제도(fungible issue)가 도입되어 있다.
> ㉣ 국고채는 동일조건의 일반회사채보다 높은 수익률로 거래된다.

① ㉠, ㉡
② ㉡, ㉢
③ ㉢, ㉣
④ ㉠, ㉣

해설

03 ④ ㉠ Dutch방식은 conventional 방식과 함께 경쟁입찰방식이다. ㉡ 회사채는 간접모집의 일종인 총액인수방식에 의해 발행된다. ㉢ Conventional 방식은 복수의 낙찰수익률이 생긴다. ㉣ 총액인수방식은 발행의 위험을 발행기관이 지는 간접발행방식이다.

04 ④ ㉠ 국고채는 직접모집방식에 의해 발행된다. ㉡ 재정증권, 국고채, 국민주택채권 등은 대표적인 국채이다. ㉢ 국채통합발행제도(fungible issue)가 도입되어 있다. ㉣ 국채는 신용위험이 낮기 때문에 동일조건의 일반회사채보다 낮은 수익률로 거래된다.

05 표면이율 3%, 만기기간 5년, 만기상환금액이 11,592원인 연단위 복리채를 잔존기간이 2년 250일 남은 시점에서 유통수익률 7.0%에 매매하려고 한다. 유통시장의 관행적 방식에 의한 세전 가격의 산정방법은?

① $P = \dfrac{11,592(1+0.03)^5}{(1+0.07)^2\left(1+0.07\times\dfrac{250}{365}\right)}$ ② $P = \dfrac{11,592(1+0.03)^5}{\left[1+0.07\times\left(2+\dfrac{250}{365}\right)\right]}$

③ $P = \dfrac{11,592}{(1+0.07)^2\left(1+0.07\times\dfrac{250}{365}\right)}$ ④ $P = \dfrac{10,000(1+0.03)^5}{\left[1+0.07\times\left(2+\dfrac{250}{365}\right)\right]}$

06 다음 조건을 지닌 이표채를 발행당일에 유통수익률 8%로 매매하려고 할 때 관행적 방식에 의한 세전 단가는?

> ㉠ 발행일 : 2××2년 6월 21일   ㉡ 만기일 : 2××5년 6월 21일
> ㉢ 이자지급방법 : 매 3개월 후급   ㉣ 표면이율 : 6%

① $P = \displaystyle\sum_{t=1}^{3}\dfrac{600}{(1+0.08)^t}+\dfrac{10,600}{(1+0.08)^3}$ ② $P = \displaystyle\sum_{t=1}^{6}\dfrac{300}{\left(1+\dfrac{0.08}{2}\right)^t}+\dfrac{10,300}{\left(1+\dfrac{0.08}{2}\right)^6}$

③ $P = \displaystyle\sum_{t=1}^{12}\dfrac{150}{\left(1+\dfrac{0.08}{4}\right)^t}+\dfrac{10,150}{\left(1+\dfrac{0.08}{4}\right)^{12}}$ ④ $P = \displaystyle\sum_{t=1}^{12}\dfrac{150}{\left(1+\dfrac{0.08}{4}\right)^t}+\dfrac{10,000}{\left(1+\dfrac{0.08}{4}\right)^{12}}$

해설

05 ③ 관행적 방식에 의한 만기 시 일시상환채권의 가격산정방법은

$P = \dfrac{S}{(1+r)^N\left(1+r\times\dfrac{d}{365}\right)}$ 이다. 복

리채인 이 채권은 표면이율과 만기기간이 제시되어 있으나 만기상환금액(11,592원) 자체가 제시되어 있기 때문에 할인의 대상이 되는 금액은 $S=11,592$이다. 또한 $r=0.07$, 잔존연수(N)=2, 잔존일수(d)=250이므로 정답은 ③이다.

06 ④ 이표채의 단가는 매기의 현금흐름을 이자지급단위로 정제되는 잔존기간에 대해서는 이자지급단위기간 복리로, 이자지급단기기간 이하의 잔존기간에 대해서는 이자지급단위기간 단리방식으로 현재가치화한 값이다. 이 채권의 이자지급단위기간은 3개월이므로 3월단위 복할인 방식을 사용한다. 다만 ③번의 경우는 마지막 이표금액을 중복 계산한 것이다.

07 다음 중 6개월 단위 이자후급 국고채권에 대한 설명으로 옳지 않은 것을 묶은 것은?

> ㉠ 국채전문유통시장(IDM)에서만 거래할 수 있다.
> ㉡ 만기기간이 20년인 채권도 발행되고 있다.
> ㉢ 같은 조건의 일반회사채보다 낮은 수익률로 거래된다.
> ㉣ 매입 후 만기보유하면 매입 시의 만기수익률이 실현된다.

① ㉠, ㉡

② ㉡, ㉢

③ ㉢, ㉣

④ ㉣, ㉠

08 다음 채권의 발행 당일 수익률이 10%일 때의 듀레이션은 2.78년이다. 다른 조건은 이 채권과 동일하나 표면이율이 10%인 채권의 듀레이션은?

> ㉠ 발행일 : 2××2년 6월 22일
> ㉡ 만기일 : 2××5년 6월 22일
> ㉢ 표면이율 : 8%
> ㉣ 이자지급방법 : 매년단위 후급

① 3.0년

② 2.83년

③ 2.78년

④ 2.74년

해설

07 ④ ㉠ 최근 발행된 기준물 등 의무적으로 장내거래를 해야 하는 종목들이 있으나, 모든 국고채를 국채 전문 유통시장에서 거래해야 하는 것은 아니다. ㉡ 2006년부터는 만기기간이 20년인 최장기 국고채 권도 발행되기 시작하였다. ㉢ 국고채는 신용위험이 회사채보다 작기 때문에 동일조건의 일반회사채 보다 낮은 수익률로 거래된다. ㉣ 이표채의 경우는 매입후 만기보유하더라도 재투자수익률이 매입 시 만기수익률과 동일하지 않으면 매입 시의 만기수익률이 실현되지 않는다.

08 ④ 이표채의 듀레이션은 다른 조건이 일정할 경우 표면이율이 커질수록 감소한다. 따라서 이 문제 예 제의 채권의 표면이율이 8%이고 이 채권의 듀레이션이 2.78년인데, 알고자 하는 채권의 표면이율은 10%이므로 2.78년보다 작아야 한다.

09 다음 보기에 제시된 채권들은 연단위 후급이표채들이다. 듀레이션이 작은 채권의 순서대로 나열된 것은?

	표면이율(%)	잔존기간(년)	시장수익률(%)
채권A	5	4	5
채권B	6	4	5
채권C	6	4	6
채권D	6	3	6

① A < B < C < D   ② D < B < A < C

③ D < C < B < A   ④ D < A < B < C

10 잔존기간이 4년 남은 복리채권이 수익률 7.0%일 때의 단가가 9,736원이다. 수익률이 0.5%포인트 상승할 경우 듀레이션의 개념을 이용해 추정한 이 채권의 가격 변동폭(DP)은?

① $\Delta P = -\dfrac{4}{(1+0.07)} \times 0.005 \times 9,736$ ② $\Delta P = \dfrac{4}{(1+0.07)} \times 0.005 \times 9,736$

③ $\Delta P = -\dfrac{3.87}{(1+0.07)} \times 0.005 \times 9,736$ ④ $\Delta P = \dfrac{3.87}{(1+0.07)} \times 0.005 \times 9,736$

해설

09 ③ 이표채의 듀레이션은 잔존기간이 작을수록, 표면이율이 높을수록, 시장수익률이 높을수록 작게 나타난다. 실제 이들 채권의 듀레이션을 산출해 보면 채권A = 3.72(년), 채권B = 3.68(년), 채권C = 3.67(년), 채권D = 2.83(년)이다.

10 ① $(Macaulay)\ Duration = -\dfrac{\dfrac{\Delta P}{P}}{\dfrac{\Delta r}{1+r}}$ 로 정의된다. 따라서 $\Delta P = -\dfrac{Duration}{(1+r)} \times \Delta r \times P$ 이다.

그런데 문제의 채권은 만기 시 일시상환채권이므로 잔존기간과 듀레이션은 동일하다. 따라서 위 조건에서 듀레이션 = 4, 1 + r = 1+0.07, Δr = 0.005로 주어진 것이다.

11 다음 볼록성에 대한 설명으로 옳지 않은 것들로만 묶여진 것은?

> ㉠ 다른 조건이 일정하다면 수익률의 수준이 낮을수록 볼록성은 작아진다.
> ㉡ 특정 수익률 수준에서 산출된 듀레이션이 같은 두 채권의 경우, 수익률이 상 승하게 되면 볼록성이 큰 채권이 볼록성이 작은 채권보다 높은 가격을 갖게 된다.
> ㉢ 다른 조건이 일정하다면 표면이율이 낮은 이표채가 표면이율이 높은 이표채 보다 볼록성이 크다.

① ㉠
② ㉡
③ ㉠, ㉡
④ ㉡, ㉢

12 표면이율이 8%인 할인채를 잔존기간이 3년 남은 시점에서 8,150원에 매입 후 만기 상환받았다. 이 투자의 연단위 실효수익률은?

① $\sqrt{\dfrac{8,150 \cdot (1+0.08)^3}{10,000}} \times \dfrac{1}{3}$

② $\dfrac{10,000 - 8,150}{8,150} \times \dfrac{1}{3}$

③ $\sqrt[3]{\left[\dfrac{8,150 \cdot (1+0.08)^3}{10,000} - 1\right]}$

④ $\sqrt[3]{\dfrac{10,000}{8,150}} - 1$

해설

11 ① ㉠ 볼록성은 수익률의 수준이 낮을수록 커진다. ㉡ 특정 수익률 수준에서 산출된 듀레이션이 같은 두 채권의 경우, 볼록성이 큰 채권이 볼록성이 작은 채권보다 수익률이 올라가던, 떨어지던 높은 가격을 갖게 된다. ㉢ 다른 조건이 일정하다면 표면이율이 낮은 이표채가 표면이율이 높은 이표채보다 볼록성이 크다.

12 ④ 연단위 실효수익률은 투자금액(P)대비 투자 종료 시 실현된 금액(FV)을 복할인한 개념이고 다음과 같은 산식에 의해 산출된다. $r_e = \sqrt[n]{\dfrac{FV}{P}} - 1$. 이 채권은 할인채이므로 FV = 10,000원, P = 8,150원이고, n = 3이다.

13 다음 중 만기수익률(Yield to Maturity)에 대한 설명으로 옳은 것들만을 모두 고른 것은?

> ⊙ 채권에서 발생하는 현금흐름의 현재가치를 채권의 가격과 일치시키는 할인율로도 정의된다.
> ⓛ 모든 채권은 매입 후 만기까지 보유할 경우 매입 시의 만기수익률이 실현된다.
> ⓒ 할인채는 만기수익률과 현물수익률(spot rate)이 동일하다.

① ⊙, ⓛ   ② ⓛ, ⓒ

③ ⊙, ⓒ   ④ ⊙, ⓛ, ⓒ

14 잔존기간이 3년 남은 할인채를 만기수익률 5%에 매입하여 2년이 경과한 후 만기수익률 7%에 매도하였다. 액면 10,000원 단위로 산정한 손익금액은? (가장 가까운 값을 구하시오.)

① 707원 수익 발생   ② 21원 수익 발생

③ 21원 손실 발생   ④ 707원 손실 발생

15 현시점에서 만기가 2년인 이자율($_0R2$)이 7%, 만기가 3년인 이자율($_0R3$)이 8%라고 하면 향후 2년 후의 1년 만기 내재선도이자율($_2f1$)은?

① 7.53%   ② 8.89%

③ 9.08%   ④ 10.03%

해설

13 ③ ⊙ 만기수익률에 대한 정의를 설명한 것이다. ⓛ 이표채는 만기 전에 발생되는 이자를 어떻게 재투자하느냐에 따라 실효(현)수익률이 달라지기 때문에 비록 매입 후 만기까지 보유한다고 하더라도 매입 시 만기수익률이 실현된다고 보장할 수 없다. ⓒ 할인채와 같이 현금흐름이 한번 발생하는 채권의 만기수익률은 곧 현물수익률이다.

14 ① 매입단가: $P_b = \dfrac{10,000}{(1+0.05)^3} = 8,638.38$,

매도단가: $P_s = \dfrac{10,000}{(1+0.07)^1} = 9,345.79$.

따라서 액면 10,000원당 707원(=9,345 – 8,638) 수익 발생

15 ④ $(1 + {}_2f_1) = \dfrac{(1 + {}_0R_3)^3}{(1 + {}_0R_2)^2} = \dfrac{(1 + 0.08)^3}{(1 + 0.07)^2} = 0.10028$ 이므로 $_2f_1$는 10.03%이다.

16 다음 중 추후 수익률 곡선의 수평적 하락 이동을 확신할 경우 투자수익률 극대화를 위해 취하는 적극적 채권운용방식은?

① 현금 및 단기채의 보유비중을 늘린다.

② 국채선물의 매도 포지션을 늘린다.

③ 표면이율이 낮은 장기채의 보유비중을 증대시킨다.

④ 채권 포트폴리오의 듀레이션을 감소시킨다.

17 다음 중 채권운용전략에 관한 설명으로 옳지 않은 것들로만 모두 고른 것은?

> ⊙ 나비형 투자전략을 수행하려면 중기물을 중심으로 한 불릿(bullet)형 포트폴리오를 구성하여야 한다.
> ⓒ 현금흐름 일치전략은 향후 예상되는 현금유출액을 하회하는 현금유입액을 발생시키는 채권 포트폴리오를 구성하는 전략이다.
> ⓒ 면역전략은 투자시한과 채권의 듀레이션을 일치시켜 운용수익률을 목표 시점까지 고정시키려는 전략이다.
> ⓔ 수익률 곡선 타기 전략은 수익률 곡선이 우하향할 때 그 효과가 극대화된다.

① ⊙, ⓒ, ⓒ

② ⓒ, ⓒ, ⓔ

③ ⊙, ⓒ, ⓔ

④ ⊙, ⓒ, ⓒ, ⓔ

해설

16 ③ ① 현금 및 단기채와 같은 유동성이 높은 자산의 비중 증대는 수익률 상승이 예상될 때 취해야 할 전략이다. ② 국채선물의 매도 포지션을 늘리는 것은 듀레이션을 줄이는 효과를 가져온다. ③ 수익률 곡선의 수평적 하락 이동은 채권의 가격 상승을 의미한다. 이 경우 가격 상승 효과가 가장 높은 채권은 표면이율이 낮고 잔존기간이 긴 장기채라고 할 수 있으며, 이는 곧 듀레이션이 큰 채권들이라고 할 수 있다. ④ 포트폴리오의 듀레이션 감소는 가격 상승 효과를 감소시켜 투자수익을 감소시킨다.

17 ③ ⊙ 나비형 투자전략을 수행하려면 바벨(barbell)포트폴리오를 구성해야 한다. ⓒ 현금흐름 일치전략은 향후 예상되는 부채의 현금유출액 이상이 되도록 현금유입액을 발생시켜 부채상환의 위험을 최소화시키는 채권 포트폴리오를 구성하는 전략이다. ⓒ 면역전략은 투자시한과 채권의 듀레이션을 일치시켜 운용수익률을 목표 시점까지 고정시키려는 전략이다. ⓔ 수익률 곡선 타기전략은 수익률 곡선이 우상향할 때 그 효과를 볼 수 있다.

18 다음 중 옳지 않은 설명으로 묶인 것은?

> ㉠ 전환사채의 전환권 행사 시에는 신규로 주금을 납입하여야 한다.
> ㉡ 우리나라에서는 분리형 신주인수권부사채가 발행된다.
> ㉢ 교환사채는 발행회사가 보유하고 있는 주식으로 교환할 수 있는 권리가 부여된 채권이다.
> ㉣ 수의상환채권(callable bond)이란 채권 보유자가 채권의 발행자에게 조기상환을 청구할 수 있는 권리가 첨부된 채권이다.

① ㉠, ㉡   ② ㉡, ㉢   ③ ㉢, ㉣   ④ ㉣, ㉠

19 패리티가 140인 전환사채의 전환 대상 주식의 주가가 7,000원이라면 이 전환사채의 액면 전환 가격은?

① 5,000원   ② 7,000원   ③ 10,000원   ④ 14,000원

20 다음 중 수의상환채권(callable bond) 및 수의상환청구채권(putable bond)에 대한 설명으로 적절하지 않은 것은?

① 수의상환채권의 수의상환권은 채권투자자에게 부여된 권리이다.
② 수의상환청구채권의 수의상환청구권은 금리가 상승할수록 행사 가능성이 커진다.
③ 다른 조건이 같다면 수의상환청구채권의 가치는 일반채권의 가치보다 크다.
④ 금리가 하락할수록 수의상환권의 가치는 증가한다.

해설

18 ④ ㉠ 전환사채의 전환권 행사 시에는 주금이 사채금액으로 대체된다. ㉡ 우리나라에서는 분리형 신주인수권부사채가 발행된다. ㉢ 교환사채는 발행회사가 보유하고 있는 주식으로 교환할 수 있는 권리가 부여된 채권이다. ㉣ 수의상환채권(callable bond)이란 채권 발행자가 채권의 보유자에게 조기에 원리금을 상환할 수 있는 권리가 첨부된 채권이다.

19 ① $parity=\dfrac{\text{전환 대상 주식의 주가}}{\text{전환 가격}}\times100=\dfrac{7,000}{\text{전환 가격}}\times100=140.$
따라서 전환 가격은 5,000원임

20 ① 수의상환채권의 수의상환권은 채권 발행자에게 부여된 권리이다. ② 금리가 상승하면 수의상환권을 행사하여 원금을 회수한 후 보다 높은 수익률로 투자가 가능해지기 때문에 수의상환권 행사 가능성이 높아지게 된다. ③ 수의상환청구채권의 가치＝일반채권의 가치＋수의상환청구권(풋옵션)의 가치 ④ 금리가 하락할수록 수의상환권의 가치는 증가한다.

정답 01 ① | 02 ④ | 03 ④ | 04 ④ | 05 ③ | 06 ④ | 07 ④ | 08 ④ | 09 ③ | 10 ① | 11 ① | 12 ④ | 13 ③ | 14 ① | 15 ④ | 16 ③ | 17 ③ | 18 ④ | 19 ① | 20 ①

part 07

코넥스시장, K-OTC시장

chapter 01

코넥스시장

section 01 코넥스시장의 개요

1 코넥스시장의 의의

코넥스(KONEX, Korea New Exchange)는 자본시장을 통한 초기 중소·벤처기업의 성장지원 및 모험자본 선순환 체계 구축을 위해 2013년 7월 개설된 초기·중소기업전용 신시장이다. 코넥스시장은 유가증권시장 및 코스닥시장과 마찬가지로 거래소가 개설하는 증권시장으로서, 코넥스시장에 상장된 기업은 유가증권시장 및 코스닥시장의 상장법인과 동일하게 주권상장법인의 지위를 갖게 된다. 다만 코넥스시장은 중소기업만 상장이 가능하고 공시의무가 완화되어 있는 등 유가증권시장 및 코스닥시장 상장법인과 몇 가지 차이점이 있다. 또한, 코넥스 시장 활성화 방안(2022.1.1.)에 따른 후속조치로서 기본예탁금을 폐지하고 신규상장 법인이 분산요건을 충족하는 경우 지정자문인과의 유동성공급계약 체결의무를 면제할 수 있도록 유동성공급제도를 개선하였다.

2 코넥스시장의 특성

(1) 상장대상의 제한 및 진입기준 완화

코넥스시장은 초기 중소기업에 특화된 시장으로서 중소기업만 상장이 가능하다. 또한 유가증권시장 및 코스닥시장 상장과 달리 공모, 사모, 직상장 등 다양한 형태의 상장이 가능하며, 기술력 있는 중소기업의 상장을 지원하기 위하여 상장요건을 최소화하였다.

(2) 상장회사 부담 완화

코넥스시장은 유가증권시장 및 코스닥시장과 비교하여 공시의무, 기업지배구조 등의 측면에서 상장법인의 부담을 대폭 완화하였다. 공시의무의 경우 수시공시 항목을 축소하고, 분·반기보고서 제출을 면제하는 등 공시범위를 완화하였다.

(3) 기업성장 및 경쟁력 강화를 위한 M&A 지원

코넥스시장은 M&A 등 구조조정을 지원하는 시장이다. 초기 중소기업은 M&A 등을 통한 기업성장 및 경쟁력 강화가 매우 중요하므로, 코넥스시장을 통한 활발한 M&A의 지원 및 원활한 지분매각을 위하여 비상장법인 간 합병요건(우회상장 포함)을 완화하고, 대량매매제도와 경매매제도 등을 도입하였다.

section 02 코넥스시장의 상장제도

1 상장제도 개요

코넥스시장은 초기 중소·벤처기업의 자본시장 진입과 자본시장을 활용한 자금조달이 용이하고 원활히 이루어질 수 있도록 유가증권시장 및 코스닥시장보다 진입요건을 크게 완화하고 있다.

(1) 지정기관투자자 제도의 도입

코넥스시장은 2015년 7월 기술평가기업을 위한 상장특례제도와 함께 지정기관투자자 제도를 도입했다. 지정기관투자자는 중소기업 증권에 대한 전문적인 가치평가 능력 및 투자실적 등을 고려하여 거래소가 지정하는 기관투자자이다.

지정기관투자자 또는 다수의 지정기관투자자들이 6개월 이상 투자하고 기업이 발행한 주식 등의 전체 수량의 현재 10% 이상(투자자가 다수인 경우, 합산하여 20% 이상)을 보유하거나 해당 기업의 주식 등에 30억 원 이상을 투자한 중소기업 중 상장특례제도를 활용하여 코넥스시장에 상장하고자 하는 기업은 지정기관투자자 (다수인 경우 전원)로부터 특례상장에 대한 동의를 얻어야 한다.

한편, 지정기관투자자는 특례상장에 동의한 피투자기업이 코넥스시장에 상장 후 1년 이내에 지정자문인 계약을 체결할 수 있도록 후원하는 등의 역할을 수행한다.

(2) 지정자문인의 상장적격성 판단 (특례상장은 제외)

코넥스시장에 상장하고자 하는 기업은 증권에 대한 인수업 인가를 받은 모든 금융투자업자(거래소 회원)와 지정자문인 선임계약을 체결한 이후에 신규상장신청이 가능하다. 유가증권시장 및 코스닥시장에서는 거래소가 상장희망기업의 상장적격성을 심사하는 반면, 코넥스시장 상장에서는 지정자문인이 기업의 상장적격성을 판단하고 거래소에 의한 심사는 최소화하였다. 또한 상장적격성 판단을 지정자문인이 상장신청 전에 완료함으로써 상장신청 이후 신규상장까지 소요기간을 15영업일 이내로 크게 단축하였다. 다만, 일정 요건을 갖춘 기술평가기업 또는 크라우드펀딩 기업의 경우 특례상장제도에 따라 지정자문인 선임계약 없이도 상장이 가능하다.

(3) 회계기준 및 지배구조 준수의무 완화

유가증권시장 및 코스닥시장에 상장하고자 하는 기업들은 의무적으로 증권선물위원회로부터 외부감사인을 지정받고 한국채택국제회계기준(K-IFRS)을 도입하여야 하나, 코넥스시장에서는 이 의무를 면제하고 있다. 또한 2013년 11월 자본시장법령 개정을 통해 코넥스상장법인에 대한 사외이사(자산총액이 2조원 미만인 경우) 및 상근감사 선임 의무를 면제하여 상장유지 부담을 경감하였다.

(4) 상장주권의 의무보유 완화

코넥스시장은 코넥스시장 상장기업의 자유로운 M&A, 자금조달 편의성 및 투자자금의 원활한 회수를 위해 유가증권시장 및 코스닥시장과 달리 상장주권의 의무보유 의무를 부과하고 있지 않다. 다만, 특례상장으로 상장한 기업(스타트업기업부 소속 상장사)에 한하여 상장에 동의한 기관투자자는 6개월간 의무보유를 해야 한다.

2　상장요건

(1) 외형요건

성장 초기 중소·벤처기업이 코넥스시장에 원활히 상장할 수 있도록 매출액·순이익 등의 재무요건을 적용하지 않는 등 초기 중소·벤처기업 실정에 부합하지 않는 요건은 폐지하거나 완화하였다. 증권의 자유로운 유통과 재무정보의 신뢰성 확보를 위한 최소한의 요건만 적용한다.

표 1-1　코넥스시장 외형요건

구분	내용
상장 대상 기업	중소기업에 해당될 것
주권의 양도제한	정관 등에 양도제한의 내용이 없을 것 * 다만, 법령 또는 정관에 의해 제한되는 경우로서 그 제한이 코넥스시장에서의 매매거래를 저해하지 않는다고 인정되는 경우 예외
감사의견	최근 사업연도 감사의견이 적정일 것
지정자문인	지정자문인 1사와 선임계약을 체결할 것 (특례상장은 제외)
액면가액	100원, 200원, 500원, 1,000원, 2,500원, 5,000원 중 하나일 것

(2) 질적요건 (공익·투자자 보호 관련 부적격 사유 등)

거래소는 지정자문인이 제출한 상장적격성 보고서를 토대로 공익과 투자자 보호에 부적합한 사유가 없는지에 대해 질적심사를 수행한다. 지정자문인이 신규상장신청기업에 대해 사전에 상장적격성을 심사하므로 거래소에 의한 상장심사는 최소화하고 있다.

코넥스시장에 상장을 희망하는 기업은 자금조달의 필요성 및 규모 등을 고려하여 공모나 사모 또는 직상장 중에서 해당 기업의 실정에 적합한 상장방법을 선택할 수 있다. 코넥스시장에서 직상장의 경우 상장신청 이후 최초 매매거래 개시일까지 소요기간은 약 15영업일에 불과하여, 약 4개월이 소요되는 코스닥시장에 비해 매우 신속한 상장이 가능하다. 다만, 공모나 사모 방식을 통한 상장의 경우에는 직상장의 경우에 비해 소요기간이 다소 늘어날 수 있다.

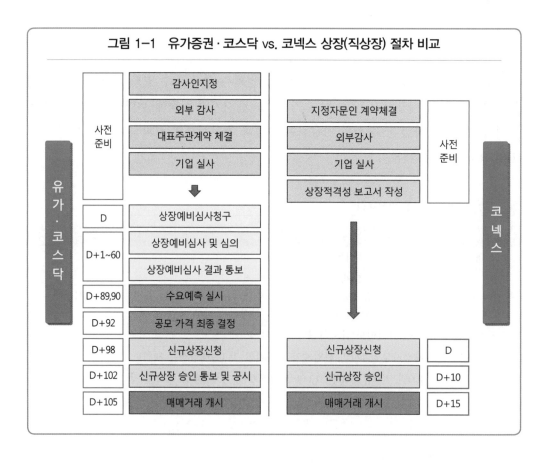

그림 1-1 유가증권·코스닥 vs. 코넥스 상장(직상장) 절차 비교

4   지정자문인 제도

코넥스시장에 상장하고자 하는 기업(특례상장제도를 이용하는 기업은 제외)은 거래소가 선정한 지정자문인 중 1개사와 지정자문인 선임계약을 체결하여야 신규상장신청이 가능하다. 지정자문인은 상장예정법인의 상장적격성 심사뿐 아니라 상장 후 자문·지도, 공시·신고 대리, 기업의 정보 생성 및 시장에서의 유동성 공급 업무를 담당함으로써 기업의 후견인 역할을 수행한다.

코넥스상장법인은 상장기간 동안 지정자문인과의 선임계약을 유지하여야 하며, 만약 계약을 해지하는 경우 30일(영업일 기준) 이내에 다른 지정자문인과 신속히 지정자문인 계약을 체결하지 않으면 상장폐지 요건에 해당된다.

5   특례상장제도

코넥스시장은 일정한 요건을 충족하는 기술평가기업[1] 또는 크라우드펀딩 기업[2]이 지정자문인 선임 없이 코넥스시장에 상장할 수 있도록 하는 특례상장제도를 도입하였다. 코넥스시장에 주권을 신규상장하려는 기술평가기업은 상장희망일부터 45일 전에, 크라우드펀딩 기업은 상장희망일부터 15일 전에 신규상장신청을 하여야 한다.

거래소는 상장공시위원회의 심의 등을 거쳐서 심사결과를 확정한다.

코넥스시장은 특례상장기업이 일반상장기업과 쉽게 구분될 수 있도록 별도의 소속부제도를 운영하고 있으며 지정자문인을 통해 상장한 기업은 일반기업부, 지정자문인 없이 특례상장을 통해 상장된 기업은 특례상장의 유형에 따라 스타트업기업부 또는 크라우드펀딩기업부로 배정된다. 특례상장기업은 상장일로부터 1년 이내에 지정자문인 계약을 체결하고 그 계약을 유지하여야 한다. 상장기업이 동 기간이 경과한 후에도 지정자문인 계약을 체결하지 못하는 경우 상장이 폐지되나 상장공시위원회 심의를 거쳐 1년 범위 내에서 상장폐지 유예가 가능하다.

---

1 기술평가기업이란 「중소기업기본법」 제2조에 따른 중소기업으로서 기술신용평가기관으로부터 코넥스시장 상장규정 시행세칙에서 정하는 기술평가등급 이상을 받은 기업을 말한다.
2 크라우드펀딩 기업이란 법 제9조제27항 각 호 외의 부분에 따른 온라인소액투자중개(이하 "온라인소액투자중개"라 한다)의 방법으로 증권을 발행한 기업을 말한다.

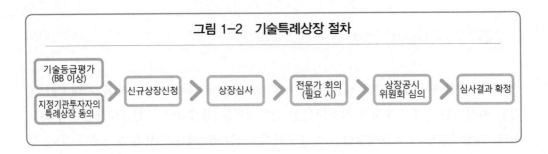

그림 1-2 기술특례상장 절차

기술등급평가
(BB 이상)
지정기관투자자의
특례상장 동의
> 신규상장신청 > 상장심사 > 전문가 회의
(필요 시) > 상장공시
위원회 심의 > 심사결과 확정

　　한편, 특례상장기업은 지정자문계약 기간이 6개월을 경과한 시점부터 코스닥시장으로 신속이전 상장이 가능하며, 벤처금융 또는 전문투자자가 2년 미만 투자한 주식 등에 대하여 이전 상장 후, 1개월간 매각이 제한된다. 다만, 이전 상장기업의 코넥스 상장기간이 1년 이상이거나, 코넥스 상장기간이 1년 미만이어도 코넥스시장에서 주식을 취득한 경우에는 매각제한의무가 면제된다.

표 1-2　기술특례상장 대상 기업의 외형요건

구분	요 건
투자유치	거래소가 지정하는 기관투자자(지정기관투자자)가 10% 이상 지분을 보유하거나 30억원 이상 투자(6개월 이상)
기술력	기술신용평가기관 또는 기술전문평가기관으로부터 일정 수준(BB) 이상 기술등급 확보
투자자 동의	지정기관투자자의 특례상장 및 지분 매각 제한 동의

표 1-3　크라우드펀딩 특례상장 대상 기업의 외형요건

구분	일반 크라우드펀딩기업	KSM등록 크라우드펀딩기업
펀딩규모	3억원 이상 (추천기업 : 1억원 이상)	1.5억원 이상 (추천기업 : 0.75억원 이상)
참여 투자자수	50인 이상 (전문투자자 2인 포함)	20인 이상 (전문투자자 2인 포함)

6　상장폐지

　　코넥스시장의 상장폐지요건은 유가증권시장 및 코스닥시장의 상장폐지 요건과 유사하다. 다만 초기 중소·벤처기업의 취약한 재무상태 및 높은 경영성과 변동성 등을 고려하여 재무상태 및 경영성과와 관련한 상장폐지 요건은 적용하지 않고 있으나, 지정자문인 계약 여부를 퇴출요건에 추가하여 부실기업의 신속한 퇴출을 유도하고 있다. 상장유지가 곤란하다고 판단되는 기업에 대해서는 지정자문인 선임 계약 해지를 통해 퇴출을 유도함으로써 투자자 보호가 가능하도록 하였다.

표 1-4 **코넥스시장의 주요 상장폐지 요건**

	구 분	요 건
즉시 상장 폐지	특례상장기업의 지정자문인 미선임	특례상장후 1년 경과시까지 지정자문인 계약 미체결
	감사의견	부적정, 의견거절, 감사범위제한으로 인한 한정
	분산요건미달	최근 사업연도(신규상장일이 속하는 사업연도는 제외)말 최대주주 등의 지분을 제외한 주식이 5% 미만
	자본전액잠식	상장 이후 10년 경과 법인의 자본전액잠식 발생
	공시서류 미제출 등	사업보고서 미제출
	기업설명회 미개최	2반기 연속 또는 3년 내 4회 이상 미개최
	이전 상장	유가증권·코스닥시장 상장을 위한 상장폐지 신청
	포괄적주식교환	주식의 포괄적 교환 등으로 상장법인이 다른 법인의 완전자회사가 되는 경우
	기타	−어음 또는 수표의 부도/은행 거래정지 −해산사유(피흡수합병, 파산선고 등) 발생 −지정자문인 선임계약 해지 후 30영업일 내 미체결 −정관 등에 따른 주식의 양도제한
위원회 심의 후 상장폐지 결정		−불성실공시(최근 1년간 누계벌점이 15점 이상) −회생절차개시신청 −상장 관련 서류의 허위기재 또는 누락 −횡령·배임, 회계부정, 주된 영업정지 등

1 개요

코넥스시장은 초기 중소·벤처기업 중심의 시장 특성을 반영하여 유가증권시장 및 코스닥시장에 부과되는 수시공시 의무사항 중 창업 초기 중소·벤처기업에 있어 중요성이 떨어지거나 정기공시 등과 중복되는 사항들을 대폭 축소하였다.

또한 자본시장법상 반기·분기보고서 제출의무를 면제하되, 초기 중소·벤처기업의 성장잠재력 판단에 필요한 다양한 형태의 기업 정보가 충분히 제공될 수 있도록 상장법인의 IR 개최(연 2회 이상, 분기보고서 대체) 및 지정자문인의 기업현황보고서 제출(반기보고서 대체)을 의무화하였다. 한편 코넥스상장법인의 공시인력 운용부담 완화, 기업정보 제공의 전문성 및 신뢰성 제고 등을 목적으로 공시대리인 제도를 도입하였다.

2 공시제도

(1) 주요 경영사항의 의무공시

투자자의 투자판단에 중요한 영향을 주는 기업의 현재와 미래에 대한 주요 경영정보가 발생할 경우 상장법인은 의무적으로 투자자들에게 알려야 한다. 특히, 코넥스시장은 상장폐지 등 시장조치 관련 사항, 자본시장법상 주요 사항보고서 수준의 중요사항, 지배구조 변동사항 및 횡령·배임 등 건전성 저해행위를 중심으로 공시의무를 부과하고 있다. 이 중, 상대적으로 긴급성이 적은 사항은 발생일의 다음날까지 공시하도록 하였고, 재무비율을 기준으로 한 항목의 경우 코스닥시장보다 기준비율을 높여 성장형 초기기업의 특성을 반영하였다.

(2) 조회공시

코넥스상장법인의 중요한 경영사항과 관련된 풍문 또는 보도가 있을 경우 거래소는 투자자 보호를 위하여 그 사실 여부를 상장법인에 확인하여 공시하도록 하고 있다. 다만, 코넥스시장은 거래량이 많지 않은 점을 감안하여 코스닥시장과 달리 주가 및 거래량 급변에 따른 조회공시는 적용하지 않는다.

상장법인은 거래소의 조회공시 요구를 받은 경우, 확정, 부인, 미확정으로 구분하여 답변하여야 하며, 사안의 중요도에 따라 조회공시 요구와 함께 매매거래정지가 수반될 수 있다.

코넥스상장법인은 거래소의 조회공시 요구에 대하여 요구 시점이 오전인 경우 당일 오후까지, 요구 시점이 오후인 경우 다음날 오전까지 답변하여야 한다. 다만, 매매거래정지가 수반된 경우에는 요구 시점과 관계없이 다음날 오후 6시까지 답변할 수 있다.

(3) 자율공시

코넥스상장법인은 의무공시사항 외에 회사의 경영·재산 및 투자자의 투자판단에 영향을 미칠 수 있는 사항에 대하여 자율적으로 공시할 수 있다. 코넥스시장은 코스닥시장에 비해 의무공시사항이 대폭 축소된 만큼 자율공시 대상이 확대되었다. 다만, 자율공시사항인 경우에도 일단 공시한 이후에는 허위공시 등 불성실공시에 대한 책임이 부과된다.

(4) 기업설명회 개최 의무

코넥스상장법인은 기업설명회 개최 의무가 있다. 코넥스상장법인이 기업설명회를 개최할 경우 일시, 장소, 설명회 내용 등을 공시하여야 하며, 기업설명회 개최 결과를 개최일 익일까지 거래소에 신고하여야 한다.

상장법인은 반기마다 기업설명회를 개최하여야 하며, 2반기 동안 연속하여 개최하지 않거나 3년 동안 4회 이상 개최하지 않은 경우 상장폐지 사유에 해당된다.

3 불성실공시의 제재

(1) 불성실공시의 의의 및 유형

코넥스시장의 불성실공시제도는 유가증권시장 및 코스닥시장과 기본적으로 동일하게 불성실공시법인에 대한 벌점부여, 상장폐지 등이 유사하나, 제도 간소화 및 상장법인의 공시부담 완화를 위하여 공시불이행 및 공시번복에 한하여 적용하고 있다.

표 1-5	불성실공시 지정사유
구분	**내용**
공시불이행	• 공시의무사항을 기한 내에 신고하지 아니하는 경우 • 거짓으로 또는 잘못 공시하거나 주요 사항을 기재하지 아니하고 공시한 경우
공시번복	• 이미 공시한 내용을 전면 취소, 부인 또는 이에 준하는 내용(예 : 조회공시 부인 후 일정기간 내 확정공시) 등을 공시하는 경우 • 조회공시 부인 후 1월 이내에 기존 공시내용과 상반되는 내용을 결정하는 경우
공시변경	• 미적용

(2) 불성실공시법인 지정 및 제재

공시의무 위반사항에 해당하는 경우 불성실공시법인 지정예고 및 상장공시위원회 심의 등의 절차를 거쳐 벌점이 부과될 수 있다. 누계벌점이 일정 기준을 초과하는 경우 상장적격성 실질심사사유에 해당된다

---

section 04 코넥스시장 매매제도

1 매매거래제도 개요

코넥스시장은 투자자의 거래편의 제고 및 매매제도의 안정적 운영을 위하여 원칙적으로 주 시장인 유가증권시장 및 코스닥시장과 동일하게 운영하고 있다. 주시장과 동일하게 운영되는 부분은 매매거래시간, 휴장·정지, 매매방법, 공매도제한, 청산·결제 및 위탁증거금 등이며, 매매방식도 유가증권시장 및 코스닥시장과 동일하게 연속경쟁매매방식(접속매매방식)을 채택하고 있다.

다만, 거래가 활발하지 않고 공모·사모·직상장 등 다양한 상장유형이 있다는 코넥스시장의 특성을 반영하여 경매매제도, 유동성공급자(LP) 지정 의무화 등을 마련하였다. 또한 코스닥시장에 비해 상장종목수도 많지 않고 차익거래 등도 발생하지 않으므로 매매거래제도를 단순하게 운영할 필요가 있다. 그래서 코스닥시장에 비해 호가종류

도 단순화하였고 프로그램매매제도도 도입하지 않았다.

2 주요 매매거래제도

(1) 매매수량단위

매매수량단위는 투자자가 매수·매도 주문을 제출하는 데 적용되는 최저수량 단위로, 코넥스시장 매매수량단위는 유가증권·코스닥 정규시장과 동일하게 1주이다.

(2) 호가의 종류 및 호가 가격 단위

유가증권시장 및 코스닥시장의 경우 호가(주문) 종류가 7가지(지정가, 시장가, 최유리지정가, 최우선지정가, 조건부지정가, 목표가, 경쟁대량매매 호가)인 데 비해, 코넥스시장의 호가종류는 지정가호가 및 시장가호가 2가지로 최소화하였다. 한편, 매매거래 시간 중 호가 가격 단위는 유가증권 및 코스닥시장과 동일하게 7단계 체제로 운영되고 있다.

(3) 가격제한폭

코넥스시장은 1일 가격제한폭을 유가증권시장 및 코스닥시장(30%)과 달리 기준 가격 대비 상하 15%로 제한하고 있다. 다만, 시간외 대량매매의 경우에는 1일 가격제한폭을 기준가격대비 상하 30%로 확대적용하고 있다. 또한 본질적으로 가격 변동이 큰 정리 매매종목의 경우 균형 가격의 신속한 발견을 위하여 가격제한폭을 적용하지 않고 있으며, 시장상황 급변 등 거래소가 시장관리상 필요하다고 인정하는 경우에는 가격제한폭은 달리 정할 수 있다.

(4) 매매체결

코넥스시장은 시장 개설 당시 개설 초기 30분 단위 단일가매매방식을 기본적인 매매체결방법으로 채택하였으나, '14.6.30일부터 유가증권시장 및 코스닥시장의 정규시장 매매체결방법과 동일하게 연속경쟁매매방식(접속매매방식)으로 변경하여 운영하고 있다.

(5) 동시호가제도

동시호가제도는 시간우선원칙의 예외로서 단일가매매에 시가 등을 결정하는 경우 시가 등이 상·하한가로 결정되는 때에 단일가매매에 참여한 상한가매수호가 또는 하한가매도호가(시장가호가 포함)를 동시에 접수된 호가로 간주하여 매매체결수량을 배분하는 제도이다. 코넥스시장에도 동시호가제도를 도입하고 있으며, 시가 결정시 외에도 전산장애 또는 풍문 등에 의한 거래 중단 후 재개시의 최초가격이 상·하한가로 결정되는 경우에도 적용된다. 매매체결은 수량우선원칙에 따라 수량이 가장 많은 호가부터 수량이 적은 호가순으로 ① 매매수량단위의 100배, ② 잔량의 2분의1, ③ 잔량의 순서로 체결된다.

(6) 유동성공급자(LP)제도

코넥스시장의 경우 원활한 가격형성을 도모하기 위해 원칙적으로 지정자문인이 해당 종목에 대해 매수·매도 호가를 제출하는 유동성공급자(Liquidity Provider, LP) 역할을 하도록 의무화하였다. 다만, 코넥스시장의 경우 LP의무를 유가·코스닥 시장에 비해 대폭 완화하였다. 코넥스시장의 LP가 되기 위해서는 투자매매업 인가를 받은 거래소 결제회원으로서, 최근 1년 이내에 관련 법규를 위반하여 형사제재 및 영업정지 이상의 조치를 받은 사실이 없어야 한다.

표 1-6 코스닥시장·코넥스시장 LP자격요건비교

구분	코스닥시장	코넥스시장
업 요건	투자매매업 인가를 받은 결제회원	
인적 요건	유동성 공급업무를 담당하는 직원 지정	해당없음
결격사유(최근1년 이내)	유동성공급업무의 평가가 연속 가장 낮은 등급을 받은 경우	해당 없음
	관련 법규를 위반하여 형사제재 및 영업정지 이상의 조치를 받은 경우	

3 경매매제도

경매매는 증권의 매매거래 시 매도측 또는 매수측의 어느 한쪽이 단수이고 또 다른 한쪽은 복수일 때 이루어지는 매매로, 코넥스시장에서는 매도측이 단수(1인)이고 매수측이 복수인 경우에 한해 동 제도를 도입하고 있다. 이는 매수측이 단수, 매도측이 복수인 경우는 공개매수와 구조가 거의 동일하게 되어 자본시장법상 공개매수 규제의 회피수단으로 악용될 우려가 있기 때문이다.

(1) 신청방법

회원은 경매매를 신청하기 위하여 거래소가 운영하는 대량매매등네트워크(이하 'K-Blox')를 통해 최저 매도 희망수량과 최저 입찰 가격을 입력해야 한다. 경매매를 신청하는 경우, 우선 최소 매도수량요건(상장주식 총수의 0.5% 및 2,500만원 이상)을 충족해야 하는데, 이는 경매매를 통해 주요 주주 등이 대량으로 보유한 지분을 효과적으로 분산할 수 있도록 지원하는 한편, 소량만 체결될 경우 지분변동신고의무 등의 부담만 발생할 우려가 있기 때문이다. 다만, 최저 매도 희망수량은 경매매 신청수량 이내에서 매매수량단위에 맞게 신청인이 자유롭게 정할 수 있다.

한편, 신청자는 최저 입찰 가격(매도 희망 가격)을 제시해야 한다. 이 경우 해당 가격은 정규시장의 가격에 영향을 미치지 않고 대량매매를 원활히 처리하도록 하기 위하여, 당일 가격제한폭 이내로 제한되고 있다. 거래소는 경매매제도의 활용성을 제고하기 위해 '20.9.7부터 경매매 신청기간을 직전 매매거래일(장종료 후부터 16시 30분까지)에서 경매매 3매매거래일 전일 및 직전매매거래일(17:30)로 변경하였다.

표 1-7 경매매 신청요건

구분	주요 내용
최소 신청수량	상장주식 총수의 0.5% 이상 매도로서 2,500만 원(기준 가격×신청수량) 이상의 매도
가격 범위	최저 입찰 가격(매도 희망 가격) 및 입찰 가격(매수호가)은 당일 가격제한폭 (기준 가격 ±15%) 이내
최저 매도 희망수량	최저 매도 희망수량 미만으로 매수주문 접수 시 전량 체결시키지 않음
신청방법	경매매 3매매거래일 전일 및 직전매매거래일(장종료 후부터 17시 30분까지)에 매도인은 회원사를 통해 거래소에 경매매를 신청*하고, 거래소는 해당 내용을 시장에 안내

* 종목별로 1일 1건만 신청 가능. 만약, 동일 종목에 대해 2건 이상의 경매매 신청이 있는 경우 먼저 접수된 신청만 유효

(2) 경매매 매수주문의 접수 및 매매체결

경매매는 당일 장 개시 전 시간외시장(08：00~08：30) 중에 매도호가 및 매수호가를

접수한 후에 08 : 30에 매매체결되나, 과열방지 및 시세조종 우려 등으로 인해 접수된 호가현황은 공개되지 않는다.

경매매는 가격우선원칙 및 시간우선원칙에 따라 매도수량에 매수주문을 순차적으로 매칭시키고, 최저 매도 희망수량 이상으로써 매도수량 전부가 체결되는 해당 주문의 가격을 전체 주문 가격의 체결 가격으로 한다.

경매매 체결방법(예시)

매도수량 10,000주(최저 매도 희망수량 5,000주), 최저 입찰 가격 10,000원(기준 가격 10,000원)인 경우,

매수 가격	매수수량	비 고
11,000	3,000 / 2,000	전량체결(5,000주)
10,500	3,000	전량체결(3,000주)
10,300	4,000	부분체결(2,000주)*
10,000(최저 입찰 가격)	3,000	

* 먼저 접수된 주문부터 매매체결
☞ 매수주문을 순차적으로 매도수량과 매칭시킬 경우 10,300원에서 매도수량이 전량 체결되므로, 전체 경매매 체결 가격은 10,300원으로 결정

---

(3) 경매매 제외 사유

다음 중 어느 하나에 해당하는 경우에는 경매매 신청을 할 수 없다.

❶ 시가 기준가 종목의 매매거래 개시일
❷ 매매거래가 정지[3]된 종목의 매매거래 재개일
❸ 정리매매종목
❹ 배당락, 권리락, 분배락, 주식분할 또는 주식병합 종목(다만, 기준 가격의 변동이 없는 경우 경매매 가능) 등

---

3 거래정지 1일 이상, 장 개시 전 시간외거래 미해당 종목 등

4 　투자자 유의사항 고지

코넥스시장은 초기 중소기업 중심의 시장으로서 어느 정도 위험 감수능력을 갖춘 투자자로 시장참여자를 제한할 필요가 있어 코넥스시장 투자자에 대하여 일정 금액 이상을 기본예탁금으로 예탁하도록 하고 있었으나 코넥스 시장 활성화 방안(2022.1.10, 금융위원회)에 따른 후속조치로서 기본예탁금 및 소액투자전용 계좌를 폐지하였다. 이에 따라, 거래를 처음 시작하는 일반투자자가 코넥스 시장의 특성 및 투자위험성 등을 충분히 인식할 수 있도록 증권사는 투자자 유의사항을 개인별 1회 고지하고 있다.

다만, 충분한 위험감수 능력이 있거나 중소기업에 대한 투자전문성이 인정되는 투자자는 투자자 유의사항 고지를 면제하고 있다.

〈투자자 유의 고지 면제 대상자〉

1. 자본시장법상 전문투자자
2. 자본시장법시행령 제6조제1항 각호의 어느 하나에 해당하는 법률에 따라 설립 또는 설정된 집합투자기구(창투조합 등)
3. 중소기업창업지원법에 따른 중소기업창업투자회사
4. 벤처기업육성에 관한 특별조치법 제13조에 따른 개인투자조합
5. 벤처기업육성에 관한 특별조치법 제2조의2제1항제2호 가목(8)에 해당하는 전문엔젤투자자
6. 분리과세 하이일드펀드에 해당하는 투자일임재산(랩어카운트, 투자일임계좌 등)
7. 금융투자업규정 세4-77조제7호에 따른 맞춤식 자산관리계좌(랩어카운트)를 통해 위탁하는 자
8. 근로복지기본법 제2조제4호에 따른 우리사주조합
9. 중소기업창업지원법 제2조제4호의2에 따른 창업기획자(엑셀러레이터)

chapter 02

K-OTC시장

1 　K-OTC시장의 의의

K-OTC시장이란 한국금융투자협회(이하 '협회'라 한다)가 자본시장법 제286조 제1항 제5호, 자본시장법 시행령 제178조 제1항 및 금융위원회의 「금융투자업규정」 제5-2조에 따라 증권시장[1]에 상장되지 아니한 주권의 장외매매거래를 위하여 운영하는 장외시장을 말한다.

K-OTC시장은 거래소시장인 유가증권시장, 코스닥시장 및 코넥스시장과 달리 장외시장이다. 또한, 비상장주권의 매매거래를 위하여 법령에 근거하여 조직화되고 표준화

1 　자본시장법 제8조의2 제4항 제1호에서는 증권의 매매를 위하여 거래소가 개설하는 시장을 '증권시장'으로 정의하고 있다.

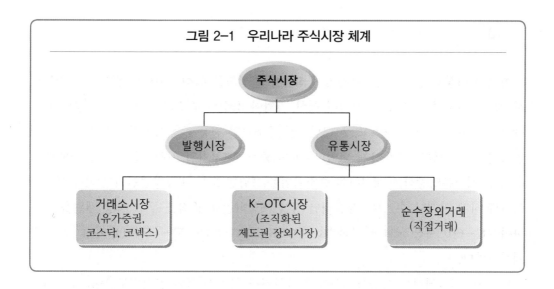

그림 2-1　우리나라 주식시장 체계

된 장외시장이라는 점에서 투자자(매도자와 매수자) 사이에 1:1로 직접 매매하는 장외거래와도 구별된다.

한편, 자본시장법에서는 증권 또는 장내파생상품의 매매를 하는 시장을 금융투자상품시장이라고 정의하고 있다. 금융투자상품시장에는 거래소가 개설하는 거래소시장(증권시장 및 파생상품시장), 다자간매매체결회사(ATS), 협회가 개설하는 장외주식시장(K-OTC시장) 등이 포함된다.

2　K-OTC시장의 특징

❶ 비상장주식을 투명하고 원활하게 거래할 수 있는 공신력 있는 장을 제공하여 비상장주식 거래의 효율성과 편의성을 제고
❷ 비상장기업의 직접금융을 통한 자금조달을 지원하고 이들 기업이 발행한 주식의 환금성을 제고
❸ 비상장기업에 투자한 투자자가 투자자금을 회수하고 재투자를 위한 자금을 조성할 수 있는 수단을 제공
❹ 고위험·고수익을 추구하는 투자자에게는 유망기업이 발행한 주식을 거래소시장 상장 이전에 투자할 수 있는 새로운 투자기회를 제공
❺ 기존 장외주식 거래를 통해 발생할 수 있었던 불공정거래나 사기행위로부터 투자자 보호를 도모

3   K-OTC시장의 개설 배경

협회는 비상장 중소·벤처기업의 직접금융 활성화를 위해 2005년 7월부터 프리보드 시장을 운영하여 왔으나, 주식거래 대상 기업이 소수의 중소기업 위주로 한정되어 시장의 역할이 크게 저하되었고, 2013년 7월 중소기업 전용 주식시장인 코넥스시장이 개설되면서 그 역할이 모호하게 되었다. 이에 중소·벤처기업의 직접금융 활성화에 중점을 두던 시장운영방식을 개선하여 중소기업을 포함한 모든 비상장법인의 주식을 투명하고 원활하게 거래할 수 있는 실질적인 장을 제공하는데 중점을 두고 시장 개편을 추진하여, "K-OTC시장"[2]('14. 8. 25)과 "K-OTCBB"[3]('15. 4. 27), "K-OTC PRO"('17. 7. 17)를 개설하였다.

K-OTC시장에서는 사업보고서를 제출하거나 협회가 정한 공시의무 등을 준수하는 비상장법인의 주식이 거래되며, 호가게시판인 K-OTCBB에서는 공시 여부와 상관없이 예탁결제원에 주식이 예탁지정되어 있는 등 주식유통에 필요한 최소한의 요건을 충족하고 있는 모든 비상장주식의 거래가 가능하다. K-OTC PRO는 회원(전문투자자, 비상장기업 등) 간 비상장주식 거래 및 자금조달 수요 등을 공유하는 전문투자자 전용 회원제 장외거래플랫폼이다. 이하에서는 K-OTC시장에 대하여서만 서술하기로 한다.

section 02   K-OTC시장 등록·지정제도

1   등록 · 지정제도의 개요

(1) K-OTC시장 등록·지정의 의의

K-OTC시장에서 주권을 거래하기 위해서는 해당 주권이 K-OTC시장에 등록 또는 지정되어야 한다. 등록·지정이란 비상장주권에 대하여 K-OTC시장에서 거래될 수

---

2 협회가 운영하는 한국을 대표하는 장외주식시장(OTC : Over The Counter)의 약칭이다.
3 협회가 운영하는 한국 장외주식 호가게시판(Korea Over The Counter Bulletin Board)의 약칭이다.

있는 자격을 부여하는 것으로, 유가증권시장이나 코스닥시장의 상장과 유사한 개념이다. 비상장기업의 신청에 따라 K-OTC시장에 진입하는 것을 '등록'이라고 하며, 기업의 신청 없이 협회가 직접 K-OTC시장의 거래종목으로서 자격을 부여(비신청지정제도)하는 것을 '지정'이라고 한다.

K-OTC시장에 비상장주권이 등록 또는 지정되면, 주권을 발행한 기업은 K-OTC시장 등록법인 또는 지정법인이 되고, 해당 주권은 K-OTC시장 등록종목 또는 지정종목이 된다.

(2) K-OTC시장 등록 · 지정법인의 혜택

등록 · 지정법인 입장에서는 자금조달(직접금융)이 원활해지고, 기업 홍보효과와 함께 대외 신인도가 높아질 수 있다. 또한, 코스닥시장 상장 시 우선심사권, 상장심사수수료 및 상장수수료 면제(지정법인에 한함), 주식 추가 분산의무 경감, 매각제한규제 완화 등의 혜택이 있다. 투자자 입장에서는 투자자금을 회수할 수 있는 기회가 제공되고, K-OTC시장에 등록 · 지정된 벤처기업과 중소기업, 중견기업 소액주주의 경우에는 양도소득세가 비과세된다.

2 신규등록요건 및 등록절차

K-OTC시장은 진입규제를 최소화한 장외시장으로서 엄격한 외형적 요건과 질적 요건이 있는 유가증권시장 및 코스닥시장과 달리 대체로 최소한의 재무요건, 감사의견요건과 주식유통에 필요한 형식적 요건을 신규등록요건으로 정하고 있다.

K-OTC시장 등록신청회사는 등록신청서 및 첨부서류 등 등록신청서류를 갖추어 직접 신청하거나 지분증권(집합투자증권은 제외)의 인수업을 수행하는 금융투자회사를 통해 협회에 신규등록을 신청할 수 있으며, 협회는 등록신청회사로부터 신규등록신청이 있는 경우 등록신청일 다음날로부터 10영업일 이내에 등록 여부를 결정한다. 다만, 구비서류를 정정 또는 보완할 필요가 있거나 그 밖에 부득이한 사유가 발생하는 경우에는 등록결정을 연기할 수 있다. 신규등록 승인일의 다음날로부터 2영업일째가 되는 날에 매매거래를 개시한다.

(1) 최근 사업연도말 현재 자본전액잠식 상태가 아닐 것

감사보고서에 첨부된 재무제표를 기준으로 하되, 감사보고서에 수정사항이 있는 경우 이를 반영한 재무제표를 기준으로 하며, 최근 사업연도말 이후부터 등록신청일까지의 유상증자금액 및 자산재평가에 의하여 자본에 전입할 금액을 반영하여 산정한다.

(2) 최근 사업연도의 매출액이 5억 원 이상일 것(크라우드펀딩금액이 2억 원 이상인 크라우드펀딩기업은 매출액이 3억 원 이상일 것)

감사보고서에 첨부된 재무제표를 기준으로 하며, 감사보고서에 수정사항이 있는 경우 이를 반영한 재무제표를 기준으로 한다.

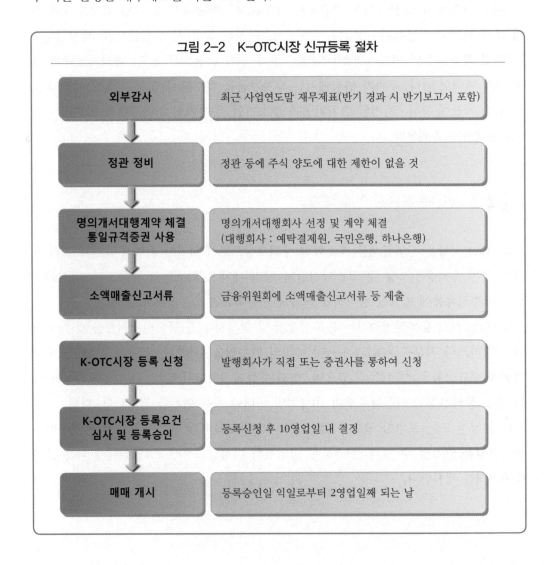

그림 2-2 K-OTC시장 신규등록 절차

외부감사	최근 사업연도말 재무제표(반기 경과 시 반기보고서 포함)
정관 정비	정관 등에 주식 양도에 대한 제한이 없을 것
명의개서대행계약 체결 통일규격증권 사용	명의개서대행회사 선정 및 계약 체결 (대행회사 : 예탁결제원, 국민은행, 하나은행)
소액매출신고서류	금융위원회에 소액매출신고서류 등 제출
K-OTC시장 등록 신청	발행회사가 직접 또는 증권사를 통하여 신청
K-OTC시장 등록요건 심사 및 등록승인	등록신청 후 10영업일 내 결정
매매 개시	등록승인일 익일로부터 2영업일째 되는 날

(3) 외부감사인의 감사의견이 적정일 것

최근 사업연도의 재무제표에 대하여 회계감사를 받아야 하며, 외부감사인의 감사의견이 적정의견이어야 한다. 신규등록 신청회사가 「주식회사의 외부감사에 관한 법률」에 따라 외부감사를 의무적으로 받아야 하는 법인이 아니더라도 K-OTC시장 신규등록을 위해서는 외부감사를 받아야 한다.

(4) 통일규격증권 발행이거나 전자등록된 주식일 것

예탁결제원이 자본시장법에 따라 정하는 증권등 취급규정에 따른 주권이거나, 「주식·사채 등의 전자등록에 관한 법률」에 따른 전자등록된 주식일 것

(5) 명의개서대행회사와 명의개서대행계약 체결

명의개서대행회사로는 예탁결제원, 국민은행, 하나은행이 있다.

(6) 정관 등에 주식양도의 제한이 없을 것

다만, 다른 법령에 따라 주식양도가 제한되는 경우로서 그 제한이 K-OTC시장에서의 매매거래를 해치지 아니한다고 협회가 인정하는 경우에는 예외로 한다.

(7) 상장폐지 사유로 매매거래 정지 중인 상장법인의 지분증권이 거래되는 효과가 있지 아니할 것

등록신청회사가 상장폐지 사유로 매매거래 정지 중인 상장법인으로부터 분할된 법인인 경우 등 협회장이 정하는 요건에 해당되지 아니할 것

(8) K-OTC 시장의 건전성과 투자자 보호 상 부적합한 사유가 없을 것 등

---

3 신규지정요건 및 지정절차

K-OTC시장에서는 사업보고서 제출 등 일정한 요건을 충족하는 비상장법인의 주식을 해당 기업의 신청없이 협회가 직접 K-OTC시장 거래종목으로 편입시키고, 해당 기업을 지정기업부로 구분하고 있다.

지정기업부의 신규지정요건은 등록기업부의 신규등록요건을 모두 포함하며, 추가로 사업보고서 제출대상법인으로서 최근 사업연도 사업보고서를 금융위원회 제출하여 공시하고 있을 것, 해당 주권의 모집 또는 매출 실적 등이 있거나 K-OTC시장 지정동의서를 제출하였을 것, 해당 주권이 비상장주권일 것 등을 지정요건으로 하고 있다.

K-OTC시장 신규지정에는 기업의 지정신청절차가 없으며, 협회는 금융감독원 전자공시시스템상의 공시정보, 예탁결제원이 공표하는 증권정보 등을 통해 신규지정요건의 충족 여부를 직접 확인하여 해당되는 주권을 K-OTC시장에 지정할 수 있다.

(1) 최근 사업연도의 사업보고서를 금융위원회에 제출하여 공시하고 있을 것

해당 법인이 최근 사업연도의 사업보고서(반기결산일 경과 시 반기보고서 포함)를 금융위원회(금융감독원 전자공시시스템)에 제출하여 공시하고 있어야 한다. 지정기업은 협회 K-OTC시장에서 별도의 공시를 하지 않으므로, 투자자가 기업의 경영사항을 파악할 수 있도록 지정대상을 사업보고서 제출대상법인으로 한정한 것이다.

(2) 해당 주권을 모집 또는 매출한 실적 등이 있거나 지정 동의서를 제출하였을 것

해당 주권과 관련하여 다음 중 어느 하나에 해당되어야 한다.

❶ 해당 주권을 모집 또는 매출(소액공모 포함)한 실적이 있을 것
❷ 증권신고서 또는 소액공모공시서류를 금융위원회에 제출한 사실이 있을 것
❸ 해당 법인이 'K-OTC시장 지정동의서'를 협회에 제출하였을 것

동 요건은 K-OTC시장 지정으로 인하여 기업이 새로운 발행공시 의무를 부담하지 않도록 지정대상을 모집 또는 매출실적이 있는 법인으로 제한한 것이다. 다만 모집·매출 실적이 없는 법인이 K-OTC시장 지정 시 새로운 발행공시의무가 발생한다는 점을 인식하고 지정에 동의하는 경우에는 신규지정이 가능하도록 하고 있다.

(3) 해당 주권이 증권시장에 상장되어 있지 않을 것

증권시장에 상장되어 있지 않은 주권에 한하여 K-OTC시장에 지정할 수 있다.

(4) 신규등록요건을 동일하게 충족할 것

최근 사업연도말 현재 자본전액잠식 상태가 아닐 것, 최근 사업연도의 매출액이 5억 원 이상(크라우드펀딩기업은 매출액이 3억 원 이상)일 것, 외부감사인의 감사의견이 적정일 것, 통일규격증권 발행(또는 주권의 전자등록), 명의개서대행회사와 명의개서대행계약 체결, 정관 등에 주식양도의 제한이 없을 것 등의 신규등록요건을 동일하게 충족하여야 한다.

표 2-1 K-OTC시장의 신규등록 및 신규지정 요건 비교

구분	신규등록	신규지정
개요	기업의 신청에 따라 K-OTC시장 등록기업부에 등록	기업의 신청 없이 협회가 직접 K-OTC시장 지정기업부에 지정(비신청지정제도)
자기자본	최근 사업연도말 현재 자본전액잠식 상태가 아닐 것	
매출액	최근 사업연도 매출액이 5억 원 이상일 것(크라우드펀딩기업은 3억 원 이상)	
감사의견	최근 사업연도의 재무제표에 대한 외부감사인의 감사의견이 적정일 것	
주식유통 관련	• 통일규격증권 발행(주권의 전자등록) • 명의개서대행회사와 명의개서대행계약을 체결하고 있을 것 • 정관 등에 주식양도에 대한 제한이 없을 것	
신규지정 특칙 및 우회거래 효과 관련	• 상장폐지 사유로 매매거래 정지 중인 상장법인의 지분증권이 거래되는 효과가 없을 것	• 최근 사업연도의 사업보고서(반기경과 시 반기보고서 포함)를 금융위원회에 제출하여 공시하고 있을 것 • 해당 주권 공모실적이 있거나 K-OTC시장 지정동의서를 제출하였을 것

section 03 K-OTC시장 매매거래제도

1 매매거래제도 개요

(1) 매매거래의 유형

일반적으로 매매거래방식은 크게 상대매매방식, 경쟁매매방식으로 구분할 수 있다. 거래소시장의 정규시장 매매거래 시간 중에 이루어지는 상장주식의 매매거래 방법은 경쟁매매방식으로 체결되지만, 장외거래는 원칙적으로 단일의 매도자와 매수자 간에 매매하는 상대매매방식이 적용된다.

(2) K-OTC시장의 매매방법

K-OTC시장은 호가중개시스템을 이용하여 호가를 집중한 상대매매방식이 적용되며, 다수의 매도자와 매수자 간의 개별적 교섭을 거치지 않고 매도호가와 매수호가의 가격만 일치하면 서로 일치하는 수량 범위 내에서 매매거래가 체결된다.

투자자의 매매주문은 금융투자회사(투자중개업자)를 통하여 협회의 호가중개시스템에 제출되고 가격이 일치하는 상대호가가 있는 경우 자동으로 체결된다.

K-OTC시장에는 경쟁매매방식, 시간외매매제도, 신용거래 등의 시장제도가 없으나, 그 밖에 매매거래를 위한 계좌의 개설, 주문제출, 결제, 호가 및 시세공표 등의 시장제도는 거래소시장과 유사하다.

표 2-2 K-OTC시장과 유가증권시장/코스닥시장 매매제도 비교

구분		K-OTC시장	유가증권시장/코스닥시장
매매방식		다자간 상대매매	경쟁매매
매매거래시간	정규시장	09 : 00~15 : 30	좌동
	시간외시장	없음	있음
가격제한폭		±30%	좌동
위탁증거금		현금 또는 주식 100%	금융투자회사 자율
결제전매매		가능	좌동
수도결제		매매체결일로부터 3영업일째 되는 날(T+2)	좌동
결제기관		예탁결제원	좌동
위탁수수료		금융투자회사 자율	좌동

2 매매거래제도 일반

(1) 매매거래시간 및 휴장일

매매거래시간은 오전 9시부터 오후 3시 30분까지 단일장으로 운영되며, 시초가나 종가 결정 시 단일가매매제도와 시간외매매제도는 도입되어 있지 않다. 휴장일은 토요일, 「관공서의 공휴일에 관한 규정」에 따른 공휴일, 근로자의 날, 연말의 1일이 있으며 그 밖에 협회가 필요하다고 인정하는 날에도 휴장이 가능하다.

(2) 호가수량단위 및 호가 가격 단위

K-OTC시장에서의 호가수량단위는 1주이고, 호가 가격 단위는 주권의 가격대별로 7단계로 세분화하고 있다.

표 2-3 **호가 가격 단위**

주식 가격	호가 가격 단위
2,000원 미만	1원
2,000원 이상 5,000원 미만	5원
5,000원 이상 20,000원 미만	10원
20,000원 이상 50,000원 미만	50원
50,000원 이상 200,000원 미만	100원
200,000원 이상 500,000원 미만	500원
500,000원 이상	1,000원

(3) 불합리한 호가 제한

협회는 매수호가 제출 시점에 가장 낮은 매도호가보다 5호가 가격 단위를 초과하여 높은 매수호가나, 매도호가 제출 시점에 가장 높은 매수호가보다 5호가 가격 단위를 초과하여 낮은 매도호가에 대하여 호가접수를 거부하고 있다.

상대매매방식에 따라 매도호가보다 높은 매수호가를 제출하거나, 매수호가보다 낮은 매도호가를 제출하는 것이 가능하지만, 지나치게 불합리한 호가제출을 제한함으로써 왜곡된 가격 형성을 방지하고 호가분산으로 인한 저조한 매매체결률을 개선하기 위한 제도이다.

(4) 가격제한폭

가격제한폭은 기준 가격에 0.3을 곱하여 산출한 금액(기준 가격의 호가 가격 단위 미만의 금액은 절사하여 적용)으로 하며, 기준 가격에 가격제한폭을 더한 가격인 상한가와 가격제한폭을 뺀 가격인 하한가 범위 내에서 주문을 낼 수 있다.

한편, 신규종목의 최초 매매거래 개시일에는 원활한 가격 형성을 위하여 가격제한폭의 특례를 두어, 기준 가격(주당순자산가치)의 30%(최저 호가 가격)와 500%(최고 호가 가격)에 해당하는 가격의 범위 내에서 호가를 접수하여 매매거래를 체결시킨다.

(5) 기준 가격

기준 가격이란 당일의 매매거래를 위한 가격제한폭을 설정할 때의 기준이 되는 가격을 말한다.

❶ 신규등록 및 신규지정 후 최초 매매개시 기준 가격 : 주당순자산가치
❷ 최초 매매개시 이후의 기준 가격 : 직전 영업일에 거래가 있는 종목은 직전 영업일의 거래량가중평균주가(직전일의 총거래대금÷직전일의 총거래주식수)를 기준 가격으로 적용. 직전 영업일에 거래가 없는 종목은 직전 영업일의 기준 가격을 당일의 기준 가격으로 하되, 직전 영업일에 기세가 있는 경우에는 그 기세를 당일의 기준 가격으로 함

기세제도는 직전 영업일의 장 종료 시까지 거래가 형성되지 않더라도 매매호가가 있는 경우 이를 주가에 반영함으로써 상대매매의 특성, 저유동성, 가격급등락의 최소화 등을 고려하여 도입된 제도이다.

3 매매거래의 절차

(1) 계좌의 설정

투자자가 K-OTC시장 종목을 매매거래하기 위해서는 미리 금융투자회사에 매매거래계좌를 개설하여야 하고, 금융투자회사는 계좌를 개설하고자 하는 투자자에게 주문방법, 증거금 납부, 위탁수수료에 관한 사항, 그 밖에 매매거래계좌설정약관의 중요내용 등을 충분히 설명하여야 한다.

(2) 투자자 유의사항 고지 및 확인

금융투자회사는 투자자로부터 최초로 K-OTC시장에서의 매매거래 주문을 받기 전에 투자자에게 유의사항을 고지하고 확인을 받아야 한다. 투자자 유의사항은 K-OTC

시장의 성격, 지정기업부의 특징, 매매방식, 공시 수준, 기업정보 확인방법, 비상장주식 투자위험성, 부정거래행위에 대한 조치사항, 법령에 따라 매출 신고의무가 발생하는 위탁자의 범위, 증권거래세제 및 양도소득세제, 그 밖에 투자자가 유의하여야 할 사항 등이다.

(3) 주문방법

기본적으로 상장주식의 주문방법과 동일하다. 투자자는 매매하고자 하는 종목, 매도·매수 구분, 가격과 수량 등을 주문표에 적어 금융투자회사에 위탁하여야 한다. 주문표 이외에도 전화를 이용하거나, 컴퓨터 등의 전자통신방법(예 : 금융투자회사 주문시스템)을 통하여 매매주문을 위탁하는 방법도 가능하다.

(4) 매매거래의 수탁 거부

금융투자회사는 원칙적으로 투자자의 매매주문에 대해 수탁을 거부할 수 없다. 그러나 금융투자회사는 자본시장법 제178조(부정거래행위 등의 금지)를 위반하거나 위반할 가능성이 있는 주문, 그 밖에 공익과 투자자 보호 또는 K-OTC시장의 건전한 거래질서를 위하여 수탁거부가 필요하다고 판단되는 주문의 경우에는 주문의 수탁 거부 등 적절한 조치를 취하여야 한다.

(5) 위탁증거금의 납부

K-OTC시장 종목의 매매거래 후 투자자의 결제이행을 확보하기 위하여 협회는 금융투자회사에 대해 위탁증거금을 100% 징수하도록 하고 있다. 따라서 모든 투자자는 매수주문의 경우에 매수대금 전액을, 매도주문의 경우에 해당 매도증권 전부를 매매주문 시 위탁증거금으로 금융투자회사에 납부하여야 한다.

(6) 매매거래의 결제

K-OTC시장에서의 매매결제는 매매체결일을 포함하여 3영업일째 되는 날(T+2)에 예탁결제원을 통해 이루어지며, 결제시한은 해당 결제일 오후 4시로 정하고 있다. 결제방법은 매도·매수 투자자가 매매거래한 금융투자회사 상호 간에 예탁결제원을 통한 상대차감방식으로 이루어진다.

4 매매거래 비용

투자자가 K-OTC시장에서 매매를 하는 경우에 발생하는 비용은 매매주문을 처리한 금융투자회사에 지급하는 위탁수수료, 주식 매도 시 내야 하는 증권거래세와 양도소득세가 있다.

(1) 위탁수수료

금융투자회사가 K-OTC시장에서 매매주문 처리와 관련한 서비스를 제공한 대가로 투자자로부터 받는 수수료이다. 위탁수수료율은 개별 금융투자회사가 각각 자율적으로 정하고 있다.

(2) 증권거래세

K-OTC시장에서 주식을 매도하는 경우 양도가액의 0.18%를 증권거래세로 납부해야 하며, 매매결제가 되는 때에 예탁결제원이 징수한다.

거래소시장에서 주권을 매도하는 경우에는 유가증권시장 증권거래세 0.03%, 코스닥시장 증권거래세 0.18%이다. 그 밖에 유가증권시장에서 양도되는 주식에 대해서는 농어촌특별세가 0.15% 부과되어 사실상 유가증권시장도 0.18%의 거래세가 부과되고 있다.

(3) 양도소득세

K-OTC시장에서 주식을 매도하는 경우 양도소득세 과세대상이 된다. 이 경우 양도주식이 ① 중소기업 주식이면 10%, ② 중소기업 이외의 기업 주식이면 20%, ③ 중소기업 이외의 기업 대주주가 1년 미만 보유한 주식이면 30%의 세율이 적용된다. 또한 대주주가 주식 양도 시(대기업은 2018년 1월 1일 이후 양도하는 분부터, 중소기업은 2019년 1월 1일 이후 양도하는 분부터 적용) 양도차익 3억 원 초과분에 대해서는 25%의 세율이 적용된다. 그러나, K-OTC시장 등록·지정법인이 벤처기업 또는 중소기업, 중견기업이고 해당 기업의 소액주주(대주주가 아닌 자. 이하 '소액주주')가 K-OTC시장을 통하여 주식을 양도하는 경우에는 양도소득세가 비과세된다.

표 2-4 주식시장 간 증권거래세, 양도소득세 비교

구분	유가증권시장	코스닥시장	K-OTC시장
증권거래세	매도가액의 0.03% (농특세 0.15% 별도 부담)	매도가액의 0.18% (농특세 없음)	매도가액의 0.18% (농특세 없음)

양도소득세	• 소액주주의 장내양도 : 비과세
	• 소액주주의 장외양도, 대주주 : 과세
			• 벤처기업 소액주주의 K-OTC시장
			  내 양도 : 비과세
			• 중소기업 또는 중견기업 소액주주
			  의 K-OTC시장 내 양도 : 비과세
			• 이외의 경우 : 과세

	☞ 양도소득에 대한 세율 : 중소기업 주식 : 10%, 중견기업·대기업 주식 : 20%,
	   대주주가 주식 양도 시(대기업은 2018년 1월 1일 이후 양도하는 분부터, 중소기업
	   은 2019년 1월 1일 이후 양도하는 분부터 적용) 양도차익 3억 원 초과분 : 25%
	   대기업 대주주가 1년 미만 보유한 주식 : 30%		

* 소액주주는 직전 사업연도 종료일 현재 ① 유가증권시장 상장기업의 경우 지분율 1% 미만 또는 시가총액 10억 원 미만, ② 코스닥시장 상장기업의 경우 지분율 2% 미만 또는 시가총액 10억 원 미만, ③ K-OTC시장 벤처기업의 경우 지분율 4% 미만 또는 시가총액 40억 원 미만을 보유한 주주, K-OTC시장 중소기업 또는 중견기업의 경우 지분율 4% 미만 또는 시가총액 10억 원 미만을 보유한 주주를 말함

　참고로 유가증권시장 및 코스닥시장에서 소액주주가 양도하는 경우에는 양도소득세가 비과세되며, 대주주가 양도하는 경우나 소액주주가 장외에서 양도하는 경우에는 양도소득세가 과세된다.

　주식을 양도한 개인투자자는 주식 양도일이 속하는 반기[4]의 말일부터 2개월 이내에 관할 세무서에 예정신고 및 자진납부를 반드시 하여야 하며, 양도일이 속하는 연도의 다음 연도 5월 1일부터 5월 31일까지 양도소득세 확정신고·납부를 하여야 한다.

---

4 양도소득세 과세기간 : 매년 1월부터 12월까지(양도일이 속하는 반기의 말일부터 2개월 이내에 예정신고를 하여야 함('18.1.1시행, 소득세법 제105조))

K-OTC시장 공시제도

1 K-OTC시장 공시제도 개요

K-OTC시장과 관련한 공시제도로는 발행시장 공시와 유통시장 공시가 있다. 발행시장 공시는 K-OTC시장에서 주식을 매도하는 행위가 매출에 해당됨에 따라 등록·지정법인이 부담하게 되는 자본시장법령에 따른 공시이며, 유통시장 공시는 협회가 등록법인에 대해 부과하는 K-OTC시장에서의 유통공시와 등록·지정법인 중 사업보고서 제출대상법인이 자본시장법령에 따라 금융위원회(금융감독원 전자공시시스템, 이하 동일)에 제출하는 유통공시가 있다.

K-OTC시장 등록법인은 K-OTC시장에서의 공시의무사항과 그 밖에 주가에 영향을 미칠 수 있는 기업 내용에 관한 사항을 자발적으로 성실하게 공시하여야 한다.

한편, 협회는 K-OTC시장 지정법인에게 협회에 대한 정기공시, 수시공시, 조회공시 등 새로운 유통시장 공시의무를 부과하지 않는다. 다만, 지정법인은 모두 사업보고서 제출법인으로서 금융위원회에 사업보고서, 분반기보고서, 주요 사항 보고서 등을 제출하여 유통공시를 하고 있으므로 투자자들은 투자판단 시 이러한 정보를 활용할 수 있다.

2 발행시장 공시

누구든지 증권을 공모(모집, 매출)하고자 하는 경우에는 먼저 자본시장법령에 따라 해당 증권의 발행회사가 금융위원회에 신고하여 발행공시를 하여야 한다.

불특정 다수의 투자자가 거래하는 K-OTC시장에서 주식 매도주문을 내는 행위도 증권의 '매출'[5]에 해당하므로 등록·지정법인은 발행공시를 하여야 한다. 다만 소액출자자가 K-OTC시장에서 매도하는 경우에는 특례를 통해 별도의 매출건별 신고 없이 거래가 가능하다(사업보고서 또는 '호가중개시스템을 통한 소액매출공시서류'로 갈음). 매출의 경우에 신고서 제출의무자는 매출하는 자(기존 주주 등)가 아니라 모집의 경우와 같이 증권 발행인(등록·지정법인)이 된다.

---

5 K-OTC시장과는 달리 투자자가 증권시장 및 다자간매매체결회사(ATS) 내에서 매도주문을 내는 행위는 증권의 매출에 해당하지 않는다(자본시장법 시행령 제11조 제4항).

- '모집'이란 50인 이상의 투자자에게 새로 발행되는 증권의 취득의 청약을 권유하는 행위를 말한다.
- '매출'이란 50인 이상의 투자자에게 이미 발행된 증권의 매도의 청약을 하거나 매수의 청약을 권유하는 행위를 말한다.

(1) 증권의 모집 및 매출 시 신고서류

증권의 모집·매출 금액이 과거 1년 동안 10억 원 이상(공모예정금액 및 과거 1년간 증권신고서를 제출하지 아니한 공모금액 합계)인 경우 증권신고서를 금융위원회에 제출하여야 한다. 증권신고서에는 모집·매출에 관한 사항, 발행인에 관한 사항 등을 기재하고, 감사보고서 등 투자자를 보호하기 위하여 필요한 서류를 첨부하여야 한다.

한편, 모집가액 또는 매출가액이 10억 원 미만인 경우에는 소액공모공시서류를 금융위원회에 제출하여야 한다.

(2) K–OTC시장을 통한 소액출자자의 소액매출 시 특례

K–OTC시장의 거래 활성화를 도모하기 위하여 소액출자자[6]가 K–OTC시장에서 매출하는 경우에는 발행공시 특례를 두고 있다. 「증권의 발행 및 공시 등에 관한 규정」에서는 이를 '호가중개시스템을 통한 소액매출시의 특례'라고 한다.

즉, 신규등록신청 시 신규등록신청회사가 '발행인에 관한 사항을 기재한 서류'[7]('호가중개시스템을 통한 소액매출공시서류'라 한다) 및 감사보고서(반기 경과 시 반기검토보고서 포함)를 매출하는 날의 3일 전까지 금융위원회 및 협회에 제출한 경우에는 '소액공모공시서류' 제출의무를 이행한 것으로 본다.

신규등록이 된 이후에는 등록법인이 매 결산기별 및 매 반기별로 그 변동사항을 정

---

6 해당 법인이 발행한 지분증권 총수의 1%에 해당하는 금액 또는 3억 원 중 적은 금액 미만의 지분증권을 소유하고 있는 주주(사업보고서 제출대상 법인의 경우에는 지분증권 총수의 100분의 10 미만의 지분증권을 소유하는 자)를 말하며, 발행인, 인수인, 최대주주 및 그 특수관계인은 소액출자자로 보지 않는다.

7 '발행인에 관한 사항을 기재한 서류'는 증권신고서의 '제2부 발행인에 관한 사항' 중에서 중요내용을 기재한 약식서류를 말한다.

정하여 '호가중개시스템을 통한 소액매출공시서류'를 각각 결산기 경과 후 90일 및 반기 경과 후 45일 이내 제출하여야 하며, 감사보고서 또는 반기검토보고서를 각각 첨부하여야 한다. 이는 신규등록 이후 등록법인이 유통시장 공시로서 정기적으로 협회에 제출하여야 하는 정기공시사항과 동일한 내용이다.

한편, 신규등록신청회사 또는 등록법인이 사업보고서 제출대상법인에 해당하고 이미 사업보고서를 금융위원회에 제출(신규등록신청회사의 경우에는 K-OTC시장에서 소액출자자가 매출하는 날의 3일 전일까지)하여 공시하고 있는 경우에는 '호가중개시스템을 통한 소액매출공시서류' 및 감사보고서의 제출의무가 면제된다.

또한, 지정법인의 경우에는 모두 사업보고서 제출대상법인이므로 이미 사업보고서를 금융위에 제출하여 공시하고 있어 K-OTC시장에서 소액출자자가 매출 시 별도의 발행공시를 하지 않아도 되며, 지정법인은 등록법인과 달리 협회에 사업보고서 등을 제출할 의무도 없다.

3 유통시장 공시

K-OTC시장 등록법인은 K-OTC시장에서 주요 기업 내용을 공시하는 유통시장 공시를 하여야 한다. 공시유형은 정기공시, 수시공시, 조회공시가 있다. 한편, 사업보고서 제출대상법인은 자본시장법령에 따라 사업보고서 등을 금융위원회에 제출하여 공시할 의무가 있다.

(1) 정기공시

정기공시는 투자자에게 정기적으로 일정기간 동안의 재무상태, 영업실적 등 기업 내용을 공시하는 제도이다. 협회는 투자자 보호를 위해 등록법인에 대해 연 2회(매 결산기, 매 반기)의 정기공시를 하도록 하고 있다.

❶ 사업보고서 제출대상법인에 해당하지 않는 경우 : 등록법인은 ① 매 결산기 경과 후 90일 이내에 '발행인에 관한 사항을 기재한 서류'(감사보고서 첨부, 이하 '결산기 정기공시서류')를, ② 매 반기 경과 후 45일 이내에 '발행인에 관한 사항을 기재한 서류'(반기검토보고서 첨부, 이하 '반기 정기공시서류')를 금융위원회와 협회에 제출

❷ 사업보고서 제출대상법인에 해당하는 경우 : 자본시장법령에 따른 사업보고서 제

출대상법인에 해당하는 등록법인은 금융위원회에 제출하는 사업보고서, 반기보고서, 분기보고서 중 사업보고서(감사보고서 첨부)와 반기보고서(반기검토보고서 첨부)를 협회에 제출. 제출기한은 위와 동일하며, 분기보고서는 협회에 제출하지 않아도 됨

한편, 지정법인은 K-OTC시장에서의 유통공시 의무는 없으나, 모두 사업보고서 제출대상법인에 해당하므로 자본시장법령에 따라 금융위원회에 사업보고서, 반기보고서, 분기보고서 제출의무가 있다. 지정법인은 등록법인과 달리 협회에 사업보고서 등을 제출할 의무가 없음

(2) 수시공시

수시공시는 등록법인이 경영활동과 관련된 사항으로서 투자의사 결정에 영향을 미치는 주요 사실 또는 결정내용을 지체 없이 신고하도록 함으로써 기업정보의 최신성과 신속성을 확보하고 투자자를 보호하기 위한 제도이다.

❶ 수시공시사항 : 등록법인의 수시공시사항은 장외시장의 특성을 감안하여 주권상장법인보다는 공시사항을 축소하여 운영

수시공시사항은 내용의 중요성에 따라 당일 공시사항과 익일 공시사항(1일 이내 공시사항)으로 구분되며, 등록법인은 주요 경영사항을 전자문서 등의 방법으로 신고하고, 협회는 공시내용을 호가중개시스템 및 인터넷을 통하여 공시

수시공시사항(★표는 당일 공시사항, ◎표는 익일 공시사항)

① 발행한 어음 또는 수표가 부도로 되거나 은행과의 거래가 정지 또는 금지된 때 및 은행과의 거래가 재개된 때 (★)
② 주된 영업활동이 정지된 때 (★)
③ 「채무자 회생 및 파산에 관한 법률」에 따른 다음의 어느 하나에 해당하는 사실이나 법원의 결정이 있은 때 (★)
　가. 회생절차 개시신청·개시신청기각·개시결정·개시결정취소
　나. 회생계획안의 결의를 위한 관계인집회의 소집 및 관계인집회의 결과
　다. 회생계획 인가·불인가
　라. 회생절차 종결신청·종결결정·폐지신청·폐지결정

마. 파산신청 · 파산신청기각 · 파산선고

④ 본점소재지, 대표이사(대표집행임원 포함), 상호 또는 사업목적을 변경하기로 한 때 (◎)

⑤ 타법인과의 합병, 중요한 영업의 양도 · 양수, 기업분할 또는 분할합병에 관한 결정이나 이사회의 결의가 있은 때 (★)

⑥ 관계법률 등에 따른 해산사유가 발생한 때 (★)

⑦ 증자 또는 감자에 관한 결정이 있은 때 (★)

⑧ 주식분할, 주식병합 또는 액면주식과 무액면주식의 상호 전환에 관한 결정이 있은 때 (◎)

⑨ 회사채(전환사채, 신주인수권부사채 등 포함) 발행에 관한 결정이 있은 때 (◎)

⑩ 등록법인의 경영 · 재산 등에 중대한 영향을 미칠 신물질 또는 신기술에 관한 특허권을 취득하거나 양수 또는 양도하기로 결정한 때 (◎)

⑪ 등록해제신청을 결정한 때 (◎)

⑫ 주식배당에 관한 이사회 결의가 있은 때 (◎)

⑬ 중간배당에 관한 이사회 결의가 있은 때 (◎)

⑭ 주주총회 개최를 위한 이사회 결의가 있은 때 및 그와 관련한 주주총회가 종료된 때 (◎)

⑮ 최대주주(「금융회사의 지배구조에 관한 법률」 제2조 제6호 가목에 따른 최대주주를 말한다. 이 경우 ""금융회사"는 "법인"으로 보고, "발행주식(출자지분을 포함한다. 이하 같다)"은 "발행주식"으로 본다)가 변경된 때 (◎)

⑯ 중소기업, 중견기업 및 벤처기업 지위의 취득, 상실 등과 관련하여 협회장이 정하는 사항이 발생한 때 (◎ 또는 ★)

⑰ 임직원 등의 횡령 · 배임 혐의를 확인한 때 및 횡령 · 배임금액 상환(고소취하 포함) 등의 진행사항이 확인되거나 횡령 · 배임 혐의의 사실 여부가 확인된 때. 다만, 임원이 아닌 직원 등의 경우에는 횡령 · 배임 금액이 협회장이 정하는 규모 이상인 경우에 한정 (★)

⑱ 등록법인 또는 그 임직원(퇴임 또는 퇴직한 임직원을 포함)을 금융위원회의 「외부감사 및 회계 등에 관한 규정」에 따라 증권선물위원회 등이 검찰고발 또는 검찰통보 조치하거나 검찰이 회계처리기준 위반행위로 기소한 사실 또는 그 결과가 확인된 때 (★)

⑲ 그 밖에 ①~⑱에 준하는 사항으로서 투자자의 투자판단에 중대한 영향을 미칠 수 있는 사항이 발생하거나 결정된 때 (★ 또는 ◎)

❷ 주요 사항보고서 : 사업보고서 제출대상법인에 해당하는 등록법인과 지정법인은 그 법인의 경영 · 재산 등에 관하여 중대한 영향을 미치는 사항(예시 : 부도, 은행거래 정지 등)이 발생한 경우 자본시장법령에 따라 사유발생일 다음날까지 '주요 사항보고서'를 금융위원회에 제출(자본시장법 제161조, 같은 법 시행령 제171조).

'주요 사항보고서' 제도는 K-OTC시장 등록법인이 협회에 신고해야 하는 수시공시의무와는 성격이 다른 법정공시

그림 2-3 K-OTC시장의 공시체계

발행공시 (최초 매출 시)

① 소액출자자 매출 시
- 호가중개시스템을 통한 소액매출공시서류
- 감사보고서(반기 검토보고서 포함)
- 매출 3일 전까지 제출
※ 사업보고서 제출 법인은 상기서류 제출 면제

② 10억 원 미만 매출 시
- 소액공모공시서류
- 감사보고서(반기검토 보고서 포함)
- 상기서류를 매출 3일 전까지 제출
- 소액공모실적보고서

③ 10억 원 이상 매출 시
- 증권신고서
※ 신고서 심사 (효력발생기간 15일)
- 증권발행실적보고서

※ 소액출자자와 소액출자자 이외의 출자자가 함께 매출하는 경우에는 매출금액에 따라 ①+② 또는 ①+③의 서류를 제출하여야 함

유통공시

	사업보고서 제출대상법인이 아닌 법인(등록법인만 해당)	사업보고서 제출대상법인 (등록법인, 지정법인)
정기공시	• 결산기 및 반기 경과 시마다 (매6개월)호가중개시스템을 통한 소액매출공시서류(감사보고서 또는 반기검토 보고서 포함) 제출 • 금융위원회와 협회에 각각 제출	• 사업보고서, 반기보고서, 분기보고서 제출 • 금융위원회에 분기별로 해당 서류 제출 • 등록법인은 협회에도 사업보고서와 반기보고서 제출 (분기보고서 제외)
수시공시	• 협회에 주요 경영사항 신고	• 금융위원회에 주요 사항 보고서 제출 • 등록법인은 협회에 주요 경영사항 신고
조회공시	• 등록법인은 협회에 조회공시 의무 (1일 이내)	

(3) 조회공시

조회공시는 투자자 보호를 위해 등록법인에 관한 풍문, 보도가 있거나 주가급변 시 등록법인에게 관련 기업내용을 공시토록 하는 제도이다.

협회는 수시공시사항 또는 이에 준하는 사항에 대한 풍문 또는 보도 등의 사실여부

를 확인할 필요가 있거나 등록종목의 주가 등이 일정한 기준에 해당하여 중요정보의 유무를 확인할 필요가 있는 경우, 등록법인에게 기업내용에 관한 공시를 요구할 수 있다. 등록법인은 조회공시를 요구받은 날로부터 1일 이내에 관련 사실에 대해 공시내용을 문서로 작성하여 전자문서 등의 방법으로 협회에 제출하여 공시하여야 한다.

section 05 | K-OTC시장 시장관리제도

1 불성실공시법인 지정제도

(1) 불성실공시 유형

K-OTC시장 등록법인의 불성실공시 유형으로는 공시불이행, 공시번복, 허위공시가 있다. 공시불이행은 등록법인이 공시시한까지 공시사항을 신고하지 않는 경우이고, 공시번복은 이미 공시한 내용을 전면 취소, 부인 또는 이에 준하는 내용을 공시하는 경우이며, 허위공시는 사실과 다른 허위의 내용을 공시하는 경우이다.

(2) 불성실공시에 대한 제재

협회는 등록법인에 대하여 신속하고 정확한 공시를 촉구하고 투자자의 주의를 환기하기 위하여 불성실공시에 대한 제재조치를 하고 있다. 불성실공시법인으로 지정하는 경우 일정기간 동안 매매거래를 정지시키며, 이후 불성실공시 횟수에 따라 투자유의사항으로 공시하거나 등록해제 조치를 하여 공시제도의 실효성을 강화하고 있다.

지정법인의 경우에는 K-OTC시장에서 공시의무가 없으므로 불성실공시법인 지정 대상이 아니다. 다만, 사업보고서, 반기보고서를 법정제출기한까지 금융위원회에 제출하지 않은 경우 매매거래정지, 투자유의사항 안내, 지정해제(일정한 요건 해당 시) 등의 조치를 하고 있다.

2 | 매매거래정지제도

협회는 투자자 보호 및 K-OTC시장을 관리하기 위한 수단으로 일정기간 등록·지정종목의 매매를 정지하는 매매거래정지제도를 운영하고 있다.

매매거래정지 사유와 그 정지기간은 〈표 2-5〉와 같다.

표 2-5 매매거래정지사유 및 정지기간

사유		매매거래정지기간
등록법인이 불성실공시를 하거나 지정법인이 반기보고서를 제출기한 내에 미제출한 경우 (단, 아래의 정기공시서류 미제출, 해제사유 발생의 경우는 제외)		1영업일간
정기공시서류 미제출	결산기 정기공시서류(지정법인은 사업보고서)를 제출기한 내에 미제출한 경우	제출기한 다음날부터 제출일까지
	반기 정기공시서류(지정법인은 반기보고서)를 최근 4개 사업연도에 1회 이상 제출기한 내에 미제출한 법인이 최근 반기에도 제출기한까지 미제출한 경우	
등록·지정해제사유(거래소시장 상장 제외) 발생 시		해당 사유 확인일과 그 다음 3영업일간
등록법인에 대하여 등록해제사유에 해당하는 내용의 조회공시 요구 시		조회공시를 요구한 때부터 조회공시에 대한 결과를 공시한 날까지
회생절차 관련	회생절차 개시 신청	해당 사유 확인일부터 법원의 회생절차 개시 결정이 확인된 날까지
	회생계획안의 결의를 위한 관계인집회가 소집되는 경우	해당 관계인집회일의 2영업일 전부터 관계인집회의 결과가 확인된 날까지
주식분할, 주식병합 또는 액면주식과 무액면주식의 상호 전환 등을 위하여 주권의 제출이 요구되는 경우		사유 해소 시까지
호가폭주 등 피할 수 없는 사유로 K-OTC시장 전체의 장애 발생이 우려되는 경우		사유 해소 시까지
임직원 등의 횡령·배임과 관련하여 수시공시사항에 해당하는 혐의가 공시를 통하여 확인되는 경우		해당 혐의 확인일과 그 익영업일
수시공시사항에 해당하는 회계처리기준(외부감사법 제5조 제3항의 회계처리기준을 말한다. 이하 같다) 위반행위가 공시를 통하여 확인되는 경우		해당 사실 확인일부터 감사인의 감사의견이 적정인 감사보고서의 제출일까지
그 밖에 투자자 보호를 위하여 필요하다고 인정되는 경우		1영업일

* 원활한 시장운영과 투자자 보호를 위하여 필요한 경우에는 매매거래정지기간 연장 가능
* 지정법인의 사업보고서, 반기보고서 미제출은 금융위원회(금융감독원 전자공시시스템)에 미제출한 것을 말함

한편, 등록·지정법인이 증권시장에 상장하여 K-OTC시장에서 등록·지정이 해제되는 경우에는 매매거래정지 없이 상장 전일까지 매매거래가 이루어진다.

3 안내사항 공시

협회는 소속부 변경, 신규등록·지정, 변경(추가)등록·지정 및 등록·지정해제 종목, 매매거래정지 및 재개 등 투자자들의 투자판단에 영향을 미칠 수 있는 사항이나 임시휴장, 시장의 임시정지 및 매매시간의 변경 등 시장운영에 관한 사항 등을 안내사항으로 투자자에게 공시한다.

4 투자유의사항 공시

(1) 개념

협회는 투자자 보호를 위하여 등록·지정법인이 일정한 사유에 해당하는 경우 투자유의사항으로 공시하고 있다. 지정법인이 투자유의사항에 해당하는지 여부는 금융감독원 전자공시시스템, 예탁결제원 증권정보포털 등에 공개된 기업정보를 통하여 확인한다.

(2) 공시사유

❶ 최근 사업연도말 현재 자본잠식 상태인 경우
❷ 최근 사업연도의 매출액이 5억 원 미만인 경우(크라우드펀딩기업의 경우 3억 원)
❸ 최근 사업연도의 재무제표에 대한 외부감사인의 감사의견이 부적정, 의견거절이거나 감사범위제한으로 인한 한정인 경우
❹ 법원에 회생절차개시를 신청한 경우, 회생사건이 계속되어 있는 경우, 법원의 회생절차개시결정 취소, 회생계획불인가 및 회생절차폐지 결정이 있는 경우
❺ 최근 결산기 정기공시서류(지정법인은 사업보고서)를 제출기한까지 제출하지 아니한경우, 반기 정기공시서류(지정법인은 반기보고서)를 최근 4개 사업연도에 1회 이상제출기한까지 제출하지 아니한 경우
❻ 등록법인이 최근 2년간 불성실공시법인으로 지정된 횟수가 4회 이상인 경우

❼ 등록법인이 소액주주 주식분산기준에 미달(최근 사업연도말 현재 소액주주 수 50인 미만 또는 소액주주 총지분율이 1%에 미달)하는 경우

❽ 임직원 등의 횡령 배임 혐의와 관련하여 수시공시사항에 해당하는 혐의가 등록법인의 공시를 통하여 확인되는 경우. 이 경우 협회는 소송결과 공시 등을 통하여 해당 혐의의 사실 여부가 확인될 때까지 투자유의사항으로 공시

❾ 그 밖에 투자자보호를 위하여 협회가 필요하다고 인정하는 경우

5 부정거래행위 예방활동

협회는 부정거래행위 등의 우려가 있는 계좌와 관련된 금융투자회사에게 예방조치를 요구할 수 있으며, 예방조치를 요구받은 금융투자회사는 해당 위탁자에게 경고, 주문수탁의 거부 등 부정거래행위 등의 예방을 위한 적절한 조치를 취하여야 한다. 금융투자회사는 부정거래행위 예방조치를 취한 경우 그 결과를 매 분기의 종료 후 다음 달 10일까지 협회에 통보하여야 한다. 다만, 금융투자회사가 위탁자의 주문수탁을 거부한 경우에는 해당 일의 다음 영업일까지 해당 내용을 협회에 통보하여야 한다.

section 06 K-OTC시장 등록 · 지정해제

1 등록 · 지정해제의 의의

등록 · 지정해제는 등록 · 지정법인이 발행한 주권이 K-OTC시장에서 거래되지 못하도록 거래대상에서 배제하는 조치를 말하며, 유가증권시장이나 코스닥시장의 상장폐지와 유사한 개념이다.

(1) 부실화되거나 정기공시서류를 미제출한 기업

❶ 발행한 어음 또는 수표가 거래은행에 의하여 최종 부도로 결정되거나 거래은행 과의 거래가 정지된 경우

❷ 최근 사업연도말을 기준으로 자본전액잠식 상태인 경우. 다만, 결산기 정기공시 서류(지정법인은 사업보고서)의 제출기한까지 유상증자 또는 자산재평가에 의하여 자본전액잠식 상태를 해소하였음이 확인된 경우는 제외

❸ 최근 사업연도 매출액이 1억 원 미만이거나 최근 2개 사업연도에 연속하여 매출 액이 5억 원(크라우드펀딩기업의 경우 3억 원) 미만인 경우

❹ 최근 사업연도의 재무제표에 대한 외부감사인의 감사의견이 부적정, 의견거절이 거나 최근 2개 사업연도에 연속하여 감사범위 제한으로 인한 한정인 경우

❺ 주된 영업이 6개월 이상 정지되어 잔여사업 부문만으로는 실질적인 영업을 영위 하기 어렵거나 영업의 전부가 양도되는 경우

❻ 「채무자 회생 및 파산에 관한 법률」에 따른 법원의 회생절차개시신청 기각, 회 생절차 개시 결정 취소, 회생계획 불인가 및 회생절차 폐지 결정이 있는 경우. 다 만, 같은 법 제287조에 따라 채무를 완제할 수 있음이 명백하여 법원이 회생절차 폐지 결정을 하는 경우에는 적용하지 아니함

❼ 정기공시서류 제출과 관련하여 다음의 어느 하나에 해당하는 경우

ㄱ. 결산기 정기공시서류(지정법인은 사업보고서)를 제출기한까지 제출하지 아니하 고 그 다음날부터 30일 이내에도 제출하지 아니한 경우. 지정법인의 경우에 는 금융위원회(금융감독원 전자공시시스템)에 제출하지 아니한 것을 말함(이하 반기 보고서의 경우에도 동일)

ㄴ. 반기 정기공시서류(지정법인은 반기보고서. 이하 동일)를 최근 4개 사업연도에 1회 이상 제출기한까지 제출하지 아니한 법인이 최근 반기에 반기 정기공시서류 를 제출기한까지 제출하지 아니하고 그 다음날부터 15일 이내에도 제출하지 아니한 경우

(2) 조직변경, 경영방침 변경 등으로 인한 경우 등

❶ 타법인에 피흡수 합병되는 경우

❷ 법률에 따른 해산사유가 발생하는 경우

❸ 증권시장에 상장되는 경우

❹ 주식유통 관련 기본요건(통일규격증권 또는 전자등록 주식 사용, 명의개서대행계약 체결, 정관 등에 주식양도의 제한이 없을 것)을 충족하지 못하게 되는 경우

각 등록해제 사유에 준하는 사유로서 기업의 계속성 또는 K-OTC시장의 건전성, 기타 투자자 보호를 위하여 협회가 필요하다고 인정하는 경우. 다만, 동 조치에 이의가 있는 기업은 그 통지를 받은 날로부터 7일 이내에 등록해제 사유에 대한 이의신청을 할 수 있다.

(3) 등록법인 특칙

❶ 등록신청서와 첨부서류의 내용 중 중요한 사항의 허위기재 또는 누락내용이 투자자 보호를 위해 중요하다고 판단되는 경우

❷ 등록법인이 불성실공시법인으로 지정된 경우로서 해당 불성실공시법인 지정일로부터 소급하여 과거 2년 이내에 불성실공시법인으로 지정된 횟수가 6회 이상인 경우. 즉, 최근 2년간 불성실공시 횟수가 6회 이상인 경우 등록해제 사유에 해당

❸ 최근 사업연도말 현재 보통주식의 소액주주(발행주식 총수의 1% 미만 소유 주주) 수가 50인 미만이거나 소액주주가 소유하고 있는 보통주식의 총수가 해당 등록법인이 발행한 보통주식 총수의 1%에 미달하는 경우. 다만, 동 해제요건은 신규등록일이 속하는 사업연도의 다음 사업연도말부터 적용

❹ 등록법인이 K-OTC시장 등록해제를 신청하는 경우

❺ 임직원 등(퇴임 또는 퇴직한 임직원을 포함. 이하 같음)의 횡령·배임 혐의가 관련 소송결과 공시 등을 통하여 사실로 확인된 경우. 다만, 횡령·배임금액이 협회장이 정하는 규모 이상인 경우에 한함

(4) 지정법인 특칙

❶ 신규 지정의 근거가 된 지정기업의 사업보고서와 첨부서류의 내용 중 중요한 사

항이 허위기재 또는 누락되어 해당 허위 기재 또는 누락된 내용을 정정하여 사업
보고서에 반영할 경우 신규지정 요건을 미충족한 사실이 확인된 경우

❷ 자본시장법령에 따라 파산 등의 사유로 사업보고서 제출 면제사유가 발생한 경우

3 등록 · 지정해제 절차

등록 · 지정해제는 ① 등록 · 지정법인이 등록 · 지정해제 기준에 해당하여 협회가 등
록 · 지정을 해제하는 경우(직권 해제), ② 등록법인의 신청에 따라 등록을 해제하는 경우
(신청에 의한 등록해제)의 2가지 유형으로 구분할 수 있다.

한편, 지정법인의 경우에는 기업의 신청절차 없이 협회가 직접 그 발행 주권을 K-
OTC시장 거래종목으로 지정하므로, 지정법인의 신청을 통한 해제절차도 없다.

4 등록 · 지정해제 주권의 정리매매

K-OTC시장에서 등록 · 지정해제되는 주권은 등록 · 지정해제 사유발생 시 해당 사
유 확인일과 그 다음 3영업일 간의 매매거래정지 후 10일(영업일 기준)을 초과하지 아니
하는 범위 내에서 해당 주권의 매매가 허용된다. 이를 정리매매라 하는데 등록 · 지정해
제되는 주식을 가진 투자자들에게 마지막으로 주식을 처분할 수 있는 기회를 주기 위
한 것이다.

거래소시장(증권시장)에 상장하는 경우에는 매매거래정지 절차를 거치지 않는다.

01 다음 중 K-OTC시장에 관한 설명으로 적절하지 않은 것은?

① K-OTC시장은 한국금융투자협회가 비상장주권의 매매를 위하여 운영하는 장외시장이다.

② K-OTC시장은 「자본시장과 금융투자업에 관한 법률」에 근거하여 개설된 조직화된 장외시장이다.

③ K-OTC시장은 투자자들이 비상장주권을 보다 투명하고 원활하게 거래할 수 있도록 하기 위해 개설되었다.

④ K-OTC시장 등록·지정법인의 소액주주가 K-OTC시장을 통하여 주권을 양도하는 경우에는 모두 양도소득세가 비과세된다.

02 K-OTC시장의 등록기업부와 지정기업부에 관한 설명으로 적절하지 않은 것은?

① 등록기업부에 등록하기 위해서는 기업의 신청행위가 있어야 하나, 지정기업부는 기업의 신청행위 없이 한국금융투자협회가 직접 거래대상종목을 지정한다.

② 지정기업부 신규지정 요건은 대부분의 등록기업부의 신규등록 요건을 포함하며, 이외에 사업보고서 제출, 공모실적이 있을 것 또는 지정동의서를 제출하였을 것 등의 요건이 추가된다.

③ 지정기업부에 소속된 지정기업은 K-OTC시장에서의 공시의무가 없다.

④ 지정기업부에 소속된 지정법인은 해제신청을 통해 지정해제될 수 있으나, 등록기업부에 소속된 등록법인은 해제신청을 통해 등록해제될 수 없다.

해설

01 ④ 중소기업, 중견기업 및 벤처기업의 소액주주가 K-OTC시장을 통하여 해당 기업 주식을 양도하는 경우에만 양도소득세가 비과세된다.

02 ④ 등록법인은 신청에 통해 등록해제될 수 있으나, 지정법인은 신청을 통해 지정해제될 수 없다.

03 K-OTC시장의 신규등록요건 및 신규지정요건에 관한 설명으로 옳지 않은 것은?

① 벤처기업의 경우에도 외부감사인의 감사의견이 적정이어야 한다.

② 최근 사업연도말 현재 자본잠식 상태가 아니어야 한다.

③ 최근 사업연도의 매출액이 5억 원(크라우드펀딩기업은 3억 원) 이상이어야 한다.

④ 통일규격 증권을 발행하고 명의개서대행계약을 체결하고 있어야 하며, 원칙적으로 정관 등에 주식양도의 제한이 없어야 한다.

04 다음 중 K-OTC시장 등록법인의 공시제도에 관한 설명으로 적절하지 않은 것은?

① 등록법인의 공시에는 정기공시, 수시공시, 조회공시, 공정공시 제도가 있다.

② 정기공시서류는 매 결산기 경과 후 90일 이내와 매 반기 경과 후 45일 이내에 각각 제출하여야 한다.

③ 수시공시는 전자문서 등의 방법으로 한국금융투자협회에 신고하여야 한다.

④ 조회공시는 한국금융투자협회로부터 조회공시 요구를 받은 날로부터 1일 이내에 공시하여야 한다.

05 다음 중 코넥스시장의 불성실공시 지정사유에 해당하지 않는 것은?

① 공시의무사항을 기한 내에 신고하지 아니하는 경우

② 공시내용 중 일부사항을 일정 범위 내에서 변경하여 공시하는 경우

③ 주요 사항을 기재하지 아니하고 공시하는 경우

④ 이미 공시한 내용을 전면 취소하는 경우

해설

03 ② 최근 사업연도말 현재 자본전액잠식 상태가 아니어야 한다.

04 ① K-OTC시장은 공정공시제도가 도입되어 있지 않다.

05 ② 코넥스시장의 불성실공시제도는 공시불이행, 공시번복에 한하여 적용하고 있으며 공시내용 중 일부 사항을 일정 범위를 초과하여 변경하여 공시하는 경우는 공시번복으로 간주

06 다음 중 K-OTC시장의 등록해제 및 지정해제 제도에 관한 설명으로 적절하지 않은 것은?

① K-OTC시장의 등록해제, 지정해제란 유가증권시장 또는 코스닥시장의 상장폐지와 유사한 개념이다.

② 최근 사업연도말을 기준으로 자본전액잠식 상태인 경우 등록해제, 지정해제 요건에 해당한다.

③ 최근 2년간 불성실공시법인으로 지정된 횟수가 6회 이상인 경우 등록해제, 지정해제 요건에 해당한다.

④ 지정법인이 사업보고서를 제출기한까지 금융위원회에 제출하지 아니하고 그 다음날부터 30일 이내에도 제출하지 아니한 경우 지정해제 요건에 해당한다.

07 다음 중 K-OTC시장의 매매거래 비용에 대한 설명으로 적절하지 않은 것은?

① K-OTC시장에서의 매매주문 처리와 관련한 금융투자회사의 위탁수수료율은 금융투자회사가 각각 자율적으로 정하고 있다.

② 벤처기업 소액주주가 K-OTC시장에서 해당 벤처기업 주식을 매도하는 경우 양도소득세가 비과세된다.

③ K-OTC시장에서 주식을 매도하는 경우 0.18%의 증권거래세가 부과된다.

④ K-OTC시장에서 주식을 매도하는 경우 매도자가 직접 관할 세무서에 증권거래세를 신고납부하여야 한다.

08 다음 중 코넥스시장과 코스닥시장의 매매거래제도 중 다른 것은?

① 매매수량단위　　　　　　② 호가 가격 단위
③ 가격제한폭　　　　　　　④ 매매체결방식

해설

06　③ 최근 2년간 불성실공시법인으로 지정된 횟수가 6회 이상인 경우는 등록해제요건에만 해당된다.

07　④ K-OTC시장의 증권거래세는 예탁결제원이 매도자로부터 거래징수하여 관할 세무서에 납부한다.

08　③ 코넥스시장은 코스닥시장(30%)과 달리 1일 가격제한폭을 기준 가격 대비 상하 15%로 제한

정답 01 ④ | 02 ④ | 03 ② | 04 ① | 05 ② | 06 ③ | 07 ④ | 08 ③

금융투자전문인력 표준교재
증권투자권유자문인력 1

2024년판 발행　2024년 1월 31일

편저　금융투자교육원
발행처　한국금융투자협회
　　　　서울시 영등포구 의사당대로 143　전화(02)2003-9000　FAX(02)780-3483
발행인　서유석
제작 및 총판대행　㈜ **박영사**
　　　　서울특별시 금천구 가산디지털2로 53, 210호(가산동, 한라시그마밸리)　전화(02)733-6771　FAX(02)736-4818
등록　1959. 3. 11. 제300-1959-1호(倫)
홈페이지　한국금융투자협회 자격시험접수센터(https://license.kofia.or.kr)

정가 24,500원

ISBN 978-89-6050-721-0　14320
　　　978-89-6050-720-3(세트)